新版 警察官の刑法

金子仁洋著

東京法令出版

新版　まえがき

今度、この本を、東京法令出版から出すことになった。

この本は、一九八三（昭和五八）年に初版を出してから、関係法令の変わるごとに改訂を加え、途切れることなく令文社から出ていた。その令文社が、経営者の都合で廃業することになった。このとき、東京法令出版が続いて出してくれることになった。著者としては、望外の幸せである。著者が、仕事上の必要から、初めて書いた本が、「国際刑事警察機構—歴史と現状」であった。この本は、東京法令出版から一九六八（昭和四三）年に出版された。

人の世はめぐる。めぐりながら人間関係の綾をなし、人の和が広がって生きていく。人は、人の和に育まれて人となる。そんな単純だが、真理を秘めた思いを新たにするこの頃である。

この本が、引き続き警友諸子のもとにあって、お役に立てるなら喜びこれに過ぎるものはない。

二〇〇九（平成二一）年一月

元警察大学校長・桐蔭横浜大学・大学院教授

金子　仁洋識

まえがき

一

素人眼《しろうとめ》には易《やさ》しそうでいて、実際当たってみると難しいのが刑法である。盗んだ、欺《だま》した、殺した、壊《こわ》したと聞けば、それが犯罪になって、引っ張られて、施設に入れられると、幼児でも知っていることである。

しかし、刑法典を開いて見た者はびっくりする。それは、あながち言葉が難しいせいとばかりは言えない。表現が圧縮《あっしゅく》され簡潔《かんけつ》に過ぎるせいでもある。

二

学者はこの解釈をめぐって心血《しんけつ》を注ぎ合っている。時には激しい論争となり、新説は新々説を生む。学説は多岐《たき》にわたり、その分量はおびただしいものになっている。

しかし、この本は、その山に分け入り、その一角を闘《たたか》い取ろうとしたものではない。これは、例によって第一線警察官の行動のために、その指針を与えることを意図したものである。

三

警察官は、日夜街頭に立って犯罪と対決している。

刑法は、警察官にしてみるとそれは犯罪とは何か、我が対決の相手は何かを示すものである。そして、敵は敵なりに複雑な姿をしており、学説はこれに対してとどまる所を知らない洪水《こうずい》を浴びせる。このままでは警察官は迷いに迷わなければならない。

しかし、幸い、ここに判例というものがある。判例もまた刑法解釈の第一線の戦績《せんせき》を飾るものであるが、学説との違いは、最高裁判所の判例を頂点として一定の秩序を保っていることである。

四

この本は、この判例の秩序に準拠《じゅんきょ》したものである。

警察官は犯罪と対決し犯人を裁判所へ送り込む、そこで有罪の判決が下され、破れた法秩序が修復《しゅうふく》される。それが務《つと》めである。

そして、もし、警察官の収集整備した証拠が、判例に照らして正しければ、裁判官の判断も自《おのず》からその結論に向かって固まっていくことになる。

五

刑法典は総則一三章各則四〇章にわたる膨大《ぼうだい》な体系をもっている。

このすべてにわたって詳説《しょうせつ》することがこの本の目的ではない。それは、警察官に刑法判断の力がついてから、必要に応じて類書《るいしょ》によれば足りることである。

この本の目的は、初めて刑法を学習する警察官が第一線でとりあえずぶつかる最低限度の犯罪を中心に解説を加えることにしている。そして、第一線を経験し、先に進んだ警察官がその判断力を増すことをも同時に意図《いと》している。

この本は、先に出した著者の「警察官の刑事手続」と共に、警察に身をおく実務家が必要とする諸道具を並べて見せるものである。

著者が、このような形で第一線実務家としての警察官の刑事法の略述を思い立ったのは、警察大学校教官教養部長として、警察学校や管区警察学校の教官を養成するにつけて、そのような道具としての参考書ないしは教科書が少ないのに気がついたからであった。途中《とちゅう》、公務のため中断したものの、今、ようやくその宿願を達成してこの書物を送り出すことができた。

著者としては多少の感慨なきを得ない。

一九八三年五月

著者　識

この書物の使い方

一　注の使い方

注は、主として教官用に付したものである。一般読者は、本文の記述を中心に学習されたい。

しかし、中級幹部課程と、初級幹部課程に、共通の項目については、中級幹部課程においてはその注を活用される必要がある。

二　引用条文のみかた

引用条文は、刑法以外の法律については法律名を記し、刑法については、単に条文のみを記してある。

三　引用判例のみかた

刑法の判例は片假名混り文語体の難しいものが多いので、表現を現代口語文に統一し、かつ、内容を要約して掲げることにした。

判例の略号は次のとおりである。

一　最高裁関係（含大審院）

大判大正六年一二月一二日録二三・一三五七＝大正六年一二月一二日大審院判決、大審院刑事判決録、二三輯一三五七頁

大判大正一一年五月六日集一・二五五＝大正一一年五月六日大審院判決、大審院刑事判例集、一巻二五五頁

最判昭和三七年四月四日集一六・四・三四五＝昭和三七年四月四日最高裁判所判決、最高裁判所刑事判例集、一六巻四号三四五頁

最判昭和二八年一二月二四日集七・一三・二六四六＝昭和二八年一二月二四日最高裁判所決定、最高裁判所刑事判例集、七巻一三号二六四六頁

二　高等裁判所関係

東京高判昭和三〇年三月三一日集二・七・二四二＝昭和三〇年三月三一日東京高等裁判所判決、高等裁判所刑事判例集、二巻七号二四二頁

以上の「集」＝高等裁判所刑事裁判例集と並ぶものとして

裁特＝高等裁判所刑事裁判特報　判特＝高等裁判所刑事判決特報

三　その他

東京地判＝東京地方裁判所判決　大阪地決＝大阪地方裁判所決定

下刑集＝下級裁判所刑事裁判例集　東時＝東京高等裁判所刑事判決特報

裁集＝最高裁判所裁判集　刑事　判時＝判例時報

判例体系＝判例体系三〇巻～三五巻　判タ＝判例タイムス

目次

第一章　刑法の概念及び犯罪

第一節　刑法の概念

一　刑法の意義

一　刑法とは何か　二　刑法の役割

一　警察官の仕事は何か、と問われれば、人は、まず泥棒や人殺しを捕《つか》まえることだと言うであろう。

これを、もう少し専門的に言えば、それは、犯罪を鎮圧《ちんあつ》し、被疑者を逮捕し、証拠を整えて処罰の準備をすることである。(1)

そして、その働きには根拠となる法律がある。まず、何を罪とし、何を罰とするか。次に、どのように捜査し、逮捕し、証拠を集めるか。

まず、何を罪とし何を罰とするか、に関しては「刑法」(明治四〇年法律四五号)をはじめ、多くの刑罰法規がある。

捜査し、逮捕し、証拠を集める仕方については「刑事訴訟法」(昭和二三年法律一三一号)をはじめ、いくつかの法律がある。

警察官が、ある現象を見て、それが犯罪現象であるかどうかを判断するには、刑罰法規のどれかを思い出して実際に当てはめてみなければならない。そのとき、中心としての役割を果たすのが刑法である。

人は、共同生活をすることによって生活を成り立たせ、共同生活を維持《いじ》するためにルールを作った。ルールの中には重いものも軽いものもある。物心のついた人ならば、誰でも自然にわかるものもあれば、説明を聞いてみて、はじめてわかるものもある。

人は誰でも泥棒や人殺しが社会のルールを破る行為であることを知っている。しかし、ある道路を時速何十キロ以下のスピードで走ればよいかは、標識を見なければわからない。そして、その標識も変わることがある。このように誰でも自然に悪いことだとわかっている犯罪を「自然犯」といい、決められていることを知ってはじめてわかる犯罪を「法定犯」ということがある。法律等で、犯罪であると決めたことが犯罪になる。(2)

以上の区分は、一応のものであって絶対ではない。犯罪も世につれ悪質度に変化がでてくる。自然犯が法定犯と同じくらいの重味しかなくなり、逆に、交通違反の中のあるもののように、もはや、自然犯だと言いたいほど、悪質度の高まっているものもある。(3)

刑法は、主として自然犯を規定した法典である。刑法には人間社会が禁止する基本的な罪の記載がある。そして、それに対応する刑罰が決められてある。

刑法とは何か、と問われるならば、それは、罪と罰の法、基本的な犯罪とそれに対応した刑罰とを規定する法典である。(4)

二

人の生活は治安を前提にしている。

安全と秩序が保障されれば、人々はその上であらゆる活動を展開し、幸福を追求することができる。

そして、刑法は、人々に、何が秩序であるかを示してくれる。

ここにもし、犯罪人がおるとすると、被害者を中心に、人々は、そのけしからぬ犯罪人がどういう報《むく》いを受けるかを知ることができる。刑法は、まず、被害者や正義を愛する人々の犯罪によっておこされたストレスを解消する役割を果たしてくれる。犯罪によって侵害された正義が、最後に、どのように回復されるか、あらかじめ、刑法はそのプログラムを呈示しているのである（応報的正義）。

人々は、これを見てそれぞれの行動を慎む。犯罪への衝動は予防される（一般予防）。犯罪人はこれよりももっと身近である。犯罪人にはどういう報いがあるかは、刑法にあらかじめ呈示されている。そして、ここに呈示された刑罰が実現されることにより、犯罪人は懲《こ》りて二度と罪を犯したくないと思うようになる（特別予防）。

このように、刑法は、存在するだけで犯罪の予防の役割を果たしているのである。

さて、この刑法の内容を具体的に実現する者はというと、犯罪人と被害者のほかには、刑事司法の関係者がいる。裁判官・検察官・警察官がその主なる者である。

刑法は、これら司法関係者の行動の準則を提供している。それは、裁判規範であると同時に、検察官や警察官の行動の準則でもある。

警察官は、国民生活を乱す社会現象に対決してこれを犯罪と認定し鎮圧をする。この時、何が犯罪であるかの物差《ものさし》を刑法が提供してくれるのである。

二　刑罰の目的

一　人はなぜ、人に刑罰を科することが許されるか。その理由を考えてみよう。

会社の社長がその社員をクビにしたり、王様が家臣を処罰したりするのを不思議に思う者はいない。それは、権力者が、自分の権力の下に支配されている人々を、支配の一環《いっかん》として処罰するものであるからである。

国家も権力をもって国民を支配している。だから国民を処罰することができる。人が人に刑罰を科することができる理由は、処罰する人に、権力があるかないかである。まず、こういう考え方がでてくるであろう。

しかし、これでは、人が人を処罰できる根拠にならない。なぜなら、そういう権力がなぜ許されるのか、説明されていないからである。

力のある者が権力を取って人民を支配するのだという考え方もあった。また、神に代わって支配を行うというのもあった。しかし、それは、国民主権の国については当てはまらない。

国家も何もない時を想像してみよう。殺人・強姦・窃盗等の被害者は、一体、どうするであろうか。自分で物をとり返すか、報復《ほうふく》をするか、泣き寝入《ねい》りをするか。いずれにしても自力で解決するほかはあるまい。

集落があったらどのようになるか。

アフリカ中部の高地に住むキクユ族は、それぞれの所有する家畜で償《つぐな》う習慣をもっている。そのための談合は、集落の長老たちで構成されるキヤマ（長老会議）で討議される。この時、考慮の対象になるのは、死なら死、傷害なら傷害という結果である。どう思って殺したか、つまり、犯行の動機や態様は問題にされない。そして、家畜を取り上げられる苦痛が刑罰になる。最も大切な物で償いをする。それが、キクユ族の刑罰である(5)。

肉体が最も大切だと思う所では、体罰が刑罰になる。償いは、犯人の肉体によることとされる。聖書によれば、古代人は、眼には眼を、歯には歯を、肉体の損傷は、肉体の同部位で償うこととされている。

このような償いには、当然、こらしめの意味もある。こらしめには、苦痛がともなう。刑罰は、どんなに美しい言葉で飾《かざ》ろうとも、所詮《しょせん》、人に対する加害であり、その人が享受《きょうじゅ》している法益を剥《はく》奪《だつ》しようとするものである。受刑には、激しい苦痛がともなう。苦痛は本人だけにはとどまらない。その家族も苦しみから逃《のが》れることはできない。

このように、財物でも、肉体でもかまわないが、ともかく、「償い」によって、犯罪の後始末をするということに、刑罰の目的を考えるヒントがある。

近代国家は、自力救済や、集団の決裁をある程度まで許しながら、最終的には司法機関で結論をだす。それは、昔から広く行われてきた「償い」を制度化したものと、一応は言うことができる。

二　「償い」を刑罰の中心にもってくることによって、人が人に刑罰を科する理由はある程度明らかになる。

キクユ族は、キヤマで、先例を頭におきながら討議する。近代国家は、裁判所で、法律や判例を根拠にして判決を下す。そこで下される決裁は、犯人に、そのしでかしたことに対する「償い」を命ずることである。別の言い方をすれば、したことに対する責任をとってもらうのである。

この「償い」という考え方は、人類と共に古い。我々の潜在意識の中には、好むと好まざるとにかかわらず「因果応報《いんがおうほう》」の概念がしみついている。人は、善いことには善い報いが、悪いことには悪い報いがあって当然だ、と思っている。「積善《せきぜん》の家に余慶《よけい》あり」という言葉もある。偉い人、すぐれた人は、いきなりは出ない。先祖伝来、積み重ねてきた徳があって、突然、その蓄積が実を結ぶことがある。刑罰は、かくて、悪行《あくぎょう》に対する悪果《あっか》である。人を苦しめた者は、自分でも責任をとって苦しまなければならない。国家は、そういう理法を、国民の全員に代わって実現するのである（応報刑主義）。

刑法は応報《おうほう》であるとすると、やがて、犯行と、それに見合った刑罰という考え方がでてくる。何もしてもないのに、ただ罰を受けるのが不正だとすると、犯行に比較《ひかく》して過度《かど》に重い刑罰を科するのも正義に反する。法律の女神ユスチチアは、その左手に天秤《てんびん》をさげている。正義は秤《はかり》で測られる。「応報」とは、した事に応じた報いであるから、報いの質量は、また、犯罪行為の質量に見合ったものでなければならない。ここに、一種のバランス感覚が生まれてくる。権力者がいて、憎《にく》い奴だ徹底的にこらしめよ、というのも応報ではあるが、バランスを欠いたこらしめ方をするならば、もはや、それを正義と言うことはできなくなる。応報は、あくまでも正義を実現するものでなければならない（応報的正義）。

それでは、応報的正義を実現するため、必要とされる配慮は何かというと、それは、犯罪行為とそれに対する刑罰が正確に見合うために、まず、犯罪行為の内容を、質量共に客観的に明らかにしなければならない、ということになる（客観主義）。
左の皿に刑罰をのせ右の皿に犯罪行為をのせる。そして秤にかけてバランスをとる。右の皿に何グラムがかかっているか、はっきりすれば、左の皿にのる刑罰の分銅も何グラムかはっきりする。

しかし、刑罰の方は、いくらでも加減できるが、犯罪行為の方は複雑な社会現象であるから、そのままでは秤にのりにくい。そこで複雑にからみ合っている諸要因をできるだけ整理し、洗練《せんれん》させて一種の「型」に凝集《ぎょうしゅう》させる。そして、それを刑法に書きとどめておけば、ある社会現象が、その「型」に当てはまるかどうかを見ることによって、直ちに、それに対応する刑罰を検索《けんさく》できるというものである。そして、対応する刑罰が、あらかじめ適正に選択されてあれば、応報的正義は、担当者の上手《じょうず》・下手《へた》に関係なく、客観的に実現されることができる。人権擁護は、とどこおりなく達成される。

かくて、応報刑主義・客観主義の流れは、やがて、日本刑法の中核にも座る「型」の理論すなわち「構成要件理論」にまで発展するのであるが、それには、新しい理論の台頭《たいとう》によるショック療法が必要であった。

三　応報刑主義・客観主義の考え方は、素朴な人間感情に根ざし、古代から中世、中世から近代へと、自然に形成され、次第に発展してきたものであった。

しかし、産業革命に始まる科学技術の進歩は、まず、社会を変え、やがて、人々の考え方にも、決定的な影響を与えるようになった。

人はまず、周《まわ》りの物を新しい眼で見なおしてみた。

そして、生き物も含めて、自然界は物質でできていることに気がつき、物質は、すべて因果律《いんがりつ》の下にあることを意識するようになった。因果律、すなわち原因結果の連鎖《れんさ》は、物質のすべてを貫《つらぬ》いている。眼を内に移してみれば人間とてもその例外ではない。人は生まれ、人は死ぬ。肉体を造る原素は、集まって人となり、やがて土に還《かえ》って原素にもどる。

人の精神作用はどうか。母の胎内で合成され、おぎゃあと生まれる。この時すでに父母祖先の素《そ》質《しっ》傾向を身につけている。やがて、肉体の成長につれ、周《まわ》りの刺激を契機に脳の配線を複雑にしていく。死と共に、すべてが停止する。

このように見てくると、人の意志というものが、ごく、頼《たよ》りなく見えてくる。もともと自由意志などというものが存在するのだろうか。

素質傾向性格のあらかたは生まれついている。後年成長するところがあったとしても、ほとんど環境のせいである。父母の庭訓《おしえ》だって環境の一種である。自分の意志で警察官を志望した。自由意志はある、と言ってから、よくよく考えてみると、たまたま叔父に警察官がいて、小さいころからカッコいいと思っていた、それが志望の動機になっていた。やはり環境のせいだと言われれば、そのように思えてくる。

そうだとすると、本人の意志で、あえて罪を犯した。だから責任をとってもらう、と、言い続けてきた伝統的な刑罰観は問題があるのではないか。犯罪は、犯人個人のせいばかりではないのだ。ありもしない自由意志に眼をつけて道義的主義をあげつらっても、なぜ、人が人に刑罰を科することができるか、一向に説明にならないではないか。

新しい学派は、旧《ふる》い学派に対して、このように、人間に着目し、人間それ自体を科学的に解明するところから、痛烈な反論を試みようとする。

人間に自由意志などはない。犯罪行為は、すべて、遺伝と環境の所産である。したがって、犯人に道義的責任を問うなどということは、ないものをねだるようなものである。

それでは、人に刑罰を科することはできないか、というとそうではない。人間は、寄《よ》り合って社会を形成している。社会には、これを存立させる共同目的があり、その目的達成のために必要なルールがこしらえてある。犯罪は、このルールによって守られている利益つまり「法益」を破るものである。破る者をそのままにしておいたら、善良な人々による社会生活の安全を保つことはできず、社会を成立させておく人々の共同目的は達成されないことになる。社会は、社会を危険に陥れようとする者から防衛されなければならない（社会防衛目的）。自由意志のない犯人に、道徳的責任を問うことはできないが、社会に対して責任を感じてもらうことはできる（社会的責任論）。社会にとって危険な者は、これを、社会から、隔離《かくり》して、罪を犯すチャンスをなくしてしまえばいい（社会防衛処分）。

隔離の年数は、社会防衛目的に照らして決めるのだから、犯罪常習者の危険性が存在する間、ということになる（目的刑主義）。いつまでたっても犯罪実行の危険性を帯びている者は、いつまでたっても刑務所暮しで、娑婆《しゃば》からは隔離されたまま、ということになる。

そして、危険性のあるなしは、客観的な標準があるわけではなく、本人の主観的性質に着目して決められる（主観主義）。

この考え方でいくと、刑の質量は、あくまでも、本人の危険性の存在の仕方による、と、いうことになる。しかし、それでは、近代の人権の考え方からすると、酷《むご》すぎる。わずかな泥棒でも、盗癖《とうへき》の消えない間は、刑務所へ入れておく、というのでは、被害者の側からすれば安心だが、入れられた本人やその家族にとっては、たまったものではない。

そこで、生じてくるのが、教育、という考え方である。刑務所は、一種の学校である。受刑者は生徒である。ここで、みっしり教育を受けることによって、危険性をぬぐい去り、一人前の社会人となって社会復帰をする（教育刑主義）。

以上の考え方を、「客観主義」に対して「主観主義」、「道義的責任論」に対して「社会的責任論」、「応報刑主義」に対して「教育刑主義」と言い、従来の考え方（旧派）に対して、新しい考え方（新派）であるとする。

前者を「古典派刑法学」、後者を「近代派刑法学」と言うこともある。

両派の論争はドイツに始まり、我が国でも、戦前、激しく争われた。(6)

四 素朴な伝統的考え方を骨子とする旧派の思想は、新派の衝撃《しょうげき》を受けて、自覚的に整理、再構成されることとなる。

そして、今、警察官が拠所《よりどころ》にする日本刑法は、旧派の客観主義を基調に、新派の開発した味の素《あじのもと》も加えて、一応の完成の域に達している。

犯罪は、やはり、人間の自由意志の所産としてとらえられる。窮極《きゅうきょく》のところはどうともあれ、今、現に、犯罪を犯そうか、思いとどまろうか、人は悩み、人は判断する。その際に意志が強いとか弱いとか個人差のあることは当然である。しかし、平均点の人が悩み、考える程度のところを標準にし、その時の決心や我慢の仕方をみて責任を問うのが酷だと考える人は、かえってひねり過ぎている、というのが国民の実感であろう。

逆にもし、個人の道義性を否定して、一切を危険性の認定と社会防衛処分にゆだねるとすると、個人の自由や人権がどうなるのか心配になってくる。当局が危険と判断する人間は、戦前のように予防目的で刑事施設に長く拘禁されたり、地球上のどこかの国のように、収容所列島の住人にされたりしかねない。

それよりか、犯罪行為とされる型、定型が定められていて、それに当てはまる行為だけが処罰の対象にされる方が、国民はずっと安心である。

かくて、定型説すなわち、「構成要件理論」が日本刑法の中核に座ることになる。

刑罰は、応報であると同時に教育でもある。教育効果を発揮し、早期に犯罪人の社会復帰を実現するためには、あらかじめ、与えられる刑罰が、犯した犯罪に質量ともに見合った適正なものである必要がある。

このような配慮の下に、精密に構築された犯罪構成要件を指標として具体的に生起する事件を判断し、刑罰を科する。

刑罰思想の主調は、かくて客観主義である。しかし、主観主義（新派）の考え方が随所に採用されることになる。

刑事施設での処遇が、こらしめから、社会復帰を目標にする教育を基調にするものになったのが、そのいい例である。

社会防衛の観点を入れて、覚せい剤中毒者を隔離治療する「保安処分」制度の実現も眼の前にぶら下がってきている。

要するに現代刑法は、刑罰の目的をめぐって激しく争われた過去の遺産をそっくり頂いている。そしてミックスして使っているのである。

三　罪刑法定主義

一　罪刑法定主義の意義　二　罰刑法定主義の実効性の保障

一　近代刑法の基本原理に「罪刑法定主義」というのがある。

文字どおり、罪とそれに対する刑罰は、法律で定まっていなければならない、というのであるが、なぜ、こういうことが言われ、そして、尊重されるようになったのか。

世の中には、こわい事がいくらでもある。中でも、全然《ぜんぜん》、身に覚えがないのに、いきなり秘密警察に連行され、行方不明者にされるとなったら、日常生活は安心できないものになるであろう。今の我々の生活からは想像もできないことであるが、人類には、そういう恐怖がつい先ごろまであったのである。ロンドンへ行くと、ロンドン塔という城が街から堀を隔《へだ》てて不気味《ぶきみ》に静まりかえっている。

昔、王様は、部下の一人が嫌《いや》になると、ほかの部下にひったてさせてこの塔に幽閉《ゆうへい》した。そして、まさかりで首をはねた。高い地位にある貴族でも、いつ、そんな目に会わないとは限らない。この不安が人々に、罰を受ける場合の条件をあらかじめ明らかにしておくことを思いつかせた。何が罪であるか。そして、何がその罪に対する刑罰であるか。それを明確にしておき、たとえ王様でも守らせるようにする。要するに「法律がなければ刑罰はない(7)」そういうことにしておかなければならない。そうすれば、人々は、法律を知り、身を慎むことによって生涯の安全としあわせを維持することができる。

この考え方は、年月をかけて、イギリスをはじめ、ヨーロッパやアメリカで育てられてきた。今では、ほとんどの文明諸国に採り入れられている(8)。

二　わが国が、この主義を採り入れていることは言うまでもない。「何人も、法律の定める手続によらなければ、その生命若しくは自由を奪はれ、又はその他の刑罰を科せられない(9)。」(憲法三一条)「法律の定める手続」が存在することによって人々の生命・身体・財産に対して刑罰としての侵害が加えられる筋道が明らかになる。そして、その筋道が、「法律の定める」ものである、というところに安心がある。なぜなら、法律は、国民の選んだ議会で制定されるものだからである。議会で制定される成文の法律のみに力を与え、この法律はまた、厳格な改正手続で武装されている憲法(10)に反してはならない、とすることにより(成文法主義)、はじめて、罪刑法定主義が、実質的な意味を帯びてくるのである。そして、犯罪と刑罰について、その内容を成文で示す刑法の存在が、国民生活の平和と安全の保障にとって、欠くことのできないものであることが理解されるのである。

さて、議会で作られた法律によってのみ、犯罪と刑罰が提示されるのだとしても、それだけでは次のような問題を解決することはできない。それは、法律さえあればいいのか、ということで、ある人を刑事施設へぶち込むために、政敵がより集まってその人の過去の言動を処罰する法律を作るということである。これでは、狙《ねら》われた人は助からない。

そこで、罪刑法定主義の保障を確かなものにするためには、さらに、過去の言動を、事後に作られた法律によって処罰してはいけない、ということにしなければならない。それでこそ、はじめて国民は行動を予定し、刑罰にかからない生活を設計することができることになる(法律不遡及《ふそきゅう》の原則)。

憲法は、その第三九条に、「何人も、実行の時に適法であった行為又は既に無罪とされた行為については、刑事上の責任を問はれない。……」（憲法三九条前段）という規定をおいている。

以上で、法体系としては万全を期したことになる。しかし、罪刑法定主義は、まだ完全になったとは言えない。なぜか。

それは、法文の解釈を曲げる問題があるからである。とくに、解釈で幅を広げて、本当は犯罪でも何でもないものを取り込んでくるとしたら、刑法の周辺にある諸活動は、常に不安定のままでおかれることになる。

すなわち刑罰法規は、国民の日常生活の行動の準則になるものであるから、それは明確に書かれ、勝手な解釈によって曲げられる余地の少ないものにしておかなければならない。それでも、なおかつ理屈はつけようだ、となるおそれがあるのである。

現に、代表的な独裁国家、ナチスドイツ(11)や、ソビエト連邦においては、処罰したい行為がそこにあると、ずばり、その行為を処罰する法律がなくても、近いものをもってきてあてはめてしまう。権力者が処罰しろ、と言えば、どこからでも似て非なる法律をもってきて、こじつけてしまう。

法律にひっかからないように、その行為の軌道修正に努めている者の意思も努力も、権力者の前には、朝日の前の霜のようにはかない。

民主的国家では、そういうことのないよう、刑罰法規の解釈は厳格であり、類推《るいすい》や拡大《かくだい》を許さない、という原則が欲しくなるのである（類推解釈の禁止）。

以上の諸原則で武装されたとき、罪刑法定主義は、はじめてその働きを完全なものにすることができる。そして、罪刑法定主義の裏打ちのある刑法が、国民にその活動準則を明確に示すことになり、その生活を保障することになるのである（刑法の保障機能）。

このように、国家の刑罰権の実現には、細《こま》かい神経を働かせている。どのくらい神経質になるかが、文明度を表しているようなものである。

四　刑罰の種類

一　刑法と特別法　二　刑法典の構造

一　刑法のほかにも罪と罰を規定する法規はいくらでもある。

交通違反について書かれた「道路交通法」（昭和三五年法律一〇五号）はその代表的な例である。立ち小便のような軽罪をまとめた「軽犯罪法」（昭和二三年法律三九号）もある。そのほか、お役所がその行政上の目的を達成するために、いろいろな法律に罰則をつけている。

しかし、何と言っても、刑法がその中心にあることは言うまでもない。同じ犯罪でも、刑法に触《ふ》れる行為を「刑法犯（固有の刑罰法規）」と呼び、その他の刑罰法規に触れる行為を「特別法犯（行政刑罰法規）」と言って区別するのがならわしである。[12] それぞれ刑法に違反した犯罪、特別法に違反した犯罪という意味である。

特別法の中には、比較的重い犯罪と、ほんの形式的な軽い犯罪とがある。重い方の代表には「暴力行為等処罰ニ関スル法律」（大正一五年法律六〇号）や、「盗犯等ノ防止及処分ニ関スル法律」（昭和五年法律九号）等がある。これらは、行政犯的処罰法規というよりはむしろ刑法典を補充するものとして大切である。「爆発物取締罰則」（明治一七年太告三二号）や、「火炎びんの使用等の処罰に関する法律」（昭和四七年法律一七号）なども、過激派対策上見逃せない法律である。また、平成になってから幾つかの法律が作られている。

さらに、特別法の中には、地方議会で作る「条例」も含まれている。都道府県や市町村（地方公共団体）は、その仕事上必要な条例を制定し、その条例には、罰則をつけることが許されている[13]（地方自治法一四条）。たとえば「東京都青少年の健全な育成に関する条例」（昭和三九年都条例一八一号）を見ると、知事が指定した書や映画を青少年に見せることが罰則をもって禁止されている。

二　刑法典は、二編に分かれ、第一編に「総則」、第二編に「罪」を規定している。

「総則」は、刑法典全体に共通する原則を定めたものであるが、単に、刑法典だけではなく、特別法にも共通する原則として、用いられることとされている。

人の罪をはかり、刑罰を科する物差《ものさし》は、単純明瞭であるのが一番良い。大筋《おおすじ》をきちんと一本化して、必要に応じて例外を作るのが、最も利口なやり方である。

刑罰法規も、それは、それぞれ目的に照らして千変万化したいのはやまやまであるが、そこは自制して刑法総則の統制に服し、共通の原理原則による方がわかりもいいし、間違いも少ない。

こういう考え方を明らかにしたのが、刑法第八条（以下刑法については単に条文のみを掲げる。）の規定である。

第八条（他の法令の罪に対する適用）　この編の規定は、他の法令の罪についても、適用する。ただし、その法令に特別の規定があるときは、この限りでない。

刑法の規定は、明治四〇年（一九〇七年）に制定されたものであるから片仮名文語体《かたかなぶんごたい》で読みづらかったが、一九九五（平成七）年に口語体に改められた。それでも読みづらさは変わらない。しかし、警察官は、商売道具だから慣れなければならない。

ここで「本法」というのは刑法典のことであり、「他の法令の罪についても、適用する。」というのは、特別法にもまたこの総則を適用しますよ、ということである。「ただし、その法令に特別の規定があるとき」というのが、例外のあることを宣言した部分である。

何しろ刑法総則の原理原則は、網の目のように緻密《ちみつ》に構成された構築物であるから、その適用に当たっては当てはめられる方が、よほどこれに調子を合わせなければならない。

しかし、行政目的は複雑であり迅速を要し、画一《かくいつ》性統一性がとくに重んじられる世界である。人に刑罰を科するのだから、できるだけ、刑法の原理原則に従うのがいいことはわかっているが、それで、重箱の隅《すみ》に足をとられていては、画一平等に行政効果を浸透《しんとう》できない場合がある。だから、例外にしてもらう。ただし、その法令に特別の規定をおいて、そのことを断《ことわ》っておくのである。

行政目的の達成が、刑法の原理原則に優先する場合があることを認めるとすると、特別の規定がなくとも、合目的的にそういう扱いを必要とする場合のあることもまた承認しなければならない。

行政法規の中には、特別の規定がないのに、解釈によって刑法の原理原則を排除《はいじょ》しようとする場合があり、判例はそれを認めているのである。(14) 判例は、裁判の結果であり、その積み重ねが、実務を指導する役割を果たしているから、警察官はこれを重視しなければならない。

第二編の「罪」には、現在、削除された「皇室に対する罪」を別にすると、四〇種の罪が規定されている。

罰は、どこに規定されているかと言うと、それは、各条の後段に書かれている。たとえば、

第一九九条（殺人）　人を殺した者は、死刑又は無期若しくは五年以上の懲役に処する。

を見ると、「人を殺した者は」が前段、「死刑又は……」が後段であり、後段は、前段の犯罪行為に対する刑罰として、対応して書かれていることがわかるであろう。罰に関する共通事項も、当然のことながら、総則にその規定がある。

次に、どのような種類の罪があるか概観してみよう。

警察官は、個人の生命・身体及び財産の保護を責務としている（警察法二条）。その保護の対象になっている個人の生命・身体及び財産は、いずれも、人が生活をする上で、欠かすことのできない大事な価値である。それは、法律で保護される価値であるという意味で、「法益《ほうえき》」と呼ばれることがある。

人は、この法益を犯すことがあり、その犯し方にいろいろある。そして、その犯し方が、刑法四〇種に代表される物差《ものさし》に当てはまれば、その当てはまった条文の後段に規定する刑罰を科せられるということになる。

たとえば、ＡがＢを殺したとする。刑法四〇種の物差のうち、「第二六章　殺人の罪」が登場して、Ａの行為を測る。当てはまれば、Ａを捜査し、逮捕し、裁判にかけ、処罰の結論を得なければならない。すなわち、「人を殺した者」（この際はＡ）は、「死刑又は無期若しくは五年以上の懲役に処する」必要がある。

ＣがＤを殴って、けがをさせた場合について見よう。「第二七章　傷害の罪」が物差になる。「人の身体を傷害した者は、十五年以下の懲役……」と書いてある。「人の」はこの際、「Ｄの」と読み替えることができる。「Ｄの身体を傷害した者」はＣである。Ｃは「十五年以下の懲役……」に処せられなければならない。

財産の保護に関しては、「第三六章　窃盗及び強盗の罪」を代表として、詐欺・横領等各種の罪が規定されている。

警察官のもう一つの責務「公安の維持」[15]に関するものを次に見てみよう。「第二章　内乱に関する罪」は、その代表的なものである。警察官は、憲法を頂点とするこの社会の枠組（フレームワーク）すなわち法秩序の維持に任じている。「第三章　外患に関する罪」以下「公安」に関する規定は、警察官のそうした秩序維持の働きをする根拠である。「第五章　公務の執行を妨害する罪」は、警察官の職務執行に最も身近なものの一つである。

五　刑罰法規の適用範囲

一　人間に寿命《じゅみょう》や働き場所があるように、法律もその効力の認められる始めと終り、効力の及ぶ場所がある。

学者は、前者を「時に関する適用範囲」、後者を「場所に関する適用範囲」としている。この適用範囲は、いよいよ、ある刑罰法規をある事件に当てはめようというとき、考慮の対象として浮かび上がってくる。

違反だな、と思っても、それは、今の時点の判断であって、問題の行為が、一体、いつの時点になされたものか、また、どこで敢行《かんこう》されたものか、厳密に考察をしてみなければならない。法律があっても、果たして生きて効力を発揮しているものかどうか。法律は国会で議決され、官報で公布されても、「施行《しこう》」がいつからか、つまり、始動がいつの日かによって有効に使用していいかどうかが決まる。施行が四月一日であれば、その法規によって処罰できるのは、四月一日の午前〇時以降の事件である。廃止が一二月三一日だとすると、一月一日の午前〇時以降の事件は、その刑罰法規の対象外になる[16]。

刑罰が変更されて軽くなったり重くなったりすることがある。その場合は被告人の利益になる軽い方が適用されるのが法の常識である。

二　場所に関する適用範囲を見ると、日本国内に日本刑法があまねく適用になることは何人も意義をさしはさまないであろう（一条一項）。日本領土の上であれば、外国人であっても適用の対象になる（属地主義）。航空機や船舶も日本に籍のあるものは、日本領土の延長として考えられている（一条二項）。それらの上で行われた犯罪は、外国にいるときであっても日本の国内の犯罪と同視される。「日本国内」とは、領土・領海・領空内のことであるが、その範囲は別に法律で決められている[17]。

日本人が外国で罪を犯したらどうなるかについても考えておかなければならない。たとえば、日本人がアメリカで人殺しをすれば、アメリカの警察につかまり、アメリカの刑務所にぶち込まれるのは当然であるが、日本へ帰ってきたときは、日本の警察が、これをほうっておいていいか、という問題である。アメリカの刑務所で十分刑をつとめてきたときは考えようもある。日本人同士のけんかで日本人が被害者だ、と、アメリカとしては、アメリカ人の税金で刑務所におくのはもったいない、という考え方がでてくる。国外追放ですませるかも知れない。さて、そうなって日本へ帰ってきた人殺しを、日本の警察が処理しなかったら、その犯人は、何の処罰も受けないですむことになる。殺し屋を開業して旅行中の日本人を被害者にすることが商売になるおそれがある。

そういう不都合が許されないのは当然のことである。日本警察は、国外の犯罪といえども、それが一定の重要な犯罪である場合は、犯人が日本人なら、国外犯として処理し（属人主義）、外国人の場合は、国を危《あや》うくする特定の罪についてはその外国人も処罰の対象にすることとしている（保護主義）（二条・三条・四条・五条）。

警察庁刑事局組織犯罪対策部国際捜査管理官を窓口として、国際刑事警察機構（ＩＣＰＯ）[18]や、逃亡犯罪人に関する外国との取決めを活用して仕事を進めることになる。

三　次に刑罰法規は、すべての人に平等に適用されるのが原則であるが、例外として対象外になる特権者がいるから注意をしなければならない。

その代表は、外交官である。ブルーの(外)ナンバーの自動車に乗っている連中である。日本国憲法によれば、何人も、法の下に平等でなければならないが、外交官については、国際的に長い間かかって作られた慣行があって、各国ともそのような扱いになっている。うっかり取締りの対象にすることのないよう注意を要するのである。(19)

四　刑罰法規が廃止されると、廃止後の行為が、これによって処罰されることのないのは当然であるが、まだ、その刑罰法規が生きていたときの違反行為は、廃止後の時点でどのような扱いを受けるか。

その行為の当時は、その刑罰法規があったのだから、処罰されるのではないか、と考えられそうである。

ところが、処罰しないのである。

もし、処罰を必要とするものであれば、廃止を決める際に「廃止前にした行為に対する罰則の適用については、なお従前の例による。」という規定が作られることになっている。これのない場合は処罰をしない、というのは、被告人の利益を優先的に考える近代法の現れである。

ところが、これに対しては例外がある。それが「限時法」の問題である。

限時法というのは、文字どおり、時を限っている法律である。いつから廃止されるか、あらかじめ、その寿命が公開されている法律である。

限時法は、廃止の時期がきて廃止されても、廃止前にした違反行為を処罰することとされている。

それは、突如《とつじょ》廃止される場合と違って廃止の時がわかっている。すると、駆《か》け込み違反という現象がおきるおそれがあるからである。明日から定期券が値上りする、という時の駅の行列を見よ、犯罪の世界で、今のうちに違反しておけ、ということが許されるはずはない。

都道府県の公安委員会がする交通規制で、ある時、ある場所を限って、たとえば、駐車禁止をするようなことがある。また、駐車禁止区域の指定が解除されることもある。この場合、もし、行為時は禁止されていたが、裁判時には変更されていたから、処罰はできないかというと、この場合は限時法的性格を認め、その場所が、行為の当時駐車禁止区域であった事実がはっきりしていれば、処罰ができるとされるのである。(20) 後日、その場所が駐車禁止を解除されたとしても、その違法性に消長《しょうちょう》をきたすはずはないからである。

刑罰法規そのものは廃止されないが、刑罰だけが変更されることがある。

この場合は、新旧いずれの刑罰を適用するかが問題となる。

ふつうは、「新法は旧法を破る」という法原則によって、後から変更された新法の方を重んずるのが法律の常識であるが、刑罰法規の場合は別の原理によるのである。

それは、被告人の利益の優先ということである。刑法には次の明文がある。

第六条（刑の変更） 犯罪後の法律によって刑の変更があったときは、その軽いものによる。

新法でもなければ、行為時の旧法でもない。どちらでもよいから、刑の軽い方を適用するという原則である。(21)

五　日本人は集団能力に長《た》けた国民である。

近代刑法は個人を主体として構成されている。しかし、集団の枠としての会社が何らかの犯罪を犯すことがないであろうか。

それこそ、社長以下一糸《いっし》乱れぬ統制の下に、たとえば、談合罪を犯した、横領罪を犯した。また、詐欺をやったということがあり得ないわけではない。

しかし、刑法には当てはまらない。新しく法人を主体とした特別類型でも作れば格別、現行法の下においては、法人は「行為」をすることができない。

「行為」とは、自発的意思にもとづく身体の動静であるから、法人には、この身体の動静を認めるすべはない。つまり、犯罪能力を欠いている。

外見上法人の違法行為と見える場合は、それは、代表者や従業者が、法人の業務に関して違法行為をしたというに過ぎない。

したがって、まず、実行行為をした代表者や従業員をおさえ、その後、その違反行為の責任を法人に転嫁するか、監督不行届という別の責任を構成するか、ということになるのである。

それも、刑法ではなく、主に行政的な法律の中で特別規定がおかれているのが一般である。その代表は、「人の健康に係る公害犯罪の処罰に関する法律」（昭和四五年一二月二五日法律一四二号）（以下「公害罪法」という。）の第四条は「法人の代表者又は法人若しくは人の代理人、使用人その他の従業者が、その法人又は人の業務に関して前二条（公害物質たれ流しの故意犯と過失犯）の罪を犯したときは、行為者を罰するほか、その法人又は人に対して各本条の罰金刑を科する。」と規定している。

「法人又は人」というのは、株式会社等か個人企業か、事業主のことである。したがって、その「代理人」は代表取締役等の代表者、「使用人」は工場長、「従業者」は現場の技術者をさす。

これらの個人が業務上必要な注意を怠って、工場又は事業場における事業活動に伴って、人の健康を害する物質を排出し、公衆の生命又は身体に危険を生じさせた者（公害罪法二条一項）は、事業主である法人に三〇〇万円以下の罰金刑を科することができる。過失による場合なら二〇〇万円以下の罰金である。

この種の法人処罰規定の代表は、法人税法・所得税法等の各税法違反、外為法違反、労働基準法違反である。麻薬及び向精神薬取締法（昭和二八年三月一七日法律一四号）の第七四条も一定の麻薬犯罪につき、行為者を罰するほか、その法人又は人に対しても各本条の罰金刑を科することにしている。

最近では、建設業法の判例が出ている。(22)

もともと判例は、犯罪主体が「……業を営む者」というように限定されている場合は両罰規定を適用するという立場だった。(23)

六　刑罰法規の適用と人権

一　謙抑主義　二　警察官と法令の解釈

一

近代国家においては、その文明度が高くなればなるほど、国家の刑罰権の行使に歯止めがかかってくる。

それは、原始自然状態から出発して大きな集団になるにつれて、まず、力あるものの専断《せんだん》の世界になり、やがて人知の開発につれて底辺の大衆の人権を重視する傾向に変わってきた歴史の流れと無関係ではない。

君主を頂点とするピラミッドが、徐々に、多元的な大小集団の集合体社会に移行していく。大も小も、平等にその権利を主張できる社会が作られていく。そうなると、最大の集団である国家も、大小の集団や個人に対してその権力を主張する仕方に遠慮がでてこなければならなくなる。国は謙《けん》遜《そん》でなければならない。

国家権力が、国民に対して、端的《たんてき》に物理力を発揮するのは、その刑罰権を実現するときであるが、刑罰権の行使は控え目に、最後の切り札として、他の犯罪抑止、制裁の手段がない場合に限ってなされるべきであるという主張が、最近とくに顕著になってきたのはそのためである。刑罰権の行使には抑制が働かなければならない。

この主張は、「刑罰の謙抑《けんよく》主義」と言われている。

なるほど、現代の日本人は、大小さまざまな集団に所属している。昔の「集落」が、今では、「会社」や「官庁」になっている。集落には掟《おきて》があって破る者は「村八分《むらはちぶ》」にされた。未発達の農村閉鎖社会においては、その所属する村から追放されることは、たちまち、窮迫流浪《きゅうはくるろう》の難儀《なんぎ》を意味した。集落民の犯罪意欲が、これによって有効に抑止されていたことは想像に難《かた》くない。

会社や官庁にも内部の規律がある。規律違反に対しては、「免職」を最高に、段階的な処分の体系がある。日本の社会は、年功序列型で転職昇進のチャンスが少ないから、クビは、おそろしい生活への脅威《きょうい》である。自然、違反抑止の効果は、相当に高いものがあると言わなければならない。銀行等で、行員のつかい込みがあった場合に、警察に届け出ないで内部処理ですますことの多いのは、銀行の対面維持のためばかりとは言えないのである。

もし、警察官が、クビになった元銀行員を知り、つかい込みの風評を得た場合に、何がなんでもその犯罪を摘発処理しなければならないか、というと、ここで、先の「謙抑主義」が頭をもたげてくる。

社会秩序を維持するために、これを破壊する犯罪行為を取り締まり、刑罰によって制裁を加え、刑事施設で矯正《きょうせい》をはかる。しかし、もしその男が初犯であり、銀行をクビになってこりにこりているとすれば、何のために刑事施設に送り込む必要があるか。本人の更正と社会復帰のためには、かえってマイナスになるかも知れないことを、なぜ、税金をつかってあえてしなければならないか。確かに、これを犯罪とみる法律はある。しかし、何がなんでもこれを摘発しなければならないのかどうか。謙抑主義というのは、こういう場合に働く判断の基準である。

何でも重く処罰すればいいというわけではない。刑罰以外の手段があって、それが、犯罪抑止や制裁の効果をある程度実現していたとすれば、たとえば、会社をクビになり、本人もこり、知っている周りの人々も、天罰てき面であると思っているとしたら、それ以上の刑罰は止めようというのが謙抑主義である。かようなケースの場合、もし、警察官が捜査し、検察官に送っても、検察官は、これを起訴しない場合が多いと考えられるのである。

世の中には、警察に摘発されていない多くの犯罪があったとしても、もし、その犯罪による波紋がすでに鎮静しているとすれば、それはそれで十分であるという評価をすることができるのである。

二　罪刑が法定され、警察官をはじめ国の司法機関が法規の運用に当たって謙抑主義の原則に忠実であれば、人権は保障され、国民は安心して生業に従事することができる。

ところで、罰刑が法定されていても、もし、警察官をはじめ国の司法機関が、法規の解釈に当たって恣意《しい》をさしはさむとしたら、保障を全《まっと》うすることはできないであろう。

まず警察官が、事件にぶつかって、それを解決する仕事の順序を考えてみよう。

はじめにくるのは、対象になる事件の事実は何かである。現場の捜査から始まって、証拠によって明らかにしていく（事実認定）。次に、その犯人を逮捕し処罰するのに適当な法令は何か、その発見と検討が行われる（法令の選択と解釈）。そして、最後に、認定された事実と、検認された法令のドッキングが行われる（法令の適用）。

このように、警察官の事件処理の真ん中に、法令の選択と解釈が座っている。仕事の仕上げが法令の適用であるから、事実を固める初期の段階に、早くも、法令適用の見通しを立て、それにそった事実固めをしていかなければならない。警察官は、法令の解釈によって得られた法令の意味内容を道案内に、捜査の仕事を進めていく。

問題になるのは、解釈のし方である。多くの重要犯罪については、すでに、先人の積み重ねもあり、学説も判例もほぼ完備しているから、警察官は、とくに、判例を中心に解釈内容を学習すれば足りる。

問題は、かえって、軽微な犯罪の場合である。この場合は、事件にぶつかった警察官がまず、解釈を強いられることがある。いかなる態度を基本にすべきか。

答えは、すでに学習済である。罪刑法定主義があり、類推解釈禁止の原則があるのだから、できるだけ文字にそって厳格に解釈（文理解釈）しなければならない。また、謙抑主義ということもある。刑罰法規にひっかかっているからといって、そのすべてを検挙の対象にするのが正義か、しないのが正義か。

要は、国民にとって何が利益か、ということに帰着する。社会には、刑罰以前のいろいろな制裁があり、それが円滑に作用している限り、刑罰の実現は、できるだけ差し控えるようにする。言い換えれば、刑罰は、必要悪として用いるという態度で、解釈適用の判断をするようにすればよいのである。

（1）　金子仁洋「新版　警察官の刑事手続」（東京法令出版）、第一章第三節（刑事手続の進行過程）、第七章第一節二（捜査と採証）を参照されたい。

（2） たとえば宮崎清文「条解道路交通法」四四二頁は、「免許証の交付を受けてさえいれば、たとえそれを携帯しないで運転してもなんら危険はないにもかかわらず、とくに運転者に常時これを携帯させ、さらに一定の場合にこれを警察官に提示させることにより、その者に自己の運転資格を証明すべき義務を負わせ、さらにこれを罰則で担保することによって運転免許制度の実効性を確保しようとしたわけである。」と説明している。

（3） 自然犯と法定犯の区別は絶対的なものではなく、時代によって相互に混じり合う。

藤木英雄「刑法講義総論」四四頁は、「たとえば、交通ルールについて車両を右側通行とするか左側通行とするかはどちらでなければならない、ということではなく、ただ、どちらかに決めたらそれを厳守することが要求される、という意味で、『禁じられたがゆえの悪』の典型である。しかし、この区分もあらゆる場合に妥当する決定的な基準とはなりえない。法定犯の自然犯化ばかりでなく、自然犯の法定犯化というべき現象があることは、すでに述べたとおりである。」としている。

自然犯のことを「固有の刑罰法規」、法定犯のことを「行政的刑罰法規」ということがある。自然犯と法定犯の実質は時代と共に変わるのでこのような形式的区別は、あまり意味がない。

（4） 刑法の意義については、諸家ほとんど一致しているので、左に代表一例のみを掲げる。

団藤重光「刑法綱要総論」（創文社）三頁は、「刑法は、犯罪と刑罰とに関する法である。それは、犯罪の要件を定め、これに結びつけられる法的効果としての刑罰（ないしは保安処分）の内容を定める法の一部門である。」とする。

（5） アイザック・ディネーセン、横山道子訳「アフリカの日々」（晶文社）一一〇頁～一一四頁

（6） ドイツでは、フランツ・フォン・リスト（一八五一～一九一九）が新派の創始者とされ、一八八二年、彼がマールブルグ大学でした開講の辞「刑法における目的概念」が論争の火ぶたを切ったとされている。この衝撃を受

けて旧派の方も、それまでの素朴な理論に武装を加えて天下を二分する大論争に発展する。この派の代表は、ビルクマイヤー（一八四七〜一九二〇）とビンディング（一八四一〜一九二〇）であった。

我が国では、新派を代表して東大の牧野英一博士、旧派を代表して同じく東大の小野清一郎博士が相対峙し、大相撲の優勝をかけた横綱対戦のように天下分け目の大論争になった。

(7) 団藤重光「刑法綱要総論〔増補〕」（創文社）三一頁には、「『法律がなければ刑罰はない。法律がなければ犯罪はない……中略……』。罰刑法定主義（……省略……）は、フォイエルバッハのことばに由来するかような公式で表現される。これを歴史的にさかのぼると、イギリスのマグナ・カルタ（一二一五年）に淵源を求めることができる。この思想は、アメリカにはいって、フィラデルフィアにおける権利宣言（一七七六年）やメアリーランド州憲法（一七七六年）などを経て、やがて合衆国憲法に規定されることになった。」と紹介されている。

(8) 植松正「罰刑法定主義」（日本刑法学会編・刑法講座1所載）によると、「その淵源は一二一五年イギリスの大憲章（magna Carta）第三九節に求めることができる。これは、イギリス本国においては、いわゆる『適正な法定手続』（due process of Law）のもとをなしたものであることは言うまでもないが、もっと一般的に、諸国における罰刑法定主義の基本思想でもあるのである。

一二一五年の大憲章に始まる法定手続の保障は、その後イギリス本国において繰り返し確認されたことは言うまでもないが、その思想はアメリカに伝わって、一七七六年バージニア（Virginia）州の権利宣言第八条に取り入れられ、ついで一七八八年、アメリカ合衆国憲法第九条第九節第三項及び第一〇条第一項には、罪刑法定主義の一つの重要な派生原理とも言うべき刑事事後立法禁止の条項が置かれた。そして、やがて、一七九一年の同憲法修正第五条及び一八六八年の同憲法修正第一四条第一節には、法律の適正手続を保障する規定が置かれた。……中略……ヨーロッパ大陸法の系統では、一七八九年、フランス革命の人権宣言第八条が、『何人も、犯行に先立って制定され、かつ公布され、しかも適法にされた法律によらなければ罰せられない。』（仏文略）と宣言した。……中略……それは一八一〇年の刑法のなかに……成文化され、『どのような遺警罪、どのような軽罪、どのような重罪も、犯される以前の法律によって明言されていない刑罰をもって罰することはできない。』（仏文略）と規定された。これがフランスの現行刑法第四条の規定でもあり、ほとんど全ヨーロッパ諸国の刑法の範となったのである。」（二八頁）

これに対して「独裁国家が全体主義体制を確保するために個人の自由に大幅の制約を加えようとするところから、犯罪人の自由を保障しようとする罪刑法定主義の堅固な維持を拒もうとするものである。これは一九二六年のソビエト・ロシア刑法第一六条及びナチス・ドイツの改正刑法第二条によって代表される。その他にも、いわゆるソ連圏の国々には同種の立法例がある。」（中山研一、ソビエト刑法（昭和三二年）二六一頁注三九）

ソ連の右規定は、『なんらかの社会に危険な行為がこの法律に直接に規定されていない場合には、それに対する責任の根拠及び範囲は、その種類においてもっとも近似する犯罪を規定したこの法律の条項に従って規律される。』とする。ソ連では犯罪の定義がすでに漠然たるものであるうえに、きわめて一般的な条項による広汎な類推処罰を認めたものである。ナチスドイツ刑法の前記規定は言う。『法が罰すべきものとして明規する行為又は刑罰法規の基本思想及び健全な国民感情上刑罰に値する行為を犯す者は、罰せられる。もし、ある行為について直接に規定する刑罰法規がないときには、基本思想がその行為にもっとも近く適合する法規によって罰せられる。』と。

これらの規定は明らかに罪刑法定主義の否定を意味する。それは、たとえ個人の自由を踏みにじっても、国家の利益を優先させなければならないとする思想にもとづくものである。」（三二頁〜三三頁）

(9) 刑法には明文の規定はないが、大日本帝国憲法第二三条にその規定があり、罪刑法定主義の原則は「明文がなくとも……当然に刑法の基本原則として作用するものと解せられている。……中略……大日本帝国憲法が日本国憲法に変わってからは、憲法には法定手続の保障（三一条）のほかに遡及処罰の禁止（三九条）についての明文も置かれた。しかし、この明文をもたなくとも、その前から思想的には罪刑法定主義の原則が採用されていたのであるから、遡及処罰の禁止も、旧刑法以来、当然のこととして守られてきている。」（植松同右書三一頁）

(10)　日本国憲法は第九六条で、これを改正するには、両議員の三分の二以上の賛成で、国会がこれを発議し、国民に提案し、国民投票でその過半数の賛成を必要とすることとされている。日本国憲法については批判はいろいろあっても、余程の政治勢力の結集がない限り改正を実行することはできない仕組になっている。

(11)　ナチスドイツは、一九三三年に権力を掌握したドイツの政党、国家社会主義ドイツ労働者党による一党独裁体制をいう。ナチスは、大衆運動にのり、総選挙で第一党になり、党首アドルフ・ヒットラーが首相に任命された後、全権委任法（一九三三年三月）を通過させ、事実上一党独裁体制をしき、第二次大戦で負けるまで権力を握った。

その刑法は、独裁制政治体制の典型例として、ソビエト連邦刑法と並んで引用されることが多い。一九三五年改正によるドイツ刑法第二条は、「法律によって可罰的と宣言された行為、又は刑罰法規の基本思想及び健全な国民感情にしたがって処罰に値する行為を犯す者は、罰せられる。その行為に直接に適用される刑罰法規がないときは、その行為は、これに対してもっとも適切な基本思想をもった法規によって、処罰される。」としていた。

(12)　学者は、刑法典以外で刑罰を定めたものはすべて広義の特別刑法と呼び、爆発物取締罰則、暴力行為等処罰ニ関スル法律、盗犯等ノ防止及処分ニ関スル法律などは、刑法典を補充するもので、やはり自然犯の性質をもっているので、これを、狭義の特別刑法と呼んでいる。実務では、あえて、刑法の字を入れない方がはっきりするので、刑法犯・特別法犯と呼びならわしている。

(13)　刑法をのぞくその他の刑罰法規を洗いざらい総括して「特別法」ということにすると、条例のほかに「政令」又は各大臣の発する命令（「府令」又は「省令」など）も含まれてくる。これらの制定根拠は法律に明文があることとされ、それを、「法律の特別の委任があるとき」と言っている。政令も省府令も条例も、法律に違反することは許されない。

(14) 大判大正六年一二月一二日録二三・一三五七は、「特別ノ規定アル場合トハ明文ヲ以テ其適用ヲ除外スル場合ハ勿論縦令然ラサルモ所謂他ノ法令ノ規定ノ性質上其適用ヲ除外スルコトカ其規定ノ目的ヲ達スルニ必要ナル場合ヲモ包含スルハ論ヲ竢タサル所ニシテ」としている。

判例文は右のように難解なので、以下、要約趣旨を伝えることにする。原文に当たりたい場合は、直接判例集を利用することとされたい。

「『特別ノ規定アル場合』とは、明文があって第三八条第一項前段の適用を除外する場合はもちろん、明文の規定がなくても、その法令の規定の性質上、その適用を除外することが、その法令の目的を達成するのに必要な場合をも当然含まれる。」

(15) 金子仁洋「新版　警察官の職務執行」(東京法令出版)第一章第二節一(警察法二条にいう責務の内容)を参照されたい。

(16) 刑罰法規の効力は、施行に始まり廃止に終わる。施行については「法例」(明治三一年六月二一日法律一〇号)に規定がある。「法律ハ公布ノ日ヨリ起算シ満二〇日ヲ経テ之ヲ施行ス但法律ヲ以テ之ニ異ナリタル施行時期ヲ定メタルトキハ此限ニ在ラス」(法例一条一項)。たとえば、四月一日公布の法律は、施行期日について特別の定めがない限り、同年四月二一日の午前〇時から効力が発生するのである。公布の日から即日施行する旨の定めのある法律の場合は、その法律を掲載した官報が一般に発売頒布されるため、大蔵省印刷局から官報販売所等外部に向けて発送された最初の時点から発効するとされている(最判昭和三三年一〇月一五日集一二・一四・三三一三)。

(17) 日本国の領域には陸続きで外国に接する所がないので、外国との境は、海の線引きということになる。海の線引きについては「領海法（昭和五二年法律三〇号）」がある。その第一条を見ると、「我が国の領海は、基線から外側に一二海里の線……とする。」とある。「基線」とは、岬や河口等を結んだ線で、きまりがある。

(18) 国際刑事警察機構（International Criminal Police Organization）は、一九一九年に紀元があり、一九五六年現在の機構に成長した。二〇〇五年三月現在加盟国は一八二に達している。我が国は一九五二年に加盟し、警察庁を国家中央事務局にしている。ＩＣＰＯ（又はインターポール）と略称する。ＩＣＰＯについての文献には、ＩＣＰＯ日本国家中央事務局編「国際刑事警察機構―歴史と現状」（東京法令出版）がある。

(19) 例外としては、天皇、外国の元首、その家族及び日本人でない従者、信任された外交官・使節、その家族及び日本人でない従者、承認を得て入ってきた外国の軍隊などが刑法の適用を受けない（外交関係に関するウィーン条約（昭和三九年条約一四号））。なおアメリカ軍の軍隊の構成員及び軍属並びにそれらの家族については、日本国とアメリカ合衆国との間の安全保障条約第六条に基づくいわゆる地位協定第一七条に特別の規定がある。）。

(20) 最判昭和三七年四月四日集一六・四・三四五は、「バイクの二人乗り禁止を定めた県公安委員会規則の廃止は、刑の廃止に当たらない。」とした。

(21) 尊属加重規定をすべて削除した平成七年法律第九一号は、同法律附則二条一項本文但書で、尊属加重規定を特別扱いとしたため、適用すべきものは新法の方か、それとも旧法の方か、争いが生まれている。警察官としては、軽い新法を念頭において処理しておけばいい。

(22) 最判平成七年七月一九日集四九・七・八一三は、「虚偽又は不正の事実に基づいて……許可を受けた者」を処罰する建設業法四五条一項三号違反事件について、「許可を受けた者」を有限会社であると認定した上で、会社の代表者を両罰規定にかけている。

(23) 最決昭和五五年一一月七日集三四・六・三八一

第二節　犯罪成立要件

一　犯罪の概念

一　犯罪とは何か　二　犯罪成立要件

一　人は、もの心つくころになると、犯罪の知識をもつようになる。テレビに新聞に、犯罪に関する情報は、毎日のように人々に注ぎかけられている。だから、あらためて「犯罪とは何か」と問われると、かえって設問者の真意を疑いたくなる。人殺し、強窃盗、強姦、火つけ、詐欺、横領等、大ていのことは知っている。汚職のように難しそうでも、役人が金をもらえば悪いに決まっている、と、タカをくくることもできる。しかし、簡単に見えるのは、それが、しろうと判断をしているからである。プロとして立証事項をまとめて裁判所に判断させるには専門的に難しいことがいっぱいある。

事件にぶつかる。その事件に関係する事柄は雑多《ざった》である。そのうちのどれが、犯罪を成立させるため、決め手となる事柄（犯罪の成立要件）であるか。

犯罪は社会現象の一つである。たとえば、雷に当たって死んだという現象は犯罪ではない。それは、自然現象であり、人の行為を起動力とする社会現象とは区別される。

犯罪は人の「行為」によってひきおこされる。世の中には、禁止されていることがいろいろある。うそをつくな、友だちを裏切るな、というのも禁止であれば、殺すな、盗むな、というのも禁止である。しかし、前者と後者とでは決定的な違いがある。前者は、どちらかというと自発的に遵守するかしないか、人々の裁量にある程度まかせられているのに、後者は、刑罰によって強制されているからである。殺すなかれ、盗むなかれ、というのは、人類が共同生活を定着させたころからのルールである。それは、道徳の中でも、とくに重視される部類のものではあった。しかし、それらは、人々の自発的な裁量に主として依存するだけではなく、刑罰をもって担保することによって、その実効性を確保しなければならないとされている。

犯罪は、この種の禁止に違反して行為することである。すなわち、刑罰法規に違反する人の行為である。

刑罰法規に違反するということは、すなわち法秩序を破り、法秩序によって支えられている社会生活上の利益（法益）を侵害することである。又は法益に脅威を与えることである。つまり違法な行為である。

このような違法な行為をする者をほうっておくということはない。子供でもない限り当然、その責任を追及する必要がある。

二　しかし、違法な行為をした者の責任を追及するといっても簡単なことではない。具体的に発生した事件の種々雑多な事実の中から、犯罪の決め手になる必要な事実を選び出し、判断を加えるに当たっては何か物差《ものさし》が欲しいところである。

ここに「構成要件」というものの存在がクローズアップしてくる。

何が犯罪であるかは刑罰法規に書かれてある。しかし、それは、きわめて抽象的であり、圧縮されたものである。そこには、犯罪現象を砕《くだ》いて要素に整理し、洗練《せんれん》させて一種の「型」に凝集《ぎょうしゅう》したものがある。

犯罪は、この「型」に当てはまるものである。この「型」のことを「構成要件」と言っている。犯罪が刑罰法規に違反する違法な行為であるというのは、言い換えると、犯罪構成要件に該当する違法な行為である。

そして、犯人に責任をとって刑罰を受けてもらうこともまた、犯罪の大事な属性であるが、子供のように責任をとることを知らない者は、犯罪を犯した、と決めつけてみても仕方がない。

ここに、責任があること、有責性が犯罪の重要な要素として浮かび上がってくる。

これで言いなおすと、犯罪とは、構成要件に該当する違法・有責の行為である、ということになる。

この三要件、構成要件に該当すること、違法性を備えていること、有責性があること、を、犯罪の成立要件と言っている。

警察官は、事件があると、その事実の山の中からまず、構成要件に該当する事実を探し求める。そして、構成要件に当てはまれば、とりあえず違法性も備えている、と推定することにする。有責性も、子供や精神異常のように責任を負わせられない特別な事情でもない限り、あるものとして一件書類をまとめていく。中心要件はかくて構成要件である。

二　構成要件該当性

一　構成要件の構造　二　犯罪構成事実　三　該当すると充足する
四　実行行為　五　実行行為の変り種（不作為犯・間接正犯）
六　不能犯

一　刑法各本条の構成要件の特徴は、犯罪の種々相《しゅじゅそう》を写して、まさに、千差万別《せんさばんべつ》である。(1) しかし、いくつかの共通点をあげることができる。

具体的に、殺人罪と窃盗罪の構成要件をとり上げてみよう。

まず殺人罪。条文を見ると、

第一九九条（殺人）　人を殺した者は、死刑又は無期若しくは五年以上の懲役に処する。

この条文は、二手《ふたて》に分かれている。その一は「人を殺した」である。そして、その二は「……者は～に処する」である。その二の方は、犯人を捕まえたらどういう目に合わせるかが書いてある。構成要件として犯罪現象の特徴を圧縮しているのは、その一の方法である。

次に、窃盗罪を見てみよう。まず条文は、

第二三五条（窃盗）　他人の財物を窃取した者は、窃盗の罪とし、十年以下の懲役又は五十万円以下の罰金に処する。

まず、その一の構成要件に当たるところは、「他人の財物を窃取した」である。これが、殺人罪の「人を殺した」に当たるところである。

その二の刑に当たるところは「十年以下の懲役又は五十万円以下の罰金に処する」である。

この「人を殺した」というところ、また、「他人の財物を窃取した」という箇所が、それぞれ殺人罪又は窃盗罪のすべてを表しているのである。

「人を殺した」は、わずか五文字であるが、ある人が非業《ひごう》の死を遂《と》げたという社会現象を圧縮《あっしゅく》表現しているし、一方「他人の財物を窃取した」という一〇文字の中には、泥棒のあらゆる態様《たいよう》が取り込まれている。

「人を殺した」の中には、殺人犯（主体）、被害者（客体）の生命（被害法益）、たとえば、包丁《ほうちょう》で刺《さ》したこと（行為）、深夜であったこと（行為の状況）等々、ある殺人事件を構成する一切のドラマが込《こ》められている。

それは、乾燥《かんそう》して保存《ほぞん》された野菜《やさい》に似ている。

事件という水につけてもどせば、固型化《こけいか》した物が、複雑な葉脈《ようみゃく》を浮かしてくるのである。殺人罪で言えば、わずか五文字に圧縮されたものを、主体、客体、保護法益、行為の形態、行為の状況等々、具体的事件を構成する各要素に広げて見せることを「解釈」という。

そして、これらの要素を「構成要件要素」と言っている。

学者は、さまざまの角度から解釈を試《こころ》み、たとえば、殺人罪の構成要件は、こういう要素から成り立っていますよ、というようなことを指摘する。その成果が「学説」である。

また、裁判官は、具体的な事件の当てはめに当たって、あるいは構成要件の方をひねり、あるいは具体的事件の方を畳《たた》んだり伸《の》ばしたりして当てはめに苦労する。その成果が「判例」である。

学説と判例では、判例の方が実務的である。

警察官の拠所《よりどころ》になるのは、この判例の方である。

警察官は、判例によって裁判官の実務的な解釈を知り、これを指針として各構成要件の内容を知り、実際の事件に当てはめていかなければならない。

事件が発生したとなると、まず、現場には、構成要件に該当する「結果」が転がっている。そして、警察官は、その結果をひき起こした人の「行為」を推理し、さかのぼって犯人に到達する。このさかのぼる、ということが「因果関係」をたぐる、ということである（因果関係については本章

第四節二参照)。

「行為」があって「結果」が発生する。「行為──→結果」の関係は、「因果関係」で結ばれている。その行為がなければ、その結果もないはずだからである。(2)

かくて、構成要件は、多くの要素をかかえ込んでいるものの、大略次の三つの要素を骨格としている。

構成要件は、「行為」と「結果」と、その仲をとりもつ「因果関係」の三つの要素を有機的に結合したものである。

三要素は、それぞれ、「構成要件的行為」、「構成要件的結果」、「構成要件的因果関係」である。

二　警察官は、事件にぶつかると、その内容が、刑法に書かれた構成要件のどれに当てはまるか、判断しなければならない。そして、どれか、当てはまりそうな規定を中心に、事件を固めていくことになる。

警察官は、たとえば、犯罪の料理人である。警察官は料理を作ってお客（検察官・裁判官）の前に出す。メニュー（構成要件）は用意されているが、そのどれを本日の料理とするかは、材料（事件）次第である。

材料は、事件というかたちで向こうから転がり込んでくる。もちろん、知能犯事件のように、こちらから材料を求めて探し歩くこともある。しかし、それは、むしろ例外である。多くの場合は、まず材料を見てからメニューを選択する。

こうして、まず、大まかなメニューが選択される（構成要件の選択）。次に、そのメニューに適した材料を選《よ》り分ける（事実の当てはめ）。そのようにして選択された事実を、「構成要件に該当する事実」又は「犯罪構成事実」と言っている。「罪となるべき事実」と呼ぶこともある。(3)

警察官は、犯罪の結果から出発して事実をもとに犯人に迫《せま》っていく。そして、犯人を逮捕すると、その供述を得て、犯行の全ぼうを証拠で固め上げる。「犯罪構成事実」とは、証拠による裏付をもった事実関係である。

このように、構成要件の存在は、警察官にとっては、働きの道標《しるべ》である。警察官は、構成要件を知り、その各要素の細部にわたって知識をもち、事件にぶつかったら、それに当たる構成要件の各要素を磁石《じしゃく》にして、事実の山の中から必要な事実を選び出す。

警察官は、事件のすべての資料を、はじめに見ることができる。しかし、その中から、犯罪構成事実として拾い上げられるのはその一部である。

三　以上で一定の構造をもった構成要件と、一方それに当てはまる事実を中心に事実関係の大群があることがわかった。そして、警察官は、事実関係から出発してまず構成要件を選択し、次に犯罪構成事実を固める。

その作業工程を再掲《さいけい》整理すると、

第一工程は、事件の事実関係が、刑法に書かれた構成要件のどれに近似しているかを判断することである。殺人や窃盗の事件は比較的容易に判断することができる。

第二工程は、選択された構成要件の予想する構成要件的結果のワク内に、事実関係がすんなりはまるかどうかを調べる。たとえば、殺人事件であれば、人の死という結果が他殺であるか自殺であるかを明らかにしなければならない。

第三工程は、選択された構成要件の予定する構成要件的行為のワク内に、事実関係がスムースに当てはまるかどうかをみる。

たとえば、冬の寒い夜、家の前にうずくまっている人がいた。翌朝、戸を開けてみると凍死していたという事件で、そんな日に、家の中へ入れてやらなかったことが死の原因であるから殺人である、と、決めつけられるかどうか。寒い夜、うずくまる人を放置するのは、殺人の構成要件に当てはまるか、という検討をしなければならない。

第四工程は、第二、第三の工程で確認された行為と結果との間に、構成要件のワク内とみられる因果関係が存在するかどうか。たとえば、頭を殴《なぐ》られて救急車で運び込まれた人が、病院で、頭のけがではなく、持病《じびょう》の狭心症《きょうしんしょう》の発作《ほっさ》がでて死んでしまったとする。果たして、頭を殴《なぐ》った行為と、病院にかつぎ込まれて死んだ、という結果との間に、因果関係を認めることができるのかどうか。そういう検討をしなければならない。

このように、第一から第四にわたる作業を「当てはめ」の作業ということができる。この作業がとどこおりなく終わり、当てはめが完了すると、この事件は、選択された構成要件に該当《がいとう》することになる。

構成要件に該当することがわかると、それは、直ちに、違法性を推定することは前に述べた。構成要件該当性は、その上、有責性も多くの場合推定してしまうのである。

そこで、捜査の過程で作られる各種の書類は、逮捕状請求書にしろ、差押・捜索又は検証のための令状請求書にしろ、そこに記載される被疑事実の要旨には、構成要件に該当する具体的事実があれば、そのほかの記載はとくに必要とされていない[4]。

違法について、とくに触《ふ》れなくてもいいし、行為者の責任を明示する必要もない。ただ、当事者から違法性がないことの主張がなされたり、責任性に問題があったりする場合がある。その場合は、裁判で結着をつけるために、その関係の捜査も要求されることになる。しかし、それは、例外的な場合である。それは、構成要件が、本来、違法類型であると共に、有責行為類型でもあるからで

ある。(5)

「構成要件に該当する」という言葉のほかに、「構成要件を充足する」という言葉のあることを注意しておきたい。構成要件を容器にたとえると「構成要件に該当する事実」があっても、量的に、この容器を満たせない場合がある。たとえば、人を殺そうとしてピストルを射った。弾丸はそれて相手は死ななかった、とすると、人を殺すための構成要件的行為があるのに、人が殺害されたという構成要件的結果がない。犯人の行為は、構成要件に該当しているけれども構成要件を充足していない。と、こういう場合に言われる。犯罪構成事実をもって構成要件を完全に満たすことを「構成要件を充足する」というのである。(6)

構成要件に該当しても、構成要件を充足しなければ、犯罪を完遂《かんすい》した、すなわち、犯罪を仕遂《しと》げたとは言えない。それは、犯罪の未遂である。

殺意をもって人にピストルを打ち込む、という例のように、その犯行は万全であり、非難を十分に浴びるに値《あたい》するものであっても、肝心《かんじん》の相手が死ななければ、「人を殺した」と言うわけにはいかない。これを構成要件に該当はしている、しかし、充足していない、と言うのである。

この問題は、第三節で扱われる。

四　犯罪は人の行為である。したがって、犯罪を類型化したすべての構成要件の中心的要素もまた、行為である。

人は、頭の中で何かを意欲する、そして、行動に移る。それが、人の行為である。そして、その行為が、ある構成要件に該当するとき、それは、「実行行為」という言葉で表現される。

警察官は、昔、人の頭の中にまで立ち入って、その考えているだけのことに干渉《かんしょう》しようとしたことがある。そして、危険思想の持ち主だと思うと、いつまででもその身体を拘束した。現代では、そういうことは許されない。人は、何を考えようと自由である。ただ、その考えを実行に移したとき、それが構成要件に当たるか当たらないかを問題にする。

それは、次のように言うこともできる。

人の内心の意思は行為ではない。そして、行為というからには、それは、内心の意思が一定の欲望にまで高まり、ついにそれが爆発して何らかの身体的動静にまで発展しなければならない。動静というのは、動いたり静まったりすることである。

人はまた、自発的意思によらないでその身体を動かすことがある。

人は、物が飛んできてぶつかりそうになれば、身をひるがえして避けようとする。寝ぼけて夜中に動き回る夢遊病者《むゆうびょうしゃ》というのもある。凶器をつきつけられたため、どうしようもなく、やむを得ず言いなりに動くこともある。それらに共通して言えることは、その動静は、自発的になされていない、ということである。それらは、犯罪の実行行為と言うには当たらない。「実行行為」とは、構成要件に該当する行為である。それは、人間の自発的意思にもとづく身体の動静である。刑法はこのことを明らかにしている。

第三八条（故意）　罪を犯す意思がない行為は、罰しない。ただし、法律に特別の規定がある場合はこの限りでない。

前段でいう「罪を犯す意思がない行為」というのは、自発的意思にもとづかない行為をいう。「罪を犯す意思」は、犯罪に向けられた自発的意思であり「故意《こい》（犯意《はんい》）」とも言われている。これの詳しい内容は後述する（本節四の二）。

「人を殺した」も、「他人の財物を窃取した」も、みな、自発的意思を前提として規定されている。それは、それぞれ、「自発的意思にもとづいて」「人を殺した」であり、「自発的意思にもとづいて」「他人の財物を窃取した」と読み替えることのできるものである。そして、自発的意思にもとづかないで、「人を殺した」は原則としてあり得ない。

ただし「法律に特別の規定がある場合」は別である。それが、過失のある場合である。それは自発的意思にもとづいていない。しっかり考えてはいないが、うっかりしていた。

そして、殺人や傷害のように、過失だけでも許しておけない場合は、「法律に特別の規定」をおいて、過失を処罰する旨を明らかにしておく。第二八章におかれた第二一〇条は、「過失により人を死亡させた」という規定になっており、傷害については、「過失により人を傷害した」（二〇九条）の規定がある。これらは、第三八条第一項ただし書の「法律に特別の規定がある場合」であるから、自発的意思が欠けていても、処罰されることになる。

五　一口に人の行為と言っても、いろいろの種類がある。一定の意思を実現するため、積極的に、自発的に外界に働きかけていくのは行為の代表とも言うべきものであるが、逆に、何もしないで、一定の効果が現れていくのを見守る態度もある。何も知らない第三者が知らずにすることを利用する場合もある。そのように、明らかに、実行行為であると、言い切ることのできる現象の周辺には、それが、果たして実行行為と言えるかどうか不明の部分がある。それらが、犯罪の実行行為と言えるかどうかは、その行為形態が、構成要件に該当すると言い得るかどうかにかかっている。たとえば、赤ん坊を殺すのに、その首を絞《し》めるという行為があるが、また、乳を飲ませない、という方法もある。この乳を飲ませない、何かをしない、ということを「不作為《ふさくい》」といい、積極的に何かをする「作為《さくい》」に対して用いられている。作為は、何かをしでかすことが非難されるのであるが、不作為は、何もしないでいる、ということが非難の対象になる。そして、その不作為が構成要件に該当するとき、赤ん坊殺しの例で言えば、乳を飲ませない、という行為が、「人を殺した」に該当するとされるとき、その行為の形態が不作為であっても、犯罪の実行行為と評価されるのである（不作為犯）（四章三節四の二）。

また、自分は手を下さないで、何も知らない第三者に毒の入った飲食物を提供する行為をさせたりすることがある。看護師がいつものように患者に薬を飲ませた。患者はもだえて死んだ。看護師はあわてたが、実はその薬には、彼又は彼女の知らないうちに毒が入れられてあった。この場合の看護師には、人に毒を飲ます気持はない。むしろ、毒入りと知ったら大騒ぎをして捨ててしまったかも知れない。だから、実際には、その看護師の手で、毒は被害者の口に運ばれたことは確かであるが、それをもって「人を殺した」の構成要件に該当するということはできない。むしろ、その背《はい》後《ご》にあって、この看護師の職務上の習慣を利用し、目指《めざ》す相手の口に毒を注ぎ込もうとした者の行為こそ「人を殺した」に該当するというべきである。この場合の看護師は殺人の道具に使われただけであり、これを使った者こそ、間接ながら、望みどおりに目指す相手の生命を取ることに成功しているのである。これは、手段こそ間接であるが、その間接手法により殺人の実行行為をする者である（間接正犯）（詳しくは本章四節参照）。

六　また、本人は犯罪を犯すつもりでしたことでも、その手段・方法や結果からみて、構成要件に該当するとは言えないものがある。

たとえば、人を祈《いの》り殺す、という迷信がある。ある人をどうしても殺したい。しかし、直接手を下したり、誰かに手を下させたりするのではなく、神力をかりて生命を縮《ちぢ》めようとする。謡曲《ようきょく》に「鉄輪《かなわ》」という曲がある。捨《す》てられた女が、夫とその新しい妻を恨《うら》んで京都郊外貴船《きふね》の宮に詣《まい》る。そのお告げによると、まず顔は丹《に》をもって赤くぬり、赤い着物を着て頭には鉄の輪をかぶる。その輪に立つ三本の足にはろうそくが立てられ、火がつけられる。その姿のまま深夜人もいない神社で祈りを捧《ささ》げると目指す相手の命を縮めることができる（丑《うし》の刻参《こくまい》り）。その祈られた本人が聞いたら、身の毛もよだつ感じに打たれるかも知れないが、これが、人を撃《う》ち殺したり、絞め殺したりするのと同じに考えることはできない。現代人のふつうの感覚からすれば、かかる手段は不能のものである。毒を盛ろうとして、毒でも何でもないものを食物に混入したとしても同じことである。(7)

それは、そのような手段が、「人を殺した」という殺人罪の構成要件の予想する行為手段に当たらないからである。

意欲もあり、身体的動静もあった。しかし、実行行為には当たらないのである。

三　違法性

一　違法性の意義　　二　違法性阻却事由

一　犯罪は構成要件に該当し違法かつ有責の行為である。

そして、刑罰法規に違反することにより、刑罰法規によって支えられていた法秩序を破り、法秩序の上にのる社会生活上の利益すなわち法益を侵害したり、これに脅威を与えたりするのが、違法である、ということであった。

そして、構成要件は、違法行為の類型であるから、構成要件に該当すれば、その行為は直ちに違法である。構成要件に該当し違法である、ということは、端的に、構成要件に該当しているということで代表させることができる。

警察官は事件を固めて「被疑事実」を書く。各種の書類には「被疑事実欄」がある。ここに書く内容は、構成要件に該当する具体的事実であり、その他のことは必要としない、というのは、構成要件のもつそうした働き（違法性推定機能）に着目しているのである。

それでは、構成要件に該当する事実の集積と証拠化が終われば、事件は片付き、行為者は犯人として処罰されるか、というと、多くの場合はそうである。

しかし、次のような場合がある。

人が死ぬという現象がおきた。仏《ほとけ》は手術台の上でこと切れた。手を下したのは、患者や家族の依頼《らい》を受けた外科医である。外科医は医者としてのふつうの注意をはらってふつうにその業務を遂行した。しかし、患者は死んでしまった。

これをつかまえて、お前が患者を切り殺した、というのはおかしい。なるほど、その行為の外形を見れば、人を刃物で切っている。ふつうの人が同じことをすれば、まさに、「人を殺した」に当たる行為である。

しかし、これを殺人罪とするのは常識に反する。人々の処罰感情にぴたりとこない。悪いことをしたという感覚をもてない。

なぜだろうか。違法性がないからである。

外科医の行為は、人の身体を切り刻むという、構成要件に当たる行為である。しかし、その行為は、人の社会生活にとって有用な行為である。だから、患者や、患者の家族が承諾を与え、むしろ、積極的にその行為を希望する。これに対して、通常の殺人は、人の生命をとり、社会生活を不安に陥《おとしい》れる。それは、人の社会生活にとって有害な行為である。このように、外形上は似たような行為でも、その意味を、人の社会生活に照らして判断すると、あってはならないものと、あった方がいいものとに分けることができる。この判断のことを「違法性」の判断と言っている。

違法性とは、実質的に、全体としての法秩序に反することである、と説《と》かれる。(8)

世の中は法秩序に支えられて動いている。それは、無数の法規の形式を備えて存在し、人々に守ることを要請している。そして、個々の法規に違反することをよくよく考えてみると、それは、法規に触れるという形式的な面と、その法規の奥にある法益を侵すという実質的な面とがあることがわかる。

人を殺すということは、刑法第一九九条の法規にひっかかることであるが、人の生命という保護法益を侵すことでもある。

「実質的に全体としての法秩序に反する」とは、法の形式面・実質面を含めて法秩序そのものに反することであり、社会倫理規範に反することである。

先ほどの外科医の行為が、人を刃物で切り刻んでいながら、誰が見ても悪いことをしているように見えないのは、この社会倫理規範に反していないからである。

外科医が人の身体に刃物を当て、切り刻んだその結果、人が死んだという外形は、状況を変えれば殺人犯そのものである。

それは、たしかに、第一九九条の規定に触《ふ》れている。すなわち、「人を殺した」という構成要件に該当している。

しかし、法規に違反するということには、右のような形式的な面のほかに、実質的な面もあることを忘れるわけにはいかない。

そして、外科医の行為の実質は、患者やその家族をはじめ世間が許す社会的に価値のあるものである。実質的には法規の奥にある法益に何ら衝突するところがない。

すなわち、形式面はともかく、実質的に全体としての法秩序に違反していない、違法性がない、と、そのように判断される場合である。

二 それでは、警察官は、違法性の判断をするため、いつでも、その関係事項を捜査しなければならないか、というと、そうではない。すでに述べたように、構成要件には、違法性推定機能がある。だから、例外事情をあげての反証がなされない限り、違法性はある、としてかかることが許される。

そして、さきの外科医のような例外については違法性がないことにすればよい。

違法性をなくすることを「違法性を阻却《そきゃく》する」という。「阻却する」というのは難しい言葉だが、

「阻《はば》」むと「却《しりぞ》」けるをくっつけたものであり、要するにポイすることである。ほうっておけば、違法性が推定されてあることになる。その推定を妨げ、破ってしまうのが「阻却」である。平たく言えば、例外的に決められたある場合においては違法性の推定をさせない。違法性は、はじめからないことになる。そういうことである。そして、そういう作用をする例外的事情のことを「違法性《いほうせい》阻却事由《そきゃくじゆう》」と言っている。

違法性阻却事由は大きく分けて、緊急行為と正当行為の二つになる。

緊急行為は、我が身や身近な他人にふりかかる火の粉を払うことであるから、人間の生存本能の働きによって、何がなんでもまず身体の方が動き出してしまうであろう。また、そのように動く方が自然であり、道徳的でもある場合が多い。緊急行為には「正当防衛」(三六条)と「緊急避難」(三七条)の二種類がある。

「正当防衛」(三六条)は、急迫、眼の前にさし迫った不正の侵害から、自分や他人の身を守ろうとすることであり、「緊急避難」(三七条)は、洪水を避けて人の庭へ踏み込むように、自然現象等による危難を避けようとすることである(四章五節二で詳説する。)。

これらの行為によって法規を侵すことがあっても、それは違法性を阻却されて犯罪の成立はない。「正当行為」とされるものには、外科医の手術のように、正当業務としてなされるものがある。

ボクシングや相撲も、プロによるそれは業務である。

ところが、アマのスポーツのように、業務でなくても社会が許すものもある。アマの選手がボクシングで相手に傷害を与えても、それは世間一般の是認《ぜにん》する行為としてその違法性は阻却される。これを「社会的相当行為」と言っている(9)。

被害者の承認による行為も、大ていは許せるが無制限によしとされるものではない。たとえば、借金を返せなかったら指をつめられてもよいという約束をしても、人の指を切る行為の違法性は阻却されない。社会常識に照らして相当でないからである。

正当行為は、法令に根拠をもつものが多い。たとえば、警察官の職務執行がある(四章五節二で詳説する。)。親の子に対する懲戒行為がある(10)(民法八二二条)。学校の先生も生徒を懲戒することが許されている(11)(学校教育法一一条)。同盟罷業《ひぎょう》等、労働者のする正当な争議行為もここでいう正当行為に当たる(労働組合法一条二項)。

四　有責性

一　ここまでの所を総括してみよう。

犯罪とは、構成要件に該当し、違法で有責の行為である。犯罪の成立要件は、三極構造であるが、その中では、構成要件該当性が代表的で、違法性は、通常、構成要件該当性によって推定されてしまう、ということであった。それでは、有責性はどうであろうか。

有責性とは、ある事件に関して、その行為者の責任をとることが許されるかどうか、非難してもいいかどうか、ということである。

ここで、いよいよ、事件の核心を突くため、犯人に迫り、犯罪行為の主体として、その中身を点検するところまできたのである。

たとえば、医師の例で、もう一ぺん考えてみよう。手術中ベストを尽くしながら患者に死なれた、という、あのケースである。それは、構成要件に該当する行為であるが、正当な業務行為として違法性が阻却されることになっていた。

もし、同じ状況でも、その医師に殺意があり、たまたま、自分の所へ患者としてきたのを幸い、手術に事寄《ことよ》せて息の根を止めてしまう意思で、そのように事を運んだとしたらどうか。外見は全然、さきの例と変わらない。違うのは、行為者の内心の意思である。看護師も誰も気づいてはいない。しかし、当の医師は、殺人の快感に酔《よ》い痴《し》れている。

このようなケースを殺人罪で処罰しなかったら、するものがない、とみんなが思うであろう。内心の意思と責任の問題は、このように、犯罪の成立にとっては、決定的な意味をもつものである。これが、犯罪成立要件の第三の問題である（責任条件）。

犯罪は、人によって犯される。警察官をはじめ、人の眼に、客観的に表現されるのは、現場等に残る事件の結果であり、その結果を引きおこした人の行為である。そして、その行為を調べていくと、行為者そのものの考え方や犯罪を犯す意思にぶつかる。犯罪が非難に値するのは、犯罪を犯す意思をもち、それを実現したからである。なぜ、思いとどまらなかったか。犯罪の結果を思い描くまではいい。しかし、それを実行行為にまで高める必要はなかった。そこまでいく前に抑制が働かなければならなかった。それをその犯人は、犯罪を犯す意志――故意（犯意ともいう。）を固めたのみか、ついに実現してしまったのだから、その態度は許せない。非難に値するものである。こういう責め方をするのを「帰責《きせき》」という。責任を負わせる、と言っても同じことである。故意は帰責の重要な要件である。

責任を負わせるためには、本人に、それを負担できる能力がなければならない。子供や知的障害者が何かをしでかしても、これに非難を加えることができるかどうか。一般人とは切りはなした取扱いを検討しなければならない。以下に分けて考察を進める。

二　人が犯罪を実行するに至る、それまでの心の動きを考えてみよう。

まず、その犯罪に向けての心の働きがなければならない。これから犯罪という抵抗感のある仕事をしようというのだから、むやみやたらということはない。精神障害者でもない限り、しっかり前を見つめて行動に移るであろう。

さて、その犯罪に向けての心の働きの最初にくるものは何か。というと、それは、「知る」ということであろう。別の言葉で言うと「認識《にんしき》する」ことである。自分はこれから何をしでかそうとしているか。その一部始終《いちぶしじゅう》を認識する。もちろん未来のことだから、それなりのあいまいさがつきまとうことは致《いた》し方《かた》がない。しかし、欠略《けつりゃく》や誤認があってはならない。はじめに欠陥や誤りがあれば、その後に続く諸工程《しょこうてい》にひびが入るのは、流れ作業で物を組み立てていくのと同じである。

とにかく、欠略や誤認のない姿で、これから、自分がしでかそうとする事柄の全ぼうを認識したとする。

その次におこるのは、心理的抵抗感であろう。心内におこる犯罪の抑止力と言ってもよい。これがおこるのがふつうであって、おこらなければ、それは、知的障害者か、性根《しょうね》まで悪い奴《やつ》か、どちらかである。知的障害者については後述する（本節四の三）。

ここでは、まず、悪者について考えることにしよう。悪者でも、ましな者と手に負《お》えない性悪《しょうわる》とがある。

ましの方なら、犯罪に向けて心を動かし、自分がこれからしようとすることや、その結果について思い描いたとすると、必ず、

――止《や》めとけ、そんなことをしてどうなるんだ。

という内心の声が湧《わ》き上がってくるはずである。そして、多くの者は、この段階で犯罪の実行を思いとどまる。少数の者は、あえてこの決意の実行にかかる。性悪はそれこそ平然として事を運ぶであろう。

そうだとすると、ともかく、人が犯罪を実行するに至る、それまでの心の動きで、ましな者にも性悪な者にも、共通している段階は、認識の段階であることがわかる。自分がこれから何をしでか

そうとするか、その一部始終を認識する、その段階において犯意が確定すると考えられるのである。ところで、認識には、欠略や誤認があってはならない、と言った。そうだとすると認識の対象となる事柄は、よほどしっかりしたものでないと、その欠略や誤りの存在を明らかにすることはできない。認識の対象は何らかの事実であるが、それは範囲の明らかな事実でなければならない。犯罪に関係する事実で、範囲が比較的明らかなものと言えば、それは、犯罪構成事実をおいてほかにない。構成要件に該当する事実、ということになれば、その内容範囲は比較的明確になり、欠略や誤りも発見しやすくなるのである。

以上の事を総括すると、故意が成立するためには、犯罪事実の認識が必要である。犯罪事実とは、構成要件に該当する事実であるから、故意は、「構成要件に該当する事実を認識（表象）すること」であると、結論づけることができる。判例は一貫してその考えである。(12)

学者は、これにおまけして事実の発生を認容することを加える。形式を重んずるとそういう結論になるが、警察官は、判例にならってそのつけ加えを考えなくてもよい。警察実務は、形式よりも証拠固めの方が大切である。

いったん、犯罪構成事実と認識した。そして、それに対して、

――止めとけ。

という内心の働きかけもあったはずである。それを耳にもかさず、実行行為をしてしまった。それだけで十分ではないか。実行行為をした、ということの中に、その実行による犯罪の結果を意欲したことが含まれているではないか。それをあえて、発生を認容したかしないか。相手に聞く必要がない、とするのが判例の態度であり、また、警察実務に合った考え方である。

「はい、私は、匕首《あいくち》で刺せば、どうなるかはわかっていました。しかし、相手が死ぬように、などとは思う暇もありませんでした。ただ夢中で、匕首を突き出しただけです。」と、こういう弁解をされて、被疑者は、犯罪事実の認識はあった。しかし、その発生を認容していなかったから、故意は成立しない、などと言われたら、立証に困ることは明らかである。

構成要件に該当する事実の発生を認容するか、しないかよりも、吟味《ぎんみ》を要するのは、その前の認識の段階である。

自分の行為によって構成要件に該当する結果を発生させながら、その事実について認識していなかったということがある。

たとえば、広場で野球をしていた。たまたま暴投した球が通行人に当たってけがをさせた。この場合、傷害の結果が発生し、その結果には、自分の暴投が関係している。しかし、ぶつけるつもりで狙《ねら》ったのではないから、構成要件に該当する事実――球を当ててけがをさせる――の認識はない。

そんなことは考えてもみなかったということになる。すると、故意を欠くから、傷害罪は成立しない。しかし、そのままでいいか。少しは責任があるのではないか。常識人なら、この際、不注意の責任を負うべきではないか、と言うであろう。結果の発生がある。その発生に自分の行為——暴投——が関係している。しかし、故意はない。この場合の責任をどう評価するかである。すなわち、構成要件に該当する事実の認識はない、認識はある、の両極の間に、認識はなかったが、もしや、という予見はあった、という灰色の段階があったのではないか。その場合、もし、その結果を誰もが予見できたはずである（予見可能性）とすれば、暴投した本人はどうだったのか。予見したかしないか、予見しなかったとすると、それは不注意で予見しなかったのではないか。

さらに広場で野球をしていても、そこが独立の閉鎖された場所で、野球をしている者だけである場合と、時たま通行人のある公開の広場である場合とでは、要求される注意義務に違いがでてくるはずである。通行人があるとすれば、その通行人に球が当たったり、バットがさわったりすることのないよう注意し、一時、野球を止めて通過を待つ、とか、結果回避のための相当の注意をはらう義務があるのではないか。そして、暴投した本人がそれ相当の注意をしなかった場合は、かかる客観的な注意義務に違反した者として、相応の責任を負わせられるのは当然のことである。

しかし、もし、そういう常識を実現する場合も、法律にそれなりの根拠がなければならない。それが法治国家の存立原理である罪刑法定主義の要求するところである。

「罪を犯す意思がない行為は、罰しない」（三八条一項）であるから、故意が成立しないのに、処罰の対象にしたいと思ったら、「ただし、法律に特別の規定がある場合は、この限りでない」（三八条一項後段）を活用しなければならない。そこで、刑法は、各本条のところどころに、故意がなくても過失として処罰する場合を明示することにしている。

設例の暴投の例について言うならば、これは過失による傷害ということになろう。「第二八章過失傷害の罪」というのがその条文である。暴投は「過失により人を傷害した」（二〇九条）という構成要件に該当することになる。

これについては後に詳述する（三章四節）。

三　ある犯罪について、その行為者に対する非難可能性を問題にするとき、ふつう一般には故意を検討することが中心課題になる。

ところが、故意どころか、もともと精神状態が不安定な者がいる。前に後述すると約束した知的障害者がそれである。それに、知能の発展途上にある子供もこの部類に入れておかなければならない。

彼等は、何をしたら悪いか、是非《ぜひ》の弁別《べんべつ》のできない者たちである。ふつうの人なら、個人差はあっても行為の是非の弁別をし、その弁別に従って自分の行動を制御する。だから、自分の行動に責任をもつことができる。その行為に間違いがあったときは、非難をその行為者に帰《き》すること（帰《き》責《せき》）ができる。ところが、知的障害者や年端《としは》もいかない子供たちには、この帰責ができない。なぜなら、この者たちには、自分の行為の是非を弁別し、その弁別に従って行動を制御する能力（責任能力）が欠けているからである。

刑法は、この責任能力のない者について、特別の規定をおく。これを「責任無能力」と言っている。

責任無能力は、責任を阻却する事由になる。

四　「心神喪失者の行為は、罰しない」（三九条一項）がその一である。

心神喪失というのは気を失っているわけではない。眼を覚まして行動している。ただ、ブレーキが働かない。生まれつきの場合もある。この種の疑いのある者が犯罪を犯したときは、行為の時に精神障害があったかどうかを調べる。そして、精神の障害により、行為の是非を弁別し、その弁別に従って行動する能力を欠いているかどうか調べ、もし、欠いているときは、これを処罰しない。つまり、犯罪は成立しない、という趣旨である。心神喪失は責任を阻却するのである。

精神の障害は、精神病に限られない。麻薬・覚せい剤などの薬品中毒やアルコール中毒によって、一時的に精神状態が悪くなっている場合も含まれる。その悪くなっているときに犯罪を犯しても、その犯罪は成立しない、とされる。

「心神耗弱者《しんしんこうじゃくしゃ》の行為は、その刑を減軽する」（三九条二項）が、その二である。

「心神耗弱者」は、心神喪失者《しんしんそうしつしゃ》のように自分の行為の是非を弁別し、その弁別に従ってその行動を制御する能力を喪《うしな》ってはいない。ただその能力が、著しく低い者である[13]（限定責任能力者）。したがって、心神耗弱者であることによって犯罪の成立を阻却され、無罪になることはない。ただ、「その刑を減軽する」だけのことである。

ここで、注意しなければならないのは、誰が心神喪失者で誰が心神耗弱者であるかは、事件ごとに専門家の意見を参照して裁判官が決めることである[14]。精神病者や知的障害者が、必ずその認定を受けるわけではないから、警察官は、速断を慎まなければならない。

「十四歳に満たない者の行為は、罰しない」（四一条）が、その三になる。

人間も、小学校の高学年になれば、是非弁別の力もついてきていると思うが、刑法は、昔から、十四歳未満の者（刑事未成年者）を責任無能力者として、その行為によって犯罪を成立させることはできないとしてきている。

これは、少年が、未来に向かって花開く存在であり、たまさかの間違いがあっても、大人と同じように扱うことは問題があると判断されるからである。

刑事未成年者で、構成要件に該当する行為をした者を「触法少年《しょくほう》」として、「少年法」で処遇《しょぐう》を考えることとされている。

五　行為者に責任を負わせることができるかどうかを判断する場合に、もう一つ考え合わせておかなければならないことがある。
それが、行為当時の事情である。

銀行の宿直員が金庫を開けて強盗を案内した、というと、それだけでは共犯の片割れか、ということになるが、実はけん銃を突きつけられてやむを得ずその指示に従った、となると、誰もこれを非難することはしない。

それは、そういう事情があれば、強盗に逆らってまで行動することを期待できない、と思うからである。

違法行為をした人に非難の眼を向けることができるのは、行為者に行為の選択の余地があったのに、わざわざ違法の行為を選択したと思うからである。もし、事情があって、違法の行為しか選択できなかったとすれば、それを非難することはできないはずである。

すなわち、違法行為をしないことが、周囲の事情上期待する可能性があったかどうか（期待可能性）。そして、もし、期待可能性がない、とすると、その責任は阻却される。

この理論には陥穴《おとしあな》がある。昔から泥棒には三分の利があると言われている。なぜ泥棒をしなければならなかったか、まあ、事情を聞いて下さい、と、涙ながらに語り出でたる《い》は、聞けば聞くほど気の毒な事情、ということになると、大ていのことは許さなければならなくなるおそれがある。暴力団の下《した》っ端《ぱ》が、これをしなければ殺される、などというたびに許していたのでは秩序が保てない。

だから、裁判所は、この考え方を採用するについてはきわめて慎重である。

六　行為当時心神喪失等の状態があったとしても、場合によると責任を阻却したり、刑を減軽したりする対象にしないことがある。たとえば、酒に酔い、前後もわからない者が、人を殴《なぐ》り殺したとする。これは、その行為の時、行為者に精神の欠陥《けっかん》があるから、犯罪にならないとするのがふつうである。責任性に欠けるからである。しかし、もし、ある男が、自分の酒癖《しゅへき》を熟知していて、むしろそれを利用して目指す相手を殺し、自分は責任無能力で刑を免れようとしたらどうなるか。行為の時だけを見れば無罪の可能性がある。しかし、殺人を意図して、その手段として、酒をガブ飲みし始めたところから、殺人劇は開始されていたとみなければならないであろう。すなわち、構成要件に該当する実行行為はまだ責任能力のあった時からなくなった時まで、一連《いちれん》のものとしてみる。そして、後半の殺人行為は意思を欠いた行為であるとしても、そこまでに至る道筋《みちすじ》を見ると、十分な意思をもって殺人に向かって走っていたことは明らかである。殺人の結果は、そのはじめ自由だった意思の働きを出発点として、以後は必然の道を突っ走ったとみることができる。その一連の行為は、まさに、「人を殺した」に該当すると言うことができる（原因において自由な行為）。

麻薬中毒で犯行の当時心神喪失の状態にあったと主張する者がいる。

証拠によってみると、たしかに、そういう事情が認められるとしても、ただちに無罪になるものでもない。麻薬を連続して使用する際に責任能力があり、かつ、これを連続使用していたら麻薬中毒症状をおこし、あるいは心神喪失になって何をしでかすかもわからない。そう思いながら、

――まあ、いいや。なったらなったで仕方がない。

と考えて、相変わらず麻薬を打ち続けた。その結果、ある日、本当に心神喪失状態に陥り、ついに人を殺傷してしまった、とすると、まさに、原因において自由な行為に当てはまるのである[15]。

（1）　刑法は、「第二編　罪」の中に、当初四〇章を置いていた。このうち、「第一章　皇室ニ対スル罪」が削除され、第一八章の二が追加されたので、現存するのは全四〇章である。

この中から、未遂・共犯・過失を除く故意犯の構成要件は、全部で一六二を数えることができる。

（2）　構成要件の中には、一定の行為があれば、それだけで犯罪が成立するものと、行為のほかに結果を必要とする

ものがある。前者を単純行為犯又は挙動犯といい、行政犯などの形式犯に多い。後者は結果犯又は実質犯であり、刑法の大部分の罪がこれである。結果として、実害の発生を必要とするものを侵害犯、一定の危険状態の発生を含むものを危険犯と言っている。

(3) 平場安治「構成要件」(判例時報編集部編『刑法基本問題六〇講』所載)六二頁は、「構成要件は学問上の概念であり、法典上の概念ではないことは既に述べた。法典上、構成要件に近い概念は、刑事訴訟法が、訴因や有罪判決の理由について用いている『罪となるべき事実』という言葉である。これも犯罪を個別化するものであるが、抽象的な像又は形態ではなくて、そのような像、形態を充す具体的な事実である。従って、それは構成要件該当の事実であり、具体的構成要件であるといってよいであろう。」としている。

(4) 谷口正孝ほか「刑罰法」1、四頁~五頁は、警察官の請求を処理する裁判官の立場から「同じ犯罪事実の記載といっても、それが要請される理由、ないし根拠によって、記載内容におのずから差異の生じることは既に述べたとおりである。各種令状およびその請求書においては、一般に、特別構成要件該当の具体的事実を簡潔に記載すれば足り(もっともそれは通常捜査の過程において作成されるものであるから、事実の特定性は比較的穏やかである。)」としている。

(5) 団藤重光「刑法綱要総論」七五頁は、構成要件について「それは定型的にみて違法な、しかも定型的にみて行為者に非難を帰するのが適当な行為(場合によっては結果を含む広い意味での)の法的特徴を挙げたものであり、違法類型であるとともに有責行為類型である。」としている。

(6) 小野清一郎「新訂刑法講義総論」八七頁は、「刑罰法規における構成要件は常に一定の行為を中心とし、その結果及び関係事項を包含する観念上の形象である。その観念上の形象に、当嵌《あては》まる現実の事実が生じた場合に、それは構成要件に該当するといひ、またこれを構成要件の実現ともいふのである。而《しか》してその事実が構成要件における概念的要素の全部を充《み》すに至ったとき、即ち構成要件の充足があるといふのである。具体的な犯罪を『構成する』とはこのことをいふのである。その構成要件を充足する事実を亦《また》犯罪構成要件と称することがあるけれど、法律上の構成要件そのものと区別するためには後者を『犯罪構成事実』と呼ぶことが適当である。」とする。

(7)　大判大正六年九月一〇日録二三・九九九は、「殺意をもって被害者に硫黄の粉末を飲ませても、殺人罪としては不能犯である。」としている。

(8)　団藤重光「刑法綱要総論」一三一頁は、「要するに違法性とは、単に形式的にでなく実質的に、全体としての法秩序に反することである。実質的に全体としての法秩序に反するということは、法秩序の基底となっている社会倫理的な規範に反することにほかならない。」とする。

(9)　団藤重光「刑法綱要総論」一四八頁は、「正当な業務による行為を法律が挙げている趣旨は、業務ということに格別の意味をみとめたものとは解されない。職業的拳闘家の拳闘が暴行罪、傷害罪にならないと同様に、学生の拳闘も暴行罪・傷害罪になるはずがない。かようにして、第三五条を手がかりとして、違法性の阻却に関する解釈論が展開されるようになったのである。つまりは、法秩序全体の精神に照らして是認されるかどうか——反面からいえば、社会的相当性がみとめられるかどうか——によって決定されることになる。」とする。

(10)　東京高判昭和三五年二月一日東時一一・二・九は、「子に対して監護教育権あるいは懲戒権を行使する意図はあったとしても、社会通念上正当と認められる程度を超えた暴行を加えて死に致したときは、違法性を阻却しない。」

(11)　大阪高判昭和三〇年五月一六日集八・四・五四五は、「教員の生徒に対する殴打は、懲戒行為としてされる場合でも、暴行罪の成立を阻却しない。」

(12)　大判大正一一年五月六日集一・二五五のこれについての趣意を要約すると、「犯意は、罪となるべき事実の認識予見があれば足り、その事実の発生を希望することを必要としない。また、その認識予見は、確定的であることは必要でなく、不確定のもので足りることは、早くから大審院判例で認めてきたところである。法律は犯意があるだけでは処罰しない。犯意のある行為の存在を故意犯の成立要件とする。犯意のある行為とは、自己の意思活動によって罪となるべき事実の発生を予見しながら、あえてこれをする決意の実行である。この決意は、とくにその発生を希望する場合でなくてもあり得るのだから、この決意を希望と混同してはならない。」

(13) 大判昭和六年一二月三日集一〇・六八二は、「心神喪失とは、精神の障害により、物事の理非善悪を弁別する能力がなくまたはその弁別にしたがって行動する能力のない状態を言い、心神耗弱とは、精神の障害が、まだ、このような能力を欠如する程度には達しないが、その能力の著しく減退した状態をいう。」としている。

(14) 最判昭和二三年七月六日集二・八・七八五は、「裁判所が犯人の精神状態を認定するには、必ずしも専門家の鑑定等による必要はなく、他の証拠によってもさしつかえない。」としている。

(15) 最決昭和二八年一二月二四日集七・一三・二六四六は、「麻薬中毒により自制心を失った行為の当時には被告人に責任能力がなくても、麻薬を連続して使用する際に責任能力があり、かつ、麻薬の連続使用により麻薬中毒症状に陥ることについて未必の認識があれば、原因において自由な行為として処罰することができる。」としている。

第三節　未遂及び共犯

一　未遂罪

一　犯罪は、どのような段階を経て実現されるのであろうか。時間的段階を追って考えてみると、まずはじめに動機の形成がある。このごろは、ときどき、動機なき殺人事件などと言って通り魔事件が報道されたりする。オーソドックスな犯罪観からすると、人を殺す、というような重大決意がなされる前には、必ず、痴情《ちじょう》だとか、怨恨《えんこん》だとか、金目当《かねめあ》てだとか、動機が隠されているのがふつうである。ところが、都会の乱雑さの中から、常識では考えることもできない犯罪が突発してくる。動機なき殺人などというのは、そういう複雑《ふくざつ》さからくる現象を、ショッキングな言い方で言い表そうとして作られた言葉である。しかし、これだって、よく考えてみると、とっさの間に動機は形成されている。瞬間的なウサ晴らしだって、立派な殺人の動機になる。

次に、彼は、犯意を固める。犯意は、前に説明したように、構成要件に該当する事実を認識することである。自分はこれからどうするか、動機づけられた目標に向かって、その行為と結果を思い描く。この直後に、迷いが生まれる。人間の本然《ほんねん》の声が、犯罪の抑止力《よくしりょく》となって彼の心をかき乱す。しかし、やめない。こうして、いよいよ一歩を踏み出す。

行動の第一歩は、実行行為の準備をすることである。人殺しの例でいうと、包丁《ほうちょう》を買ってくる。毒薬を用意する。犯行の場所を選定する。そして、万全の準備の後、実行行為に着手する。

泥棒に入る場合も同じである。あの婆さんは一人暮しで小金《こがね》を貯《たくわ》えているそうだ。よし、入ってやろうか。と、考えるところから始まって、その家の周りをうろついて様子を見る。侵入口を決めて道具を用意する。いよいよ決行となって、鍵《かぎ》を壊し、家の中に侵入する。目指すタンスに近づき、ひき出しをあける。物色を始める。そして、金品を身につけ、逃走する。

このように犯罪の実行には、時間的な段階をみることができる。今、これを、実質犯に例をとって整理してみると、①動機の形成、②犯意の固め、③実行の準備（予備）、④実行の開始、⑤実行の終了、⑥結果発生、⑦事後行為というふうにみることができる。

問題は、この遂行過程のどの段階を犯罪としてとがめるか、と、いうことである。

二　まず、動機だけでは犯罪にならない。心の中で何を思っていても、それは、近代刑法の対象にはならない。

犯罪は、行為によって犯される。そして、行為は、自発的意志にもとづく身体の動静であることは、すでに述べた（本章二節二の四）。動機の次には、その発展としての犯意の成立が問題になる。しかし、犯意の成立だけでもまだ事は始まらない。それでは、あらかじめ、準備を始めた段階は、どう評価されるか、である。

まず、犯罪によっては、この準備の段階から取締りをする必要のあるものがある。

たとえば、内乱罪である。

内乱などという大事件は、準備の段階で、これを発見し鎮圧しなかったら手遅れになるおそれがある。

殺人罪も早期発見を必要とする罪である。これも、重大な法益侵害を結果するものであるから、早い段階で防止しておきたい。

刑法は、そういう重要な罪種を選んで「予備罪《よびざい》」を設けている。予備罪は、準備段階を定型化する。殺人罪に例をとってみると、

第二〇一条（予備）　第一九九条の罪を犯す目的で、その予備をした者は、二年以下の懲役に処する。

ただし、情状により、その刑を免除することができる。

と書いてある。

ある人を殺そうと思って毒薬を手に入れた、とすると、その行為は、殺人の「罪を犯す目的で、その予備をした」に当たり、二年以下の懲役になる。ただし、情状によってはその刑を免除されることもある。

ところが、窃盗の目的で準備をしても罪にはならない。殺人に対する第二〇一条のような規定がないからである。

三　それでは、予備を罰することとされていない一般の犯罪は、どの段階から処罰の対象になってくるか。窃盗罪を例に検討してみよう。

犯意の成立だけではいまだ問題にならない。犯意にもとづく身体の動静がどこまで進展したら処罰の対象になってくるか。ここで思い出してもらいたいのは、構成要件に該当するということのほかに「構成要件を充足する」という言葉のあったことである（本章二節二の三）。

構成要件に該当するということは、その事実が、構成要件の予想する定型に合致することであるが、構成要件を容器にたとえると、犯罪構成事実は、いつでもこの容器を満杯《まんぱい》にするとは限らない。そして、ある事実をもって、構成要件を完全に満たすとき、その事実は構成要件を充足する、と、いうのであった。このように、ある事実が構成要件に該当するのに、充足しない場合がある。犯罪は、構成要件に該当する事実があって、それが、その構成要件を充足したとき、「既遂《きすい》」に達した、とされる。刑法各本条の罪は、断りのない限り既遂罪を予定して定型を定めたものである。すると、ある行為があって、構成要件に該当した。しかし、充足するに至らない場合をどのように評価するのかという問題がでてくる。これが、「未遂」の問題であり、犯罪の実行行為のある段階からすでに、実行行為の着手、すなわち構成要件に該当する行為があったとして、その行為に起因する結果の発生（たとえば、殺人における人の死）があれば既遂、なければ未遂、というのがこの問題の大まかな結論である。

構成要件は、行為と結果とその間の因果関係という構造をもっていることはすでに述べた。右の考え方は、この構造の中の一部、構成要件要素としての行為に当たる事実があったら、それだけで「未遂」という形態にとらえ、処罰するかしないかを決めようとするものである。具体例を検討してみよう。

窃盗罪の犯罪遂行過程を考えてみると、まず、窃盗罪の実行行為は、どこが出発点になるだろうか。典型例として侵入窃盗を想定してみると、窃盗の実行行為の着手を、物を盗《と》る決心をして盗り終わるまでの、どの段階にみることができるか。家に侵入した時か、タンスに近付いた時か、タンスをあけて中を物色した時か、持ち出した時か。それは、最後に、窃盗の目的を遂げることに失敗している、という観点から考察され、しかも、なおかつ処罰に値するという段階はどれかが考察される。人の家に侵入する。それは、別に住居侵入罪という、窃盗罪より軽い罪に当たるから、あえて窃盗罪をもってきて、そのうちのどの部分の実行があったかを論ずるまでもない。問題は、人の屋敷内に足を踏み入れたが、すぐ後もどりをした場合と、中に入って物を盗ることは成功しなかったが、あちこち物色した場合とで、非難の度合いに違いがあるか。もし、違いがあるとしたら、住居侵入罪のほかに、窃盗罪の未遂という定型をこしらえて、これを別に処罰することにしなければならないか、ということである。もう一つ、殺人の例をみることにしよう。

　たとえば、ＡはＢに対して嫉妬《しっと》を感じていた。Ｂさえ亡き者になれば、と、あれこれ考えているうちに、ピストルで撃《う》ち殺すのが一番いいと思い、ピストルの用意もした。そして、いよいよ、Ｂに向けてピストルを発射した。幸い弾丸《たま》はそれて殺人の結果は発生しなかった。ここに、殺人の行為はあった。しかし、人の死という結果が発生していない。これを「人を殺した」とは言えないことは明らかである。すなわち、人に向かい、殺意をもってピストルを発射した。これは構成要件に該当する事実である。しかし、これだけでは、構成要件を充足することができない。したがって、殺人罪だ、と決めつけることはできない。しかし、これを不問でいいと考える者はいないであろう。

しかし、殺人罪の構成要件はあくまでも「人を殺した」であるから、死という結果がでていない以上、これで処罰をするわけにはいかない。

どうしても、ここで、新たに構成要件を作るか、あるいは、「人を殺した」に修正を加えるかしなければならない。刑法は、その後者を採用することにし、しかも、ほかにも通用するように、共通の修正形式を定型化することとしている。(1) すなわち、第四三条を見ると、

第四三条（未遂減免）　犯罪の実行に着手してこれを遂げなかった者は、その刑を減軽することができる。ただし、自己の意思により犯罪を中止したときは、その刑を減軽し、又は免除する。

と、書かれている。「ただし」という文字を境にその前が前段、その後が後段に分かれている。前段が未遂犯、後段は中止犯と言っている。

さて、未遂犯は、「犯罪の実行に着手してこれを遂げなかった」が構成要件であるが、各本条の構成要件のうち、未遂罪をも処罰すると宣言されているものについては、この第四三条の構成要件をかぶせて修正して読むことになる。

たとえば、殺人の章には、第二〇三条があって、

第二〇三条（未遂罪）　第一九九条及び前条の罪の未遂は、罰する。

と、殺人罪（一九九条）の未遂を処罰する旨、宣言されている。殺人罪の構成要件は「人を殺した」であ

るから、その未遂は、「『人を殺』す『実行に着手してこれを遂げなかった』」というふうに、修正されて用いられることになる。未遂罪は、こうして修正された構成要件を充足したときに成立する。つまり、ピストルを撃《う》ったが当たらなかった場合その行為は「人を殺した」構成要件に該当するが充足していない。しかし、第一九九条と第四三条とをミックスした修正形式としての構成要件には、該当もするし、充足もする。と、そういう結論が得られることになる。

それでは、修正された構成要件によって、未遂罪の成立要件を整理してみよう。

その一は、犯罪の「実行に着手し」たこと、である。さきの例で言えば、ピストルで狙《ねら》って撃《う》ったことであり、また、他人の家に忍び込んで物色を始めたことである。それぞれ構成要件に該当する行為の全部又は一部が行われている。

その二は、犯罪が「遂げ」られていない、つまり完成していないこと、である。ピストルで狙《ねら》い撃ちしたがあたらなかった、物を盗らないうちに見つかってしまった、などという場合である。これは、修正前の元の構成要件に該当する結果が発生していない。

未遂罪は、既遂罪よりもその刑が軽くなるのは当然である。

それは、構成要件を充足していないところからくる当然の結論である。足りないものは足りないだけの評価をしなければならない。

未遂罪の刑は減軽の対象になっている。

四　次に、未遂罪の種類について触れておこう。

未遂罪を考える場合、具体的には、実行の着手が犯行のどの時点をとらえて言うのかがいつも問題になる。しかも、その問題は、犯罪が既遂に達すると、うそのように解消してしまう。構成要件に該当する結果が発生していれば、故意―行為―結果を全体として考察すれば足り、実行の着手―実行の経過の境目をとり立てて論ずる実益がない。

ところが、未遂罪を考えるときは、実行の着手がいつからか、実行行為が中途半端で結果がおきなかったのか（着手未遂）、実行行為は終了しているのに、思う結果が発生しなかったのか（実行未遂）、とか、さらに、実行行為が中絶させられた場合に、それが、意外な外からの障害によるのか（障害未遂）、内からの良心の声によるのか（中止犯）、という区別が問題になってくる。

実行行為が未完成に終わった、という場合に、それが、外からの障害によったのではなく、犯人の内心の働きによって自発的に中止させられる場合がある。

人を殺そうと思ってその首を絞めた。その時、横に寝ていた幼児が眼を覚まして泣いた。急にかわいそうになって手をゆるめた。殺すのをやめて逃走した。これと、首を絞めかけたら被害者が抵抗して大声をあげた。家族や隣近所の人がくる気配がしたのであわてて逃げた、ということでは、誰が見ても、大きな違いがある。(2) 違いは、前者が、犯人の「内から」の抑止力によって中止している(中止犯)のに対して、後者は、中止は中止でも、「外から」の障害によって止《や》めている、ということである。

「自己の意思により」犯行を中止した者を中止犯として「その刑を減軽し、又は免除する」(四三条後段)。

さて、この「自己の意思」によっている。という点が評価されるのであり、それが前例のように人間的な優しい心が目覚めた場合はもちろんのこと、今は時期が悪い、出なおそうという利害打算だけで犯意を曇らせていない場合でも、ともかく、自発的意思で止《や》めたかどうかだけに注目するのが特徴である。(3)

その代わり、中止の気持はあっても、中止の結果が現れなければならない。火をつけたのを中止する場合は、完全に消火しなければ中止犯にはならない。(4)

これに対して、犯行継続の意思に変りはない。ただ、家人が起き出した、非常ベルが鳴った、明りに照らされた等、という外からの障害によって、やむなく犯行を中止しても、それは、障害未遂であって、中止犯とは言えない。(5)

ただ、犯罪は未完成に終わったのだから、その点を評価して、裁判官の判断により、その刑を減軽することができるようにしているだけである。このように、未遂と中止との違いは、犯人の自発性——「自己の意思により」犯行を中止したかどうかである。

五　未遂に似たものに、「不能犯」というものがある。人を殺そうとして殺せないという結果を共通にしているが、両者の間には、顕著な違いがある。

未遂はあくまでも、犯罪の「実行に着手し」ていることが要件であり、構成要件に該当する行為の少なくとも一部が行われたことが必要とされている。これに対して、不能ということは、たとえば、祈って殺そうとするときのように、はじめから殺人行為とは認められないものである。深夜お百度参り《ひゃくどまい》をしてにくい人の人形《ひとがた》に五寸釘《ごすんくぎ》を打ち込んでも、その行為は迷信による行為であって構成要件に該当する行為ではない。毒を飲ませるつもりで、硫黄《いおう》の粉を混ぜたのも同様である。(6)もともと効能のない行為だから、これを「不能」犯と言うのである。

二　共犯

一　殺人にしろ、窃盗にしろ、構成要件は、人が単独で実行行為をすることを前提にしている。しかし、実際は、二人以上共同して実行する場合が少なからずある。

犯罪によっては、もともと一人ではできないものもある。賄賂《わいろ》は受け取る役人も悪いが、薄給につけ入って誘惑する業者の方も悪い。だから、贈る方と受け取る方の両方があってこの犯罪が成り立つ。賭博罪も、賭《か》けさす方と賭ける方がいなくては成り立たない。

また、騒乱や内乱のように、集団でなければおこせない犯罪もある。

これらは、犯罪類型そのものが複数の主体を予定しており、構成要件自体が複数に作られている（必要的共犯）。これらは、相棒《あいぼう》なしでは成り立たない犯罪である。

二　しかし、構成要件の多くは、もともと単独で実行されることを前提として作られてある。

だから、それを二人以上で実行するとなると、それぞれの行為が、必ずしも、全部構成要件に該当するとは限らないし、また、一部該当しても、充足しない場合もある。たとえば、aとcが一緒にB家へ強盗に入り、aが包丁をつきつけている間に、cが財物を物色したとすると、aとcとの行為を合算しない限り、「暴行又は脅迫を用いて他人の財物を強取した」(二三六条)には当たらない。「暴行又は脅迫」をしてるのはaであってcではない。「財物」に手をつけようとしているのはcであってaではない。単独では構成要件を充足できない。

そこで、登場するのが、未遂で考えた、あの修正形式の利用である。すなわち、各構成要件はそのままにしておき、総則に、それらの構成要件を修正する装置《そうち》を構《かま》えておく。

第六〇条から第六五条までがその規定である。

すなわち、もともと単独でできることを、二人以上共同して実行する場合は、その構成要件を修正して、あたかも、一人でしたときのように擬制《ぎせい》する。擬制《フィクション》を用いて当てはまるようにする。

たとえば、殺人の構成要件は「人を殺した」であるが、これは、AがBを殺したということを想定している。Bは殺されたが、殺したのはaで、ほかに唆《そそのか》したり相談に乗ったり、凶器を準備したり実行を手伝ったりする奴がいて、「a・c・d……」と複数の人間がこれにかかわっている、とすると、その中で、とくに手を下したaだけを責めるのは片手落ちだし、場合によっては、aは単なる下《した》っ端《ぱ》で、c・dの方が、殺人をいちばん欲《ほっ》していた者であった、ということかも知れない。また、「a・c・d……」が一緒になってBを攻撃することもある。

そこで、「a・c・d……」と複数の犯人がいる場合は、それらをまとめて「a＋c＋d＋e……＝A」とし、「A」が、構成要件に該当する違法・有責の行為をした、という擬制《フィクション》を利用すると、単独犯の場合と変りがないことになる。

問題は、Aの内部の責任分担である。手を下した実行行為者と、これを唆《そそのか》した者や、手助けをした者をどのように評価するのが正しいか。一定の理論をもって整理案分しなければならない。

刑法の右のような案分理論を「共犯理論」という。共犯の章（一一章）を見ると、共犯には、「共同正犯」・「教唆犯」・「従犯」の三種類がある。これが、「構成要件の修正形式」であることは未遂罪と同じである。

三種のうち、共犯として対等平等、最も単純な扱いを受けているのが「共同正犯」（六〇条）である。構成要件を見ると、

第六〇条（共同正犯）　二人以上共同して犯罪を実行した者は、すべて正犯とする。

と規定されている。これによって共犯の構造を再確認してみよう。ここにいう「正犯」とは、「共犯」に対する概念であり、実行行為すなわち、構成要件に該当する行為を行う者のことを言ってい

る。われわれが、ふつうに、殺人犯とか窃盗犯とか言っている、あれを言いなおしてみただけのことである。殺人の構成要件に該当する行為を行う者は、殺人の実行行為者であり、殺人の正犯である。

したがって、第六〇条は、被害者が一人で、加害者が複数であっても、その一人ひとりが実行行為をしていれば、皆正犯であるから、平等に処罰の対象になる、というだけのことなら、わざわざ、ここに規定する必要はなかったことになる。この規定の核になるところは、元来は正犯でない者、すなわち実行行為の一部しかしていない者や、単に謀議《ぼうぎ》だけに参加して、実行行為に当たることは何もしていない者をも、正犯にしてしまうところにある。そして、元来は正犯でない者を正犯にしたてる秘密は前述の「a＋c＋d＋e……＝A」のフィクションである。

すなわち、aもcもdも、たとえば、Bを殺害するに当たって、一緒になってBの頭を殴らなかった。殴ったのはaだけであった。cはBを押さえつけ、dは見張りをしていた。それでも、それらの行為の全部を総合して全体としてみると、間違いなく殺人の構成要件を充足することになる。そして、Aの内部関係は、a・c・dの総和Aは、a・c・dと、役割分担を異にしているが、等しく「A」の責任を負わせればよい。一蓮托生《いちれんたくしょう》、一味《いちみ》は同罪ということであり、集団で事をおこすことに巧者《こうしゃ》な日本人の共同作業を裁くには、最も、実態にあった考え方である。

それぞれの要件を見ることにしよう。

三　まず、代表格としての共同正犯を見よう。犯罪者は複数である。全員が直接の下手人《げしゅにん》ではないが、相《あい》より相援《あいたす》け合って下手人を支え、共同の目的を達成した。

殺人に例をとると、AはBを殺した。Aは仮に「a・c・d」三人組であり、「a＋c＋d＝A」の関係の中を見ると、aは直接の下手人、cはBを押さえつけた。dはそのそばに立って見張りをしていた、とする。これら、一人ひとりの行為を見ると、aは正犯であるが、cもdもBを殺す行為をしていない。これを平等に一蓮托生正犯でございというためには、「a＋c＋d」の「＋」に当たるものが必要だ、ということは容易に理解できるであろう。「A」をこしらえるための接着剤がいる。それは何かと言うと、次の二要件、その一は、主観的な共同実行の意思であり、その二は、客観的な共同実行の事実である。

「共同実行の意思」とは、犯人のお互い同士に、その犯罪を敢行する意思のつながりがあることである。これを「意思《いし》の連絡《れんらく》」と言っている。

某日某時某所に集合して、a・c・d……がBの殺害を謀議した、となれば、意思の連絡は万全であるが、もっと簡便《かんべん》にしてもよい。たとえば、aとcの間にBを殺す相談ができた。cはどうも人数が足りないと思ってdに話した、dも話に乗ってきた、aとdは直接話し合っていないが、これでも、a、c、dの三人がBを殺すという意思の連絡はできたことになる。(7)また、何も事前の話し合いでなくともよい。(8) aがBと格闘《かくとう》していた、そこへcがきて一緒になってBを殴った、また後からdがきて最後の止《とど》めをさした、という場合でも、次々と意思の連絡ができていったとみることができる（承継的共同正犯(9)）。

その二の共同実行の事実は、構成要件に該当する行為を分担することである。さっきの例で言えば、aが格闘し、cが殴り、dが止めをさす、というのは、それぞれが、Bを殺害するための積極的な行為の分担である。この中のaの行為をとってみると、aは別にBに致命傷を与えたわけではないが、c・dの行為を足すことによって、最終的にはBの殺害に成功している。こういうのを共同作業というのである。

四　次に、先の「a＋c＋d」の三人組の例で、aが直接手を下し、cは単にBを押さえつけ、そして、dはそのそばでなく、壁の外で見張りをしていたとする。dのその行為は、ここでいう共同実行にあたるか、ということで学者の間に議論がおきた。dは外にいて、aとcが何をしているか実際に見ることができない。Bの殺害を成功させるために、必要な分担であったことは認める。しかし、役割が軽過《かるす》ぎるのではないだろうか。同じ立つにしても、たとえば、強盗に入って、aが被害者の前からピストルを突きつけているとする。そして、被害者の後ろに回って単《たん》に立っていたような場合は、共同実行の事実を見ることができる[10]。

これが、家の外にいて、見張りをしていたとなると、その行為事実をもって、共同実行の事実ありとみるかどうか、多くの学者は疑問としている。

しかし、警察官が真先《まっさき》によることとされている判例の方は、これまた、昭和一一年五月二八日[11]以来、一貫して共同実行の事実ありとみることにしている。

なぜ、学説と判例の間に、こんな食《く》い違《ちが》いがでてくるか、というと、それは、西洋、とくにドイツ法学を継受《けいじゅ》した個人主義的な見方と、島国で長年の間に培《つちか》われた集団的な行動様式の否定し切れない実態の根強さとのぶつかり合いがあるからである。西洋人ならば、たとえ話し合って分担したとしても一人ひとりの独立意識は強く、他人によって自分の行動が左右されるということは少ない。これに対して日本人は、いったん集団で合意ができたとなると、仲間を気にして、心強くもなり、また、仮に引き返そうと思っても、仲間が眼にちらついて動きがとれない。結局一味《いちみ》した以上、役割分担がどうあろうとも、相《あい》より相援《あいたす》け合って一糸《いっし》乱《みだ》れない集団的行動を実現する。その実感を深く理解する立場にある裁判官は、直接手を下した者や、背後にいる者を、いちいち、個人主義的に区別する機械的な手法についていけないのである。

警察官も同様である。犯罪の実態に深くかかわる者として、むしろ、裁判官以上に、共犯同士の影響や利用の相互関係に、その切っても切れない間柄《あいだがら》に注目させられてしまう。このように、二人以上が犯罪の共同実行について合意し、そのうちのある者がその合意にもとづき、実行行為をしたとすると、直接実行行為をしていない他の者も、共同実行者として共同正犯の責任を負うべきだとするのを「共謀共同正犯」と言っている。

この考え方によれば、さっきの外の見張りも共同正犯であり、また、現場に出かけていない者でも共同正犯になる。

aとcはB方に入って強盗しようという意思の合致《がっち》をみた。ところが、cはaと一緒に行って見張るでもなく、今日はaの番だとばかりに自宅で就寝《しゅうしん》していたとする。それでも、cは強盗の正犯になる。cは現場に行っていないというものの、具体的な協議をaとしている。実行行為はaがしているが、そのaの心の中には、cが影を落としている。aは実行行為をしながらcとの共謀を心の支えにしているという、そういうかかわり方をcはしている。その責任は問われなければならない、とする。(12)この考え方によると、手下がけん銃を持っていることを知りながらボディーガードをさせていた暴力団の組長は、その手下のけん銃不法所持に関して共謀共同正犯だ、ということになる。(13)

始め一緒に殴っていて途中から帰ってしまったとしても、その後に発生した殺害などの責任から離脱できない(14)。

共謀共同正犯の理論は、かように、実務の中から生まれ、裁判官によって長年の間に確立されたものである。きめてになるのは、謀議の強さである。警察官は、かようなケースにぶつかったときは、一人ひとりの分担行為の追求に合わせて、この謀議の事実を固めなければならない。そして、謀議の参加者は、みな、正犯として逮捕することができるのである。

五　aがB方に入って泥棒をした。捕まえて調べてみると、実は、cが入れ入れと言うものだから、つい、入る気をおこして、やってしまいました。という供述をした。cは当該窃盗事件の共犯であるが、前述の共謀共同正犯に当たるものであろうか。それとも別物であろうか。

共謀共同正犯に当たるためには、共謀の事実と、その共謀にもとづく犯罪実行の事実がなければならない。そして、共謀の事実とは、例を窃盗罪にとると、二人以上の者が、一緒になって泥棒をして、財物を得たらそれを山分けにする意思を固めることである。そして、役割分担を決めたら、共同意思の下に、一体となって、互いに他人の行為を利用しながら犯罪を行う。そういう謀議をすることである。

aとcは前からの友だちだった。aがcの所へきては、

「金がない、金がない」

と言ってこぼすので、cはある日、

「そんなに金がないならば泥棒でもしたらどうだ。Bなら小金《こがね》を貯《たくわ》えているし、一人者だし」

と言った。aの眼が輝いた。

もともとaは悪い事をする気などはなかった。しかし、友だちのcにこう言われたとき、ふと、泥棒をする気になった。Bが一人者で小金を貯えているというのも動機になった。こうしてもし、aがB方に泥棒に入ったとする。この場合のcとaとのつながりをみると、cはaが泥棒をすればいいと思っているが、自分も仲間になって、分け前に預かろうとする所まではいっていない。cには、aと共同して犯罪を遂行しようとする意識はない。共謀共同正犯の場合は、その仲間意識は一つの集団になっており、実行行為に参加する、しない、の問題は単なる役割分担の違いにしか過ぎない。それに対して、この場合のcはaに犯罪の実行を勧めてはいるが、それだけであって、aに決意さえ生じてしまえば、後は離れた存在になっている。決して一心同体、互いに相手の行為を利用し一定の犯罪の目的を遂げよう、とするところはない。

このように、人に犯罪の実行を勧めることを「教唆《きょうさ》」といい、人を教唆して犯罪を実行するにいたらしめた者を「教唆犯」というのである。その規定は次のようになっている。

第六一条（教唆）　人を教唆して犯罪を実行させた者には、正犯の刑を科する。

これによると、教唆犯の成立は、次の二つの要件によっていることがわかる。

第一は、「人を教唆」すること、すなわち、別に犯罪を犯そうという気もない者に働きかけて、特定の犯罪の実行を決意させることである。そして、第二は、「犯罪を実行させた」こと、すなわち、教唆された者が、その犯罪実行の決意の結果として当該犯罪を実行したときである。

第一の教唆は、特定の犯罪行為を決意させるものであるから、その目的さえ達成できるものであれば、その手段・方法に制限はない。強圧的にでようが、下手《したて》にでようが、利益でつろうが、何であってもかまわない。具体的に口にださなくても、暗黙のうちに相手にその意思が通じるのであれば、それでもよいのである。ただ、漠然《ばくぜん》とし過ぎているのはいけない(15)。

aがしょんぼりしているので、友だちのcが事情を尋ねると失業して食っていけない、という。それでは、犯罪でも犯すほかはないな、とcが言ったとする。これを聞いてaは煩悶《はんもん》の結果、泥棒をすることにする。cは教唆をしたことになるか、というと、この程度の会話は、日常いくらでもあることである。捕《つか》まった犯人が、誰それの講演を聞いているうちにこの犯行を犯す気になった、と供述しただけで、その講演者は逮捕されなければならなくなる。これでは、あまりに漠然として、法的安定性を害する。

そうか、それでは食っていけないな、泥棒でもするほかはないな、この程度でも同じである。なるほど「犯罪」から「泥棒」へと若干の具体性を帯びるようになってきている。しかし、単に泥棒をするというだけでは、まだ、漠然とし過ぎている。

それでは、cは何日の何時に、何町のB方の勝手口の鍵を壊して侵入せよ。そして金だけを盗め、というふうに、六何《ろっか》の原則に当てはまるような具体的な言い方をしなければならないか、と言うと、そこまでは要求されていない。たとえば、物色の仕方、鍵《かぎ》の壊し方などを伝授《でんじゅ》して、わかったか、よし、今晩からやってみろ、と言った場合は、また、何処《どこ》へ入るのかが決まっていないが、教唆の手段としては、この程度でいい(16)。要するに、教唆者は、被教唆者に、犯罪実行の決意を生ぜしめてやろうと思ってその意思で働きかけるのであるから、その目的を達するための手段・方法は、相手により、事情により、千差万別《せんさばんべつ》であっていいわけである。

第二の「犯罪を実行させた」こととは、教唆された者が、教唆の結果として犯罪の実行を決意し、さらにその決意を実行に移したことである。決意はしたが、実行に移さなかった場合は、教唆犯は成立しない（従属犯）。

cがaに泥棒の決意をさせた。aはその時、そのつもりになったが、後から気をかえてやめることにした。しかし、一時期、aは泥棒の実行を決意したことは確かであるし、それに加功したcには、何らかの責任を負わせたくなるのが人情であるが、実行がなければだめなのである。

「実行」とは、各本条の構成要件に該当する行為をすることである。泥棒なら第二三五条の構成要件「他人の財物を窃取した」に当たる行為をすることである。もちろんその行為は違法でなければならないが有責である必要はない。有責を落とす一つの理由は、小学校高学年ぐらいの子供を利用する例があるからである。(17) さきの例で言えば、cの教唆によってaは泥棒する決意ができ、現実にB方に泥棒に入った。しかし、十三歳の少年であった。したがってaの犯罪は成立しないが、cの教唆犯は成立する。cはaの実行行為に完全に従属しないが、ある程度の従属はしている、ということである。(18)

第六一条第二項は、さらに、教唆者の背後関係をも問題にしている。

第六一条（教唆） 1 （略）

2 教唆者を教唆した者についても、前項と同様とする。

この規定があるから、教唆をされた者が、さらに、第三者を教唆して実行させたとすると、その第三者は正犯であるが、第一・第二の教唆者は、平等に、教唆犯として、正犯に準じた取扱いを受ける。(19)

aはcの教唆を受けたが、自分では実行行為をするのがいやで、dにさせてやろうと、同じことをdに教唆した。dは実行した。この場合のa・cは、二人とも平等の教唆犯だということである。

教唆の連鎖がさらに続いて、たとえば、cからe、eからfへと次々に移されていったとしても、その連鎖の仕方がしっかりしていれば、同じに考えることができる。(20)

六　すでに、犯罪の実行を決意している者の存在を知り、その犯罪の実行を援《たす》けようとする者がいる。援助には、物質的なものもあれば精神的なものもある。

実行行為そのものを援けるのではなく、事前に援助する。(21)これが幇助《ほうじょ》の問題である（従犯）。事後に、かくまったり、盗品等の処分を手伝ったりするのは、また、別の問題である（事後従犯《じごじゅうはん》）。

第六二条（幇助）　正犯を幇助した者は、従犯とする。

「正犯を幇助する」とは、実行行為以外の方法によって正犯の実行行為を容易にすることである。実行行為を分担すれば、それは、共同正犯の問題になって、幇助犯（従犯）の問題ではなくなる。

その代表的な例は、武器を貸すことであろう。aがBに傷害を与えることを知って、よし、それならこれを持って行け、と、自己所有の日本刀を貸してやる。これは、傷害の謀議の事実はなく、また、aの決意を無から生じさせたわけでもない。共同正犯でもなく、教唆犯でもない。まさに幇助犯である。(22)

幇助の方法は無数にある。物質的援助、便宜の供与は外見上援けたことが明らかである。犯罪の場所を提供することも、その家の用途が、たとえば、賭博の開張《かいちょう》に使われるということをあらかじめ知っていて貸したかどうかがきめ手になる。(23) 知って貸せば幇助になる。この場合、借り手が、用途をはっきり言わなくとも同じである。共同正犯は意思の連絡がないと成立しないが、幇助は、一方的に幇助者の才覚ですることができる。人を援けるのに、いちいち援けるぞ、と断る必要がないからである。

ｃは警備員として勤務中、泥棒が入ったことに気付いた。緊張して、そっと、その男を見ると、それは友だちのａではないか、ｃは迷った。一一〇番すべきか、そのまま見逃すか。そして、情に負けた。ｃはわざと門の鍵をあけ、ａの逃走を容易にしてしまった。ａはその事情を知らなかった。ただ、今日はついているな、と思ってその門からゆうゆう逃走した。ｃは今日は隠れた人援《ひとだす》けをしたと思ったが、その後、ａの窃盗罪の幇助で捕まった。(24)

幇助は、精神的にすることもできる。ａはＢを殺す決心をし、ｃに打ちあけた。ｃはそうか、うまくやれよ、と激励し、ａはそれに励まされてますます、Ｂの殺害の意思を強固にした。そして、後日Ｂを襲ったが、未遂に終わった。ｃが殺人未遂罪の幇助で捕まったのは当然のことである。(25)

しかし、ここで、さきの共謀共同正犯との違いを考えておかなければならない。ｃがａから打ちあけられたとき、ｃもかねてからＢをにくく思っていたので、これはいい機会がきた、とばかりに、ａｃ額《ひたい》を集めてＢの殺害方法を協議した。ということになると、ｃは単に人援けをした。精神的に気合を入れてやった、というのとは違い、その思い入れは正犯そのものの評価を受けなければならない。これは、すでに共謀共同正犯の片割れに当たる。

帮助犯は、そこまでいかない。そうか、お前がBをやるか、気をつけてやれよ、という程度でなければならない。aの犯罪実行の決意を知り、そのこれからしようとする事柄を知った上で、精神的に力をつけてやる。物を渡したりすれば、その帮助の意思は明らかになる。しかし、自分はやる気がない、人がするのはありがたい、という点がはっきりしていなければならない。

帮助犯も、教唆犯と同じく正犯に従属している。正犯が実行行為をする、すなわち、構成要件に該当し、かつ、違法な行為がされたとき、はじめて処罰の対象になる。

その代わり、正犯の実行行為があれば、これを直接帮助した者だけでなく、さらに、この帮助者の帮助の決意を促した者も同様に処罰される。

aはBを殺したいと思っていた。cも同様にBをこの地上から消してしまいたいと思っていたが自分では実行行為にでる勇気がない。そこで、cはaに、Bの殺人を依頼すればいいのだが、とつおいつしていると、dが登場してきた。dは馬鹿だなお前は。aに酒代をやると言えばいいじゃないか。aはきっとBを殺してくれるよ。なるほど、そこに気づかなかった。dの言うとおりにしよう。cはaにBの殺人を依頼し、酒代を贈ることを約束した。これに力を得たaはとうとうBを殺してしまった。

この場合のａは殺人の正犯であることは言うまでもない。そして、ｃは酒代をやってａの殺人の決意を強固にした。これは幇助犯である。さて、ｄは。ｄはｃに働きかけて、ｃのａに対する幇助行為にでる決意を固めさせた。人が何かをする決意を生じさせるのは教唆であるから、ｃとｄの関係は、幇助犯に対する教唆ということになる。条文をみると、

第六二条（幇助）　１　（略）

２　従犯を教唆した者には、従犯の刑を科する。

というのがある。これによるとｄも従犯（幇助犯）に準じて処罰されることが明らかである。[26]

「従犯を教唆した」代わりに、従犯を幇助するとどうなるか。

右の例で、ｃはａに依頼するかどうか迷っていた。そこへｄが登場して依頼の決意を固めさせてくれた。これは教唆であった。もし、ｃがすでにａに依頼する決意を固めていたとすると、ｄの発言は教唆でなく幇助になるが、この幇助犯の幇助が許されるか、という問題である。条文だけでははっきりしないが、判例ではそれでもいいことにされている。[27]つまり、ｃに対してｄが幇助する。ｃはａを幇助する。そして、ａはＢの殺害の実行行為にでる。と、そういう関係も成立するのである。

七　共犯の処罰はどうなっているか。

従犯はやや軽いので別扱いになるが、共同正犯と教唆犯は、正犯と区別されることはない。同じ処罰を受けるのである。「正犯の刑を科する」(六一条)というのは、そういう意味である。共同正犯の一人一人は、一人一人が独立して犯行の一部始終を行ったという評価を受ける。教唆犯も正犯と同じ扱いになり、教唆犯の教唆犯も、直接下手人を教唆した者と同等の扱いになる。

従犯は、単なる手伝いであるだけ、その刑は軽くなることとされている(六三条)。

また、ごく軽い罪(拘留・科料のみに当たる罪)の従犯は、原則として可罰性がないことにされているが、軽犯罪法違反の罪は例外として従犯も罰する(軽犯罪法三条)。この場合は、従犯だからといって、処罰を軽くしたりすることはない。

(1)　小野清一郎「新訂刑法講義総論」一七九頁～一八〇頁は、「刑法において各本条の特別構成要件そのものを充足する行為を処罰する外、なほその構成要件に対して或る修正を施した構成要件を充足する行為を処罰する場合がある。この場合にその行為は根本的に同一の定型に属するが、構成要件としては一が基本的なものであるのに対して他はその修正形式である。かかる構成要件の修正形式を設けるについて、立法上二つの方法がある。

一　その一は、一定の特別構成要件に該当しない或る行為を各則的に特種の犯罪として規定することである。或る犯罪の予備、陰謀(例　第七八条・第八八条・第二〇一条)を処罰するのがそれである。

二　その二は、総則において一般的にすべての特別構成要件に対する修正形式を規定することである。未遂犯がそれである（第四三条・第四四条）。共犯の場合も之に属する。」

(2)　福岡高判昭和二九年五月二九日判特二六・九三は、「殺意をもって婦女の首を絞めたところ、同女の子供が泣き出したので、かわいそうに思って中止した場合は、中止犯となる。」としている。

(3)　大判大正二年一一月一八日録一九・一二一二は、「外部的障害の原因がないのに、内部的原因によって、すなわち、犯人の意思にかかわらない事情によって強制されることなく、任意に中止する場合が中止犯である。」とする。

(4)　大判昭和七年六月二九日集一一・九八五は、「一つの住宅を焼燬《しょうき》する目的で、二ヶ所に放火した犯人が、そのうち一ヶ所の火を自己の意思で消し止めても、他の一ヶ所が障害未遂となったときは、結局、中止犯とは認められない。」とする。

(5)　最判昭和二四年七月九日集三・八・一一七四は、「犯罪の実行に着手した後、驚愕によって犯行を中止した場合においても、その驚愕の原因となった諸般の状況が、被告人の犯意の遂行を思い止まらしめる障害の事情として客観性のあるものと認められるときは、障害未遂であって中止未遂ではない。」としている。

(6)　大判大正六年九月一〇日録二三輯九九九頁は、硫黄粉末による毒殺の試みを、その「方法ヲ以テシテハ殺害ノ結果ヲ惹起スルコト絶対ニ不能」であるとして、殺人未遂罪にしなかった。

(7)　大判昭和七年一〇月一一日集一一・一四五二は、「数人中の或者を通じて他の者相互の間に犯意の連絡がある場合には、共同といえる。」としている。

(8)　最判昭和二三年一二月一四日集二・一三・一七五一は、「共同正犯であるには、行為者双方の間に意思の連絡のあることが必要であるが、行為者間において事前に打合せ等のあることは必要でない。」としている。

(9)　大阪高判昭和四五年一〇月二七日判時六二一・九五は、「共謀成立の前に行われた先行行為者による実行をも含めて、結果の実現に向けられた各行為者のすべての実行行為につき、行為者（後行行為者を含めて）の全員が共同正犯の責任を負う。」としている。

(10)　最判昭和二三年六月二二日集二・七一一は、強盗の共謀者の一人が、夜間、ブリキ製のピストルを被害者に突きつけて脅迫した際、他の一人が、その傍らに佇立《ちょりつ》していたときは、強盗罪の共同正犯であるとする。団藤重光「刑法綱要総論」三〇一頁は、「小野博士が指摘されるように（小野清一郎「新訂刑法講義」総論二〇五頁）二人以上の行為を全体として観察すべきである。」として、「見張り」には疑問を呈しつつ、この判例を肯定している。

(11)　大判昭和一一年五月二八日集一五・七一五は、「共謀共同正犯の理論を確立したものであるが共同正犯の本質は、二人以上の者が一心同体のごとく互いに寄り合い助け合って各自が共同の意思の下に特定の犯罪を実行することにある。全員が実行を分担する場合も、謀議者のうちの一部の者だけが実行を分担する場合も、いずれも共心協力の作用である点において、その価値は異ならない。したがって、いずれの場合にも共同正犯の成立を認めるのが原則である。」としている。そして、

最判昭和三三年五月二八日集一二・八・一七一八は、これを継承して、「共謀共同正犯が成立するためには、二人以上の者が特定の犯罪を行うため、共同意思の下に一体となって互に他人の行為を利用し、各人の意思を実行に移すことを内容とする謀議をなし、よって犯罪を実行した事実が認められなければならない。したがって右のような関係において共謀に参加した事実が認められる以上、直接実行行為に関与しない者でも、他人の行為をいわば自己の手段として犯罪を行ったという意味において、その間刑責の成立に差異を生ずると解すべき理由はない。さればこの関係において実行行為に直接関与したかどうか、その分担または役割のいかんは右共犯の刑責じたいの成立

を左右するものでないと解するを相当とする。」としている。

(12) 最判昭和二四年一一月一五日集三・一一・一七九一は、「窃盗の共謀者の一人が、他の者が実行した当夜、自宅で就寝していた場合にも、自己の犯意を他の共犯者を通じて実行に移したものといえる以上、共同正犯の責めを免れない。」とする。

(13) 最決平成一五年五月一日集五七・五・五〇七

(14) 最決平成元年六月二六日集四三・六・五六七

(15) 最判昭和二六年一二月六日集五・一三・二四八五は、「犯意がない者に対し一定の犯罪を実行する決意を生ぜしめて実行をなさしめるとき教唆犯が成立するのであって、決意を生ぜしめる手段、方法は明示たるとその他の方法たるとを問わない……教唆犯の成立には、ただ漠然と特定しない犯罪を惹起せしめるに過ぎないような行為だけでは足りないけれども、いやしくも一定の犯罪を実行する決意を相手方に生ぜしめるものであれば足りるものであってこれを生ぜしめる手段、方法が指示たると指揮たると、命令たると嘱託たると、誘導たると慫慂《しょうよう》たるとその他の方法たるとを問うものではない。」とする。

団藤重光「刑法綱要総論」三〇八頁は、「犯罪実行の決意を生ぜしめる行為は利益の提供、誘導、欺罔、威圧、甘言、威嚇、指示、指揮、命令、嘱託、慫慂、哀願など、どのような方法でもよく、また、明示的でなく黙示的、暗示的な方法であってもよい。」とする。

(16) 大判大正五年九月一三日録二二・一三三五は、「被教唆者をして各場合の事情に依り一定の犯罪行為を為す可きことを了解せしめ得べき程度に於て指示すれば足りる。」とする。

最判昭和二八年三月五日集七・五一〇は、「牛を盗む方法を教え、盗んだ牛を自分の小屋に入れるよう指示して、再三、牛の窃取を勧説した者は、被害者を具体的に特定していなくても、それによって、被教唆者が牛を盗んだ以上、窃盗教唆罪の責めを免れない。」とする。

(17)　正犯に対する従属の程度について、団藤重光「刑法綱要総論」二九〇頁〜二九一頁は、「M・Eマイエルの試みた有名な従属形式の分類を想起しなければならない。かれは、従属の程度によって次の四つの従属形式を掲げた。第一は最少従属形式（略）で、正犯が単に構成要件を実現すれば足りる。第二は制限従属形式（略）で、正犯が構成要件を違法に実現したことを要する。第三は極端従属形式（略）で、これを違法かつ有責に実現したことを要する。第四は拡張従属形式（略）で、共犯の可罰性は正犯の身分にもかかっていて、一身的な刑の加重減軽の事情も共犯の処罰に影響を及ぼす……わが刑法は制限従属形式をとっているものということができる。」とする。

(18)　藤木英雄「刑法講義総論」二九七頁は、「現行法の解釈上、正犯が犯罪を実行するとは、違法な構成要件該当行為を行なうことにほかならないから、正犯が責任能力を有しなくとも、教唆犯の成立を妨げないので、したがって制限従属性説が正当である。ただ制限従属性説によるときでも、正犯の行為が実行行為であること、ことに故意の行為であることは必要である。したがって、行為の意味を了解しえない、すなわちその罪についての故意を有しえない程度の責任無能力者に対する教唆は成り立たない、たとえば、同じ責任無能力者でも、一三歳の子供に命じて他人の物を持ち去らせる行為は窃盗の教唆と認めうるが、五歳の幼児にかような行為をさせるのは、教唆ではなく間接正犯である。」とする。

(19)　最判昭和二八年六月一二日集七・六・一二七八は、「犯罪の実行を教唆したところ、被教唆者みずから実行せず、さらに第三者を教唆して実行させた場合には、第一の教唆者は、教唆者として責任を負うべきである。」とする。

(20)　大判大正一一年三月一日集一・九九は、「教唆者を教唆した者も教唆者であるから、さらにこれを教唆した者も、本条（六一条）第二項にいう教唆者を教唆した者に該当する。」としている。

(21) 最判昭和二四年一〇月一日集三・一〇・一六二九は、「従犯とは、他人の犯罪に加功する意思で、有形・無形の方法によってこれを幇助し、他人の犯罪を容易にするものであるが、みずから当該犯罪自体を実行するものでない点においては、教唆犯と異ならない。」としている。

(22) 大判昭和一五年五月九日集一九・二九七は、「従犯は、事前において、正犯者の傷害の実行を予想しながら、これに日本刀を貸与することによっても成立する。」とする。

(23) 大判大正二年七月九日刑録一九・七七一は、「賭博開張に使うことを知りながら、自宅を貸与してその犯行を容易にすることは、賭博場開張罪の従犯である。」とする。

(24) 大判大正一四年一月二二日集三・九二一は、「幇助犯が成立するには、主観的要件としては、犯人が正犯の行為を認識し、これを幇助する意思があれば足り、幇助犯と正犯者との間に相互的に意思連絡あることを必要としない。」とする。

(25) 大判昭和七年六月一四日集一一・七九七は、「殺人の決意をした者を激励して、その決意を強固にし、殺人未遂罪を犯させたときは、精神的に殺人行為を幇助したものである。」とする。

(26) 大判大正七年一二月一六日録二四・一五四九は、「甲が既に乙に対する殺意を抱いていた丙に、乙を殺してくれと頼もうとするのに際して、丁が甲に助言して丙に酒代を贈ることを約束させ、乙の殺害を依頼するにいたらせたときは、丁は殺人罪の従犯の教唆犯である。」とする。

(27) 最決昭和四四年七月一七日集二三・八・一〇六一は、「被告人が、甲またはその得意先の者が不特定の多数人に観覧させるであろうことを知りながら、猥褻映画フィルムを甲に貸与したところ、そのフィルムが、甲からその得意先である乙に転貸され、乙がこれを映写して公然陳列した場合には、被告人は、正犯たる乙の犯行を間接的に幇助したものとして、その従犯となる。」としている。

第四節　構成要件補遺

一　間接正犯

一　看護師が機械的に注射したり投薬したりするのを利用して毒薬を注射させたり、飲ませたりする場合、情を知らない看護師よりも、その背後にいて、その看護師がそうするようにし向ける者の方が悪いことは、わかりきっている。

法律も、その常識を運用の基礎におくことにしている。それが、「間接正犯」の理論である。間接正犯の考え方は、人が犯罪を敢行するに当たって、道具を使うというところから出発している。人は、常に、自分の手を下すとは限らない。犬を使って人にけがをさせる場合は、けがをさせるのは、その犬を使った人であることは言うまでもない。さきの看護師の例は、犬の代わりに看護師を使ったと理解することができる。

ところで、実行行為の道具に、「人」を使うという場合は、教唆犯との境《さかい》が紛《まぎ》らわしい。道具に動物やロボットを使う場合は、仕掛《しか》けをしてから後の結果発生に至る過程が機械的必然的に進行する。それは、ダイナマイトを仕掛けて導火線に点火するのに似ている。しかし、人には意思がある。その行為に自発性がつきまとう。そこで、その状態いかんによっては、働きかけが教唆と同じことになるおそれがある。

教唆犯は、人を教唆して犯罪を実行させることであった。犯罪の結果を実現するのは、教唆された人である。間接正犯も、犯罪の結果を実現するのは、道具として使われた人である。この両者は、ある犯罪を敢行しようと決意した人の働きかけ（A）と、働きかけを受けて犯罪の結果を実現する人（C）と、犯罪の結果（B）とを図式にしてみると、共に、「A→C→B」という外形を同じくしている。違うのは、「C」に犯罪を犯す意思があるかどうかである。「C」は道具ではなく実行行為者であるとき（C′）、「A」は教唆犯ということになる。図式にすると、それは「A→C′→B」であり、間接正犯との違いは、「C」が「C′」に変わっている点である。

二　すなわち、人を利用して犯罪目的を達成したとき、教唆犯ではなく、間接正犯として処罰される場合は、被利用者の行為が、「実行行為」に当たるかどうかを考えればいい、ということになる。

さきの看護師の例は、全く情を知らない場合である。言い換えると、その看護師に犯罪の実行行為はない。彼又は彼女には、人に毒薬をもって殺害するという構成要件に該当する事実の認識が全くない。つまり、故意が欠けている。故意の欠けている行為は実行行為とは言わない。行為者はむしろこの看護師を利用した者である(1)。

次に、実行行為をする能力をあらかじめ欠いている者がいる。幼児や精神病者である。これらの者は、是非《ぜひ》の弁別《べんべつ》ができないのであるから、それに乗じて犯罪目的を達成しようとする者が、正犯の扱いを受けるのは当然のことである(2)。

強制によって実行行為をする能力を阻害される場合がある。ピストルを突きつけられて金庫をあけ、中の物を取り出す銀行員が、窃盗の実行行為をした、という者はあるまい。しかし、ピストルがおもちゃだとわかったが、おそれているふりをして金庫をあけるとする。この時は、もはや強制によるのではなく、自分の意思も加わるから実行行為を分担することになる。問題は、間接正犯から共犯に移るのである。

このほかにも、Cの行為が犯罪を成立させない場合がいろいろある。たとえば、Cが正当防衛や緊急避難にあたる行為をするのを利用してAが犯罪の目的を遂げる場合があるとすれば、Aの行為は間接正犯になる(3)。民間人が収賄罪の主体になり得ないのを利用してその民間人に金品を受けさせる公務員の行為も同じように考えられる。具体的な場合に、Aの行為が、道具を使って自らの思いを遂げるということになっているかどうか、の認定が問題になるであろう。

三　間接正犯は、実行行為をするのに他人の行為を利用する場合であるから、その着手はいつになり、既遂に達するのはいつになるのか、利用者Aと被利用者Cの二種類の動静のどこに標準をおくか問題になる。

Aの動静に標準をおけば利用者（A）が、被利用者（C）に働きかけたときが問題になるが、CがAの道具だという立場に立つと、これは、まだ、しこみの時期ではないか、と考えられる。判例は、Cの動静に標準をおく。すなわち、被利用者の動静が、間接正犯の実行行為の代わりである、と考えるとわかりやすい。なり代わって実行するのだから、その実行の着手、既遂の時期が、そのまま、利用者＝間接正犯の実行の着手であり、既遂の時期であると判断すればよいのである(4)。

二　因果関係

一　結果犯と因果関係　二　条件説
三　相当因果関係説　四　相当因果関係の認定

一　実行行為があって犯罪の結果を生じている場合に、警察官は、結果からさかのぼって犯人に到達する仕事をする。その際の推理は、一つ一つ因果の系列をたどっていく。そして、最終的には、その実行行為がなかったならば、その結果もまたなかったはずであるという立証をする。構成要件は「行為―因果関係―結果」の構造をもっているから、因果関係のあるなしは、犯罪の成立を確かめるには、避けて通ることのできない関門である。

犯罪の中には、実行行為があれば、結果の発生を必要としないものもある。たとえば、賭博罪（一八五条）は、賭銭をその場に出し、花札を配布すれば既遂になる。偽証罪（一六九条）は、宣誓した証人が虚偽の陳述をしただけで成立する（挙動犯）。

しかし、各本条の構成要件の大部分は結果犯である。実行行為があっても、結果が発生しなければ、構成要件を充足したことにならない。充足しなければ犯罪は既遂にならない。未遂処罰の規定のない罪については、罪にもならない。そして、行為と結果があっても、その間の因果関係の証明がつかなければ、同じく犯罪は成立しない。

二　因果関係は、自然界について言えば、原因なければ結果がない、ということであり、すべての科学的研究は、この上に立って現象の法則性を追求している。

刑法でいう因果関係も、まず、ここから出発したことは間違いない。この実行行為がなければ、この結果もまたなかった、という関係が犯行と犯罪の結果とを結びつけ、犯罪の責任を追及できるのである（条件説）。

ところで、原因結果の連鎖《れんさ》は、そのままでは、どこまでもつながるし、また、どんな些細《ささい》な事でも連鎖の輪に入ってくるという性質をもっている。「風が吹けば桶屋《おけや》がもうかる」という俗諺《ぞくげん》がある。大風が吹くと埃《ほこり》が立つ。埃の立つのは大風が原因である。次にその埃は人の眼に入る。一回や二回ならいいが、続けば眼病がはやる。眼病がはやれば盲人がふえる。盲人がふえれば三味線が売れる。昔は、盲人の職業といえば、三味線をひいて芸人になることであった。三味線の皮は猫の皮だから猫が少なくなる。そこで、ねずみがはびこる。ねずみは桶の木がいちばん好きだから桶をかじる。穴のあいた桶は役に立たないから、桶の買いかえが増える。だから桶屋がもうかる。大風が吹けば桶屋がもうかる。

これは、原因があれば結果がある、火のない所に煙が立たない、という庶民の因果律に対する感覚から生まれた俗諺である。

これは、どこか結論に至る過程に無理があるという例である。因果の系列を、単にそれがなければその結果はなかった、という関係、すなわち条件関係だけでたどっていくと、とんでもない結論に到達することがあるという庶民のいましめを言ったものである。

三　そこで、条件関係を整理して非常識な結論に至らないようにする工夫が生まれる。

つまり、ある行為から、ある結果の発生がもたらされるその筋道が、人々の常識に合うものでなければならない。原因結果の連鎖だけを追うのではなく、その因果の系列が、ふつうの人の健全な常識に合致《がっち》したものであるかどうかも、あわせて考察しようというのである。

風が吹けば桶屋がもうかる、という結論にはどこか無理がある。健全な常識に合わない結論である。そこでその過程を調べてみると一つ一つ独断のつながりの上に立っていることが指摘される。大風が吹けば埃が立つ。ここまでは常識だ。埃が立てば、人の眼に入ることもある。それも確かだ。しかし、埃が眼に入ったからといって、それで、直ちに盲人になるか、というと、なる者もいるかも知れないが、ならない者もいるはずである。その割合を考えたら、ならない人の方が多いと考えるのが常識的である。次に、盲人が三味線をひくというのもケースとしてはそう多くないはずであるし、世の中の猫の数がそれによって減るというのも常識的でない。ねずみが桶だけを敵《かたき》にするというのもどうかと思われる。

要するに、わずかな条件関係をつなぎ合わせて、あらぬ結論を導き出していったのが、あの俗諺であると言ってよい。

刑法の世界での条件関係は、もっと、常識的なものでなければならない。すなわち、その行為からその結果が発生したということが、人々の経験に照らしてなるほど、さもあろうというものでなければならない。それは、社会通念に照らして相当でなければならない。

とくに、刑法でいう因果関係は、構成要件に該当するものである必要がある。それは、構成要件的因果関係として、定型的・類型的にみて相当でなければならない（相当因果関係）。

昭和五年（一九三〇年）、世の中は不景気の真最中であった。政府は浜口首相・井上蔵相を先頭に緊縮財政を掲げ、軍備拡張を叫ぶ軍部を抑えて財政の健全化に努めつつあった。ゼロシーリングだ、マイナスシーリングだ、行政改革だと叫んでいる最近の世の中も似たようなものである。違いは、当時、暗殺を正当化する風潮が一部にあったことだ。

浜口首相は、東京駅頭、右翼の反対者の一人にピストルで撃《う》たれた。

弾丸は下腹部に命中して空腸を損傷したが即死を免れた。浜口首相はそのまま病院にかつぎ込まれ、いったん手術は成功したかにみえたが、九か月後に死亡した。死因は、傷口から侵入した放線《ほうせん》状菌《じょうきん》によるものであった。

さて、犯人は殺意をもって周到《しゅうとう》に機会をうかがい狙撃《そげき》に成功したのだから殺人既遂であるかというと、大体傷口から放線状菌が入るというのが稀《まれ》なる出来事だというので難しくなった。撃ったことによって浜口首相は死ななかった。これは殺人未遂のはずである。九か月もたってから、めったにおこらない病原菌の感染によって死亡したのは、別の理由による死亡と断定されざるを得ない。

ここで、条件関係だけで考えるとしよう。菌が入ったのは傷があったからである。傷は犯人が撃ったからできた。その傷がなかったならば、菌の侵入はなかった。菌の侵入がなければ死ぬこともなかった。理路整然としている。犯人は、九か月かかったが、首相を殺すという目的を達したことになる。現に、第一審は、そういう結論を下した。

しかし、第二審は、さすがに、九か月の時の流れと、放線状菌侵入という世にも稀なる出来事を重視した。なるほど、狙撃と死との間には、原因結果の連鎖はある。しかし、傷はほとんどなおって、放線状菌侵入という二次的災害がなければ、死という結果に至らなかったはずであり、その二次災害たるや、また世にも稀なる出来事であるというのだから、狙撃と死亡との間はいったんその関係は切れているとみるのが常識的である。そう考える方が、日常経験上一般的であり、放線状菌に感染して死ぬなどという偶然な事情の介入《かいにゅう》による世にも稀なる事情については、刑法上因果関係がない、と考えるのが相当であるとされた(5)。

四 それでは、相当因果関係のあるなしは、いかなる標準によって判断するのかを次に考えてみよう。

その行為がなかったら、その結果も発生しなかったであろう、という関係を条件的にとらえることはたやすくできる。問題は、その条件関係のどれが、社会通念上相当であり、一般人の経験則に照らして妥当《だとう》であると判断されるかである。何よりもまず、その判断に使用される物差《ものさし》になるものは何か、である。そしてここで持ちだされるのが、「予見」できるできないという観点である。

まず、今、問題になっている条件関係が、行為の当時、行為者にとって予見されていたかどうか。そして、もし、行為当時予見できないような偶然の事情が介入して、はじめて発生するような結果に対しては、行為者に責任を問えないのではないか。すなわち、因果関係を認めるわけにはいかないのではないか、という考え方である。

この予見可能性ということを一つの物差として、存在する条件関係の評価に使うことによって、風が吹けば式の因果関係の野放図《のほうず》の広がりを防止することができるのである。

予見できる内容範囲は、当然、予見者の能力にかかわっている。見通しのいい人、悪い人によって予見の範囲は広くなったり狭くなったりする。それでもかまわない、という説がある（主観説）。しかし、刑法の標準としては、そんなあやふやなものでは困る。個人の能力ではなく、客観的に妥当する確《かく》たる標準が欲しい。そこで、行為当時存在していた事情中、客観的にとらえられるもの、また、平均人が一般的に予見できる事情というものに標準を合わせようという考え方がでてくる（客観説）。

これに対して、実務上は、その両者の長所を生かす考え方がいいということになるが、学者もまた、この折衷的《せっちゅうてき》考え方をとる人が多い。

すなわち、行為の当時に、行為者が現に認識していた事情は当然採用することにしている。次に、通常の社会人ならば、誰もが認識するであろう事情もまた標準に加えるというやり方である（折衷説）。この行為者の現に予見した事情及び通常人の予見し得べき事情を標準として、因果関係の相当性を判断するのである。裁判所はまた明確な理論的立場よりは、具体的な事例の集積を通じてその考えを示す(6)。

行為者は、自分が現に予見していたことで非難を加えられるのは当然であり、また、予見していないことでも、それが、通常人ならば誰もが予見できたことであれば、それについて責任を負わされても仕方がないということになろう。

三　錯誤論

一　具体的事実の錯誤　二　抽象的事実の錯誤
三　共犯と錯誤

一　人には思《おも》い違《ちが》いもあれば勘違《かんちが》いもある。Bを殺そうと思って間違ってCを殺してしまうこともあれば、猪《いのしし》を射ったつもりで近づいてみれば、人が倒れて死んでいたということもある。予見された事実と実現された事実との食い違いである。

このような現象がおきた場合に、行為者の責任はどうなるのか。

犯罪は行為である。行為は自発的意思にもとづく身体の動静《どうせい》である。今、この自発的意思の内容に食い違いがおきた。言い換えれば、故意に異変《いへん》がおきた。

故意とは、構成要件に該当する事実を認識することであった。そして、その認識と発生した事実の間に食い違いができた。

一三世紀のころ、北面の武士遠藤盛遠《もりとお》は人妻に懸想《けそう》し、しつこく言い寄っていたが、夫との板挟《いたばさ》みで困り果てた袈裟御前《けさごぜん》はある日盛遠に夫を殺してくれと申し出た。夫がいなくなったらあなたになびきましょう、と。そして盛遠は言われたとおりの時刻場所において就寝中の人を殺した。ところがそれは、袈裟の夫ではなく、身の罪深さを嘆《なげ》いた袈裟その人であった。盛遠は亡骸《なきがら》に取りすがって泣き、やがて出家して文覚《もんがく》と名乗るようになった。

盛遠は人を殺した。しかし、殺人の客体としてあらかじめ認識していたのは袈裟ではなく袈裟の夫であった。ところが行為の結果実現された事実は夫ではなく袈裟その人の死であった（客体の錯誤）。予見された事実と実現された事実との間に食い違いがある。これは、本人からみたら大変なことである。

しかし、刑法の目からみるとどうであろうか。盛遠は、人（夫）を殺そうと思って実行行為にて人（袈裟）を殺した。「人を殺した」（一九九条）という構成要件に該当する事実を認識し、実行し、結果をもたらした。人殺しの故意に、いささかの狂いもない。

このように、同一の構成要件の範囲内で予見した事実と実現された事実とが具体的に符合《ふごう》しない場合を「具体的事実の錯誤」と言っている。故意の成立には影響がない。(7)

殺す相手をBと見定め、見間違うことなく正しくBに向かってピストルを発射した。ところが、弾丸はそれてCを殺した（方法の錯誤）。この場合も殺人の構成要件の範囲内で具体的事実に錯誤があったわけであり、故意の成立に影響はない(8)。

二　このように、具体的事実の錯誤があった場合に、その錯誤が故意の成立に影響を及ぼすかどうかを判断するのに、直ちに役立つのが構成要件である。

予見した事実と実現された事実とが食い違っていても、殺人の客体の間違いのように、同一の法益の侵害であり、同一構成要件の範囲内での食い違いにとどまるものは、法的にみれば何の食い違いも存在しない、とみることができる。それは、人を殺すつもりで人を殺したのであるから、その人がBかCかを問題外とすれば、予見した事実と発生した事実とは同じく「人」ということで符合している。これを「法定的符合」と言っている。

このように事実の食い違いを、構成要件を基準として法的に符合しているかどうかを調べる説を「法定的符合説」と言い、判例や多数の学説の採用するところである。

警察官が、具体的ケースにからんで拠所《よりどころ》とするのもこの法定的符合説である。

ところで、ケースによっては、同一の構成要件にとどまることなく、食い違いが、異なった構成要件の間にまたがることがある。

人の飼犬《かいいぬ》に石をぶつけたら、犬にはあたらず子供に当たって子供がけがをした、というような場合である。

この場合もまた警察官は、法定的符合説に従って処理することになる。

まず、人の飼犬に石をぶつける行為は、各本条の中のどの構成要件に当たるかを見ると、それは第二六一条の「物を……傷害した」に当たることがわかる。子供にけがをさせたのは、もし、故意が認められれば、第二〇四条の「人の身体を傷害した」に当たるが、このように構成要件を異《こと》にする場合は、故意の成立を否定するのが原則である。犬を傷害する故意で、犬より重い人の傷害を実現したのだから、罪を犯す意思で、罪となるべき事実を実現したという点では、抽象的に符合している。この点に着目して少なくとも犬の傷害について故意を認めようという説（抽象的符合説）もあるが、正しくない。もちろん実現された結果が人の傷害だから、予定された認識事実が動物の傷害であるにもかかわらず、おし及ぼして傷害罪の故意を成立させることが許されるわけはない。これについては明文がある。

「重い罪に当たるべき行為をしたのに、行為の時にその重い罪に当たることとなる事実を知らなかった者は、その重い罪によって処断することはできない」（三八条二項）。重い罪となるべき事実があるのに、犯すときにその重い事情を知らなかった者は、その重い罪によって処断することはできない、ということである。

軽い事実を表象《ひょうしょう》して実行為をした者を、結果が重かったからといって、重い方の罪にするのは酷《こく》だ、ということである（例外としての結果的加重犯については後述する。）。

このように、警察官は、具体的ケースにぶつかったら、まず、構成要件該当性を調べ、予見した事実と、実現された事実とが、同一構成要件内の具体的事実の錯誤の問題であるか、それとも、異なった構成要件の間の抽象的事実の錯誤の問題であるかを確かめ、法定的符合説に従って処理することになる。

具体的事実の錯誤の問題であれば、故意の成立に影響はない。そして、抽象的事実の錯誤の問題ならば、原則として故意は成立しない、ということを知っておかなければならない。

「原則として、」というのは、構成要件を異にしながら、ある部分では共通性をもっているものにまたがることがあるからである。

たとえば、詐欺罪と恐喝罪は、一方はだまし、一方はおどしの違いがあるが、相手方が間違った、あるいは抑えつけられたという正常でない意思のもとに、任意財物を交付する点においては共通性をもっている。別の言葉で言うと、構成要件が重なり合っている。

このように、構成要件が重なり合っているものにまたがった場合は、その軽い方の故意の成立を認めることができるのである。

Aは Bをだましてやろうと思ってしゃべっているうち、言葉が激しくなって恐怖心を与える結果を生じた。Bはここで財物を交付しないと後がこわいと思って任意財物を交付した。これは、Aの予見した事実は詐欺であったのに、実現された事実は恐喝になっている。詐欺と恐喝は、それぞれ第二四六条と第二四九条で構成要件を異にしている。だから具体的符合ではないが、それに準じて、恐喝罪の故意の成立を認めることができるのである。

二つの構成要件に、刑の軽重がある場合は、軽い方の成立を認めるべきであることは言うまでもない。

三　錯誤は共犯同士の間にもおこる。たとえば、CはAに、B方に入って窃盗を実行することを教唆したのに、AはB方で強盗を働いてしまったとする。Cの責任はどうなるかである。「重い罪に当たるべき……」(三八条二項)というあの規定があるから、Aに強盗という、窃盗より重い罪の責任をとらせることは、もちろんできない。やはり、Aの予見した範囲の住居侵入窃盗の範囲において教唆犯の責を負うべきものとされる(9)。

この原理は、見張りについても同様である。ａｃの二人はB方に忍び込んだ、ｄは外で見張りをしていた。三人の打合わせでは、B方で侵入窃盗を働くはずであった。ところが、ａｃの二人は、中で急に強盗に居直った。

dはもちろんそのことを知らない。この場合、強盗に居直ったacは強盗罪で処断されて当然であるが、dの予見したのは窃盗の事実であるから、全然予期していなかった「重い」強盗罪（二三六条）に「よって処断することはできない」ということになる。dは窃盗罪（二三五条）の刑によって処断されることになる。

(1) 最決昭和三一年七月三日集一〇・七・九五五は、「情を知らない第三者を利用して犯罪を行わせた者は、みずからこれを実行したのと異ならないから、正犯である。」としている。

(2) 仙台高判昭和二七年九月二七日判特二二・一七八は、「満一三歳に満たない少年に対して、場所を指定し、売って金になるものを取ってこいと命じて、物を窃取させた場合には、窃盗罪の間接正犯が成立する。」としている。

(3) 大判大正一〇年五月七日録二七・二五七は、「自己の施した堕胎手段によって、妊婦の生命に危険を発生させた者が、医者をして、緊急避難として、やむなく胎児を排出させた場合は、堕胎罪の間接正犯である。」とする。

(4) 大判大正七年一一月六日録二四・一三五二は、「毒入り菓子を郵送する毒殺行為は、その菓子が被害者宅に届けられ、家人の食用に供することの可能な状態に達したとき、実行の着手がある。」とする。

これに対し、学説の多数は、利用者を基準とし、被利用者に一切を託した以上、いわば「矢が弦を放たれた状態になる」として実行行為の着手を認めるべきだとする。これに対して、藤木英雄「刑法講義総論」二七九頁は、「純理論的には、間接正犯は、単独正犯であるから、その実行の着手は、おそくとも利用行為の最終時点までに認めるべきだとするほうが筋が通るようではあるが、間接正犯は、純然たる単独犯行ではなく他人利用の犯罪行動の一種でもあり、実行の着手も、被利用者の行為と合わせて全体として犯罪事実発生に接着する段階にいたったかどうかで定めるのが妥当である。」として、判例の考え方を支持される。すなわち藤木博士の理解では、被利用者は、犯罪事実に当面することからくる規範的障害を欠く者であるという意味で、利用者の道具ではあるが、被利用行為そのものは被利用者の意思に基づくものであって、機械のごとく一挙手一投足まで利用者によりあやつられる、という関係にはない。したがって、利用行為を終了したからといって、それだけで犯罪事実が発生する具体的危険が顕著になったとは、一律に言い切ることはできないからである、とする。

(5)　東京高判昭和八年二月二八日法律新聞三五四五・五は、「そもそも一定の行為と一定の結果との間に、刑法上の因果関係があるといわんがためには、その行為からその結果が発生することが、日常経験上一般的であることが必要であり、その結果の発生が、全く偶然の事情の介入による世にも稀な事例に属するような場合、それが常態ではないときは刑法上因果関係はないものと解するべきである。」とする。

(6)　最決平成四年一二月一七日（刑集四六・九・六八三）は不注意のもつ危険性に注目して「被告人が、夜間潜水の講習指導中、受講生らの動向に注意することなく不用意に移動して受講生らのそばから離れ、同人らを見失うに至った行為は、……（中略）……でき死させる結果を引き起こしかねない危険性を持つものであり、被告人を見失った後の指導補助者及び被害者に適切を欠く行動があったことは否定できないが、それは被告人の右行為から誘発されたものであって、被告人の行為と被害者の死亡との間の因果関係を肯定するに妨げないというべきである。」

(7)　大判大正一一年二月四日集一・三二は、「人を殺す意思で殺傷した以上、被害者を誤認したときでも、殺人の故意を阻却しない。」としている。

(8) 福岡高判昭和二六年九月二六日判特一九・二二は、「被告人が甲と闘争中、甲を足蹴にしたところ、その足が甲の背後からその暴行をとめようとしていた被告人の妻乙の下腹部にあたり、乙を死亡するにいたらせた場合には、傷害致死罪が成立する。」としている。

(9) 最判昭和二五年七月一一日集四・七・一二六一は、「甲方に対する住居侵入窃盗を教唆したところ、被教唆者がそれにもとづいて乙方に対する住居侵入強盗を犯したときは、教唆者は、本条第二項により、住居侵入窃盗の範囲において教唆犯の責めを負うべきである。」としている。

第二章　財産を害する罪

第一節　私有財産の保護

一　私有財産保護の重要性

財産は人の生活の中で大きな比重を占めている。ある人は富《とみ》にあこがれて生涯これを追い求める。また、ある人は、富を卑《いや》しめて極端な禁欲生活にふける。

いずれにしても、富は、人間生活に濃《こ》い影《かげ》を落としている。

現代日本は、私有財産制の上に成り立っている。財産権は、これを侵してはならない（憲法二九条一項）。国といえども、これを侵すことはなく、もし、これを公共のために用いる必要があれば、それは、正当な補償の下に用いるようにしなければならない（憲法二九条三項）。

一人一人の財産権は、このように現代日本において守られている。そして侵されれば、まず民事上の救済があり、(1)さらに刑罰をもって臨《のぞ》むこともある。

私有財産制度の逆は、現代では共産主義体制である。ここでは個人個人の私有財産は認められず、財貨は共有物であり、必要に応じてとることのできるのを理想としている。(2)

しかし、所有欲は人間の生まれつきのものである。幼児ですら与えられたおもちゃの所有をめぐって幼いけんかをくり広げる。人は富めば富むほどケチになると言われている。

現代民主主義社会は、人間のもつあらゆる可能性を尊重する。そして、欲望の追求を原動力とするようなところがある。それだけに、お互い同士の幸福のために、権益のかち合う所を調整しなければならない。社会秩序はこうして作られ、維持されることになる。社会秩序の維持は、言い換えると、社会の枠組《わくぐみ》を支えることである。

人々は、この枠組の中でそれぞれの生き方を工夫し努力する。それは、ちょうど、花壇《かだん》があってさまざまな花が咲き乱れるようなものである。人はそれぞれ仕事につき努力している。喜びも悲しみも自己の責任にかかっている。福祉国家になって揺《ゆ》り籠《かご》から墓場まで、政府が面倒をみるようになってもその原則には変りがない。

私有財産は、そのように各々が生きる土台を形成する。人々が、自分の趣味に合った生活を送る。その独立の巌《いわお》として各自を支えてくれるのが私有財産である。したがって、この財産をめぐる努力は、言うまでもなく、各個人の自由の範囲に属する。各人は、私有財産制度を前提とするがゆえに、欲と道連れで財の形成に努力し、財のもたらす自由を享受する。財産は、こうして誰かに帰属し、正当の取引による以外は、権利の変動は行われないこととされる。そして、法律をもって保護されているのである。

それでは、財産を害する罪が、刑法の中でどのような位置を占めているか、見ておくことにしよう。

二　刑法と財産罪

刑法の罪は四〇章に分かれている。敗戦後、第一章の皇室に対する罪が削除されたが、平成一三年には第一八章の二　支払用カード電磁的記録に関する罪が追加されたので、現行法はいぜん四〇章ということになる。

この四〇種の罪は、刑法を開いてその目次をみればわかるように、まず、国家に対する罪から始まり、最後に個人的法益に対する罪で終わる仕組《しくみ》になっている。

これは、はじめに国家があり、民は国家に従属していつまでもそのすべてをささげる、という戦前の考え方にもとづくものであり、まず民があり、国家はその幸福追求を維持し促進するものとする民主主義を基調とする考え方にはふさわしくない分類だとして非難されている。

順序はともあれ、刑法の罪は、大きく三つに分類することができる。

①個人的法益に対する罪、②社会的法益に対する罪、③国家的法益に対する罪

この三分類は順序を除いて、どの教科書でも共通している。

世の中は、まず個人があって各種の社会を形成する。さまざまな社会が集まって国家を作る。罪の分類も自然、その三分類になる。

個人的法益に対する罪は、ちょうど、警察官の責務の中の「個人の生命、身体及び財産の保護」（警察法二条前段）と対応する。

個人的法益に対する罪は、さらに、「生命又は身体を害する罪」、「自由、平穏又は秘密を害する罪」、「名誉又は信用を害する罪」及び「財産を害する罪」の四種類に分けられる。

社会的法益に対する罪と国家的法益に対する罪とは、警察官のもう一つの責務「公共の安全と秩序の維持（公安の維持）」（警察法二条一項後段）と対応する。

社会的法益に対する罪の中には、公共の平穏、公衆の健康、公共の信用、風俗を害する罪があり、国家的法益に対する罪の中には国家の存立と国家の作用を害する罪がある。

これらの罪のすべてが、警察官の取扱い対象であることは言うまでもない。しかし、そのすべてが、平等の頻度《ひんど》で発生するわけでもなく、また、犯罪の内容から見ても強弱のあることは当然である。

ところで、これを、警察官の立場から考えるとどのようになるか、とくに、第一線に立つ警察官のあらかじめの学習を主題にする場合、どのような順序で、どのような強弱でテキストを組むべきかが問題になる。

民主主義的な順序がどうとか、刑法の原典の扱いがどうとか、という議論はここではしない。ただ、第一線の警察官の立場から考えると、日常よくぶつかる罪が最優先であり、頻度の少ない、稀《まれ》な犯罪については、あらかじめとくに学習しておかなければならないという実益に乏しい。

警察官の実務的分類は、かくて教科書の目次とは、おのずから違ったものができてくる。

警察官の責務は、というと、まず何よりも、人の生命・身体・財産を保護することであり、仕事の頻度から考えると、財産を害する罪が第一順位に上がってくる。そして、その次は、人の生命・

身体を害する罪である。

公安の維持に関する社会や国家に対する罪は、教科書の順序とは逆に、後へ回ってくる。

そして、各々の罪は、それぞれ警察官の日常業務に照らして充分習熟して応用がきくようにしておかなければならないものと、ぶつかった場合に、疑いを抱き、申報《しんぽう》できるように知っている必要があるものとに分けることができる。

そう思ってみると、第一線に配置される警察官が習熟を要するとされる罪は、意外にしぼられてくるのである。

(1) 財産権を侵害されたときに、国家は、一般に自力救済を禁じ、代りに、国が救済措置をとることにしている。私権保護の担当機関は裁判所であり、人々は、そこに訴を提起して、判決を得て自己の主張を実現することができる。裁判所は、原告の言い分に理由ありと認めるときは、その言い分に従って被告人に一定の作為、不作為を命ずる。財産権が侵害されていれば、その侵害の排除につき裁判所の命令があり(判決)、被告はそれに服することになる。従わなければ、強制執行をすることになる。

(2) 団藤重光「刑法綱要各論(増補)」四三六頁は、「しかし、現在のところ、個人の財産の保護されていない立法例はない。社会主義的財産制度をとる諸国でも、個人財産の承認されている限度においてその刑法的保護がみとめられている。ソヴィエトではもともと一九二六年のロシア共和国刑法(一六二条以下)に規定があったが、個人財産保護強化令(一九四七年六月四日)によってさらに罰則が強化された(ロシア新刑法一四四条以下参照)。なお、チェッコスロヴァキア刑法(二四五条以下)、ユーゴスラヴィア刑法（二四九条以下）などにも規定がある。しかし、同時に、これらの国では、国有財産ないし工場等の施設、物資等について、とくに強い刑法的保護をみとめていることが注目される。」としている。

第二節　窃盗罪

一　窃盗罪の種類

一　財産罪の代表　二　手口による分類

一　刑法には、財産を保護法益とするいくつかの犯罪が規定されている。(1)
窃盗罪は、その代表格である。

窃盗罪は、警察で認知する犯罪の中で、最も大きな割合を占めている。第一線の警察官のエネルギーの大半を消費するのも、この窃盗罪である。

大衆も、逃げる誰かを追う場合は、ドロボーと叫べば、援《たす》ける人々のいることを知っている。

盗《ぬす》みは古くから人類の悪行の一つとされてきた。旧約聖書に出てくるモーゼの十戒にも「あなたは盗んではならない。」という一戒が入れられてある。(2)

東洋においては、七世紀のはじめころから栄えた唐の国で財産保護の法律が発達し、遣唐使を送っていた我が国は、これを受け入れて法律を作った(3)。

二　一口に、泥棒と言っているが、泥棒にもいろんな種類がある。泥棒に関する専門家として、警察ではこれを、それぞれの手口ごとに大きく四つに分けている。①侵入窃盗、②詐欺盗、③乗り物盗、④非侵入窃盗である（大種別）。これがさらに細かく分けられている。それらは「犯罪手口資料取扱細則」（平成一五年警察庁訓令一一号）に詳しいから、各自それによって学ぶことをすすめる。

二　窃盗罪の概要

一　構成要件　二　財物　三　占有　四　窃取
五　不法領得の意思　六　実行の着手　七　窃盗の共犯

一　窃盗罪の条文は、次のように書かれている。

第二三五条（窃盗）　他人の財物を窃取した者は、窃盗の罪とし、十年以下の懲役又は五十万円以下の罰金に処する。

条文は、前段と後段に分かれ、前段は構成要件、後段はそれに対する罰を規定する。

罰の方は、「十年以下の懲役又は五十万円以下の罰金」である。

「懲役」とは、刑務所に入れて、一定の作業に従事させることである。有期と無期とがあり、有期の最高は二十年であり、最低は一月である（一二条）。罰金は原則一万円以上とされている。窃盗罪は、二十年までいかず、十年を最高とする評価を受けている。罰金の場合は最高が五十万円である。

「他人の財物を窃取した」という構成要件は、いかにも簡素である。

この、わずか一〇文字の中に、窃盗罪の各態様が含まれるのである。われわれは、まず、この干《ひ》からびた構成要件を、解釈という水につけて、具体的事件を当てはめやすくしなければならない。

問題になるのは、「他人の」「財物」「窃取」の各要素である。

「他人の」は、他人の占有する財物を窃盗罪の対象にする、ということであるが、この占有ということが、また、刑法特有の問題を含んでいる。

二　構成要件を分解すると、そのままでは理解しがたい複雑な要素で構成されていることがわかる。

まず、窃盗罪の客体（対象物）としての「財物」とはどういうものか。金銭や衣類のように、手にとって運ぶことのできるものだけが財物であれば簡単である。世の中には、手にとることができないけれども、たしかに人間が使って価値のあるものがある。電気やガスがそうである。また、物には、価値のあるものとないものとがある。それらのうちのどれが「財物」として、窃盗罪の客体になるのか。

民法では、物とは有体物をいう、とする規定がある（民法八五条）。「有体物」というのも難しい言い方であるが、要するに、かたちあるものである。物理的に空間の一部を占め、有形的に存在する。さわればさわられ、つかめばつかめる、手にとることのできる物と考えておけば足りるであろう。ところが、実際に人間生活にとって価値ある物でありながら、かたちのないものがある。電気はその代表である。熱もある、冷気もある。これらは、人間が作り出し、供給し、利用させることのできるものである。

もし、電気料を払わないで、電気をほしいままに使用されたら、電気会社はつぶれてしまうだろう。

そこで、電気は財物とみなすことにされ（二四五条）、財物であるか、そうでないかの区別は、その物が管理可能であるかどうかによって決めることとされている（管理可能性説）。これによると、熱や冷気などのエネルギーも財物に入れて考えることができる。

次に、財物は、必ずしも交換価値のあることを必要としない(4)。金目でなくてもよいのである。たとえば、思い出の石の例がある[5]。所有する本人以外には、無価値に等しいただの石ころであるが、本人にとっては大切な物である場合がある。

しかし、主観的にも客観的にも、本当に価値のうすい場合は、そんな物を窃取しても、可罰性がないため、窃盗とは言わないこととされている[6]。

なお窃盗罪の財物には、土地・建物等の不動産も含まれている（二三五条の二）。

三　窃盗犯人が狙《ねら》うのは「他人の財物」である。しかし、稀に「自己の財物」であっても窃盗の対象になることがある。他人の管理下に置かれたり、公務所の命によって他人が看守していたりする場合がそうである。

「他人の財物」というのは、「他人の」占有する、言い換えると他人の事実上支配する財物ということである。

他人が事実上支配している財物と認められる物は、単にその他人が身につけている物（握《あく》持《じ》している物）に限られない。自宅に置いてある物又は自宅から遠く離れて年に何回も行かない別荘に置いてある物も、その持主の事実上の支配下にあるということができる。

鞄を待合室のベンチに置いて、ちょいとそこの売店に新聞を買いに立っても、その鞄は持主の事実上の支配を離れたということはできない。

このように、実際に持主に占有があるか、ないかは、具体的にケースごとに判断しなければならないが、判断の仕方は、その物の置かれている状態からみて、事実上その物を支配している意思が認められるかどうか、である。

四　以上のような状態にある物を、その持主の意思を踏みにじってその占有を排除し、自己又は第三者の支配下に移すのが「窃取」であり、「窃取」は窃《ひそ》かに取《と》ると読むが、多くの場合は窃かであっても、また、そうでない場合もあるわけである(7)。

Aは顧客をよそおい、B店で衣服の試着をした。店員はお客だと思っているから、何の疑いもさしはさむことなく試着をさせている。ところでAは便所へ行くと称して、そのままその店から逃げ出した。これは詐欺でなく窃盗になるのである(8)。

なぜならば、店員は、その衣服を試着させたが交付はしていない。その衣服は、まったくその占有者の意思に反して公然と奪取されているからである。

五　「窃取」は、このように、人の占有する財物を、その人の意思に反して奪取することである。このときの犯意は、他人の占有を排除して、目的物を自己又は第三者の占有に移す意思にほかならない。

ところが、窃盗罪の主観的要件としては、これだけでは足りない、というのだから、なぜか十分研究しておかなければならない。

犯意が立証されても、それだけでは足りない、別に、「不法領得の意思」がいるというのである。それは、車をこっそり持ち出し、さんざん自分の用を足してから、また、元へ返しておくという、いわゆる使用窃盗を考えるにあたって鮮明に浮き彫《うぼ》りにされてくる。

こっそり持ち出しているのだから、持主の占有は侵されている。しかし、元へもどすつもりであるから、持主の所有権は侵されることはない。

もし、窃盗罪は、他人の占有を排除して、目的物を自己の占有に移す意思をもって、他人の財物を奪取するのだ、とすると、この場合はたしかに占有を奪っているのだから、窃盗罪は成立すると考えなければならない。

しかし、窃盗罪の奪取は、それだけではなく、さらに、所有権者等のその物に対する権利を侵害する面ももっている。窃盗犯人が、窃取した財物をほしいままに処分することを考えてみよ。その場合、窃盗犯人は、単にその物を所有した人を排除したばかりでなく、その物の権利者をも一緒に排除するという働きをしたことになる。

そして、もしこうした事実に、犯人の予見が必要だ、とするならば、権利者がいるのにそれを排除して、その物を自分の物のように利用したり処分したりする意思が、通常の構成事実の認識にプラスして必要だとされるであろう。

これが、「不法領得の意思」の問題である。

窃盗罪が成立するためには、単に故意がある。すなわち、窃盗罪の構成要件に該当する事実を認識するだけでなく、さらに、不法領得の意思が必要だとされる(9)。

そこで、不法領得の意思をもって他人の財物を自分の支配下に置くと、はじめて窃盗になる。同じく、不法領得の意思をもって、他人が落としたり忘れたりした物（遺失物）を自分の支配下におさめたらどうなるか。それは他人の占有を侵すことがない、というだけで、所有権等の権利を侵すことにはなる。これは、後述するように占有離脱物横領罪《せんゆうりだつぶつ》として処罰される。そこで、物の支配のあり方いかんで、窃盗罪を立てるか横領罪にひっかけるか、具体的な場合に問題になる。

他人の物を預かっている場合も同様である。その委託の趣旨に背いてこれをほしいままに処分すれば、やはりこれも横領であり、物のあり方次第では窃盗との境目が難しくなる。それについては後述する。

六　実行行為で問題になるのは、その実行の着手をどこから認めるかである。

窃盗罪の未遂は処罰されることになっている（二四三条・四三条）。

侵入窃盗に例をとってみよう。

Aは某日某時某所のB方において、Bの所有する指輪一個（時価約二〇万円相当）を窃取したとする。

指輪を家まで持ち帰ってA夫人の物にしたとすれば、その窃盗は既遂であるが、それまでの犯行の遂行過程のどこかで故障がおこって何も盗《と》らずに帰ってきたとすれば、窃盗は未遂になる。問題は、その遂行過程のどの段階で実行の着手があったことになるか、である。一般的には、財物（ここでは指輪）に対するBの占有を侵害する行為が開始された時である。説例の場合は、B方に入り、物色を始めた時が実行の着手に当たる。物色とは、たとえば、懐中電灯を照らしながらたんすに近づくことなどをいう。[10]そこまでの行為があれば、何も盗らずとも、未遂罪として処罰することができる。

どの行為が実行の着手になるか、窃盗の態様の差によって、具体的にはそれぞれ違う。詳しくは、さらに後述する。

七　窃盗の共犯で問題になるのは、本犯と見張りの関係である。たとえば、人の住宅に侵入して泥棒を働く者が悪質だということは、誰の目にも明らかである。そして、実際に家の中に侵入しなくても、外にいて見張りをして、後から分け前に預かる者も、また、平等に処罰される必要があるのではないか、と考えられる。

これが、前に説明した共謀共同正犯の問題である（一章三節二の四）。

二人以上が、犯罪の共同実行について合意し、互いに役割を決めて犯行をしたとすると、その全員が、実行行為をしていない者を含めて正犯の扱いになるというあの理論である。

この理論によって、見張りも正犯として処罰される。具体的には、共謀の事実があったかなかったか。お互いの役割はどのように決められたかをよく吟味《ぎんみ》しなければならない。

犯行の時期や場所・目的物等を限定しないで、単に盗んでこい。盗んできたら買ってやるよ、と言い、犯人の方もそれで盗む気をおこして犯行をした場合は、そそのかした方が、窃盗の教唆になることは言うまでもない。

犯人が先に盗みを決意していて、盗んできたら買《こ》うてくれるか、よっしゃ引き受けた、という場合は、窃盗の幇助が成立する。

三 窃盗罪の客体（他人の財物）

一　泥棒が欲しいと思って狙う物を、窃盗罪の客体と言っている。窃盗罪の客体は、まず、他人の財物である。

「財物」は、これを二つの方向から観察することができる。それはまず、人が持っていることのできる物である。次の、それは人が持っていたくなる物である。人はゴミを捨てる習性をもっているが、思い出のある品であれば、古くても、汚《きたな》くても、それを愛蔵《あいぞう》するものでもある。

二　人が持つことのできる物と言えば、かたちある物（有体物）がまず、人々の脳裏《のうり》に浮かんでくる。

金銀や宝石は、これを手にとって財布やハンドバックに納めることができる。衣類は鞄に入れて持ち運びができる。民法では、物とは有体物をいう（民法八五条）としている。

しかし、刑法の世界でも、物をそのように限定して考えることができるか、というと、他人に取られては困るものが、ほかにあれば、それを含めて考える配慮が必要である。具体的にみよう。

まず、有体物は、窃盗の客体としての財物になり得ることは論をまたない。窃盗罪にいう物とは有体物であるという説（有体性説）が、当然にでてくる。有体物には、空間の一部分を占めることのできる物はすべて含まれ、液体も気体も有体物である。

何よりもそれは、有形的存在である。気体や液体も容器につめて一定の空間を占めることができる。(11)

ところが、窃盗罪の客体としては、電気のように得体《えたい》の知れないものも含めなければならない（二四五条）。そこで、刑法では、財物とは、物理的方法により管理の可能な財貨をいうという説が有力になる（管理可能性説）。この説で言えば、マンション等で集中的に供給している人工冷気も財物になる。(12)

これらの物は、有体物ではないが、物理的な装置によって権利者がこれを管理支配することができる。したがって、これに眼をつけて、自己のほしいままに利用しようと思う者が、同じく物理的装置を利用して、その一部分を排他的に利用し得る状態においたとする。たとえば、使用量を検査するメーターを通さずに、別に線や管を設置して電気等を利用するとする。これは、権利者を排除してその物の支配を自己の下に移すことである。

これは、人の所持する財布を抜き取って、我がポケットに納めるのと変りがない。このように、物理的管理可能性のある物は、また、窃盗の対象になり得る財である。そこでこれを含めて財物の概念を決めておこうということになる。

窃盗罪の客体となるものであるから、物理的に管理し、かつ、その管理状態を移転できるものでなければならない。事務的管理は対象にならないから、注意しなければならない。(13)

三　財物はまた、人が持っていたくなる物でなければならない。これを価値という。財物には何らかの価値があることが必要とされる。

価値には、主観的なものと、客観的なものがある。客観的価値は、交換価値と言ってよい。それは、市場取引の対象にできる金銭的ないし経済的価値のことを言っている。これに対して、主観的な価値とは、俗にいう蓼《たで》くう虫も好き好き、というやつである。蓼は苦《にが》い草であるが、これにつく虫は苦さを苦《く》にしない。客観的に見ると多くの人々は、あばただ、というのに、ほれた本人は、笑《え》くぼにしか見えない。何の価値もない石ころだと多くの人が思っても、本人がそれに何らかの思い出を託していたりすると捨て難《がた》い品として愛蔵の対象となる。主観的な価値もまた、窃盗罪で保護する必要のある価値である。(14)

客観的には価値がない。すなわち、市場に出て、金とひきかえになるような代物《しろもの》ではない。それでも、それを所有することのできる物であれば、所有者の主観的な価値観を尊重して、これを財物とすることができるからである。

客観的に価値がないばかりでなく、主観的にも価値のない物は、窃盗罪でいう財物にはならない。価値が微量の場合も同様である。

客観的には価値がない。持主も価値がないと思っている。ところが、第三者がこれを手に入れて悪用できるとすると、その持主の意思によらないで、その占有を奪取することは問題にならないかというと、やはり、窃盗罪の保護の対象にすべきであるとする。すなわちこれを消極的価値があるという。消印済の収入印紙[15]、無効の小切手[16]、使用済の乗車券[17]等が例示される。

四　「禁制品」は、窃盗の客体としての財物に当たるかどうか。もともと所持の禁止されているものを、その所持を侵害したからといって、これを法的に保護される所持と考えるのかどうか、そういう観点から問題にされた。そして、社会の法的秩序の観点から、現実の所持は保護されて当然である。その所持が、法制上禁じられているかどうかは、この際、問題にしなくてもよい、とされている[18]。

最後に、主観的に誰もが大事に思っていない、悪用の可能性もない。ただ、わずかに、交換価値が、つまり、客観的価値が少しだけある、という物はどうかを考えてみよう。いたって価値の軽微の物は、これを盗んだからといって、いちいち処罰をする必要があるか、ということである。常識はノーという。そして、法律もまた、この常識どおりの判断をするのである。

四　窃盗罪の保護法益（占有）

一　本権説と所持説　二　刑法上の占有　三　刑法上の占有の判断基準
四　公共の場所又は乗物内の遺留物　五　死者の遺留物
六　使用人・補助者の保管物　七　包装物・封緘物
八　他人の占有する自己の物

一　他人の財物を窃取するのが泥棒であるが、窃盗罪は、何を保護しようとして規定されているのか。これは、窃盗罪を現実に認定するに際して、ふり返ってみなければならない問題である。

われわれが、眼にする物は、結局は誰かの物である。それは人の物である。我が国は、私有財産制をとっているから、地上にあるあらゆる物が、人の所有の対象になっている、山奥へ行って、この木なら大丈夫だろうと思っても、それは、その山の持主を中心として誰の物と決められている。ただ、それは、個人の物ではなく、国や、自治体や、財産区に属する人々の物である、とされている場合があるだけである。(19)

ところが、この物と人との結びつき方が簡単ではない。その結びつき方を、財産関係といって、民法に詳細な規定がある。人が物を持つ。排他的《はいたてき》に、自分の自由にできる物として持つ、そういう人と物とのかかわり方を、民法では所有権と言っている。

Bがその物を所有しているという場合は、不動産ならば、法務局にある登記簿でわかる。動産ならば、その物を現実に持っているかどうかが目安になる。

ところが、人が物を持つ持ち方は、所有権にもとづく場合だけとは限らない。人からCDを借りた場合を想像してみよ。そのCDの所有権は、そのCDを購入し、所蔵《しょぞう》していたBに属《ぞく》している。今、Aが貸してくれ、と言ったので、BはAにそのCDを引き渡した。Aはそれを家に持って帰り、自分のCDケースに納めた。すると、今、そのCDを現実に所持しているのはBではなくAである。そのCDは、Aの支配の下にある。

このように、ある物がある人の支配のうちにあるという事実を、法は「占有」という言葉で言い表している。

右の例では、占有者はAであることは明白である。ところが、所有権を持っているBもまた、占有を失っていない、というところに、近代社会の物の帰属《きぞく》の仕方の複雑さがある。法律学者は、さらに、占有という事実を一つの権利として認め、これを占有権と称することにしている。そして、占有権は所有権とは別に、一人歩きすることができるとされている。

しかし、占有権は、物を買って所持している者を見ればわかるように、元来、所有権とは背中合わせになるものである。ここで、一人歩きができると言ったのは、背中合わせのものが、はがれて方々《ほうぼう》を勝手に歩き回るのではない。新たに生まれ歩くのである。そして、所有権と背中合わせになっている占有権は、そのまま残っている。原則としてそう決められている。すなわち、民法では、人に物を貸しても、所有主はその物の占有を失うわけではない。

たとえば、さきのCD貸しの例で、CDをAに貸したBは、所有権者としてそのCDの占有を持っていたわけである。そして、そのCDを借りたAは、現実にそのCDを所持することによって、そのCDの占有を持つに至った。この場合、占有は、BとAとで二重になり、民法は、B（所有者）の占有を「間接占有」、A（借主）の占有を「直接占有」と呼ぶことにしている。

右の占有の考え方は、民事のものである。刑事では、後に説明するように別の考え方をしている。しかし、あえてここで、民事の話を持ち出してきたのには理由がある。

それは、刑事の保護も、窮極《きゅうきょく》のところでは、社会生活の円満、取引会社の安全という、社会・経済の秩序維持を目標にしているからである。

泥棒に、現に所持する物を奪われたとき、怒るのは、所持者だけであろうか、それを言いたかったのである。その物の所有者が外《ほか》にいる場合は、その所有者こそ怒らなければならない人ではないだろうか。だから、刑法が窃盗罪を置いて保護を企図《きと》している法益の中には、所有権ということも入ってこなければならないであろう。

ここに、窃盗罪の保護法益をめぐって、「本権説」と「所持説」の生まれてくる素地《そじ》がある。窃盗行為によって侵害される保護法益は、財物に対する所有権その他正当な権益（本権）であると主張するのが本権説である。

しかし、取引社会が複雑かつ動態的になってくると、そうばかりは言っていられない面がでてくる。

デパートに並べてある商品一つにしても、それは、製造会社の物か、問屋の物か、それとも、そのデパートの物か、せんさくしだしたらきりがない。

しかし、警察官が窃盗犯人を捕まえる場合に、この犯人が一体、どの者を被害者にする犯罪を犯したのか、複雑な権利関係を追及しなければならないとしたら、それは、いかにも浮世ばなれがしている。そのデパートが被害者でいいではないか。そう考えるのが常識である。

そこで、窃盗罪の規定は、本権ではなく、その物の所持を保護するのだという見解がでてくる（所持説）。この所持を保護する、というのが、判例・通説であり、警察官の拠所《よりどころ》でもある。(20)

窃盗罪の客体は「他人の財物」である。この「他人の」という構成要件は、他人が所持しているという意味に解釈されることになる。

具体的態様に従ってみよう。

二　他人の物を盗《と》ることを「窃取《せっしゅ》」という。窃取とは、財物の占有者からその意に反して占有を奪取することである。

その直接の保護の対象は占有ないしは所持である。しかし、窮極のところでは所有権等の本権をも保護する結果になることは言うまでもない。この事は、後に説明するように、窃盗罪が成り立つためには、単に、占有を奪取する意思のほかに、その物の効用と密接に関連する「不法領得の意思」を必要とする、という議論につながることはすでに述べた。ともあれ社会が複雑になればなるほど、人と物との結ばれ方は、いよいよその複雑さを増していく。そこで主として尊重されるのは、静止的な窮極の権利関係ではなく、流動的な取引の安全であるということになる。

よく調べてみれば、誰の物かははっきりする。しかし、取引の迅速と安全を考えると、眼の前にあることを、まず、第一次的に尊重する必要を生じてくる。不動産は、登記を見ればわかる。動産は、誰がそれを所持しているかを見るほか、わかりやすい標準がない。窃盗罪は、第一次的に占有（所持）を保護するのだ、という考え方は、そういう取引会社の現実からでてくる。めまぐるしく流通する取引社会では、あてになるのは、所持の形態である。そして、所持のある所には権利あり、とは言えないまでも、権利があるらしい、という外観はあると考える余地がある。

人のCDを借りて毎日それを聞いていたというさきの例で、AがCDを聞いている所へCが遊びにきて、一緒にそのCDを聞きほれたとする。この場合Cが、

――Aの奴《やつ》いいCDを持っているなあ

と考えるのが最も自然の姿であり、

――いや、Aの物であるはずがない。きっと誰かの物を借りてきたのだ。

と思ったとすると、それはAについて何か特殊な知識がある場合でなければならない。まして、所有者Bがでてくることは、ほとんどない、ということができよう。

だから、A宅に泥棒が入り、Bから借用中のCDを盗んで行った、とすると、とりあえず、Aを被害者として窃盗罪を考えるのが、正しい行き方だ、ということになる。

このように、窃盗の対象としての物のあり方をみると、一口に占有と言っても、それは、民法で

いう占有とは、よほど違ったものであることを認識しておかなければならない。

したがって、この辺の混同を避けるために、刑法では、占有という代りに「所持」とか「管理」とかいう語を用いることが多い。所持も管理も、現実に支配することであるが、身につけてぴったり持つ――握持《あくじ》――ことまでも必要とされていない点に注意しなければならない。所持の仕方の種々相《しゅじゅそう》は後に詳述する（二章二節四の四以下）。

刑法でいう「財物」は、民法でいう「物」そのものでないように、占有もまた、刑法でいうそれと、民法でいうそれでは、必ずしも重なり合うものではない、ということに注意しておかなければならないのである（法律概念の相対性）。

まず第一に、他人のために物を所持する者は、民法では占有者ではないが（民法第一八〇条は、占有権は、自己のためにする意思をもって物を所持することによって取得する、と規定している。）、刑法では占有者である。第二に、民法では、現実に物を所持しなくても、人に持たせて、自分は間接にこれを占有する、ということがあるが、刑法では、直接の占有だけを問題とする。間接の占有などということを言いださなくても、本権（所有権等の正当な権利）をも保護する、という考え方で事が足りるからである。

さきのＣＤの例で言えば、所有者Ｂは刑法上の占有はなくても、所有権者として、借主Ａと並んで窃盗罪の被害者と考えることができる。

このように、刑法では、その物の所有者を最後の所では保護することを目標におきながら、まず、権利者らしい外観に眼をつけて、その所持を保護する必要がある、とされているのである。

所持とは、物に対して、事実上の支配を及ぼす状態をいう。

三　刑法上の占有、すなわち、「所持」は、物に対する現実的な支配だということはわかったが、それでは、どういう状態をもって現実的な支配がある、すなわち、刑法上の占有がある、と言えるのか、その判断基準はどうかが次の問題である。

所持の一形態であるところの「握持」——身につけている——は、誰の眼にも明らかであって疑う余地がない。

これに反して、単なる所持は、自宅に保管していても、覚えていたり忘れていたり、また留守をしたりして、その現実の支配の態様は一定しない。握持とまではいかなくても、眼につく所へ置いて、監視しているのが所持だと、厳格に解することにすれば、事は簡単であるが、所持は、そのようにきゅうくつなものではなく、物が占有者の支配力の及ぶ場所にあればよい、とされる(21)。

その物が、占有者の支配内にあればその物の所在を認識している必要すらない場合がある。

たとえば、人は、自己の財物を家の中で整然と一物も失念することなく管理しているわけではない。我々はよく、しまい場所を忘れて物を探すことがある。しかし、そのしまい場所を忘れた物が、いちいち、自分の占有を離れるのではない。それは、自分の屋敷内にある限り、つまり、自分が排他的に支配を及ぼしている区画・空間内にある財物は、置場所を忘れても占有を離れることはない(22)。また、家を留守にして一家で出かけても、その家にある財物に対する支配を失うわけではない。駅で、列車待ちの間にベンチの上に置いた鞄《かばん》が、ちょっと売店に寄っている間にもその人の支配を脱するというのも常識に反するであろう。

したがって、そこに物がある、という場合に、その物が誰かの支配下にある物なのか、何人の支配下にもない物なのかは、具体的なケースごとに、社会通念によって決するほかはない(23)。その物が、誰かの支配下にあるかないかは、具体的なケースにぶつかれば、およそ常識で判断ができる。そして、その支配の仕方がきわめてうすい場合は、他人の支配下にない、という判断が、社会通念によってでき上がっていると言ってよいであろう。

たとえば、山の草木である。高山植物が荒らされるので、草木を抜くことは止《や》めましょう、というキャンペーンはあるが、草木を持ち帰ると窃盗罪で処罰します、という声は聞かない。山の草木は、支配者がいないわけではない。国か、自治体か、財産区か、何らかの支配者がいて、積極的にはその処分権を持っているのであるが、その所持の仕方が、刑法上の占有に当たらないのである。

建築ブームに乗って各地の河川《かせん》で砂利《じゃり》の採取が行われている。あれは、その河川を管理する国なり地方自治体なりの許可を受けて採取しているのであるが、もし、無許可で取ったら、それは、他人の財物を窃取した、ということになるかというと、そうはならない。それは、国なり地方自治体なりの、その砂利の所持の仕方が刑法上の占有に当たるとは考えられないからである。もし、それが刑法上の占有に当たるとすれば、その許可もなく、こっそり砂利を採取すれば、「他人の財物を窃盗した」に当たることになる。しかし、もし、その管理は、単に公共の利害に重大な関係のある河川を保全するためにとられている行政措置であり、砂利等を財物として管理している趣旨でない、とすると、砂利採取をもって他人の所持する財物を窃取したというのは、行き過ぎであるということになる。そして、判例は、地方行政庁の管理する河川の敷地内に堆積《たいせき》している砂利等は、その占有を保持するため特段の事実上の支配がなされない限り、これを地方行政庁の許可なく採取しても窃取したことにはならない、とした(24)。

その占有を保持するための特段の事実上の支配とは、たとえば、いったんトラックに積まれたり、集積場に保管されたりすることである。そういう特段の措置がなされた後は、刑法上の占有があることになり、これを取れば窃盗罪になる。

四　駅のベンチに持物を置いて、少しの間、その場所を離れることがある。

同じ駅舎の中の売店に立った、とする。そのわずかの隙《すき》に、かっぱらって逃げる者がいる。これを「置引《おきび》き」と言っている。置引きは泥棒の一種である。警察では、窃盗手口の四種別「非侵入窃盗」の中に入れられている（二章二節一の二）。

なぜ、置引きは窃盗になるか。持主が少しの間《あいだ》、目《め》を放しても、その占有は失われていないからである。

Bはバス待ちの行列に入るとき、持っているカメラを、三〇センチぐらいしか離れていないコンクリート台に置いた。そのうちに行列が動き出した。Bはそれにつられて改札口の方に動き出す。カメラは置いたままである。Aはそのカメラを見て、不法領得の意思をおこした。カメラに手を出して立ち去った。

さて、Aは窃盗になるだろうか。問題の中心は、Bのそのカメラに対する支配が消えてしまったかどうかである。行列が動き出したとき、Bは、すっかり、そこのコンクリート台に置いたカメラのことを忘れていた。そして、行列に押されて、自然に改札口の方に足を動かして行った。カメラは、Bの意思にもとづくことなく、そこのコンクリートの台に置き忘れてあった。すると、それは、Bの占有を離れたのかどうか。その後Bはどのような行動にでたかをみてみよう。もし、Bがそのままバスに乗り、発車してからあわてたとしても、もはや、そのカメラはBの支配下にあるとは言えないことは明らかである。それは、通常人であれば、誰もがそう思うことである。

ところが、Bはバスに乗る前に気づいたのである。行列のままに、どのくらい前に進んだろうか、実況見分によると、それは、約二〇メートルである。時間にして約五分。カメラを置いた地点を過ぎた行列の末尾は、わずか八～六メートルしか進んでいない。

あわてて取って返したBは、そのカメラの占有を失っていたであろうか。判例は、これをもって、まだ、Bの支配を離れたとは言えない、とした。(25)この結論を警察的に言えば、これは置引きであって遺失物横領ではない、ということになる。

乗物の中に置いた物は、持主が、その乗物から降りてしまえば、遺失物になる。持主の支配は、原則として、置き忘れた所へ、直ちに取って返すことができなくなったときに失われる。それは、その置場所がわからなくなったりすれば、距離の多寡《たか》は、あまり問題にならない。(26)その代り自分の意志でそこに置いた場合は、多少の時間、置いた場所を離れても、その物の支配を失うわけではない。たとえば、十分ほど、置いた場所を離れて電報を打ちに行っている間、置いた鞄を取る者がいれば、それは置引きである。(27)

この理は、水中に物を落とした場合にも通用する。Bは大体の落とし場所を指示してその引揚げをAに依頼した。Aはもぐってその付近でその物を発見したが、発見したことをBには言わず、自分の物にしようとした。Bは落とし主から頼まれただけで、その現物を見ていない。Aの作業を監視していたわけでもない。しかし、Bには、その物件に対する管理意思があり、また、およそ、その辺にあるという物件把握《はあく》の程度でも、その物に対する管理可能な状態にあった、ということができる。(28)

ここで、考えておかなければならないのは、駅舎や、船車等、一般公衆の出入りする場所を管理している者との関係である。もし、その管理が、強く行き届いたものであるとすると、その建物等の内部にある物は、すべてその管理下にあり、もし、現実に所持している者が、うっかり、その物の支配を失ったとしても、それは、遺失物になるのではなく、その場所を管理している者に占有が移る。したがって、それを取れば窃盗になる。

Bは県営バスの交通停留所の構内のゴミ箱の上に靴を置き忘れた。これは、さきの例と違って、Bは完全にその占有を失ってしまった後のことである。それを取れば、遺失物横領罪になるはずである。ところが、Aがこの靴を取る前に一幕あった。それは、まずその交通営業所の用務員がこれを認めて不審を抱いたということである。用務員は、そこに居合わせたAに聞いたのである。この靴は、あなたの物ですか、と。その時、Aの心中むらむらと不法領得の意思が持ち上がった。はい、それは、私の靴です。と、言ってしまった。そして、その靴を持ち去ったのである。

さて、Ａは、遺失物横領罪であろうか。争いは、高等裁判所まで行った。そして、高裁では、右の事実を認定の上、Ｂがその靴を置き忘れたことによって、その物は、Ｂの占有から離脱したとしても、その物が右交通営業所のごみ箱の上にあって、同営業所の用務員がその所有者を尋ねたのであるから、その物の占有は、右営業所管理人にあったものと言うべきで、占有離脱物である、とすることはできない、とした(29)。

ゴルフ場の池から約一三〇〇個のロストボールを領得した場合、ゴルフ場側がその回収・再利用を予定しているときは……右ゴルフボールは無主物ではなくゴルフ場側の所有と占有に帰していたと言えるから窃盗罪が成立する(30)。

同様の理由で、銀行事務所内で、支払主人が、執務の際机の下に落とし、その占有を離れたとみられる金銭でも、所有者たる銀行の占有に属し、これを取れば窃盗罪である、とされ(31)、また、旅館の便所に置き忘れられた財布も、旅館主の占有に属すると判断され、これを懐《ふところ》に入れた者は窃盗罪で問擬《もんぎ》されたのである(32)。

しかし、右の例は、その管理が行き届いている場所についてのものであり、ふつう、人の多く出入りする公共の場所又は乗物の中では、遺失物になることが多い、としなければならない。

電車の中では、車掌が直接見つけてその管理下におけば格別、ふつうは、遺失物として、車掌は、その届出を受けて事務を処理する立場にあるだけである(33)。

五　人が財物を占有できるのは、生きている間だけのことである。けちで、義理を欠きながら金を貯《た》めこんでいる人に、冥土《めいど》に持って行けるわけじゃなし、と、人々は非難の声をあげる。人が行き倒れて死んでいた。懐に手を入れてみると財布があった。しめた、とこれを取ると何になるか。眠っている懐から取れば窃盗である（仮睡者《かすいしゃ》ねらい）。死んだ人の懐から取れば、占有離脱物横領になる。

死者が生前に占有していた物は、その死と共にその占有を離れる。そして、新たな事実上の支配が始まるまで、その物は占有離脱物として存在する。

ところが、この考え方には例外がある。それは、その人の死をもたらした者――殺人者――がいる場合に、その殺人者との関係において生ずる。なぜならば、もし、原則どおりに考えるとすると、人を殺してから物を盗むのは、強盗殺人罪（死刑か無期懲役になる。）でなく、殺人罪と占有離脱物横領罪を足したものだ、ということになる。これは、強盗殺人という典型的な悪業に対する世間のイメージに反することになる。

人を殺してその占有物を奪うのは、被害者の持物を腕ずくで奪うことである。決して被害者の占有を離れた物を取るのではない。理屈はいろいろつけられている。(34)しかし、警察官としては、殺人者と被害者との関係においては、被害者の占有は死の直後になくなるものではない、ということを記憶しておけば足りる。この結論自体は、判例も学説も承認しているのである。(35)

Aは同棲中の愛人Bを殺害し、死体を海岸に遺棄した。それから、同棲先に舞いもどり、遺留されたBの腕時計、真珠の指輪、ネックレスなどを持ち去った。その間、三時間ないし八六時間の経過があった。Aは窃盗で処断されるべきか。それより評価の低い占有離脱物横領で処理すべきか。警察官も迷ったであろう。物を盗る気で相手の息の根を止めれば強盗になる。しかし、殺人が先行して、後からその持物に気がついた、というのだと、これを強盗にするわけにはいかない。殺人はともかくとして、物を取った行為を窃盗にするか、占有離脱物横領にするかは、ケースによって微妙な判断をしなければならない。

さて、愛人殺しの右の例では、裁判所は、窃盗だ、という結論をだしている。その最大の理由は、Bが死んだということを隣近所は知っていない。そして、Aの奪取した財物は、Bが生前起居《ききょ》していた家においてあった。その状態は、Bがちょっとその辺に出かけているときと変りがない。A以外の人が見れば、一般的に同女の占有にあるものとみられる状況の下にあった、とするのである。(36)

これに反して、別居中の内縁の妻をそのアパート居室で殺害後、そこにあった現金をみて不法領得の意思をおこしそれを持ち去った行為を窃盗としながら、約九時間の後、再び舞いもどって今度は同女の貯金通帳を持ち去った行為は、占有離脱物横領罪であるとする判例(37)があるから注意をしなければならない。

要するに、死亡直後は、なお死者の占有は継続しているとみる。しかし、いったん、殺害者が立ち去れば、その後はたとえ殺害者との関係においても、生前の占有はとぎれた、とみるのである。

六　雇用《こよう》されている人が、雇《やと》われ先の物を取るのは、窃盗になるのか横領になるのか。問題は、たとえば、店員のように、主人の命令を受けて店の品物を監視したり、販売したりしている者に、店の品物に対する占有があるのかどうかである。

なるほど、現実に店の品物を扱っているのは店員である。しかし、このように、現実に物を扱っている人でも、それが、その物の所有者（主人）と主従の関係にある場合は、主人の方に、その物に対する支配権が留保されている、と考える方が素直《すなお》である。

Aは B方の店員だった。毎日扱っている店の呉服《ごふく》を持ち出して小遣いにしようと思った。一反《いったん》や二反持ち出しても、大量の中だからわかりはしまい、と、たかをくくった。

ところが、発覚してしまった。Aには弁護人がついて、その反物《たんもの》は、主人のBの物であることは異存ないが、Aだってその品物の取扱いをしていたのだから、Aの占有下にあった、と主張した。

その主張が通れば、Ａは委託物横領罪になり、窃盗よりは軽い処罰ですませることができる。

ところが、裁判所は、これを窃盗にした。雇い人が雇い主の居宅で、雇い主の品物を販売する場合は、その物品は、雇い主の占有に属するから、雇い主が、その占有を侵す行為は窃盗である、と。(38)

店が大きくなって、事業所がいくつかに分かれるようになると、雇い主は、雇い人の中から中間管理者を選ぶ。そして、自己の管理権限をこの者に委譲《いじょう》する。この場合は、その事業所内の物は、権限の委譲を受けた中間管理者の占有に属する。ひらの雇い人にとっては、どっちみち、同じことである。そこにある品物を不法領得の意思をもって自己の支配下に置く行為（費消《ひしょう》・着服《ちゃくふく》・拐帯《かいたい》・隠匿《いんとく》）をすれば、それは、権限ある中間管理者の占有を侵すことであり、窃盗の評価を受けることになる。

Ａはある倉庫の貨物入出庫の労務に従事していた。ある日、不法領得の意思を生じて倉庫の物品をほしいままに処分してしまった。仕事上、自分がかついだりしていた物だから、占有はＡにあり、横領だ、と頑張ったが、裁判所は、やはり、これも窃盗である、とする。その倉庫には、倉庫責任者が任命され、その倉庫内の物品を支配管理する責任を負わせられていた。その倉庫内の物品の占有はその倉庫責任者にあり、労務者Ａは単にその補助をしているに過ぎない、というのである。(39)国鉄（現ＪＲ）の職員が貨車の中の貨物を盗る、(40)運送会社の運転手が、運送途中の荷物に手を出す、(41)

皆、同じことである。

七　ところで、運送中の物や郵送中の物は、包装したり、封印したりしたものが多い。そして、取る方も、その中身の一部を失敬するにとどまる者がある。これは、横領か窃盗か。

例によって、これも、その物の占有が誰にあるかによって決まる。具体的な事例によってみよう。Bは衣類在中の鞄《かばん》に錠《じょう》をかけてAに預《あず》けておいた。Aは預かっているのをいいことにしてその錠前を開き、在中の衣類を我が物にしてしまった。

これなどは、預かっていた物を不法領得の意思をもって処分したのだから、委託物横領罪か、というと、判例はこれを窃盗罪にした(42)。すなわち、判例は、明治以来一貫して、包装・封緘《ふうかん》・施錠・梱包《こんぽう》された物の中身は、委託を受けた者の占有にならず、いぜんとして、これを預けた側《がわ》の占有下にあると考えている(43)。

郵便局員が、郵便物から為替《かわせ》や現金を抜き取ることがある。

まず、郵便局の庁舎内で取ることを考えてみよう。これは、すでに述べた、雇人盗ないしは職場盗の問題であり、郵便局長との間に、上下主従の関係ある郵便局員に、刑法上の占有はなく、その抜取り行為は窃盗に当たる(44)。

ところが、郵便集配人が、郵便局の庁舎の外で所持中の郵便物を自己のポケットに納めるとすると、その所持は、刑法上の占有とみられ、委託物横領となる。集配中の郵便物の管理権限は、集配人にあるからである。

ここまでは、前項の説明までで判断のつくところであるが、ここに、この項の眼目の封緘物《ふうかんぶつ》の問題がプラスされてでてくる。すなわち、集配人には、たしかに、集配中の郵便物の管理権限がある。しかし、封緘された郵便物の中身にまで、その支配が及ぶか、という問題である。そして、判例は、伝統的に、中身には及ばない、とするのである。

したがって、集配中、封筒《ふうとう》を破って中身の現金等を取れば、やはり、窃盗罪に問われることになる。

このように、判例では、包装物等は、全体を取れば刑の軽い横領罪、中身の一部を取れば、刑の重い窃盗罪、と、いう一見奇妙な結論がでるので、これに対して、全部が窃盗だ。すなわち、物を委託した者に、占有があると考えれば、よいではないか、という意見がでてくる。(45) しかし、警察官としては、判例のとおりにしなければならない。現在の刑事訴訟法は、行為者の犯罪行為が何罪に当たるかを明らかにして裁判にかけることになっている。そして、裁判所に右のような見解がある以上、それに合わせておく方が、通りがいいからである。

八　以上、いずれも、他人の占有に属する他人の物についての問題を考察してきた。他人の占有下にはあるが自分の物であったらどうなるか。

窃盗罪でいう占有は、物に対する現実の支配だ、とすると、自分の所有する物でも、目下《もっか》のところ、他人の管理下に入っていたら、その取りもどしは、場合によっては窃盗になるのではないか、という問題である。

実例を見てみよう。

ＢはＡから金を借りるために自己所有のトラックをＡに譲渡し、ただし、引渡しをしないでそのまま従来どおり使う約束をした（譲渡担保）。弁済《べんさい》期は二か月後である。

さて、Ｂはその金を資金に働いてみたが、業績はあがらず二か月たって弁済するどころか、倒産の危機すら見え始めてきた。Ｂの心境もさることながら、これを見てＡは不安になってきた。そのトラックは、すでに自分の物である。それが、Ｂの所にそのままあると、やがて、Ｂの物と紛《まぎ》らわしくなって競売対象にされるおそれがある。今のうちに引き取っておかなければならない。ところが、Ｂはいくら交渉しても引き渡さない。自分の物になっているのだから面倒だ、実力で持ってきてしまおう。Ａはそう考えた。しかし、それを実行に移してもいいのかどうか。

ここで、自己の物といえども、現実の占有がほかにあれば、その占有をまず第一次的に保護する、という刑法の考え方をみておかなければならない。刑法は、その立場から、自己の物といえども他人の占有下にある場合は、所有者の自由にさせない、という規定を置いている。第二四二条がそれである。

第二四二条（他人の占有等に係る自己の財物）　自己の財物であっても、他人が占有し、又は公務所の命令により他人が看守するものであるときは、この章の罪については、他人の財物とみなす。

Aにとっては、譲渡担保にとったそのトラックは、「自己の財物」である。契約によってその所有権は、とうにBからAに移っている。しかし、そのまま、Bの手元におき、Bがこれを使用することを許していたことは、「他人が占有し」ているとしなければならない。そうだとすると、もしAが実力によってこれをBから取り上げた、とすると、「本章の罪」すなわち、窃盗罪を考える場合は、「他人の財物とみな」されるのであるから、「自己の財物」でなくて「他人の財物」を奪取することになる。これは、「他人の財物を窃取した」にあてはまることになる。

これは、物の所有者にとってはたまらないことである。Aにしてみると、Bに金を貸し、契約によって自己の物になったトラックを自分の支配下に納めてはいけない、というのだから割り切れない思いがする。Bは自分の物でなくなったのに、いくら請求しても返さないのだから、不法を行っているのである。相手が不法に占有しているのを自力で救済してもかまわないではないか、そう思うであろう。

しかし、法は、相手に不法な占有がある場合は、裁判所に訴え、その力で民事的に解決することを望んでいる。いちいち自力救済を許していたら、社会の経済秩序は不安定なものになるであろう。だから、泥棒を追いかけて行って盗まれた物を取り返すというような場合は別として、占有関係の安定した後、その安定の裏に不法あり、とする場合は、民事の手続によって争うことが法治国家のルールであり、みだりに自力救済を許すものではない。すなわち、第二四二条の「他人の占有」には、不法に占有している場合も含まれるのである(46)。

後段の「公務所の命令により他人が看守するものであるときは」は、たとえば、差押を受け、封印を貼られた場合である。物は、そこにあるけれども、それは、公務所の保管にかかわるものである。これを、封印を破って自己の手中《しゅちゅう》に納めれば、やはり窃盗罪になるというのが、この規定の趣旨である。

五　不法領得の意思

一　窃盗犯人によって侵害される法益は、直接的には、財物の所持であるが、窮極《きゅうきょく》のところでは、その裏にある本権でもある。

そうだとすると、窃盗罪の主観的要件を考える場合、単に、他人の財物の所持を奪う事実の認識だけでは足りないのではないか、という疑問がでてくる。これは、端的《たんてき》に所持を奪っているがすぐ返すつもりでいるというケースで問題が表面化する。

具体的に考えてみよう。

CはAの所へ行って、Aがすばらしい CDをBから借りて持っているのをうらやましく思った。

――頭へくるなあ、隠してやろうか。

そう思った、とする。

——一週間もしたら、また元へもどしておけばいいだろう。

こうして、もし、CがAの所持するCDをAに無断で持ち出し、しばらく某所に隠したとする。Cには A の所持を侵害する事実の一部始終《しじゅう》の認識はある。すなわち、故意はある。

ところが、同じ所持の侵害でも、思考過程が次のように変っていたらどうなるだろう。

——いいCDだ。Aにはもったいない。おれのコレクションにしてしまおう。くれるはずはないから、こっそり持ち出してやろう。

さて、こうなってくると、単にAの占有を侵すだけではなく、そのCDの経済的用法に従い、ほしいままに利用し楽しみ、自分の物にしてしまおう、という根性《こんじょう》である。

前者と後者とでは、悪性に著しい差のあることがわかるであろう。とくに、後者では、CDの持主Bも被害を被《こうむ》っていることが明らかである。

その行為をうわべから見れば、同じくCDを無断で持ち出すことである。しかし、その心情をみると、非難の度合いに違いがあることがわかる。さらに、主観・客観を総合してみると、前者の持出しは隠匿《いんとく》であり、盗取とは態様を異《こと》にしている。

すると、窃盗罪を成り立たせるためには、前者のように、単にAの所持を侵す意思だけでは、足りないのではないか、という判断がでてくる。

やはり、後者のように、Aの所持を侵すだけではなく、Aを完全に押しのけて、自分の物として、自分が楽しもうとする意思、そういう主観的意図がプラスされなければ、Aの所持とその背後にあるBの所有とを侵害するということはできないのではないか。

そこで、窃盗罪の成立には、「不法領得の意思」が必要であるという意見が、裁判所を支配するのである。(47)

二

「不法領得の意思」という考え方は、ある学校教師の恨みからでてきた。

大正四年（一九一五年）のことである。

彼Aはかねてから校長に対して恨みを抱き、いつかは困らせてやろうと思っていた。

――どうしてやろうか。

いちばん校長が、あわてふためくのは何か。

あれこれ思いめぐらすうち、式典に使う教育勅語《ちょくご》を隠すのがいい、と思いついた。

当時、学校でいちばん大事な物は何か、と言うと、それは、奉安殿《ほうあんでん》の中に大切に保管されている天皇・皇后の御真影《ごしんえい》と教育勅語である。勅語の方は、毎回式典の日に校長が朗読するならわしになっていた。

――勅語を隠してやろう。

Aはそう思った。Aはある日、奉安殿に忍び込み、勅語を持ち出し、学校の屋根裏に隠した。警察はこれをつきとめ、Aを窃盗罪で逮捕した。

ところが、この事件が難航《なんこう》した。そして、その結論は、窃盗罪には当たらない、ということになった。

大審院（今の最高裁）まで行って、裁判所は、構成要件に該当する事実の認識だけでは足りない。さらに、不法に物を自己に領得する意思のあることが必要である、としたのである。(48)窃盗罪が成立するためには、不法領得の意思という、新たな主観的要件を備えていなければならない。Aはただ、物を隠すという意思があっただけで、不法領得の意思をもっていなかった。だから窃盗罪を構成しない、というのである。

そして、不法領得の意思とは権利者を排除して他人の物を自己の所有物として、その経済的用法に従い、これを利用もしくは処分する意思であるとする。(49)

この「経済的用法」の語にこだわりすぎてはいけない。たとえば、選挙を有利に取り運ぼうとして、特定候補の水増し用に投票用紙を持ち出す行為がその例である。この場合は、「本来の用法に従い使用・処分する意思」をもって不法領得の意思とすることができるとされる。(50)

三　財物を所持している者の知らない間に、こっそりその財物を持ち去ってしまっても、不法領得の意思がなければ窃盗にならない、とすると、自転車や自動車等の乗り逃げをどう扱うか難しい問題になる。

一時の無断借用は、元に返せば、所有権等の本権に影響はない。ただ、一時、所持者の意思によらない使用があるだけである。その一時使用は、不法領得の意思の存在を推認《すいにん》させるものであるかどうかが、問題の焦点である。

Aは用を足す途中、某所にB所有の自転車が置いてあるのを見て、これを無断借用した。――ちょうどよかった。ちょっと拝借して、また、元へもどしておけば、とがめられることはなかろう。

そう思ってBには断りなく、その自転車を使い、三時間ぐらいして元にもどそうとした時、捕まってしまった。さて、Aは窃盗罪になるか。

結果からいうと窃盗罪にはならない。

それは、ただ、一時使用して後で返すつもりであった。その使用している最中は、たしかに所持者の占有を害している。しかし、自己の所有物にする気はない。その経済的用法に従い、一時、これを利用する気持はあるが、処分する意図はない。

こういう心中の動きを見ると、これをもって、不法領得の意図があったとは言いにくい。無断に使用し、自己の所持に入れたそのときは、単に一時使用の意思があるだけである。不法領得の意思まではいっていない。そうだとすると、これを安易に「窃取した」と結論づけることができないことがわかる。(51)

ここに見られる「一時使用の意思」とは、一時使用のため使用後遅滞《ちたい》なく返還する意思である。それは、一時期、所有者のその物に対する利用を妨害することになる。しかし、所有者を排除して他人の物を自己の所有物として、その経済的用法に従い、これを利用もしくは処分するというところまではいっていない。

このような形態で、もし、悪性が高い、すなわち、不法領得の意思が推認される、という場合を想像すると、それは、第一に、一時使用とはいえ、その時間が長過ぎること、ないしは、長距離に使用している場合であり、第二は、乗り捨てて元にもどさない場合、第三に、壊したり、その財物の価値を減らしたりする場合であろう。

不法領得の意思を、もし、永久的にその物の経済的利益を保持する意思だ、権利者を永久的に排除する意思だ、と考えれば別である。しかし、その必要はない。一時的にせよ、権利者を排除して、他人の物に対する完全な支配権を確立する。その結果、その物の所有者と変りのない実益をあげる意思があれば、不法領得の意思があると言っても、何らさしつかえがない、とされるのである(52)。指摘した三つの場合は、この観点からみると、それは、もはや、使用窃盗という範囲を超えて、本物の窃盗として処罰を必要とする形態ではないか、と考えられるのである。

具体的な例によって、この事を確認しておくことにしよう。

四　一時使用の上返還するつもりであった、と申し立てていても、客観的にみて、所有者等の権利者を排除する積極的意思がある、と認められたときは、不法領得の意思を認定することができる。

長時間にわたる一時使用の場合は、その一例である。すなわち、権利者の使用の日常をみると、長時間、無断に使用されることにより、見過ごすことのできない程度の財産的被害を被《こうむ》ることがある。そして、その場合に、もし無断使用者がその事情を知っていた、とすると、にもかかわらず、あえてその財物を使用するというところに、権利者を排除する積極的意思のあったことをみることができる。

AはB方の雇員として、八か月ぐらい勤務した経験があった。だから、勝手知ったその自動車を一時借用しても、またもどしておけば、元の主人は怒らないだろう、と安易に考え、B所有の自動車を合いかぎであけて約一八時間ほど乗り回した。その間、機会があったのに、一言もBに断るということをしなかった。

Bはその自動車を日常の乗用として利用していた。それだけでない。夜間遅く、その所有にかかる店舗《てんぽ》を回るために、営業用として毎日使用していた。Aは八か月間雇われていたから、その辺の事情はよく承知していた。したがって、もし、長時間その自動車を無断で使用すれば、Bが困る。Bは困るから、まともに貸してくれと言っても貸してくれるはずはない、と思っていた。だから無断で乗り回したのである。

Aのこのような態度には、Bを一八時間にわたって無視ないし排除する意思があった、とみることができる。それは、事後返還するつもりであった、ということによって打ち消せるようなものではない。一時的にせよ、権利者を無視排除し、無断使用を敢行したのであるから、そこに、不法領得の意思をみることができる(53)。長距離の乗り回しも同じように考えることができる(54)。

しかし、だからといって、長時間使用イコール不法領得の意思ありとみるのは危険である。事案によっては、長時間の使用にもかかわらず、権利者に与える被害はさほどではなく、権利者において、受忍できる程度にとどまる場合があるからである。そして、もし、一時使用者が、あらかじめ申し込めば、権利者は、その利用を許したかも知れない。そのような事情があり、しかも、一時使用者が、その事情を知っていた、ということになると、事態は一層違ったものになってくる。

果たして、本人に、権利者を排除する積極的な意思があった、と言えるかどうか、そこが認定上のポイントになってくる。

Aは B所有の自動車を午前四時ころから約一昼夜にわたって無断使用し乗り捨てた、という事件があった。警察官は、これを窃盗罪で立て、第一審はAを有罪にした。

Aは B方の住込店員であった。その日はお祭りで、主人の Bから酒やビールを御馳走になったが、飲み足りず、外を出歩くうち、帰店が遅くなり、店の前に駐車してあった B所有の自動車の運転台で仮眠するはめとなった。事件は、ここから発展する。三〇分ぐらいして目覚めたAは、車を動かし、親戚の家を訪ねようと思い立つ。途中まで行くとガソリンがなくなる。やむなく乗り捨てて電車を利用する。親戚の家にたどりついてから、そのすすめではじめてBに電話を入れる。この間一昼夜である。

第一審は、これを次のように判断した。すなわち、Aにその自動車を永久に自分の物にして使用するとか、他に処分しようなどという気がなかったことは確かである。しかし、運転中仮眠し、午前七時ころ眼を覚ましたときに、引き返す判断をすべきであった。それをせず、なおも走らせ、ガソリンがなくなると、満一昼夜を経てBに電話をするまで右自動車を乗り捨てておいた、というのだから、AはBがその経済的用法に従い利用することを妨げられるものであることを知りながら、

Bの意思を無視してあえてこれを無断で使用したものである。その行為は、もはや一時使用の域を脱している。Aはその間、一時的にもせよ終局的には権利者がその物を利用処分できる権利を完全に排除してこれを自己において利用処分する意思、すなわち不法領得の意思が存在したとみられる、と。[55]

ところが、この判断をくつがえす事情がいくつかあった。まず、第一に、AはB方の住込店員であったということ。したがってBは困ったことであるとは感じたものの、使用人の一時の出来心で、とくにこれを取り立ててとがめる気持はなく、この程度のことは容認していたと申し立てていること。そして、第二に、Bは平素《へいそ》は午前五時ころからその車を使って商品の仕入れに出かけるのであるが、その日は、お祭りで商品の仕入れに行かないことを決め、Aもその事情を承知していた、というのである。現に、Bはその朝寝坊している。

すると、Aの意図の中には、それによってBが見過ごすことのできないほど、被害を受けるという認識がなかった、とみなければならない。すなわち、権利者たるBを排除する積極的意思にかけている。第二審はそう判断してAを無罪にしたのである。[56]

五　乗り捨ては、返還の意思を欠くのだから、不法領得の意思が推認されうる。

A等は強盗を見つかって逃走中、船で海へ出ようと考えた。そこで、その辺につないであったB

所有の船に乗り込み、岸から約一〇〇メートルほど海上に漕《こ》ぎ出した。もとよりA等は対岸に着けば、その船を乗り捨てるつもりであった。これを裁判所は、不法領得の意思がなかったというわけにはいかない、とした(57)。

不法領得の意思は、永久的にその物の経済的利益を保持する意思である、という必要はない。一時的にせよ、権利者を排除してその物に対する完全な支配を取得し、所有者とまったく変わらないだけの実をあげた、ということになれば、そこに不法領得の意思をみることができる、という趣旨である。

すなわち、使用した後、乗り捨てる、という場合は、被害者に返還する意思はまったくないことが明らかである。しかも、乗り捨て放置することによって、所有者等の支配は完全に排除させるつもりである。これは、他人の自動車等を自分の物のように利用する意思で、自己の支配下におさめるものであり、不法領得の意思は認められるの(58)である。

それは、嫌がらせでした場合でも、およそ、所有者等の手から離して乗り捨ててしまえば同じことである(59)。

また、盗品を運ぶのに使うとか、付属品や積み荷を盗《と》るために別の場所へ移すとかという場合も、たとえ時間は短くとも、見つかれば捨てて逃げる意思にほかならないから、乗り捨ての場合と同様に考えることができる[60]。その場合は、たとえ返還の意思があったと申し立ててもゆるされない[61]。

六　似たようなことに、秘密資料を持ち出し、その内容をコピーした上で本体は元に返しておく行為がある。これは、秘密資料とされる価値のある情報を獲得しようとする意思によるものであり、その意思は不法領得の意思に当たる[62]。

六　窃盗罪の既遂時期

一　窃盗既遂の一般的考え方　二　忍び込み等
三　倉庫荒し等　四　詐欺盗　五　自転車盗等
六　かっぱらい　七　すり　八　万引等

一　窃盗罪が完全に遂行された、つまり、窃盗が既遂《きすい》に達した、というのは、どういう場合か考えてみよう。

人の家に忍び入って、誰にも見つけられずに現金と宝石を手に入れてきた、とする。そして、現金はそのまま使い、宝石は質屋に入れて金にした。これが、泥棒であることは明らかであるし、犯罪は既遂に達していることは誰の眼にも疑いを入れる余地がない。

しかし、物事は、常にこのように典型的に動くとは限らない。犯人が不法領得の意思をもって他人の支配下にある財物を自己の支配下に移したとしても、それを自由に処分できないまま発覚することもあり、また、自由に処分する安全な位置に置くことすらできない場合がある。

人の家に入って首尾《しゅび》よく金品を手にした。ところが家人が目を覚まして追いかけられたので、折《せっ》角《かく》の物を放《ほう》り出して逃げた、とすると、これは、既遂の責任をおわなければならないのかどうか。また、被害者の家の外へ持ち出すことはできた。しかし、警察の警戒線にひっかかって捕《つか》まってしまった、という場合はどうか。

このように、泥棒が他人の支配内にある財物を自分の手に入れてから、家人やガードマン等に見つからずに外に持ち出し、さらに、安全に自分のねぐらに運び、自由に処分して金に換える、という一連の行為のどこに線を引き、窃盗が既遂に達した、ということができるのか。

まず、外側から考察してみよう。窃盗が既遂に達した、というためには、当該財物を犯人が自由に処分できる安全な位置に置くことを必要とするかどうかをみてみよう。

AはCと共謀してB方に忍び込み、温室に取り付けてあったガラス七十余枚を取り外して運び出した。ところが、自宅までそのガラスを持ち運ぶ途中、警察官に見つかり、準現行犯で逮捕された。

ところが、このACのしたことは、窃盗の未遂であるか既遂であるか、争われて最高裁まで行った。弁護人は、窃盗犯人が、他人の占有物を自己の支配内に移した後においても、警察官の警戒網を完全に離脱《りだつ》しなければ、右物件を完全に自己の占有に移したものでないから、犯行の帰途、盗品等を運送中準現行犯として逮捕されたときは、窃盗の未遂である、と主張した。これに対して最高裁判所は何と言ったか。窃盗罪は、他人の支配内にある財物を、不法領得の意思をもって自己の支配内に移すことによって既遂となる。犯人が、その盗品等を持って無事、警察官の警戒網をくぐり脱《ぬ》けた時に既遂に達するのではない、としたのである。(63) 既遂に達する時期は、その内側の方になる。すなわち、裁判所の考え方は、他人の支配下にある財物を不法領得の意思をもって自己の支配下に移した、と見られる時に窃盗罪は既遂に達する。必ずしも、犯人が、これを自由に処分し得べき安全なる位置にまで置くことを必要とするものではない、という態度である。通説（学者の支配的意見）もこれに賛成している。(64)

ところで、犯人が、不法領得の意思をもって他人の財物を自己の支配下に移した時をもって、窃盗罪の既遂とみることがわかったが、この自己の支配下に移す、ということが、具体的な場合に、必ずしもはっきりしているわけではない。

それは、窃盗の手口ごとに、具体的事情によって判断していくほかはない。事情によっては、塀や柵《さく》の外へ持ち出さなくても、窃盗は既遂になる場合もあるかも知れない。

二　窃盗の手口のうち、まず「侵入窃盗」から吟味してみることにしよう。

窃盗が既遂になるのは、判例通説とも、他人の支配内にある財物を、不法領得の意思をもって自己の支配内に移すことができた時期であるとしている。

これによってみると、もし、当該財物（窃盗の目的物）を支配内においている他人の財物管理が強ければ強いほど、これを排除して自己の支配内に移そうとする犯人の仕事は条件がきつくなり、逆に、被害者の財産管理が弱ければ弱いほど、犯人の仕事は条件が楽になり、したがって既遂と判断される時期もより早くなる。言い換えると、実行の着手により近い段階で、早くも既遂を認める余地がでてくる、という関係を注意しておかなければならない。

とくに、侵入窃盗は、その侵入の対象の性質によって分類されているから、右の原理でこれを並べ直してみると、具体的に既遂の時期を考える上で参考になる。

まず、人の住居であるが、家人のいる時に入る「忍《しの》び込《こ》み」、「居空《いあ》き」についてみよう。この場合の財物管理は、相当厳重であり、その支配を排除する犯人の行為も、よほどはっきりしたものであることを要する。

すなわち、財物が屋内《おくない》に残されている限りは、まだ、家人の所持が排除され、犯人の支配内に入ったとするには無理があり、少なくとも財物を屋外《おくがい》に搬出《はんしゅつ》することが必要であるとしなければならない。たとえば、前の二例（二章二節六の一）が、もし、人のいる屋内から盗んだと仮定しても、いずれも、塀や柵の外まで持ち出してから捕まっている。財産は即時に回復されているが、いったん、犯人の支配内に入ったという事実は消しようもない。その窃盗は既遂である。

しかし、同じ屋外でも、家屋に近接している場合は、被害者の財物の形状や所持の仕方によっては、まだその所持を離れ、犯人の支配内に移された、と言えるかどうか、ケースによって具体的に判断しなければならない。

AはCと共謀してB方に忍び込み、B所有の木綿《もめん》一梱《いっこん》を二階の庇《ひさし》の上まで持ち出した時、誰何《すいか》され逃走を余儀なくされた。ところで、その木綿の形状を見ると高さ約一メートル、幅約一・二メートルもあり、しかも、その重さは四四〜五キログラムはある。運び出した場所は、窓を開ければすぐ外の屋根庇の上にしか過ぎない、ということになると、これをもって、Bの支配下から完全に取り去られた、というのは無理であろう[65]。

家人が留守の場合、手口的に言うと「空《あ》き巣《す》ねらい」や「出店荒し」は、人がそこに寝ていたり、食事をしていたりするのに比べると、財物管理はゆるい、とみることができる。ゆるければ、犯人の支配に移すのも、比較的楽であるから、あえて、屋外に持ち出すまでもなく、屋内で一定の状態が実現されれば、それをもって被害者の支配内にあった財物が、犯人の支配内に移動した、ということができる。

Ａは Ｂ方の家人が留守であるのを見すまし、空き巣に入った。座敷のたんすに近づき、その中から、モーニングやその他の衣類を取り出し、持参した南京袋《なんきんぶくろ》につめ、麻紐《あさひも》で荷造《にづく》りした。その時、家人が帰宅したので、あわててその袋をＢ方の勝手口に置き去りにして逃走した。

犯人は、盗品を屋内に放置して逃げた。しかし、忍び込み、居空《いあ》きならいざ知らず、空き巣は家人が留守である。その管理は薄まっている。その薄い所で持参の南京袋に物をつめれば、それだけで、Ｂの所持は排除され当該財物は、Ａの支配内に移ったとみることができる(66)。

住居でなく、店だとしても同じことである。人のいない所で、店の物を手当たり次第にふろしきに包めば、それを軒下まで運びだしたところを捕まっても、窃盗は既遂であることは明らかである(67)。

時間外の学校や事務所等は宿直がいるか、用務員がいる程度でその管理は、あまり濃《こ》いものではない。したがって、そこを狙う「学校荒し」等は、前述の「居空き」よりは「空き巣」に近いものとみることができよう。

すなわち、財物を物色し、用務員室等の入口に置けば、屋外に持ち出さなくても、窃盗は既遂である(68)。

三　次に、財物の保管を専門にしている所がある。これを対象とする窃盗手口には、「金庫破り」・「倉庫荒し」等がある。

代表として「倉庫荒し」について検討してみよう。倉庫内の財物の管理は一様でないが、管理者がすぐそこにいない場合は、さきの空き巣や学校荒しの程度にみることができ、比較的ゆるやかであると言えよう。

すなわち、財物を倉庫の外へ持ち出せば、これは文句なく既遂である。しかし、そこまでの必要はない。財物を荷造りしたり、出入口付近まで運んだりすれば、それは、既遂の評価をすることができる。(69)

倉庫が、門を入った構内にあり、門がガードマンによって固められているような場合は、倉庫外へ物を搬出しただけではまだ既遂に達したかどうか、判然としない。

Aは構内にある車庫からタイヤ二本を持ち出し、これを、車庫付近の材木置場に隠しておいた。これがもし、障壁《しょうへき》・門扉《もんぴ》・鎖錠《さじょう》等があって、その障害を排除しなければ、構外にその物を持ち出せないようになっているとしたらどうか、という問題である。ふつうは、倉庫等から持ち出して隠した段階で既遂になった、とみることができる。しかし、以上のような厳重な管理態勢をしいた構内では、たとえ人目につかないように隠したとしても、それによって、管理者のその物に対する支配を排除して、自己の支配下においたと言えるかどうか、はなはだ疑問である。捜査官は、もう少し具体的に、材木置場に隠したのはなぜか。犯人の都合《つごう》だけか、それとも搬出が困難であるような事情があって、一時的に、やむなくそこに置いたのか。つっ込んだ捜査をしないと結論を下すわけにはいかない(70)。

構内に対する被害者側の管理・警戒が、どの程度のものであるか。窃盗される財物は、どんな物か。大きいか、小さいか。重いか、軽いか。それを経済的用法に従って使用するためには、使用者はどのようにしなければならないか。そういう客観条件を総合して、その上で、なお、被害者の支配を排除し、犯人の支配下に移した、とみることができるかどうか、を吟味する必要がある。

B工場の構内に資材小屋が置かれていた。CとDは共謀の上、この資材小屋の中から重量約三四キログラムの財物を窃取する目的で計四個を持ち出し、一人二個ずつ持って同構内を約一七〇～一八〇メートル運搬したところを、同工場の夜間作業員に発見され、取り返された。

さて、ふつうの倉庫の資材を盗んだのであれば、これで十分既遂になるのであるが、同工場は、外部から構内への侵入を防ぐために、約三メートルの高さの金網をめぐらし、構内三か所の出入口のうち、北側の出入口は常にこれを閉ざし、北東及び西側出入口には昼夜を通じ、守衛が常駐して、出入者は、いちいちそのチェックを受けるという厳重な警戒ぶりであった。

その構内を三四キログラムもある財物を二つずつ提《さ》げて歩いていることが、管理者の支配を排除し、自己の支配内に納めた状態であると言えるかどうかは言わずして明らかである。裁判所は、これを窃盗の既遂にならないとした(71)。

このように、管理者の支配と、犯人の排除行為とは、一種の力関係にあることがわかる。そうだとすると、たとえ構外に搬出しなくても、構内での犯人の支配の態様によっては、管理者の支配は排除され、犯罪の支配にその財物が移った、と見られる場合のあることを是認《ぜにん》しなければならない。

Ａは米軍基地の厳重な警戒を破って、米軍用羊毛シャツ五梱包《こんぽう》四〇〇枚の窃盗を企《くわだ》てた。犯行の手段はトラックにより、基地から運び出される廃品の山の中に五梱包を隠匿《いんとく》することである。Ａはトラックに積み込まれた廃品の山をかき分け、その穴に目的物のシャツの梱包五個を入れ、上から廃品をかぶせて人目にはわからないようにした。共犯者のＣは終始運転台にいた。

ＡＣの企ては、ゲートで発見され、この窃盗の目的は遂げられなかったが、裁判所は、これを既遂と判断した。たとえ構外まで搬出できなかったとしても、このような態様の下においては、被害者の追求は遮断《しゃだん》され、一時的にせよ、米軍管理者の当該財物に対する占有は排除され、トラックごと犯人の支配内に入っていた、とみることができるのである(72)。

駐車場にエンジンキーをはずして駐車中の自動車は、持ち主の厳重な管理下にあったものと認められる。その自動車を道路まで移動させ、さらに、配線を操作してエンジンを始動させた段階で管理者に捕まったとすると、これは、未遂かというと、裁判所は、そのようにいつでも発進可能にした段階で、窃盗は既遂になると判示する。(73)

四　「詐欺盗《さぎとう》」は、同じ屋内に入るのにだまして入り、すきをみて盗む態様であるから、既遂時期を考える場合は、前項の侵入窃盗の中の比較的似かよっているものを参照すればよい。

Aは B宅を訪問中、その浴室で遺留されている金の指輪を見て不法領得の意思をおこした。そして、一時、その指輪を浴室内の板壁のすき間に隠した。ところが、騒ぎが大きくなったので、持出しを断念し、いかにも捜索の上、偶然発見したように装ってその指輪を返した。しかし、裁判所は、この隠匿行為を、Aの実力支配の断続と判断し、これを既遂と認めた。(74)

この事例は、「窃盗」ないし、「訪問盗」の一種であるが、はじめから被害者の信用の下にその家に入っているのであるから、被害者の財物支配は、犯人との関係においては弱いとみなければならない。したがって、家屋内の目につかない所に財物を隠せば、もはや、その程度でも既遂の評価を受けるのである。

五　「乗り物盗」の中では、自転車盗がとくに多いので、これについてみると、まず、家の玄関先や軒先《のきさき》から路上に持ち出せば既遂になる。(75)その場合、施錠の有無は影響がない。

Aは不法領得の意思をもってB所有の自転車の施錠をはずし、自転車を手に持ち、方向転換をしたところを見つかった。これでも窃盗は既遂になるか、というと、なるのである。[76]

「特殊物盗」の中の部品盗については、たとえば、自転車の発電ランプやベルを盗むためにその自転車を移動し、部品を取り外したとすると、その取り外した所から既遂になるのではなく、その自転車を自己の支配下に収めた時が既遂の時期になる。それは、自転車と発電ランプを含めた全部をいったん自己の所持に移し、人目につかない所まで運んで行かなければならなかった、とすると、数個の物件が、さような関係において結びついている場合は、刑法の観点からは、一個の財物と観念されるのが相当であるからである。この場合、犯人が、発電ランプやベルに関心があり、自転車本体については、はじめから盗む意思がなかった、と申し立てても、その自転車に対する不法領得の意思が消えるものではない。[77]

六　屋外にある財物を盗むことを、まとめて「かっぱらい」と言っている。

言うまでもなく、場所が場所だから、その財物管理はもっとも弱い方にランク付けられるであろう。したがって、監視の度合い、たとえば、持主の家に近いか遠いか。パトロールの具合いはどうなっているか。通行人の目はどうか、等々、具体的状況を細かくとり、最終判断をしなければならない。しかし、概して言えば、移動させたり、荷造りをしたりする段階で既遂に達するものとみることができる。

「工事場荒らし」を代表としてみておこう。

AとCは共謀の上、川の堤防の斜面中腹に積み上げて保管してあったB工事事務所所有の築堤用レールのうち、一五キログラムのもの一二本を堤防沿いに県道まで持ち運び、あらかじめ用意しておいた自動車に積み込んだところで発覚し逮捕された。(78)

警察官が、これを窃盗既遂で処理したことは言うまでもない。

七　すりの典型例は「抜取り」であるが、抜取りは、財布等の懐中物を、手の指を使って巧みに抜き取ることを言っている。そして、抜取りは、他人のポケットに手をつっ込み、目的物をつかんだ時が既遂の時期になる。(79)必ずしも、抜き取ってから自己の懐《ふところ》やポケットに納めなくてもいい。すり係の刑事は、目指す犯人が、手をポケットにつっ込み、目的物をつかんだところを間髪入れず手錠をかける。

八　手口の大種別の最後にある「その他」の中から、ここだけ代表例としてみておきたい。

Bは泥酔して寝ているところをAに介抱《かいほう》された。BはAが何者であるかを全く知らない。BはAに背負われて行く途中、おぼろげであるが靴を脱がされたような気がし、また、腕時計を外されたことに気づいた。これは、介抱に事寄《ことよ》せて物を盗む泥棒だ、と思った。そこで、Aの背中から降りて詰問《きつもん》した。Aは靴はあっちにある、と言った。十数メートル離れた所にその靴はあった。ところが、Aは腕時計については、知らぬの一点ばりである。しかし、折好《おりよ》く巡査が来あわせたので、二人で現場にもどり、Aがこの辺だ、と指し示した所を探すと、時計も出てきた。

これは、未遂だ、と弁護人は弁護した。しかし、裁判所は、既遂であるという判断をした。Bは靴も時計も独力では探せなかった。しかし、Aははっきり、そのありかを指示することができたのである。これは、その物に対する支配が、BからAへ移動していたことを示すものだ、というのである。(80)

この形態の泥棒を「仮睡者《かすいしゃ》ねらい」と言っている。

次に「万引き」についてみよう。

店の中は、通常人がいて客の動静は、逐一《ちくいち》これを見ているのが常態《じょうたい》である。万引きは、その間隙《かんげき》をぬってなされる。しかし万引きは、店の中で商品をポケットや袋に入れ、こっそり搬出する行為であるが、店の外まで持ち出さないと既遂にならないか、というとそうではない。

AはB方店頭で毛糸一ポンドを盗む気をおこした。Aは商品の上に着ている上衣をかぶせるようにした。そして、毛糸を上衣で包むようにし、その上を右手で押さえ、抱くようにして帰ろうとした。この時、Bに見つかって捕まえられたのである。毛糸は、その場で取り返されたことは言うまでもない。しかし、裁判所は、これを窃盗の既遂である、とした。Aの右の所為《しょい》は、正《まさ》しく財物をその事実上の支配内に移したものと言わなければならない。既遂に達するということは、必ずしも永遠にかつ安全に、その物を自己に保持し得べき状態におくことを必要としないからである。(81)

店員が大勢いて見張っていたから、店内にある間は、その支配を脱することはないか、というと、そうではない。何人監視していようと、その間隙をぬって、財物を上衣の下へ隠したり、コートの内側へ包み込んだりすれば、その瞬間から、その財物の支配は、店の者から犯人に移動した、とみることができる。(82)必ずしも、店の外へ持ち出さなくても既遂とされることがある。

Aは雑貨商を営むBの店先で、靴下を見せてくれ、と言った。Bが出して見せると、その中の一足を買うように見せかけ、Bがちょっとその場を外している間に、別の一足を懐に入れてしまった。しかし、Bには、見られてしまったのである。Bは出してくれ、と言ったが、Aは黙っている。BはAの懐中に手を入れて、その靴下を引っ張り出した。

その靴下は、いったんはAの懐中に入っている。しかし、Bはその一件を見ている。言い換えれば、Bの監視に間隙はなかった、しかし、Aが懐中に収めた行為は、店内の物を自己の事実上の支配に移した、とみられるのである。即時に取り返されたとしても、窃盗は既遂である。(83)

七　窃盗罪の未遂

一　未遂の検討時期　二　窃盗罪の実行の着手
三　手口別に見た実行の着手

一　第一章第三節一の一で説明した犯罪実行の時間的段階を読み直してみよう。

犯罪には動機がある。動機なき殺人というのは、動機から実行行為までが短絡《たんらく》しているだけで、むらむらと殺意がおきるにしても、それは、そこにそうなるだけの何らかの動機を認めることができる。そして、通常、犯人は何らかの準備をする。これが予備の段階である。

そして、実行行為に着手し、その後に、目的を遂げたか、遂げなかったか、という問題がおこる。

前項の窃盗の既遂時期の検討を思いおこしてみよう。あれで、既遂に当たるとされた事件は、一連の事実をまとめて、「被害者は……窃取したものである。」とすることができる。

しかし、既遂にできない、とされたらどうなるか。あらためて、実行の着手を問題にしなければならなくなる。既遂にならない、実行の着手も認められない、ということになれば、つまりは窃盗罪が成り立たない、ということだからである。

刑法は第四三条に「犯罪の実行に着手してこれを遂げなかった」という、構成要件の修正形式をおいている。そして、窃盗罪の章には、第二四三条があって、「第二三五条……の未遂は、罰する」とあるから、窃盗罪が既遂にならなかったときは、あらためて、その事件の実行の着手を検討し、実行の着手が認められれば、これを窃盗の未遂罪として立てることになる。

二　実行の着手とは、実行行為を始めることである。すなわち、窃盗罪の実行の着手とは、窃盗罪の構成要件に該当する行為を開始することである。

そして、犯人のいかなる行為が、それに当たるかは、具体的にケースによって判断しなければならない。その判断の基準になるのは、行為者の主観的な意思がどうなっているか、言い換えると、他人の財物を窃取するに至る一連の事実を認識していたかどうか、ということ。それに開始されたある行為が「他人の財物を窃取した」という定型そのものであるか、すれすれの場合は、少なくとも、財物が、泥棒の手に落ちるという危険が現実のものとなっているかどうか、である。

すなわち、犯罪の一連の行動を、行為者の主観的な意思と、結果発生の具体的、客観的な危険性の両面から観察し、「他人の財物を窃取した」に当てはまるかどうかを検討することになる。問題になるのはその周辺すれすれの所である。具体的にみよう。

代表選手として「忍び込み」に登場を願うことにする。

忍び込みは、夜間、人の寝静まった所へ侵入する。そして、家人の眠っている間に金品を窃取し、逃走する。その一連の行為のどこをとって窃盗が既遂になるかは、すでに述べた。どこをとったら窃盗の開始と言えるか。

素人的《しろうとてき》に考えると、金品窃取を決意し、人の家へそっと入ってきたら、その時点がどうも泥棒のはじまりだ、と言いたい気がする。しかし、人の住居を侵すことについては、別に構成要件がある。「正当な理由がないのに、人の住居……に侵入し」たら三年以下の懲役又は一〇万円以下の罰金である(一三〇条)。折角《せっかく》この罪があるのだから、屋内に忍び込んだ時点では、その行為は第一三〇条で評価されればすむことである(84)。

そうすると、窃盗の着手は、その先、ということになる。人々の寝静まっている真夜中ころ、金品窃盗の目的で入ってきた者は、次に何をするか。言うまでもなく物色であろう。物色を始めれば、その前段階としての侵入行為も、人殺しや強姦などの前行為ではなく、窃盗の前行為であることが客観的に明らかになる。

AはB方に忍び入った。そろり、そろりと奥の間六畳に行き、その隅に置いてあった三重たんすに近寄った。ところが、その部屋には、BとBの妻B′が就寝していた。Bが目覚めた。誰だ、と叫んだ。AはBに切りつけて逃走しようとした。

さて、このケースをみるとき、犯人AはB方に侵入し、B夫妻の就寝している奥の六畳間に入った。そこまでは、第一三〇条で評価される。その部屋の北東隅に置いてあった三重たんすに近寄った。これで、Aの内心の意思も明らかになる。たんすの中にあるであろう金品も、Aの懐に移される寸前にある。今、一歩、その危うきこと、まさに風前《ふうぜん》の燈《ともしび》である。

これを戦前の判例はどのように言ったか。家宅侵入の行為は窃盗罪の構成要件要素に属していない。したがって、家宅に侵入したという一事をもって窃盗罪の着手ということはできない。しかし、窃盗の目的をもって家宅に侵入し、他人の財物に対する事実上の支配を犯すにつき密接な行為をすれば、それは、窃盗罪に着手したものと言うことができる。だから、窃盗犯人が家宅に侵入して金品物色のためたんすに近寄ったということは、他人の財物に対する事実上の支配を侵すにつき密接な行為をしたことにほかならない。すなわち、窃盗罪の着手があったことになる(85)。

この考え方は、最高裁判所に受け継がれている(86)。

三　侵入場所が、財物の保管を専門にしている倉庫のようなものであったらどうなるか（倉庫荒し）。

この問題を考える前に、もういっぺん、人の住んでいる所では、物色行為が境目《さかいめ》になるという意味を復習しておこう。それは、家に一歩足を踏み入れた段階では、まだ、犯人が何をしに入ったのか、客観的にみて明らかでない、ということであった。その段階で犯人の意図が、もし透視《とうし》できれば、それは窃盗目的であるということがわかるかも知れない。しかし、客観的には、これから強姦をするつもりなのか殺人をする頭なのか、判然としない。

しかし、たんすに近づいたとなると、ははあ、やっぱり、と、その意図が推察できるようになる。では、倉庫に入るのはどうか。ひそかに倉庫に入ろうとしている犯人の姿を見て、人は、何をしているのだろう、といぶかるであろうか。倉庫の壁を壊す。錠をあけようとしていることは、中に入ろうとすることである。そして、人目を避けて財物を保管する倉庫に入ろうとすることは、その意図は見えすいている、と言うことができる。

そうだとすると、前記の判例をそのまま類推して、ここでも入っただけではだめ、物色を開始しなければならない、とする必要はないことがわかる。

Aは窃盗目的で土蔵に侵入しようとした。まず、壁の一部を破壊した。また、外扉の錠を破壊してこれを開いた。まだ踏み込まなかった。

しかし、裁判所は、その行為を窃盗の着手行為であるとした。他人の住家に侵入しようとしたときは、窃盗の着手があったものと認めることはできない。しかし、土蔵内の品物を窃取しようと

思って、土蔵に侵入しようとしたときは、窃盗の着手があったものと解すべきである。(87)

「金庫破り」・「小屋荒し」などは、右のような考え方で判断できるはずである。

「すり」は、相手のポケットに手を入れて目的物をつかんだ時、既遂になると言った。それでは、その実行の着手はどの辺になるか。

Aは Bのズボンの右ポケット内に金品のあることを知ってこれを盗んでやろうと思った。Aは手を伸ばした。そしてBのそのポケットの外側に触れた。この時見つかり、捕まったのである。

弁護人は、まだ、ポケットの中に指を入れたりしていないから、窃盗の実行の着手はない、と言った。そして、争いに争ってついに最高裁判所の判断をあおぐことになった。

すりが、相手のカモのポケットにさわってみるのを「あたり」と言っている。あたり行為は、窃盗の予備行為なのか実行の着手なのかが争われたのである。

そして、最高裁は、被害者のズボン右ポケットから現金をすり取ろうとして同ポケットに手を差しのべ、その外側に触れた以上窃盗の実行に着手したものと解すべきことは言うまでもない、とした。(88)

八　窃盗罪の特別な場合

一　窃盗罪を規定している刑法第三六章には、不動産侵奪罪（二三五条の二）、他人の占有等に係る自己の財物（二四二条）、親族間の犯罪に関する特例（二四四条）の三つの変り種が規定されている。そのほかに、盗犯等ノ防止及処分ニ関スル法律（昭和五年法律九号）（以下「盗犯等防止法」という。）というのがある。いずれも、窃盗犯捜査に当たる者が知っていなければならないものである。以下に、その概略をたどってみよう。

二　不動産も人の財産である以上、他人の侵奪から保護されるのは当然である。古くは第二三五条の通常の窃盗罪に当たるかどうかが争われた。今は、第二三五条の二により、物理的方法による侵奪から完全に守られている。

その構成要件は「他人の不動産を侵奪した」である。考え方は、窃盗罪と同じである。「窃取した」の代りに「侵奪した」となっているから、「侵奪」について若干触れてみると、侵奪とは、不

法領得の意思で、他人の意に反して目的物（不動産）の上における他人の占有を排除し自己の占有を設定することである。(89)

不動産は、これを管理支配している者がいる。その者の意思に反して、その者の管理支配を排除する。そして、自己の排他的な管理の下に置く。それを「侵奪」と言っているのである。

具体的には、たとえば、他人の土地の上に無断で住宅やその他の建築物を建てたり、境界をこっそり移動したりすることである。(90)

人の管理する空き屋へ入って、しばらく休んでいたのはどうか、というと、これは使用窃盗と同じに考えることができる。

他人の占有等に係る自己の財物（二四二条）については「他人の財物」（本節三）の説明の際に述べたので、ここは省略する。

三　盗犯等防止法は、常習強盗や常習窃盗を特別重く処罰しようとするものである。

常習とは、反復継続して同法の規定している条件による窃盗や強盗をする習癖《しゅうへき》をいい、(91)その条件とは次の四種のものをさしている。すなわち、①凶器を携帯すること。②二人以上現場において共同すること。③門戸《もんこ》・牆壁《しょうへき》等を踰越《ゆえつ》・損壊し、又は鎖鑰《さやく》を開き、人の住居又は人の看守する邸宅、建造物、艦船に侵入すること。④夜間に人の住居又は人の看守する邸宅・建造物・艦船に侵入するとの四つである。この四種の方法を反復する癖《くせ》のある者を特別扱いしようとするものである。
③は、漢字の古いものが並んでいるが、要するに、入れないようにしてある所へ入ることである。
警察官は、右の四種の態様による窃盗や強盗にぶつかったら、それが、常習であるかどうかに注意し、その証拠をそろえておくのである。

四　親族の間で、殺し合いをするのは許されないとしても、財物のやり取りは、多少意にそわない場合でも、何も公《おおやけ》の手をわずらわさなくても、という一般感情がある。そこで、親族関係の濃いものと薄いものを分けて、はじめから問題にしないか、告訴があったら、その上で処罰を考えるか、どちらかにすることにしている。これを親族相盗例という。
まず、ここでいう親族の範囲である。これは、「配偶者、直系血族又は同居の親族」（二四四条）と規定されている。

直系血族とは、血のつながった縦の系列である。自分を中心にすれば、上に、父母・祖父母・曾祖父母……とさかのぼる。下には、子・孫・曾孫……とさがっていく。これに、養親子関係を加える。養親子は、血がつながっていないが、ここでいう直系血族に含まれている（法定血族）。

配偶者には、内縁の者は含まれない。

同居の親族は、右以外の親族で生計を共にし、一緒に住んでいる者のことである。民法で、親族とは、六親等内の血族、配偶者及び三親等内の姻族をさしているから（民法七二五条）、ここでいう同居の親族とは、そこから直系の血族と配偶者を引いた残り、すなわち六親等内の傍系血族と三親等内の姻族のうち、同居し、生計を共にしている者、ということになる。

親等とは世代の数であり、たとえば、父母は上に一親等、子は下に一親等と数える。祖父母は二親等、孫も二親等である。直系血族は、このように、自分を中心にして上下に、一、二、三……と数えていくので簡単だが傍系血族たとえば、兄弟姉妹や、おじ・おば、従兄弟姉妹（いとこ）になると、まず、共同の祖先にさかのぼってから横道におりていく数え方になる。たとえば、兄弟姉妹との共同の祖といえば父母である。父母までで一、そこから横道へおりて二、と兄弟姉妹は二親等になる。甥《おい》・姪《めい》は、その子だから三親等に当たる。おじ・おばは共同の祖が祖父母だから祖父母まで上に数えて、一、二、そこから横道へおりて三、と数える。おじ・おばは三親等である。その子、すなわち、いとこは四親等、六親等は再従兄弟姉妹（またいとこ）に当たる。

姻族とは、配偶者の血族をいう。男からみると妻の血族である。そのうち、自分と親族関係に入るのは三親等であるから、直系では父母・祖父母・曾祖父母、妻に連れ子があればその子、連れ孫があればその孫が姻族二親等である。傍系では兄弟姉妹・おじ・おば・甥・姪がそうである。

さて、刑法は、窃盗罪（二三五条）と不動産侵奪罪（二三五条ノ二）及びこれらの罪の未遂罪（二四三条）については、右に述べたような親族関係があると、これを特別扱いにする。

直系血族・配偶者及び同居の親族については、たとえ、その行為が第二三五条ないし第二三五条の二の構成要件に該当し、違法・有責であっても、刑罰に付することをしない。

また、同居していない傍系血族と姻族については、被害者から告訴があったら、はじめて処罰のことを考えよう、というのである。(92)

ここで、注意をしなければならないのは、

親族関係を検討する相手が、犯人と被害者であることは明白であるが、その被害者には現に物を所持している者のほか、所有者を含めて考える必要があり、しかも、所有者と所持者が分かれている場合は、その両方に、右の親族関係を認定しなければならない、ということである。父が保管中の他人の物を盗んだ子は、その刑を免除されないのである。(93)

五　窃盗の客体としての財物の中には、たとえば、材木が含まれていることは言うまでもない。ところで材木は、木竹が集団して生育する森林の産物である。これらが生育のまま、又は板や丸太など人工を加えられたものとして窃盗の客体になりやすいことは言うまでもない。

しかも、日本人にとって山林は河原の砂利と同様、誰かの物、という観念が元来薄い対象物である。

明治政府ができるまで、森林は集落の人々の共同の働き場として、また、薪炭《しんたん》の産出場所としていわゆる入会《いりあい》が行われている所が多かった。明治政府は、ここに近代的権利関係を持ち込み、入会《いりあい》地《ち》や民有地の多くを官有地にして従来の慣習を否定する政策をとった。

一般の山人《やまびと》たちの頭が、これによってたやすく切り替《きか》わるわけはない。今や、森林の伐採《ばっさい》は許しなくやれば盗伐《とうばつ》である。その立木等を採取し領得すれば窃盗になる。しかし、行為者の心理や社会の評価は、一般の窃盗より軽いと考えなければならない。

そこで「森林法」（昭和二六年法律二四九号）が作られ、森林に関する各種行政規定と並べて森林窃盗等の特別規定が作られた。

すなわち、森林においてその産物（人工を加えた物を含む。）を窃取した者は、森林窃盗とし、三年以下の懲役又は三〇万円以下の罰金という刑法第二三五条の窃盗より軽い刑で処断することとされたのである。（同法一九七条）

森林の中には伐採を禁じられている「保安林」というものがある。水源を確保したり土砂の流出を防備したりする目的で農林水産大臣がその指定を行う（同法二五条一項）。この保安林を盗伐すると、一般の森林よりも重く五年以下の懲役又は五〇万円以下の罰金に処せられる（同法一九八条）。当然のことである。

九　窃盗罪の事前行為（軽犯罪法等）

一　窃盗罪の事前行為と法規　二　侵入用具携帯罪と潜伏罪
三　窃盗罪と住居侵入罪

一　窃盗罪の実行の着手は、占有侵害行為を開始した時であり、侵入窃盗については原則として物色を始めた時であると前に述べた（二章二節二の六）。そして、単に、人の住居に侵入しただけでは、まだ窃盗の問題はおこらず、住居侵入罪（一三〇条）で評価されることも話した（二章二節七の二）。

殺人の場合は、予備罪（二〇一条）があるから、たとえば、殺意をもって匕首《あいくち》を買ってきたりすると、予備罪で処罰することができる。

窃盗の場合は、侵入窃盗については、住居侵入罪がその予備的役割を果たしているが、さらに、侵入前の行為についても、これを取り締まる法律が別にある。

すなわち、窃盗の目的をもって、合いかぎやドライバーやガラス切りを用意したとする。それだけでは、窃盗予備という罪はないから、殺人罪のようにはできない。

しかし、いよいよそれらの道具を隠し持って出かけると、そこから警察官の視野に入ってくる。それは、軽犯罪法（昭和二三年法律三九号）という法律があって、公《おおやけ》の秩序や社会道徳の立場から、比較的軽微な行為も取締りができるようにしてあるからである。(94)

二　軽犯罪法に「侵入用具携帯罪（一条三号）」というのがある。

第一条　左の各号の一に該当する者は、これを拘留又は科料に処する。

一～二（略）

三　正当な理由がなくて合かぎ、のみ、ガラス切りその他他人の邸宅又は建物に侵入するのに使用されるような器具を隠して携帯していた者

四（略）

これは、住居侵入に着手する前の予備的段階を処罰しようとする規定である。(95)

「正当な理由がなくて」というのは、人の住居に侵入するのに利用される器具であっても、社会生活上必要な物であり、また、これを携帯していることが、直ちに悪いことにはつながらない、ということを、注意的に規定したものである。

次に人気《ひとけ》のないところにひそんでいる者がいるとする。これも、窃盗の予備的段階として考えることができる場合がある。

第一条（前文略）

一　人が住んでおらず、且つ看守していない邸宅、建物又は船舶の内に正当な理由がなくてひそんでいた者

人がいたり、人が看守したりしていれば、その邸宅等に入れば、刑法第一三〇条の問題になる。これは、人が住んでいない場合であり、かつ、看守されていない邸宅等に人がひそんでいた場合の法律である。

警察官は、人がいないはずの所に人がいれば、当然、これを職務質問の対象にする。一応、異常な挙動を認められるからである。しかし、そういう所に人がいたからといって、常に、それが犯罪予備的であるとは限らない。たとえば、雨宿りをしているうちに寝てしまった、と仮定せよ。

そこで、右の規定も、「正当な理由がなくて」という文字が入っている。考え方は、前出第一条第三号の場合と同じである。

これらの規定は、直接には「住居侵入罪」（一三〇条）に対応する。要件等については、そのくだりで後述することにする。

三　人の住居に侵入するのは、「忍び込み」に代表される侵入窃盗の予備的段階にある行為である。倉庫など、一部の建造物については、侵入即窃盗の着手とみられるものがあることは、すで

に述べた（二章二節六の三）。しかし、通常は、住居侵入は、窃盗の予備的行為である。
そして、住居侵入があり窃盗がなされた、となると、住居侵入罪（一三〇条）が成立し、窃盗罪（二三五条）も成立する。両者の関係はどのようになるか。住居侵入罪の説明が終わった後に、総括することにしよう。

一〇　窃盗罪の事後行為

一　即成犯、状態犯、継続犯
二　不可罰的事後行為

一　窃盗罪の実行の着手はどこから始まり、どこで既遂になるか、ということは、すでに述べた（二章二節六の一、七の一）。

ここでの問題は、犯罪がどこで終了するかである。

殺人罪を例にとってみると、比較的わかりやすい。殺人の終了は、被害者が死亡した時である。殺人罪では、攻撃を受けた被害者が、生きている間は未遂であり、死という結果が発生すると同時に、既遂に達し、同時に犯罪も終了する。このように、法益侵害の結果が発生すると同時に即座に犯罪が既遂に達し、かつ、終了する犯罪のことを即成犯と言っている。

窃盗罪は、財物に対する奪取行為があると犯罪は既遂に達し、同時に終了する。この点は、即成犯と同じである。違う点が一つある。それは、その財物に対する他人の占有が奪われたという状態、つまり、法益侵害の状態が続いている、ということである。殺人は、人の生命という法益が侵害されるのは、人の死を招来《しょうらい》するその時である。そして、それっきりである。

このように、法益の侵害は継続している。しかし、犯罪行為はすでに終了しているという形態を状態犯と言っている。窃盗は状態犯である。

ついでにもう一つ、継続犯というのをあげておこう。これは、住居侵入罪のように、既遂に達してからも、なお犯罪行為の継続しているものをいう。継続犯の法益侵害も、その間続いている。そして、犯罪行為とそれは運命を共にしている。犯行を止めれば法益侵害も止まる。犯行を継続している間、法益侵害も更新継続中ということになる。

窃盗罪に代表される状態犯と継続犯の違いは、状態犯は、犯罪行為が、既遂になる時期に終了している、ということである。

二

さて、窃盗という社会現象を見ると、首尾《しゅび》よく財物を窃取すると、次に、これを運んだり、質に入れたり、売却したりする。それは、もとの占有者の占有の回復をいよいよ困難にする。社会的にみて、けしからぬ行為である。

しかし、これを処罰するか、というと、すでに窃盗犯として、十年以下の懲役になることが決まっているではないか、という声がかかる。それは、もともと、窃盗罪で評価することに決めた、他人の財物に対する占有を奪うという法益侵害の中身ではないか。何をあらためて別の罪にする必要があるか。

たしかに、他人の財物に対する占有を奪い、奪い続けているということは、窃盗の結果、生じたことにほかならない。ならば窃盗罪で、全体を評価すれば足りるではないか、というのである。

このように、窃盗行為に引き続いて、当然なされることが、あらかじめ予想され、しかも、新たな法益の侵害も見られない場合は、その事後の行為をすべて、それに先行する窃盗行為に吸収させることができる。学者は、これを「不可罰的事後行為《ふかばつてきじごこうい》」と言っている。

状態犯の事後行為は不可罰である。

しかし、犯人が、盗品等を盗品等でないように偽って換金すれば話が別である。すなわち、その行為は、第三者を欺《あざむ》くという新たな法益侵害が加わる。この新たな法益侵害をもたらす行為は、もはや窃盗罪の予想する違法状態をはみ出している、というほかはないから、これは、別に詐欺罪を立てる必要を生ずる。

そして、窃盗罪と詐欺罪は、併合罪として処理されることになる。「併合罪」というのは、一人が犯した数個の罪を、同時に審判する場合に、その数罪について一括する言い方として用いられている。裁判所が刑を言い渡すときに、各罪各別に言い渡すか、一定方式で単一の刑を定めて、まとめて言い渡すか、ということである。観念的競合や牽連犯は、行為が一個であるのに対して、これは、数個の行為がある点が違っている。

一一　窃盗犯のまとめ方

一　具体的事実と構成要件
二　被疑事実のまとめ方

一　具体的に窃盗事件が発生した場合、警察官は、これをどのようにまとめていくか、簡単にふれておくことにしよう。

まず第一に、忘れてはならないのは、窃盗罪の構成要件である。結局、事件は構成要件を道しるべに、具体的事実の山の中に分け入る。そして、構成要件に該当する事実を、手ぎわよく収集し、法的にアレンジして裁判所へ回されるのである。

そして、窃盗罪とは、被疑者が、不法領得の意思をもって他人の財物を、その他人の意思によらないで自己の実力支配に移すことであるから、警察官としては、まず、一回しかない歴史的事実としての日時・場所をはじめ、誰が、何を、どうしたか、具体的に確定すると同時に、窃盗罪の構成要件的特徴としての不法領得の意思、財物性、その財物の占有状態、犯行の方法・態様等の各要素につき、立証できる物証・書証の準備をしなければならない。

どのような証拠がいるか、捜査の対象についての説明は、刑事手続に譲るとして、ここでは、供述調書を中心に、事実関係の筋道と、最後のまとめとしての被疑事実の書き方にふれておくことにしよう。

窃盗罪の被疑者の取調べに当たっては被疑者の身上、素行《そこう》関係から始めて日時の順を追って、漸《ぜん》次《じ》、犯罪状況に及んでいくのがふつうのやり方であるが、被疑事実に関しては、次の各項を落とさないようにしなければならない。

㈠　犯行の原因動機

(二) 犯行を決意した時期、その内容
(三) 犯行の準備行為
(四) 共犯者の有無
(五) 犯行場所への経路・方法
(六) 犯行の具体的状況
(七) 犯行後の行動（逃走、用具の処分、盗品等の処分）
(八) 被疑者と被害者の親族関係の有無

さて、以上の諸項目でわかるように、おおむね時間的順序に従って、被疑者の心境、行動を追っていくことになる。

しかし、生の事実は、その全部が裁判所に持ち込まれるのではない。それは、まず、警察官によって取捨選択《しゅしゃせんたく》され、構成要件に関連づけられた事実のみが、一定の法的表現を得て提出されるのである。

二　このように、法的にアレンジされた事実を犯罪構成事実又は犯罪事実ということは、すでに述べた（一章二節二の二）。

犯罪事実は、起訴される以前の段階では、「被疑事実」と呼ばれている。被疑事実は、警察官が、捜査の結果を整理した最低限度の事実関係のまとめである。
それは、五何《ごか》の原則ないしは八何《はっか》の原則による事実関係のまとめである。

(一)　何時《いつ》（日時——犯行日時）
(二)　何処《どこ》で（場所——犯行場所）
(三)　何人《なにびと》が（行為の主体——被疑者）
(四)　何《なに》を（行為の客体——被害）
(五)　何《ど》うした（行為——犯行）

これに、動機を加えると六何の原則になる。

(六)　何故《なぜ》に（動機——犯行の動機）

さらに、共犯事件の場合は、共同者についてふれることになるから、

(七)　何人と（共同者——共犯者）

の項が増え、また、結果犯については、結果の発生にふれておかなければならないから、これに第八番目の原則

(八)　何《ど》うなったか（結果——犯行の結果）

をつけ加えることになる。

以上が、八何の原則であるが、被疑事実をまとめるに当たっては、五何の原則が、最低限度必要とされる事項になる。

具体的な例でみよう。ある日、ある時、ある場所に泥棒が入り、ダイヤの指輪を盗んで行ったとする。警察官は、日時の順を追って犯罪状況を明らかにするのであるが、最後に

「被疑者は、　年　月　日　時ごろ、　市　町　番地、B方において、同人所有の指輪　個（時価約　万円相当）を窃取したものである。」

というふうに標準化することができる。

この表現の中では、次の各事項が判断されている。

第一は、日時、場所である（㈠㈡）。

犯罪は社会的現象であり、人の行為によって、ひき起こされた特定の事実である。それは歴史的にただ一回の事実であり、その存在は、時間と空間によって特定されなければならない。しかし、無限の連鎖の中にある時間と空間とのどの部分を切り取って記載すれば、事件を特定することになるのか。とくに、結果犯は、行為の日時・場所のほかに、結果発生の日時・場所もあり、共犯は、共謀や教唆の日時・場所と実行行為の日時・場所がある。捜査によって具体的に明らかにされれば問題ないが、ある程度ぼんやりしている場合は、これをどの程度で切り上げることが可能か。要は、

犯行の同一性を特定するに足りる程度(96)ということであるが、具体的な場合において判断を要する。

第二は、「他人の」財物ということである（四）。

「他人の」というのは、所有権がある場合をさしているとしても、取引社会の発達によって物は転々流通し、必ずしも所有権者と現実の所持している者とが同一であるとは限らない。設例では、B方にあった指輪が窃盗の客体になっているが、所有関係も、現実の所持者と所有者が一致している場合であり、「B方において同人所有の」という記載でつくされている。しかし、もし、B方においてあったが、Cの所有するものであったとすれば、その旨を明らかにする必要のあることは、言うまでもない。場合によっては所有権の帰属がはっきりしないが、とにかく、被疑者以外の者が所持していたことだけは間違いない、ということもある。この場合、すなわち、人の財物に対する事実上の支配のある場合を窃盗罪の保護の対象にするのだ、ということを理解しておかなければならない。これは、会社の物の窃盗を考えてみるとすぐわかることである。会社の物の所有と管理は別の人によってなされているのがふつうである。「B方において同人所有の」というのが「何会社所有何某管理の」という表現の仕方になる。

第三は、窃盗の客体としての「財物」の問題である（四）。

設例の「指輪」は簡単明瞭であるが、金で買えるが実態が雲をつかむような電気や冷気のようなものとか、主観的には価値があるが、客観的には価値のない思い出の石だとか、その範囲について考えなければならないことが多くある。

第四に、「窃取した」と、行為㈢（五）については簡単に記載しているが、さきにもふれたように、窃取とは、不法領得の意思をもって他人の所持を侵害し、財物を自己の実力支配に移すことであるから、ここでは、「窃取した」と簡単に切り上げても、調書では「不法領得の意思のあった」ことを明らかにしておかなければならない。

また、さきにふれた窃盗の区別は、この「窃取」の方法・態様によって区別されているものが多い。

(1)　藤木英雄「刑法講義各論」二六九頁に財産犯罪を分類した表がある。

財産犯罪の分類

侵害の客体
- 財物
  - 領得の意思　なし……毀棄罪（二五八条―二六四条）
  - 領得の意思あり（領得罪）
    - 占有の移転　あり
      - 移転の事由
        - 占有侵奪
          - 暴行・脅迫によらず……窃盗罪（二三五条）、不動産侵奪罪（二三五条ノ二）、**遺失物等横領罪**（二五四条）
          - 暴行・脅迫による……強盗罪（二三六条一項）
        - 任意の交付
          - 欺罔による……詐欺罪（二四六条一項）
          - 暴行・脅迫による……恐喝罪（二四九条一項）
    - 占有の移転　なし……委託物横領罪（二五八条―二六四条）
- 財産上の利益
  - 全体財産の損害……背任罪（二四七条）
  - 不法利得
    - 暴行・脅迫による抵抗抑圧による……二項強盗罪（二三六条二項）
    - 任意の処分による
      - 欺罔による……二項詐欺罪（二三六条二項）
      - 暴行・脅迫による……二項恐喝罪（二四九条二項）
- 被害者の財産追求権……盗品譲受け等の罪（二五六条）

(2)　旧約聖書「出エジプト記第二〇章」、なお、金子仁洋「新版　警察官の刑事手続」二四頁にその記述がある。

(3)　小野清一郎「刑法講義各論」二三〇頁は、「唐律に於て財産の保護は頗る発達している。即ち強盗（謂以㆓威若力而取㆒其財㆒）と窃盗（謂潜㆑形隠㆑而而取）とを分ち、いづれも公刑罰を科したのである。我が古律は唐律に従った。中世以降強盗、窃盗を分った外、共盗、山賊、海賊などは強盗の特に重いものとされた。強盗は斬に処せられたが、しかし、窃盗の軽いものは一倍を弁償せしめるに止まった。御定書百箇条には盗人御仕置につき詳細の規定がある。」としている。

(4) 大判明治四四年六月八日録一七・一一一三頁は、「消印ずみの収入印紙に関連して、財物は、必ずしも経済的交換価値を有する物に限らず、財産権の目的となりうる物であれば足りる。」としている。裁決昭和三〇年八月九日集九・九・二〇〇八は、同旨の判例であり、この考え方は戦後に引き継がれている。

(5) 大判大正一年一一月二五日録一八・一四二一は、「一塊の石であっても、他人の所有に属する以上は、経済的価値いかんにかかわらず、財物である。」とする。

(6) 団藤重光ほか「注釈刑法(6)各則(4)§§235～264」五頁は、「客観的にも主観的にもまったく無価値な物は、もはや財産罪の客体としては刑法の対象とならないものと解すべきであろう。また、全然無価値でなくても、価値のきわめて微小な物については、それぞれの犯罪定型との関係で、いったいその罪の客体となりうる性質のものであるかどうかが論定されなければならない。」とする。

(7) 最決昭和三二年九月五日集一一・九・二一四三は、「窃取とは、占有の移転がひそかに行われる場合に限らず、公然と行われたとしても窃取である。」としている。

(8) 広島高判昭和三〇年九月六日集八・八・一〇二一

(9) 大判大正四年五月二一日録二一・六六三は、「窃盗罪の成立に必要な故意が認められるためには、法定の犯罪構成要件たる事実の認識のほかに、不法に物を自己に領得する意思のあることを必要とする。」としている。

(10) 最判昭和二三年四月一七日集二・四・三九九は、「窃盗の目的で他人の家屋に侵入し、財物を物色したときは、既に窃盗の着手があったとみるべきである。」とする。

(11) 民法第八五条は「この法律において「物」とは、有体物をいう。」という規定を置いている。ここでいう有体物とは、空間の一部を占めて有形的存在を有するもの、すなわち、液体・気体・固体であるとされる。しかし、刑法でこの概念を借用するわけにはいかない。刑法の財物は、刑法規範の特質をみて決められなければならない。これを法律概念の相対性という。

(12)　電気に関しては、かつて、これが「財物」に当たるかどうか争われ、判例になったことがある。判例は、電気について管理可能性の見地から、これを財物とみなすことにした（大判明治三六年五月二一日録九・八七四）。現行刑法は、これを立法的に解決して電気に関する窃盗・強盗については第二四五条を置き、また詐欺・恐喝については第二五一条を置いた。

そこで、この解釈をめぐって有体性説と管理可能説との争いがある。有体性説からは、この規定は制限的な特別規定であり、電気はいいが、冷気や熱気は財物ではないこととされるが、管理可能性説によると、これは、非制限的な注意規定であり、電気と同じような自然力の利用によるエネルギーに拡張することが許される。

(13)　小野清一郎「新訂刑法講義各論」二二八頁は、「すべての管理可能性あるものを『財物』であるとするときは余りに抽象的に失する虞がある。私法的権利、殊に債権の如きも管理可能のものであるが、これを一個の『財物』として其の窃盗とか横領とかを認めることになると、詐欺・背任などとの限界が甚しく不明瞭になるであろう。それで私はさしあたり現行法上の概念として物理的管理の可能なものを財物とし、事務的管理の可能なものを含まぬと解している。」としている。

団藤重光「刑法綱要各論（増補）」四四二頁も同旨である。

(14)　東京高判昭和二八年九月一八日判特三九・一〇八は、「財物であるために必要な経済的価値は、所有者または管理者の主観的価値で足り、交換価値を必要としない。」としている。

(15)　大判明治四四年八月一五日録一七・一四八八

(16)　最決昭和二九年六月一日集八・六・七八七

(17)　大阪高判昭和二九年六月二四日判特二八・一四八

(18)　最判昭和二六年八月九日裁集五一・三六三は、「所有・所持を禁じられている濁酒も財物である」としている。
(19)　国や自治体が管理する山や河で、必ずしも、窃盗罪の客体となる他人の財物と言えない物がある。
　最判昭和三二年一〇月一五日集一一・一〇・二五九七は、「河川の敷地内にあり砂利等に対する地方行政庁の管理は、公共の利用を保全するための行政措置であって、本罪の規定によって保護される管理占有と認めることはできない。」とする。同旨であるが「特段の事実上の支配がなされない限り」そうだとする。
(20)　最判昭和二四年二月一五日集三・二・一七五は、「刑法の財物取得罪の規定は、物の所持という事実上の状態が独立の法益として保護される。」とする。同旨最判昭和三四年八月二八日（刑集一三・一〇・二九〇六）最判昭和三五年四月二六日（刑集一四・六・七四八）最決平成元年七月七日（刑集四三・七・六〇七）は、買戻約款付自動車売買契約書で金を貸し、期限がきたとて借主の所持する自動車を引揚げた行為を「被告人が自動車を引き揚げた時点においては、自動車は借主の事実上の支配内にあったことが明らかであるから、かりに被告人の引揚げ行為は、刑法二四二条にいう他人の占有に属する物を窃取したものとして窃盗罪を構成するというべきであり、かつ、その行為は、社会通念上借主に受忍を求める限度を超えた違法なもの。」とするに至った。
(21)　最判昭和三二年一一月八日集一一・一二・三〇六一は、刑法上の占有は人が物を実力的に支配する関係であって、その支配の態様は物の形状その他の具体的事情によって一様ではないが、必ずしも物の現実の所持又は監視を必要とするものではなく、物が占有者の支配力の及ぶ場所に存在するを以て足りると解すべきである。
(22)　大判大正一五年一〇月八日集五・四四〇は、「住宅の所有者が、住宅内で保管している財物は、たとえ住宅所有者がその財物の所在を見失ったとしても、その物が、住宅所有者の実力支配の及ぶ住宅内にある限り、住宅所有者の占有に属する。」としている。
(23)　最判昭和三二年一一月八日集一一・一二・三〇六一は、刑法上の占有は、人が物を実力的に支配する関係であるとして、さらに、その判断の基準としては、次のように指摘している。

すなわち、その物が、なお占有者の支配内にあると言えるかどうかは、通常人ならば何人も首肯するであろうところの社会通念によって決するのほかはないとするのである。

団藤重光ほか「注釈刑法⑹各則⑷」五三〇頁は、「占有概念を事実的支配であるとしつつ、その存否を社会通念にもとづく規範的・社会的観察にもとめるのは、通説的な考え方となっていると言えよう（団藤重光「刑法綱要各論」四五八頁）。判例の見解じたいに異論はない。」とする。

(24)　(19)参照。

(25)　最判昭和三二年一一月八日集一一・一二・三〇六一

(26)　仙台高判昭和三〇年四月二六日集八・三・四二三は、「酩酊のため自転車もろとも道路上に倒れた者が、その場所から約一一〇メートル立ち去り、その放置した場所もわからなくなった場合は、その者の事実上の支配、すなわち占有を離れたものである。」としている。

(27)　東京高判昭和三〇年三月三一日集二・七・二四二は、「Bが列車待ち合わせ中、乗客の列の中に自己の所持するボストンバッグ等を置いたまま、約十分間、その場所を去り、電報を打ちに行ったことを認めることができ、右ボストンバッグ等は、Bが一時現実に握持又は監視していなかったとしてもまだ同人の事実上の支配を脱していなかったものである。」とした。

(28)　最決昭和三二年一月二四日集一一・一二七〇は、「海中にとり落とした物件でも、その物件の所在位置がおおむね確認されているときは、落し主は、その物の占有を有する。」としている。

(29)　高松高判昭和二五年六月二日判特一一・二〇四

(30)　最決昭和六二年四月一〇日集四一・三・二二一

(31) 大判大正一一年九月一五日集一・四五〇

(32) 大判大正八年四月四日録二五・三八二

(33) 大判大正一五年一一月二日集五・四九一は、「列車の車掌は、単に車内にある遺失物の交付を受ける権限を有するだけであるから、旅客が列車内に遺留した物品は遺失物である。」とする。

(34) 団藤重光「刑法綱要各論」四六二頁は、「従来の学説は、相続人の占有を侵害するものだとか（大判明治三九年四月一六日録一二・四七二）、死後にも刑法上の占有は継続するとみるべきだとか（小野「刑法講義各論」二四五頁）、殺害の瞬間に占有が行為者に移転するとか（木村・亀二「刑法各論」一二三頁、植松正「刑法概論」Ⅱ三五八頁）、等々多かれ少なかれ無理な理由から強盗罪の成立を基礎づけようとしている。しかし、これは死亡後の占有の有無ということにこだわり過ぎた見解である。むしろ、端的に被害者が生前に有していた占有に着眼して、それを侵害する行為を死亡の前後にわたり全体的に観察すれば足りる。行為者は被害者が有していた占有を殺害、盗取の一連の行為によって侵害し、自己の占有に移したものと考えるべきである。」としている。

(35) 団藤重光「注釈刑法(6)各則(4)」五三六頁は、「死者が生前所有していた物を、その死後に、領得したばあい、本条（二五四条）の占有離脱物横領罪ではなく、盗罪を構成するばあいがあることは、判例のみならず、学説も承認しているところなのである。」としている。

(36) 東京高判昭和三九年六月八日集一七・五・四四六は、「AはBを殺害し、みずからBの死を客観的に惹起したのみならず、さらに、その事実を主観的に認識していたのであるから、刑法第二五四条の占有離脱物横領罪とは、その法律上の評価を異にし、かつ、被告人の奪取した本件財物は、右Bが生前起居していた前記家屋の部屋に、同女の占有をあらわす状態のままにおかれていて、被告人以外の者が外部的にみて、一般的同女の占有にあるものとみられる状況の下にあったのであるから、社会通念に照らし、被害者たるBが生前所持した財物は、その死亡後と奪取の間に四日の時間的経過があるにしても、なお、継続して所持していると解し、これを保護することが、法の目的にかなうものと言わなければならない。」とする。

(37)　東京地判昭和三七年一二月三日判時三二三

(38)　大判大正七年二月六日録二四・三二

(39)　大判昭和一二年三月一〇日集一六・二九〇

(40)　最判昭和二三年七月二七日集二・九・一〇〇四は、「鉄道荷扱手と鉄道荷扱専務車掌が共謀して、乗務中の貸車輸送中の衣類在中の行李二個を、不正に領得する行為は窃盗罪を構成する。」とした。

(41)　最判昭和二六年三月二〇日裁集四二・一九五

(42)　大判明治四一年一一月一九日録一四・一〇二三

(43)　大判明治四四年一二月一五日録一七・二一九〇は、「金品在中の容器に鎖錠又は封印を施し、これを寄託するときは、容器の占有は受託者に移るも、寄託者は、いぜんとして在中の金品の上に現実の支配力を有し、受託者はこれを有しない。」としている。この考え方は、最高裁判所に受け継がれている。

最決昭和三二年四月二五日集一一・四・一四七二は、「他人からその所有の衣類在中の縄かけ梱包した行李一個を預かり保管していた者が、質入の目的で梱包を解き、衣類を取り出したときは、行李在中の衣類の占有は、所有者である他人に属するから、窃盗罪を構成する。」としている。

(44)　大判昭和一五年一一月二七日集一九・八二〇は、「通信事務員が郵便局長の指揮監督の下に赤行嚢《こうのう》を開き郵便物の整理中窃かに右郵便物を領得するときは窃盗罪を構成し、業務上横領罪を構成しない。」としている。

(45)　団藤重光「刑法綱要各論」四八〇頁は、「これは全体をそのまま領得すれば横領罪になり、内容物を抜き取れば窃盗罪になるという奇妙な結論に導く。単純横領罪の刑は窃盗罪のそれよりも軽いから、その不合理は倍加する。そこで学説としては、包装物の全体と包装された内容物とを区別せず、その全部について占有の有無を考えるべきものと解するのが有力になっている。そうして、そのばあい、その全部について受託者が占有をもつとする見解と、その全部について委託者が占有をもつとする見解とが対立している。つまりは具体的事実に即して判断されるべき事柄であるが、一般的に言えば、全部について委託者に占有があると解するのが妥当であろう。したがって、特別の事情がない限り、包装物を全体として領得するのも、内容物を抜き取るのも、共に窃盗罪になるものと解するべきであろう。」としている。

(46) 最判昭和三五年四月二六日刑集一四・六・七四八は、「他人が不法に占有する自己所有物であっても、窃盗の目的物となりうるから、債務者又は債務者の会社更生管財人が正当な権限なく占有している債権者所有の自動車を債権者が秘かに運び去った行為は、窃盗罪を構成する。」とする。

(47) 木田純一「不法領得の意思（判例時報編集部編「刑法基本問題六〇講」所収）は、不法領得の意思を必要とする判例・学説を次のように整理して掲げている。「不法領得の意思についての必要説の見解は、次の三説に分けることができる。

第一説は、前出の判例（大判大正四年五月二一日録二一・六六三）と同一の範疇に属するもので、『領得の意思とは、権利者を排除して他人の物を自己の所有物として其経済的用法に従い之を利用若しくは処分知る意思』とするもので、大場・滝川教授以来、熊倉武・柏木千秋教授により支持されるもので、その内容を次の第二説、第三説より厳格に理解しているものである。

第二説は、『権利者を排除して所有権の内容を行使すること』（小野）及び、『領得の意思とはその財物につきみずから所有者としてふるまう意思』（団藤・福田）とするものであり、物の経済的用法に従った利用・処分という点は問題とされず、また、経済的利益をえる意思（利得の意思）も必要とされない。第三説は、『他人の物によって何らかの経済的利益を取得する意思』（江家）とし、領得の意思の内容をゆるやかに解することになる。」

(48)　大判大正四年五月二一日録二一・六六三は、「窃盗罪は不法に領得する意思をもって他人の事実上の支配を侵し、他人の所有物を自己の支配内に移す行為であるから、本罪の成立に必要な故意があるとするには法定の犯罪構成要件たる事実につき認識あるをもって足れりとせず、不法に物を自己に領得する意思あることを要する。しかして、いわゆる領得の意思とは、権利者を排除して他人の物を自己の所有物としてその経済的用法に従い、これを利用もしくは処分する意思にほかならないから、単に物を毀壊又は隠匿する意思をもって、他人の支配内に存する物を奪取する行為は領得の意思に出でざるをもって、窃盗罪を構成しないことは疑いをいれない。」とした。

(49)　最判昭和二六年七月一三日集五・八・一四三七は、「不正領得の意思とは、権利者を排除し、他人の物を自己の所有物として、その経済的用法に従い、これ利用、処分する意思をいうのであって、永久的にその物の経済的利益を保持する意思であること必要としないから、一時的にもせよ、権利者を排除して、終局的に他人の物に対する完全な支配を取得して、所有者と同様の実をあげる意思があれば、不正領得の意思が認められる。」とする。

(50)　最判昭和三三年四月一七日集一二・六・一〇七九

(51)　大判大正九年二月四日録二六・二六は、「単に一時使用のために、他人の物を自己の所持に移す行為は、不法領得の意思を欠き、窃盗罪を構成しない。」とする。

(52)　最判昭和二六年七月一三日集五・八・一四三七は、「窃盗罪の成立に必要な不法領得の意思とは、権利者を排除し他人の物を自己の所有物と同様にその経済的手法に従いこれを利用し又は処分する意思をいい、永久的にその物の経済的利益を保持する意思は必要としない。」としている。

(53)　東京高判昭和三三年三月四日高刑集一一・二・六七は、「たとえ使用後返還する意思があっても、権利者の承諾を求めないでその所有に係る車を持ち出し、使用時期や期間において権利者がその物を経済的用法に従って利用することを妨げられるような状態で、これを無断使用した場合は、単なる使用窃盗ではなく、窃盗罪を構成する。」

とする。

(54) 名古屋高判昭和三〇年六月二八日裁特二・一四・七二五

(55) 大垣簡裁・判時三一一・三三

(56) 名古屋高判昭和三七年五月三一日判時三一一・三三は、「被告人が当時被害者B方では、毎朝商品仕入のため午前五時半頃から名古屋市に行くので本件自動車の必要であることを承知していたとの事実を前提としているけれども、前記認定の如く、本件当日の五月一六日は前日の祭の関係でBは名古屋市へ商品の仕入にはいかないことにしており、その事を被告人は承知していたのである。なるほどBは原審では、祭の翌日名古屋へ商品の仕入れに行かないことを被告人に言っていないから、被告人は知らなかったと思う旨証言しているけれども、右証言は、同人の当審での証言、本件の前日の大垣祭におけるB方での営業状況、被告人とB夫妻と同日の応接及び本件当日右Bは、事実朝寝して名古屋市へは行かなかったこと等に照らして採用できない。そこで前記認定の諸事実の下に本件を考えると、たしかに被告人が本件自動車を名古屋方面に向けて無断で運行してから途中これを乗り捨て、右自動車が再び所有者Bの占有に復帰するまでの約一昼夜、客観的には所有者である同人は右自動車を利用することを妨げられてはいるけれども、被告人がこれについて、権利者たる右Bを排除する積極的意図を有したものと認めることはできず、したがって被告人には不法領得の意思はなく、本件について窃盗罪は成立しないと言わなければならない。」としている。

(57) 最判昭和二六年七月一三日集五・八・一四三七は、「追跡された犯人が、逃走するために、海岸につながれていた他人の船に乗り込み、対岸に着けばその場に乗り捨てる意思で漕ぎ出したときは、その船についての不正領得の意思が認められる。」としている。

(58) 東京高判昭和五二年一〇月一二日東京高裁速報二・二六三は、酒に酔った上、駐車中の自動車のドアを引いたら、ドアがあき、右自動車にエンジンキーが差されたままになっていたのを発見し、エンジンを始動することができたので、自動車運転ができることから、自動車を運転したくなり、自動車をその所有者らに返す意思がなく、適当に運転したのち放置するつもりで運転を開始したのを、不法領得の意思ありとした。

東京高判昭和二七年一二月四日判特三七・一一五は、路上においてあった他人所有のスクーターを見つけ、その用法に従って乗り回して、どこかに置き去る意思で引っ張り出した場合につき、同様の結論をだしている。

(59)　東京高判昭和三〇年四月二六日裁特二・九・三六九は、借財の申込を拒否した他人を困らせてやる意図で、他人の店舗軒下にあった他人所有の自転車に乗って、約一、〇〇〇メートル離れた踏切に放置して帰った場合の不法領得の意思を認めている。

(60)　広島高裁昭和二九年七月一四日裁特一・二・四四は、魚市場で、箱詰の鮮魚を窃取しようとして、市場内にあった他人保管中の自転車に鮮魚四箱を積み逃走しようとして付近をパトロール中の警察官に発見逮捕された事案につき、自転車についても不法領得の意思を認めている。

(61)　最決昭和四三年九月一七日判タ二二七・一七七は、「長時間自動車を乗り回しかつ盗品の運搬に用いた場合は、後に返還する意思があったとしても、不法領得の意思を欠くものとはいえない。」としている。

(62)　東京地判昭和五九年六月一五日刑月一六・五＝六・四五九

(63)　最判昭和二三年一二月四日集二・一三・一六八五は、「窃盗罪は他人の支配に属する物件を不正領得の意思をもって自己の支配内に移すことによって既遂となるのであって犯人がその賍物を運搬中逮捕せられることなく警察官の警戒網を完全に離脱することによって始めて既遂となるのではない。」としている。

(64)　団藤重光「注釈刑法(6)各則(4)」五九頁は、「窃盗罪は他人の占有を侵して財物を自己の占有に移した時、すなわち自己の事実的支配のもとに置いた時に、既遂に達する。この見解を取得説といい、通説・判例の採用するところである。このほかに、接触説・移転説・隠匿説等があるが、前者はひろすぎ、後二者はせますぎる。」とする。

(65) 名古屋高判昭和二四年一一月一二日判特三・九三は、「何時他人の所持が完全に失われたかは目的物の量や大きさ等その場所との関係から考えなければならない。高さ一メートル、幅一・二メートル、重さ約四五キロの木綿一梱を被害者方二階の窓の直ぐ外の庇に置いただけでは、かかる場所的関係と目的物の容易には動かし難い重量とを考え合わせるときは、まだ被害者の所持が完全に失われたとはいわれない。」とする。

(66) 東京高判昭和二七年一二月一一日集五・一二・二二八三は、「既遂になるかどうかは、結局当該盗品に対する所有者の実力支配が、たとえ、一時的にせよ失われ犯人が排他的に該盗品を自由に処分しうべき状態に置いたかどうかにある、とする。そして、盗品の種類、性質はもちろん住居の模様等もこれを度外視することはできない。本件盗品が衣類であり、かつ、これらの物は、すでに、犯人の持参になる南京袋に詰め終り麻紐までかけて勝手口に置いた、というのであるから、その瞬間帰宅した家人に発見され、取り返されたとしても、これらの物は、一時的にせよ、所有者の実力支配の域を脱し、被告人の実力支配下に入り、犯人がこれを自由処分しうべき状態に置いたものと言わざるを得ない。従って、さらに、これを被害者方の屋外に持ち出さなければ既遂を以って論ずることは無理であるという所論は容認できない。」とする。

(67) 広島高判昭和二九年七月一四日裁特一・一・二一は、「Aが家人不在中であったのに乗じ窃盗の目的で被害者方に入り、その店内にあった物件を手当たり次第風呂敷に包んでいるところを顔見知りのCに見られ、風呂敷包を軒下において二、三言葉を交わすうち、警官に捕まったというのであり、なるほどAの気持としては、あるいは窃盗の目的を達しなかったと言い得るかも知れないけれども、窃盗の構成要件はすでに充足し窃盗既遂の域に達したものと解するのを相当とする。」としている。

(68) 福岡高宮崎支判昭和三〇年三月一一日裁特二・六・一五一は、「B所有にかかる背広一着外衣類数点をそのまま持って行けるようにして小学校炊事場内四畳半部屋の入口においた時、窃盗は既遂に達した。」としている。

(69)　東京高判昭和二七年一〇月九日判特三七・三六は、「財物を運搬した距離は二十数メートルであり、しかも、その運搬はその財物の置かれてあった建物の内部でなされたにすぎないとしても、すでにその財物に対する行為者の事実上の支配は成立し、これによって従来の管理者の支配は排除されたと解するのが相当である。」としている。

仙台高秋田支判昭和二八年三月三日判特三五・八九は、「工場内で自宅から持参した縄の上に目的物を置き、いつでも結束して運搬できる状態にした時に既遂に達した。」としている。

(70)　東京高判昭和二四年一〇月二二日裁特一・一四七は、「目的物件を屋外に取出しても構内は一般に人の自由に出入りすることができず更に障壁、門扉、鎖錠等があってその障害を排除しなければ構外に搬出することができないような場合には目的物件を右傷害を排除して構外に搬出しない以上は未だ占有者の支配を排除して自己の支配内に納めたということはできないから、たとえ、窃盗犯人が目的物件を構内の管理者に気付かれないような場所に隠しておいたとしても窃盗の既遂を以て論ずるのは無理である。けだし、かような場合には、構内全体に完全に管理者の支配が及んでいるからである。ひるがえって本件を見ると被告人は車庫からタイヤ二本を窃取したがこれを構外迄搬出せず、車庫附近の材木を積んである所に隠しておいたのは何故であるか搬出することは容易であったが被告人の都合によってしなかったものであるか又前記のような障害があってこれを排除し難かった事情に基くのであるか判然としない。原審はこの点について審理をつくさず、直ちに窃盗の既遂を認めているのは前記の理由によって失当である。」とする。

(71)　大阪高判昭和二九年五月四日集七・四・五九一は、「窃盗犯人がその目的物件を工場の資材小屋内から取出し、未だ工場内の構外に搬出しないような場合において、構内が一般に人の自由に出入し得るが如き場所であり、構内から物件を構外に搬出するにつき、なんら障害排除の必要のないような場合には、犯人はその目的物件を小屋内から工場構内へ取出すと同時にその目的物に対する占有者の支配を排してこれを自己の支配に移したものといい得るから窃盗既遂をもって論ずることができる。しかし、目的物件を小屋外へ取出しても、構内は一般に人の自由に出入することができず、更に門扉、障壁、守衛等の設備があって、その障害を排除しなければ構外に搬出することができないような場合には、その目的物件をその障害を排除して構外に搬出するか、あるいは少なくともそれに覆いをかぶせいんとくする等適宜の方法により所持を確保しない以上、未だその占有者の事実上の支配を排除して自己の支配内に納めたものとは言えないから、たとえその目的物件を小屋から構内を相当距離運搬したとしても、窃盗既遂をもって論ずるわけにはいかない。けだしこの場合といえども構内全体には完全な管理者の支配が及んでいるからである。」としている。

(72) 最判昭和二八年一〇月二二日集七・一〇・一九五六は、「米軍用羊毛シャツ五梱包四〇〇枚をトラックの上の廃品の山をかきわけ積み込み、その上方より更に廃品を被せて隠匿し共同被告人の一人はその間トラック運転台にあった事実は、たとえ構外まで物件を搬出せざる場合においても、他人の占有するものを他人の意思に反して自己の支配内に移したものと認めるを相当とするから、窃盗は既遂に当たる。」としている。

(73) 広島高判昭和四五年五月二八日判タ二五五・二七五

(74) 大判大正一二年七月三日集二・六二四は、「他人の住宅の浴室で他人の遺留した金製の指輪を発見し、後日持ち出すつもりで、一時その浴室内の他人に容易に発見されない板壁のすき間に隠匿したときは、すでにその物の排他的支配を得たものであるから、後に持出しが困難なため自然発見を装って返還したとしても、窃盗罪は既遂である。」としている。

(75) 名古屋高判昭和二五年三月一日判特六・一一〇は、B医院玄関先においてあった客の自転車を盗って六〜七メートルひいて表本通りまで搬出した所をB方家人に気付かれ追跡されたためその場にこれを放置して逃走したが間もなく逮捕せられ、右自転車も実害を免れたのを既遂にしている。
東京高判昭和二六年一〇月一五日判特二四・一三五も同ケースである。
(76) 大阪高判昭和二五年四月五日判特九・四〇は、「Aは税務署の玄関に錠をほどこして置いてあった他人の自転車の錠をはずしてその自転車を手に持ちその方向転換をした所で捕まったが、窃盗は既遂である。」としている。
(77) 東京高判昭和二七年五月三一日裁特五・七・一〇七三は、「その欲する発電ランプ等を入手するためにはその自転車のそのものとの物理的結付きの関係と犯行発覚を防ぐ関係とからして、どうしても、自転車と発電ランプを含めた全部をいったん自己の所持に移す必要があったわけで、数箇の物件がさような関係において結び付いている場合には、刑法の観点からは一箇の財物と観念するのが相当である。」としている。
(78) 東京高判昭和三二年一一月一四日東時八・一一・三九一は、「右事実によれば被告人等は既に他人の支配内に存する財物を自己の支配内に移したものと解するに十分である。」とする。
(79) 大判大正一三年一〇月三日判例体系Ｉ・二〇〇は、すりが、他人の袂内に手を差し入れ目的物をつかんだ時を既遂の時期としている。
(80) 東京高判昭和二八年五月二六日判特三八・一一三
(81) 福岡高判昭和二五年四月一四日裁特七・一四二
(82) 東京高判昭和三一年三月一五日東時七・三・一〇九は、「平屋建矩形の店舗で、その内部には中央の矩形の陳列台の両側に入口があり、入口から通路が奥に直通し、奥の北東部にも陳列台があって、客は店舗内の一方の入口から入って陳列台に沿いつつ店内を一巡して他方の入口から出ることのできる状態になっているのであるが、被告人が他の三名と共に四名で同店に来た際には、居合わせた店員六名のうち四名は店舗の入口付近に、一名は中央よりやや奥に、もう一人は奥にいてそれぞれ売場を担当していた、という事実を認定し、その間隙をぬって服地をスプリングコートの内側左脇に入れて隠匿したのを、直ちに発見されたとしても、いったん自己の支配内に移したものであり、窃盗は既遂である。」とした。

(83) 大判大正一二年四月九日集二・三三〇は、「窃盗犯人が不正領得の意思をもって、商人の店頭にある靴下を手にし、これを懐中に納めた行為は、財物を自己の事実上の支配内に移したるものなるをもって即時に発見せられ取戻されたとしても、その行為は窃盗の既遂罪を構成する。」としている。

(84) 団藤重光編「注釈刑法(6)各則(4)」一二三五頁は、「通説判例（大判明治四五年五月二三日録一八・六五八。最判昭和二八年二月二〇日裁判集刑七四・一七九）と同じく、住居侵入罪と窃盗罪とは牽連犯として扱われるべきものと考える。もし窃盗の目的で住居に入っただけの所で逮捕されたようなばあいは、住居侵入罪だけに問えば処罰の権衡の見地からみても充分であると解する」としている。

(85) 大判昭和九年一〇月一九日集一三・一四七三

(86) 最判昭和二三年四月一七日集二・四・三九九は、「犯人が、共謀の上、じゃがいもを窃取しようと企て、B方養蚕室に侵入し、懐中電燈を利用して、食料品を物色中、警察官等に発見せられて、その目的を遂げなかったというのであって、Aらは、窃盗の目的で他人の屋内に侵入し、財物を物色したというのであるから、このとき、すでに窃盗の着手があったとみるのは当然である。」とした。

(87) 名古屋高判昭和二五年一一月一四日集三・四・七四八は、「住家の場合は、被告人の主観を除けば、窃盗するのか暴行するのか姦淫するのか客観的には判明しないので、窃盗の着手をしたものと認めることはできないが、土蔵の場合には、通常窃取すべき財物のみがあって人が住んでいないのが通常であるから、これに侵入しようとすれば、右の財物を窃取しようと企てていることが客観的にも看取することができる。これはたんすの中の物を取るつもりで、ひき出しに手をかけて開きかけた場合や、トランクの中の物を取るつもりで、その錠を破壊して開きかけた場合に窃盗の着手があったものと解するのと全く同様であると解すべきである。従って、A等が窃盗の目的で土蔵に侵入しようとして土蔵の壁の一部を破壊したり、又は外扉の錠を破壊してこれを開いたことは、窃盗の着手をしたもの」と解すべきである。倉庫内についての高松高判昭和二八年二月一五日集六・四・四一七も同じ趣旨である。

(88)　最決昭和二九年五月六日集八・五・六三四

(89)　大阪高判昭和四〇年一二月一七日集一八・七・八七七は、「不動産の侵奪とは、不法領得の意思をもって、不動産に対する他人の意思に反し、その事実上の占有を排除して、これに自己の事実上の支配を設定する行為をいう。」としている。

(90)　他人所有の空き地を資材置き場として無断に使用した上、後の借り受け、買収を有利に運ぶ意図で、その周囲に半永久的な堅固なコンクリートブロックの塀を築造した行為に対して最決昭和四二年一一月二日集二一・九・一一七九。すぐ撤去できる屋台と土地を借り受け、その骨組みを利用して解体撤去の困難さが格段に増加し、構造も大いに異なる風俗営業用の店舗を構築する行為につき最決平成一二年一二月一五日集五四・九・一〇四九は、いずれも不動産侵奪罪が成立するとしている。

(91)　大判昭和七年八月六日集一一・一五・一一六九は、「盗犯等ノ防止及処分ニ関スル法律にいう盗罪の常習とは、反復して同法律所定の条件による窃盗又は強盗をなす習癖をいう。」としている。

(92)　告訴については、金子仁洋「新版　警察官の刑事手続」（東京法令出版）第二章第三節を参照されたい。

(93)　最決平成六年七月一九日（刑集四八・五・一九〇）は「親族関係は、窃盗犯人と財物の占有者との間のみならず、所有者との間にも存することを要するものと解す」とする。

(94)　軽犯罪法（昭和二三年法律三九号）は、刑法に規定された犯罪のように、国民的道義の根幹を危うくするというほど重大な反道義的行為ではないが、なお、公安及び社会道徳の立場から取締を必要とする比較的軽微な反道義的行為と、これに対する拘留又は科料の制裁とを規定した法律である（小野清一郎「新訂刑法講義各論」二八九頁）。

東京高判昭和二四年七月二九日集二・一・五三は、軽犯罪法について、「日本国民の社会生活を文化的に向上せしめるため、最低限度に要請せられる道徳律を実体刑法化したものである。この事は同法の立法の経過並に全規定の形状及び精神から容易に看取せられる。」としている。軽犯罪法は、特別刑法の一つである。

(95) 団藤重光編「注釈刑法(3)各則(1)」二五一頁は、「軽犯罪法第一条第三号の侵入器具携帯罪は、住居侵入に着手するまえの予備的段階を処罰しようとする規定である。」としている。

小野清一郎「新訂刑法講義各論」三一〇頁は、「軽犯罪法第一条第三号は、住居侵入、窃盗、強盗等の行われることを防止しようとする規定である。」とする。

要するに、防犯的配慮にもとづいたものである。

(96) 最判昭和二三年一二月一日六集二・一三・一八一六は、「犯罪事実の記載としては、年、月、日、時を詳細に示す必要はなく、それが特別の用件となっている場合以外は犯行の同一性を特定するに足りる程度に記載するをもって足りる。」とする。

第三節　強　盗　罪

一　強盗罪の種類

一　窃盗罪は、不法領得の意思をもって、他人の財物に対する事実上の支配を侵し、他人の所有物を自己の支配内に移す行為であり、その特徴は、窃かに（ひそかに）盗る（とる）ことであった。

しかし、どうしても他人の財物を取りたい者は、常に、ひそかに行動するとは限らない。忍び込み、窃《ひそ》かに盗《と》るつもりで行為を開始しても、途中で見つかったり、捕まえられそうになったりすれば、あるいは腕力に訴え、あるいは凶器をひるがえしたりすることがある。また、はじめから、相手を制圧して財物を強取《ごうしゅ》するつもりで出かけることもある。相手が、じたばたしないように、いろいろの方法を考える。凶器を突きつけることもある。麻酔をかがせ意識を失わせてから仕事にかかることもある。そしてこれらに共通していて、窃盗罪と違う点は何か、というと、同じく相手方の意に反してその支配下にある財物を奪取するのであっても、その手段方法、行為の態様を異《こと》にし、窃盗が読んで字のごとく、窃かに盗るのに対して、強盗は、強いて盗《しと》ることにある。

これを構成要件についてみると強盗罪の条文は次のように書かれている。

第二三六条（強盗）　暴行又は脅迫を用いて他人の財物を強取した者は、強盗の罪とし、五年以上の有期懲役に処する。

2　前項の方法により、財産上不法の利益を得、又は他人にこれを得させた者も、同項と同様とする。

その手段方法を見ると、それは、「暴行又は脅迫を用いて」他人の財物を強取する犯罪である。窃盗罪は「他人の財物を窃取」する犯罪であった。強盗は、これに「暴行又は脅迫を用いて」がついている。そして、「窃取」が「強取」に変わっている。これは、暴行又は脅迫に力点《りきてん》があり、したがって、窃取が強取に変化するのである。強盗罪の特徴は、その手段が、暴行脅迫によっているということであり、他人の財物をとる、についてのいっさいの問題は、およそ窃盗罪と同じに考えてよい、という結論が、ここからも読み取ることができるわけである。

強盗罪の刑罰は、その最低が五年の懲役であって、窃盗罪のように最低一万円の罰金などというものではない。また。その最高も二十年という、有期の懲役の中では最も重い罪が科せられることになっている。

二

強盗罪の中には、さらに重いものがある。

たとえば、強盗の暴行又は脅迫が過ぎて被害者に傷を負わせたとする。これは「強盗致傷罪」(二四〇条前段)になって、その刑は、下限がふつう強盗の五年から六年に上がり、上限は二十年の懲役から無期懲役に上がる。もし、事のはずみに死亡させたりしたら、それはもう死刑又は無期懲役という極刑《きょっけい》をひかえた「強盗致死罪」(二四〇条後段)に当たることになる。

強盗が、ついでに強姦をすると「強盗強姦罪」(二四一条前段)になり、強盗致傷罪と同じ刑を受ける。強盗が強姦をした上で、その被害者を死亡させると「強盗強姦致死罪」(二四一条後段)になり、強盗致死罪と並んでその刑は、死刑又は無期懲役の極刑になる。

強盗罪と並んで「準強盗」と言われるものがある。その一は、「事後強盗罪《じごごうとうざい》」(二三八条)であり、その二は「昏酔強盗罪《こんすいごうとうざい》」(二三九条)である。

「事後強盗罪」というのは、窃盗の事後に強盗に変わることである。その変わり方に三つの態様がある。まず盗んだ財物を取《と》り還《かえ》されまい、とすること、次に逮捕されまい、とすること、そして、三番目は、罪跡《ざいせき》をいん滅することである。このうちのどれかの目的をもって暴行脅迫をする。それを事後強盗と言うのである。

窃盗が未遂の場合は、事後強盗も未遂になる。

「昏酔《こんすい》強盗」は、薬物や酒を用いて被害者の意識作用に一時的又は継続的に障害をおこさせた上で財物を盗取することであり、クロロホルムを使って被害者をもうろうとさせ、財物を盗み出す泥棒がこれに当たる。催眠術にかける方法もある。正常の意思力による財物の支配に障害を与える点において、暴行脅迫を手段とするふつうの強盗罪と同じ扱いになるのである。

三　窃盗と同じように、強盗もその手口に着目して、いくつかの種類に分けられている。[1]まず、それは大きく二つに分けられる（大種別）。「屋内強盗」と「屋外強盗」である。窃盗が、侵入窃盗を含めて四分類されていたのに比較すると、単純明快である。強盗は、人の住居に侵入してするか、屋外でするかに分けられている。

二　強盗罪の概要

一　構成要件　二　暴行の四つの意義　三　脅迫
四　強取　五　財産上不法の利益

一　強盗罪は、同じ財産犯罪の仲間であるから、窃盗罪と多くの点で共通点をもっている。ただ、その手段方法に著《いちじる》しい違いがある。

強盗罪は、暴行・脅迫という、人格的法益の侵害をともなっているため、その刑は、とくに重くされている。

その構成要件は「暴行又は脅迫を用いて他人の財物を強取した」である。人の反抗を抑圧する程度の暴行・脅迫を手段として財物を強取することである。

もう一つは、同じ方法をもって「財産上不法の利益を得、又は他人にこれを得させた」ることである。

「財物」については、すでに学習済であるが、この「財産上不法の利益」については、ここで学習しておかなければならない。これは、後に詐欺罪や恐喝罪にもでてくる概念である。強盗罪も、財産犯罪であるから、窃盗罪で勉強した「他人の財物」や、「不法領得の意思」の諸観念は、そのまま、強盗罪にも利用できる。

ここでてきた新たな概念は「暴行又は脅迫を用いて」である。

二　まず「暴行」の概念を検討してみよう。

「暴行」という言葉は、刑法では、いろいろな所で使われている。そして、同じく「暴行」と書いてあっても、その意味内容が、別になっている場合があるから、われわれは、一つ一つの構成要件について、これを吟味《ぎんみ》し、異同を明らかにした上で記憶するようにしなければならない。

暴行とは、要するに物理的な力を行使すること――刑法では、これを「有形力《ゆうけいりょく》の行使」ということにしている――である。人間が腕を振《ふ》り上げて何かをたたく。そこにあるものをつかんで引《ひ》き寄《よ》せる、手をかけて押《お》す、これらの力の行使はすべて「有形力の行使」である。そして、有形力の行使は、きっと何かに向けられている。単に、手を空中に高く上げて輪を書いてみたとする。それは、人間の運動の一種であり、物理的な力が加わっているが、刑法でいう有形力の行使には当たらない。しかし、もしAがげんこつを振り上げてBをにらみながら空中で振り回した、とする。同じく、空中で手を振り回しても、さっきとは違う。それは、Bという対象があり、Aの行為の方向は、このBに向けられているからである。

刑法でいう暴行は、窮極《きゅうきょく》のところ、人を対象としているが、直接的には人であることもある。また物であることもある。

さらに、その有形力の行使は、不法でなければならない。不法であるというのは、その有形力の行使が、人の社会生活にとって有害であることを意味する。たとえば、走って行こうとする子供の襟首《えりくび》に手をかけて引き止めた。まさに有形力の行使であるが、それがもし、その走って行く方向に自動車がきて衝突の危険があった、という状況を設定すると、少しも悪いことではない。むしろ、暴行でなくて人援《ひとだす》けである、ということがわかる。

このように、刑法でいう暴行は、人か物に向けられた不法な有形力の行使である。

これを強弱によって分けると、四つの段階的類型にまとめることができる。さきのげんこつを振り上げる例で考えてみよう。

まず、暴行というからには、人間を相手にするのが本則であろう。相手もいないのに、げんこつを振り上げて空中で輪を書いてみたって、それは体操にしかならない。

手を振り下ろして相手の肩をたたく、頭を殴るという、人の身体に対する有形力の行使が不法になされれば、暴行罪を成立させることになる。これを第一の類型としておこう。「暴行」概念としては、いちばんありふれたものである。

次に、暴行が人に向けられていることは確かだが、間接的に、一定の人に物理的・心理的影響を与える種類の暴行でもよいとするものがある。公務執行妨害罪の暴行がその代表である（加重逃走罪・強要罪などの暴行もこれに当たる）。これを暴行の第二の類型としておこう。この種の暴行は、もちろん人に直接向けられてもよい。その点では、第一の暴行罪の暴行と重なり合っている。しかし、有形力の行使が間接であっても、その物理的・心理的な影響力を計算に入れようとする点が第一の類型と異なっているのである。

たとえば、B巡査は、覚せい剤の被疑者Aを現行犯逮捕して、その所持する覚せい剤アンプルを押収した。Aはこれを踏みつけて壊した(2)。

この踏みつけて壊すという行為は不法な有形力の行使であり、そして、何のためにそんなことをしたかというと、それは明らかにAのB巡査に対する間接攻撃である。これによって、公務執行中の警察官の気勢《きせい》をくじいたり、職務執行の意思を一時的に中断したりすることが可能である。

このように、窮極的には人に向けられながら、その有形力の行使が、被害者自身の身体だけでなく、その周囲の人や物に向けられるという暴行が、その程度も強くなり、被害者の反抗を抑圧する程度に達すると、それが強盗罪に代表される最も強い意味での暴行に発展する。これを第三の類型としておこう。

直接被害者に飛びかかって殴り倒し、しばり上げるなどするのも暴行であるが、また、畳にぐっさり匕首《あいくち》を突き立てて、

「騒ぐと殺すぞ」

と申し向けるのも、人の反抗を抑圧するに足りる暴行である。

以上の三類型は、共に直接間接は別として、一定の人を対象にしてなされるものである。

これに対して、対象を限定しないで誰でも、また何でもかまわない、人又は物に対する有形力の行使があれば、他の条件と相まって犯罪を成功させる、という暴行がある。これを、第四の類型にしておこう。

たとえば、多数の者が集まって、興奮の末、暴れ出す場合がある。群集が集まって競馬の八百長《やおちょう》を抗議する、はじめは声だけだったのに、そのうち、石は投げる建物は壊す。その辺に係員がいれば、襲いかかって殴ろうとする。この種の暴行は、はっきり対象が、人だ、物だ、と特定していなくても、一定の犯罪の構成要件要素として取り上げるに足りるものである。すなわち、これは暴行類型の中では、いちばん漠然としたものである。騒乱罪・多衆不解散罪《たしゅうふかいさん》などの暴行がこれに当たる。

このように、暴行には四つの類型があり、それぞれ、必要な所に用いられている。

それでは、強盗罪でいう暴行は、このうちのどれに当たるか、というと、それは言うまでもなく第三の類型であることがわかるであろう。

それは、人に向けられた有形力の行使であって、しかも、人の反抗を抑圧するに足りるものでなければならない。その意味では暴行の四類型中いちばんきつい暴行概念である。

しかし、ここでいう反抗を抑圧するに足りるということは、現実に相手の反抗が抑圧されていることだけを言うのではない。

抵抗をしようと思えばできる。しかし、止めておく、という場合も入ってくる。それは例によって、通常人ならどうか、という客観的標準によって判断されるからである。

現実問題としては個人差がある。全然抗拒《こうきょ》不能でない。しかし、別の考えで抵抗しないという者もある。しかし、これを標準にしない(3)。

三　「脅迫」とは、人《ひと》に対する何らかの害悪の告知である。通常、人はこれによって畏怖《いふ》を感ずることとされている。「脅迫罪」(二二二条)や「恐喝罪」(二四九条)は、その典型例である。

害悪の告知を受けて畏怖し、財物を交付すれば恐喝になる。しかし、強盗罪では、これよりも強い程度を要求している。

すなわち、それは人の反抗を抑圧するに足りるものでなければならない。その効果は、暴行と同じである。

Aは B店に押し入り、匕首《あいくち》を突きつけ、「声を出すとこれだぞ」と言って、突き殺すようなしぐさを見せた。

「カネを出せ」

これが、単なる害悪の告知であって人を畏怖させるという程度を超えた例かどうか問題になった。人によっては反抗を抑圧するに足りる程度の威迫《いはく》を加えたことになるかどうかということである。しかし、最高裁は社会通念上の客観的基準に照らし、その行為は被害者の主観に関係はないとする。(4)

犯人が、狭い室内で日本刀の抜き身を振り回したりすれば、それは暴行ということになり、それによって金品を強取することは、暴行をもって他人の財物を強取するに当たるのである。(5)

四　「強取」は、さきに窃取と並べて説明したとおり、権利者を排除して、財物に対する事実上の支配を取得することであるが、その手段方法が暴行又は脅迫によるものである。

はじめから、強盗の意思をもって暴行・脅迫を加え、相手方を制圧して所持金品を奪取するというのが代表例であるが、具体的にはいろいろなケースがある。

泥棒に入って退散しようとするところを見つけられ、追いかけるのを振り切って逃げるとき、暴行があったとして強盗にされる場合もある。

家に火をつけるぞ、と脅かされて、窓から財物を投げ与えるのも強盗のうちである(6)。自動車を走らせながら、通行中の女性のハンドバッグをひったくろうとして、相手が転んでけがでもすれば、そのひったくりは強取に当たる(7)。

これらの具体例については、判断の仕方を後述する。

五　強盗罪は、財物を強取することばかりではなく、暴行・脅迫を手段として、財産上不法の利益を得る場合でも成立する。他人に利得させることも同様である。

ここでいう「財産上不法の利益を得」るというのは、財産上の権利を得たり、義務を免れたりすることである。

たとえば、借金証文を棒引きにしたり、破いて捨てたりすることである。タクシーの運賃を免れようとして、運転手の首を絞めてひるんだすきに逃走するのも、暴行によって財産上不法の利益を得ることになる(8)。

借金取りがきたとき、これを脅《おど》して借金取りを断念させるのも、脅しの程度が、相手の反抗を抑圧するほどのものであると、強盗罪が成立するのである。

まして、債権者を殺害することにより、現実に債務の履行を免れる場合は、まさに財産上不法の

利得を得るための強盗行為をしたことになるのである。(9)

三　暴行・脅迫

一　程度の判断基準　　二　判断の具体例

一　強盗罪の手段としての暴行・脅迫は、財物奪取の手段としてなされるものであるが、それは相手方の反抗を抑圧するに足りるものでなければならない。

しかし、具体的に、どの程度の暴行・脅迫が相手方の反抗を抑圧するに足りる程度のものであったか、ということになると、現場では判断に迷うはずである。

それは被害者の供述だけによって、その主観的見解によって抑圧されたかどうかを決めることができないからである。

具体的ケースにおいて、その暴行が、被害者の反抗を抑圧するに足りるものであったか、どうかを客観的に、社会通念を標準にして決めなければならない。(10)

すると、警察官は、社会通念上の客観的標準を、あらかじめ承知していなければならない、ということになる。

なにしろ、反抗を抑圧されたかどうかは、周囲の状況によって、かなり違ったものになる。昼間と夜間では、同じことをしても、言ってもひびきが違う。凶器のあるなしの影響も大きい。また、被害者の方が屈強《くっきょう》な若者であるか、老婆であるか、によっても違ってくる。

結局、警察官は、今まで、判例に現れたケースの中で標準的なものを、いくつか頭に入れておいて、それとの比較において具対的事件を判断していくほかはないのである。

そして、暴行・脅迫があって財物の移動が行われた場合、それが、被害者の畏怖《いふ》にもとづく任意の交付か、あるいは、反抗を抑圧された結果としての財物の移転かを確定し、前者ならば恐喝罪を、後者ならば強盗罪を立てなければならない。

また、ひったくりのように、軽ければ、単なる窃盗で終わるものもある。区別の標準は、その暴行・脅迫が、相手方の反抗を抑圧するに足りるものであったか、どうか、ということである。

二　窃盗の分類の中に、「ひったくり」というのがある。

歩行中の女性のハンドバッグを、すれ違い様《ざま》にすばやくひったくって逃走するのがそれである。その手段には暴行が含まれている。瞬間的な暴行によって相手をはっとさせ、その間隙《かんげき》を利用して財物を奪取するものである。

ひったくりは、通常、窃盗罪として処理されている。しかし、場合によっては、強盗に転化することもある。それは、暴行の程度が、被害者の反抗を抑圧するに足りるものであったかどうかによって判断される。

場合を分けて考えてみよう。

まず、場面を昼間に設定する。人通りは多く、雑踏《ざっとう》をきわめていた。B女は、ショーウィンドーに気をそらされながら、ぼんやり歩いていた。その時、後ろからいきなり右肩をつかまれた。はっとして振り向こうとするその時、早くもハンドバッグをひったくられた。

「泥棒!!」

と、金切り声をあげたので、周囲の人が、

「どこだ、どこだ」

と声をかけてくれたが、相手はすばやく横町に姿を消してしまった。

このケースで、B女の心理状態は、どのようなものであったろう。反抗するまでもない。はっとしたその瞬間に、もうハンドバッグが手を離れているのだから、被疑者Aの暴行は誠に軽微であった、と言わざるを得ないであろう。

この時、もし、AがB女の顔に平手打ちを与えてひるむ隙《すき》にバッグをひったくったとしても、事

情は同じことである。これは、暴行罪と窃盗罪の二罪が成立するケースである。(11)

この周囲の環境を変えてみよう。舞台は暗転して時は真夜中。暗い夜道を人っ子一人通っていない。友だちとの会合で遅くなったB女は小走りに家路《いえじ》を急ぐ。

その時、背後から、いきなりむずと右肩をつかまれた。はっとして振り向こうとすると男の手がハンドバッグに伸びた。

「何すんのよッ」

B女は取られまいとして右手に力を入れようとするその時、男の平手打ちがB女の右頬《みぎほほ》に飛んだ。助けを呼《よ》ぼうにも周囲に人気《ひとけ》はまるでない。

どうだろうか。この時、B女に、なおも反抗してハンドバッグを守り抜く力は残っているであろうか。仮に、気の強い女性で、右肘《ひじ》を折り曲げ、取られまいとなおも頑張ったとしても、何しろ、周囲に人気はなく一対一。相手は力まかせにハンドバッグを引っ張り、B女は転んでそのまま引きずり回されてしまったとすると、いよいよ男の暴行の程度は、反抗を抑圧するほどに高まったとみることができる。これは、明らかに強盗罪である。(12)

深夜、人気のない路上で、という状況の下で考えると、男に顔面を殴打されれば、通常ふつうの女性であれば、それだけで反抗の気は失《う》せ、その場にうずくまるか、逃げ出すかのどちらかであろう。

女でなくてもよい。人気のない寂しい路上で運転台から引きずり降ろされ、被疑者の相棒二人の見ている前で、顔面を殴打され、首を絞められれば、抵抗力はなくなり、売上げ金を取られればこれは強盗罪の被害者である(13)。

危険をともなう場合は、話が別になる。

乗物を使ってすれ違い様《ざま》ひったくるとすると、そのひったくり行為には危険がともなう。

たとえば、自転車で通行中の女性が右手で自転車のハンドルと共にハンドバッグのバンドを握っているのを見たAは、原動機付自転車で追い抜きながらそのハンドバッグを引っ張った。

この行為は、はじめから大変な危険が予想されるものである。

同女が、わずかでも抵抗したら、両車は接触したり、転倒したりして大事に至るおそれがある。

これは、はじめから、相手の抵抗を抑圧するに足りる暴行として評価されるであろう(14)。

自動車の中から手を伸ばしてバッグをつかむのも同様である(7)。

次に、路上ではなく、家の中を考えてみよう。

屋内は、密室性が高ければ高いほど、わずかな暴行・脅迫でも、容易に相手方の抵抗力を奪うことができる。マンションの一室で、かぎをかければ完全に周囲と遮断《しゃだん》される構造の所では、夜昼の区別をつけることはあまり意味がないが、ふつうのしもた屋の場合は、夜間の方が響《ひび》き方が強いということができる。

老婆と娘だけの家に午後七時ころ泥棒が入った。被疑者は男三人、そのうちの一人が、いきなり老婆に飛びつき、その口を手で押《お》さえた。娘の方は、もうこれだけで抵抗心はなくなってしまう。別におそろしいことを言わなくても、また、凶器を突きつけたりしなくても、これだけで十分である。(15)

また、暴行・脅迫の相手は、別に目指《めざ》す人でなくてもいい。財物の所持者である必要もない。そこにいた別人に手をかけても、それが、被害者本人の反抗を抑圧する程度の影響力をもつ種類のものであればよいのである。(16)

凶器を突きつける行為はどのように評価されるか。

だまって凶器をちらつかせているだけではどうにもならないから、その際、被疑者は何か言うであろう。そして、まず、脅迫に値《あたい》する言動になることは容易に想像できる。

ところで、凶器を突きつけられている状況は、通常、反抗を抑圧されている状態になるのか、それとも、単なる畏怖している状態に過ぎないのかである。

日本刀を突きつけて、

「金を出せ、騒ぐと突くぞ」

というのは、人を畏怖させることは当然として、単なる畏怖するだけであろうか。それとも、反抗を抑圧されるであろうか。刀を突きつけるというのは、相手の身体にさわっていなくても、人の身体に対する不法な有形力の行使である。しかも、通常人ならば、これで十分反抗の気力を失わせる程度のものである、と言ってよい。(17)

日本刀より小さい匕首《あいくち》であっても事情は同じに考えることができる。匕首を突きつけ、

「声を出すとこれだぞ、カネを出せ」

と申し向けるのは、単なる害悪の告知でなく、相手方の反抗を抑圧するに足りる程度の威迫《いはく》を与えることになる。(4)

また、凶器は、別に刃物である必要はない。玩具用のピストルでも、本物のように見せかけて脅すことができる。これを突きつけ、

「声を立てるな!!」

と申し向ければ、一人で留守番をしていた主婦はびっくりする。たまたま相手が知的障害者で驚きもせず平然としていたという例がある。しかし、これは、社会通念上一般に相手方の反抗を抑圧するに足りる程度の脅迫行為に当たるとされる。(18)

包丁を突きつけた上で相手をしばり上げ、さるぐつわをはめ、目隠しをすれば、これはもう文句なく強盗の手段であると言える。(19)

四　事後強盗

一　窃盗犯が、家人に見つかったりして急に暴行・脅迫行為に走ることがある。せっかく手に入れた物を取り還《とかえ》されたくない、逃げたい、罪跡《ざいせき》をくらませたい、と、その動機目的は、三つの態様に整理されているが、泥棒には泥棒としての一貫性があり、ふつう見つかったら、あっさり御用にと考えて入る者はあるまい。逃げおおせて、当初の盗みの目的を達成するのがその望みであるはずである。

ところで、この泥棒心理を被害者の方から考えると、いくら後からでも、暴行・脅迫に及べば、はじめから強盗のつもりできた犯人と実害に変わりがない。

そこで刑法は、第二三八条をおいて、事後強盗も、本来の強盗と同じ罪質のものである、としているのである。

まず、条文を見ることにしよう。

第二三八条（事後強盗）　窃盗が、財物を得てこれを取り返されることを防ぎ、逮捕を免れ、又は罪跡を隠滅するために、暴行又は脅迫をしたときは、強盗として論ずる。

構成要件は、「窃盗が……をした」であるが、三つの事を並列《へいれつ》に記載してあるため、わかりにくい。

読み方のコツを述べると、骨組は「窃盗が……暴行又は脅迫をした」である。主体は窃盗、実行行為は暴行・脅迫である。ただこれに目的がついている。同じ暴行・脅迫をするのに目的がいるのである。

しかも、その目的は三種類である。

①「財物を得てこれを取り返されることを防」ぐこと。②「逮捕を免《まぬが》れ」ること。③「罪跡を隠滅する」こと。

この三つが「又《また》は」でつながれている。

そこで、構成要件は三種類あることになる。その一は、「窃盗が、財物を得てこれを取り返されることを防ぎ……ために、暴行又は脅迫をした」である。その二は、「窃盗が……逮捕を免れるために、暴行又は脅迫をした」である。そして、その三は、「窃盗が……罪跡を隠滅するために、暴行又は脅迫をした」である。

「暴行又は脅迫」は、一般の強盗罪について述べたとおりであるので説明はそちらに譲るとして、ここで分析しておかなければならないのは、主体としての「窃盗」は、窃盗犯の実行行為のどの段階のものをさしているのかということ。次に、各目的は、それぞれ防いだり、免れたり、隠滅したりすることになっているが、それは、それぞれその行為の実現を前提にされているか、ということである。そして、三番目には、「暴行又は脅迫をした」の「した」というのは、何時《いつ》、何処《どこ》でなせばよいのか。逆《ぎゃく》に言うと、犯行とその事後行為のどの時期、どの範囲ならば、事後強盗の舞台の幕があいているということになるかである。

二　事後強盗の主体は「窃盗」である。そして、ここでいう「窃盗」とは、窃盗の実行行為に着手した者である。

窃盗罪の節で取り上げた例を、もう一度反復してみよう。

Aは某日某時某所のB方において、Bの所有する指輪一個（時価約二〇万円相当）を窃取した。

このAの一連の行動をながめて、そのどの時点から事後強盗になり得るかである。

Aが B方に入ろうとして侵入口を探している段階ではだめであることはわかるであろう。これでは、まだ、Aは窃盗の実行に着手していない。したがって、「窃盗」にまだなっていないからである。

いよいよ侵入口を決め侵入した。屋内に入ったという段階ではどうか。これでもまだ、Aは住居侵入を果たしただけである。窃盗の実行行為に着手していない。したがって、この段階において家人に見つけられ、

「泥棒!!」

と追っかけられたので、これを蹴《け》とばして逃げた。事後強盗になるか、というと、ならないのである。(20)

さて、いよいよAは財物の物色を始めた。懐中電灯を照らしながらたんすに近づいた。ここで家人が目をさまし、

「泥棒!!」

と追っかけられたので、これを蹴とばして逃げた。この段階ではどうか。

ここまでくると、窃盗の実行行為の着手はある。ただ、目指《めざ》す財物をまだ手に入れていない。こ

れは、言うまでもなく窃盗罪の未遂である。
それでは、事後強盗の方はどうなるか、というと、第二三八条にいう「窃盗」はでき上がっている。ここでいう「窃盗」は、既遂・未遂を問わないからである。[21] しかし、目的の方の「財物を得《え》てこれを取り返されることを防ぎ」には当たらない。財物を得ていないし、したがってその取り返しもなく、防ぎもないからである。ところが、その次の「逮捕を免れ」には当たっている。すると、本事案の第二三八条の構成要件への当《あた》り様《よう》は、

「窃盗……逮捕を免れ……るために、暴行……をした」

ということになる。

ただ、ここで、注意をしなければならないのは、「窃盗」には当たっているけれども、窃盗は未遂だった、ということである。そして、第二三八条の取扱いとしては、窃盗が未遂の場合は、事後強盗も未遂になる[22](二四三条)。構成要件は、修正されて(一章三節一の三)、「窃盗の実行に着手してこれを遂げなかった者が……逮捕を免れ……るために、暴行……をした」になる(二三八条・四三条・二四三条)。

事後強盗が既遂になるのは、この次の段階、Aがたんすの中から問題の指輪を取り出して手にしたそれ以後、ということになる。

さきのドラマによって再現してみると、

Aは B宅の侵入口を定めて侵入した。なんなく入ることができた。そこで、そろり、そろり、懐中電灯をたよりにたんすに近づく。まだ大丈夫。そこで、たんすの引出しをあけ、中を探《さが》すうち、くだんの指輪を探し当てた。

――しめた。金目《かねめ》だぞ。

しばらく懐中電灯でためつすがめつしてから、やおらこれをポケットにおさめようとした、ちょうどその時、

「泥棒!!」

と、声がかかった。Bが眼を覚ましたのである。

――しまった。

Aは飛び上がるようにして入口に向かって逃げた。指輪はしっかりその手に握ったままである。追いすがったBは、その手にしがみつく。振りはなそうとしてAはもがく。

「畜生《ちくしょう》!!」

Aは足をつかってBを蹴《け》った。Bはひるんだ。しかし、騒ぎを聞きつけた家人が駆けつけてきて多勢《たぜい》に無勢《ぶぜい》、Aはとうとう捕《つか》まってしまった。

Aの罪名は、事後強盗罪になった。

「窃盗が、財物を得てこれを取り返されることを防……ぐ……ために、暴行……をした」からである。

三　「財物を得てこれを取り返されることを防ぎ」、「逮捕を免れ」の意味は、右の実例でわかったと思う。

「罪跡を隠滅する」というのは、自分が、窃盗犯人として捕まる手がかりを残さないように働くことである。たとえば、不覚《ふかく》にも、身分証明書を被害者に奪われた。これを、取り返そうとして暴行・脅迫に及ぶ場合がそうである。目撃者に攻撃を加えるのも、これに当たる。(23)

ところで、ここで取り上げられている三つの事柄は、それぞれ、犯人の脳裡《のうり》をかすめればよいのであって、現実にこのとおりの事がおこらなければならない、ということではない。

たとえば、財物を取り返そうとする被害者側の動きがなければ「これを取り返されることを防ぎ」に当たらない、というふうに、厳格に解釈する必要はないのである。(24)

「逮捕を免れ」も同じことである。被害者は、逮捕しようとしなかったのだから、「逮捕を免れ」に該当《がいとう》しない、などという抗弁《こうべん》は許されない。

逆に、犯人の方から見て、現実に財物を取り返されなかった、逮捕を免れた、罪証隠滅《ざいしょういんめつ》の目的を達した、ということがないから、第二三八条の要件に当てはまらない、などということも許されないのである。

要するに、犯人が、前述のような時期に、この三つの目的のうちのどれかを思って、暴行・脅迫の行為にでればよいのである。

四　「暴行又は脅迫をした」の「暴行・脅迫」については、前述のとおりである。

問題は、「した」である。事後強盗の一連の動きの、どの段階までが成立要件としての暴行・脅迫の舞台《ぶたい》として許されるかである。窃盗犯人が上記のどれかの目的をもって暴行・脅迫をする。その暴行又は脅迫行為はいつやってもいい、ということにはならない。それは、舞台があいている時でなければならない。

そして、その舞台とは、窃盗の現場は当然として、その機会の継続中、ある程度引き延ばしたとしても、その場所的・時間的接着性が問題になるのである。

芝居《しばい》の舞台を想像してみよう。幕があくとそこにメインの舞台がある。芝居のほとんどの時間はそこで費《つい》やされる。しかし、このメインの舞台には、必ず役者が出たり入ったりする「花道」というものがしつらえてある。日本の舞台の原型をなす能舞台では、これを「橋掛《はしがかり》」といい、役者の控《ひか》える鏡の間と舞台との間をつなぐ、手すりつきの長い板張りの廊下《ろうか》である。ここは、舞台の延長として演出上重要な役割を果たしている。

さて、この花道にしろ、橋掛《はしがかり》にしろ、舞台そのものではないが、舞台に準ずるものである。これを窃盗現場に移し変えてみると、窃盗の現場は舞台、そして、窃盗犯人が逃走しようとして、じたばたするところが花道、ないしは橋掛《はしがかり》ということになる。

そして、窃盗犯人が完全に楽屋へひっ込み、観客の眼からはずれてしまえば、それは、被害者側の追跡網《ついせきもう》を脱して、ひとまず安全圏《けん》に逃《のが》れ去った、ということになる。

事後強盗を成立させるための暴行・脅迫は、ここの窃盗の現場で行われるか、時間的・場所的にこれに接着した花道で行われるかである。判例では、これを「現行中又は現行の機会延長の状態において」という言い方をしている(25)。

警察官の方から見ると、もし、その場に居合わせたら現行犯人として逮捕できる状態中、暴行・脅迫行為があったかどうか、ということでもある。

さきの例で言うと、指輪を取ったAが入口付近で追いすがったBを蹴《け》とばして逃げようとした、これは、まさに舞台上の出来事である。さて、この延長上を考察してみよう。

Bを蹴とばすのが、もう少し後になるとどうなるか。

Bが眼を覚ましたので、Aはあわてて侵入口から飛び出して走った。

BとBの家人は、五〜六〇メートルも先でこれを追いつめて逮捕しようとした。Aはこの時、B

らに暴行を加えた。これは、花道の上での事として事後強盗は成立する。

次に、いったん逮捕して警察官に連行する途中、急に暴れ出したらどうなるか。これも花道の上であるとみるのである。(26)

それでは、また、現場から逃げ出したさきの例にもどって、途中から追跡者が入れ代わったらどうなるであろうか。最初現場からついてきた人は見失ってしまった。しかし、たまたま、犯人の逃げ道にいた人が気付いて追跡を継続したので捕まえることができた、とする。これも、また花道の上だとみてよいのである。(27)

この場合、暴行を受けたのは、被害者ではなく、仲継追跡者であるが、それでも、事後強盗は成立するのである。(28)

このように、追跡が継続している間は花道の上だとし、さらに、被害者だけではなく、登場人物の誰に対して暴行・脅迫を加えても、事後強盗罪が成立するとすると、時間的・場所的限界はどうなるのか、疑問が浮かぶが、要は中断があったかどうかであり、見失わないでついて歩いた場合は、場所が現場から多少離れたとしても、なお、花道の上と考えられるのである。

中断の代表は見失うことであるが、被害者が説得して悪事を翻意《ほんい》させ、自主的に警察へ出頭させようとした場合も、中断があったことになる。

BはAを発見するや否や、げんこつでその左頬《ほほ》を打ち腹部を突いてAをおそれ入らせ、いったんはこれを逮捕した。

さて、その後、Bは一時間余にわたってAを説得し、Aも前非《ぜんぴ》を悔《く》いたように見えたので、二人で警察へ同行することにした。この時、Bは自己の説得に酔って、いささか油断《ゆだん》があった。Aはこれを見逃《みのが》さなかった、逆に、同道の途中、Bに暴行を加えて逃走をはかった。

さて、時間的接着性は、というと、窃盗時からすでに七〇分以上を経過している。場所的にどうか、というと、現場から約二〇〇メートルは離れている。これでも、現行の機会延長中と言えるかどうかである。

裁判所は、これを否定した。Bの逮捕行為が、この時まで継続していたとみるのは困難である。説得をはじめてたばこやウイスキーを飲ませたりした時は、すでに、Bの逮捕行為は中断し、もちろん、Aの窃盗行為も、とうに終了していた段階であり暴行時は全く、新たな事態がおきたと考える方がすなおである、としたのである。(29)

五　強盗致死傷罪

一　強盗は、財物又は財産上の利益を得ようとして暴行に及ぶのを通例としているのだから、被害者等に傷を負わせたり、場合によっては殺したりすることがあるわけである。そして、法は、強盗の機会において、このように人の身体に対する攻撃をあえてすることの悪質性にかんがみ、ふつうの殺人・傷害の場合に比較して、とくに重刑をもって臨むことにしている。まず、条文を見よう。

第二四〇条（強盗致死傷）　強盗が、人を負傷させたときは無期又は六年以上の懲役に処し、死亡させたときは死刑又は無期懲役に処する。

構成要件は、前段と後段の二種類になる。

前段の方は、強盗致傷罪であり、その構成要件は、「強盗が、人を負傷させた」である。その刑は「無期又は六年以上の懲役」である。

後段は、強盗致死罪であり、その構成要件は、「強盗が、人を……死亡させた」、その刑は、「死刑又は無期懲役」である。

ここで、理解しておかなければならない要点をあげてみると、まず、本罪の主体としての「強盗」の内容である。

事後強盗罪のときは、犯罪の主体は「窃盗」であり、窃盗罪の実行行為に着手した者であれば、未遂でも既遂でもかまわない、ということであった。本罪においても、これと同様《どうよう》に考えてもよいかどうかである。

また、ここでいう「強盗」には、前述の強盗の全種類を含むとしてよいかどうか。

本罪の客体となる「人」は、強盗の現場とその延長上に存在するすべての人であるのか、それとも、現に、暴行・脅迫の相手になっている当の対象に限られるのかどうかが問題になる。

次に、「負傷させた」、「死亡させた」の原因となる行為は強盗の手段としての暴行でなければならないか、も問題になる。実際問題としては、強盗犯人の積極的暴行によることなく被害者等が、けがをすることがあるからである。

さらに、「負傷させた」「死亡させた」の行為には、事後強盗の所で述べたように、舞台の限定があるかどうかである。

傷害の程度も問題になる。傷害致傷にすると、「無期又は六年以上の懲役」と重い刑を科せられるのだから、かすり傷程度でも傷は傷だと言ってよいのかどうかである。

最後に、暴行という行為の結果、死傷を生じた場合、重い結果に対する犯人の認識の問題をどう解するかが問題になる。いわゆる「結果的加重犯」の問題である。

二　強盗致死傷罪の主体は「強盗」である。強盗が、強盗をする際に、人を傷害したり、死に致らしたりするのを重く罰しようとするのである。

その趣旨からすると、前述のあらゆる強盗、すなわち、ふつうの強盗（二三六条）はもちろんのこと、事後強盗（二三八条）や昏酔《こんすい》強盗（二三九条）をはじめ、その全部の未遂罪を犯した者が、本罪の主体になるのは明らかである。

強盗予備罪（二三七条）の犯人は除外される。それは、本罪が、強盗遂行の舞台上の致死傷を問題にするものであるからである。予備罪は、花道の垂《た》れ幕《まく》は上がったけれども、まだ、役者が花道に足を踏み入れていない段階に属する。

すなわち、強盗致死傷罪は、強盗犯人が、強盗の機会において、人を殺傷することによって成立する。

この事は、事後強盗罪において、窃盗犯人が、窃盗の機会において、暴行・脅迫をするのと同工《どうこう》異曲《いきょく》である。したがって、強盗の機会をめぐる解釈は、事後強盗の所で述べた舞台の比喩《ひゆ》を参照にしてもらいたい。

三　本罪の客体となる「人」というのは、強盗の被害者だけをさすのではない。それは、事後強盗罪における窃盗犯人の攻撃目標が、被害者に限定されなかったのと同じである。強盗の機会に登場する役者は誰でもいいのである。

現場からの追跡者、あるいは犯行の機会や逃走中にたまたま犯人を目撃して逮捕しようとした私人や警察官を死傷させれば、やはり本罪が成立することになる。

また、死傷の対象にされた者が、必ずしも犯人に抵抗したり、逮捕しようとしたりする人でなければならない、ということもない。本来反抗のできない、わずか一歳の乳幼児であっても、金品奪取の目的で侵入した罪で殺害し、金品を得て逃走すれば、強盗致死罪が成立するのである。(30)

四　このように死傷の結果は直接の被害者に限ることなく、また、死傷の対象にされた者は、乳幼児でもかまわない、ということになると、強盗による攻撃の方にもワクをかぶせておかなければならない、とする理由はない。

すなわち、強盗の機会でさえあれば、そこで発生するあらゆる死傷の現象を見て、それが、当該強盗行為と一般的な関連性が認められれば、本罪を成立させてよい、と考えられるのである。直接財物強取の手段としてなされた暴行に起因するものだけに限定されるのではない。

むしろ、強盗の機会においては、被害者の行動が原因となって被害者等の死傷を招くことがあり、強盗犯人にしてみれば、予期しない結果であったという場合がある。しかし、その死傷が、強盗行為とまったく無関係に生じたものでなければ、やはり、強盗致死傷の罪責を問わなければならないのである。

Ａは強盗に入り、短刀を突きつけてＢに

「金を出せ」

と言った。Ａはただ、突きつけただけである。ところが、被害者は、驚いてその短刀を握ってしまった。刃物を握れば手が切れるのは当然である。別にＡが切ったわけではない。しかし、最高裁判所は、これを強盗傷人罪にした（強盗傷人という言い方は、強盗致傷と同じ意味に使われている。）。すなわち強盗致傷罪（強盗傷人罪）は、強盗という身分を有する者が、強盗の実行中又はその機会において、その手段たる行為もしくはその他の行為により、人に傷害を負わしめるものである。というのが、その考え方である。

犯人が日本刀を突きつけ、被害者がその刀身にしがみついて援《たす》けを求めているとき、刀をひけば被害者に刀創を負わせる。当然のことである。しがみついてこなければいい、ということは言わせないわけである。(31)

しかし、この考え方に立つ場合、強盗の手段としての暴行・脅迫によるときは傷害の発生と強盗との関係が明白で、一点の疑いもいれる余地がないのに対して、その他の行為によるときは、強盗行為――(その他の行為)――→傷害発生の筋道が、あいまいになるという問題が残っている。

これが、因果関係の問題である。

そして、ここでは、強盗行為と傷害又は致死の結果との間には、条件関係さえあればよい、とされるのである。(32)

たまたま被害者に病気があって、通常人であれば死ぬはずのない暴行によって致死の結果を招いたとすると、相当因果関係の存在はあやしいが、条件関係は見ることができる。

病気のある者に暴行するから死んでしまうのだ、ということができるからである。犯人に、死の結果に対する認識予見を期待できないではないか、という問題は、結果的加重犯という考え方で解消する。これは後述する。

以上のような考え方が、実務のより所とする考え方であるから、傷害ないしは致死の結果がある時は、大てい強盗致死傷罪が立つという前提に立って捜査を進める必要がある。なにしろ強盗の機会でさえあればよい。

被害者が、驚きの余り、自分で転んでけがをした場合でも本罪の成立は妨げられない。

Bはａｃ二人のひょう盗に会って驚いて逃げた。

ａｃはこれを追いかける。Bは追い詰められて道路脇の小川に転落して動けなくなる。ａｃはそのBから現金を奪って逃げた。Bは小川に転落した時けがをしている。ａｃの罪責は、というと、以上の説明で明らかなように強盗致傷罪が成立するのである(33)。

強盗行為と致死傷との間の因果関係を否定できる場合は、かくて、致傷の結果が、強盗の機会又はその延長上になかった場合だけである、ということになる。舞台でも花道でもない所で致傷の結果を生じた。その場合にはじめて当該致傷と当該強盗行為との間に因果関係がないことになるのである。

AはO県で夜強盗を働いて盗品等を舟で運び、翌日の夜になってから隣県のK市に陸揚げしようとした。運の悪いことに、この時、はじめて巡査に出くわした。

——畜生!!

Aは逮捕を免れようとして暴れた。巡査はその時けがをした。

これが、強盗傷人に当たるか、ということで争いになった。例の舞台の比喩《ひゆ》で考えると、この巡査との争いは、まだ花道の上であったのか、それとも、一幕終わった事後の行為かが論争されたのである。

結論は、強盗傷人ではない。それは、もはや強盗の機会での出来事とは言えない。ということである。Aの強盗行為と巡査の負傷との間を関係づけることはできない。強盗傷人罪は成立せず、結合された二つの罪、強盗罪と傷害罪、それに公務執行妨害罪が加わって三罪が成立するケースとなる。(34)

五　傷害の程度については、傷害罪における傷害と同様に解されている。

すなわち、人の生理機能に傷害を与えること、あるいは、人の健康状態を不良に変更すること、である。(35)

判例学説の中には、強盗致死傷罪の刑が重いので、なるべくその適用を避けようとして、軽微な傷害を除外しようとするものもある。しかし、傷害罪における傷害の考え方をそのまま踏襲《とうしゅう》する方がわかりやすいので、この方が大勢を占めていると言ってよい。

警察官は、もちろん、この大勢に従うのである。

Aは自動車強盗を企て、タクシー運転手Bがメーターを見ようとして前かがみになった時、石ころ二つを新聞紙にくるんだものでBの右頭部を一回殴《なぐ》りつけた。Bはこれにひるまず大声をあげたので強盗は未遂に終わった。

問題はけがである。強盗傷人罪が成立するのか、しないのか。

裁判では、まず、けがが軽いか軽くないかで争われた。たしかに、この時、運転手の受けた傷は軽微で、日常生活においては一般に見過ごされる程度のものであった。そこで、もし、強盗傷人罪の予想する傷害を、ふつうの傷害より程度の高いものであるとする見解に立つと、Bの傷は見過ごされることになる。しかし、傷害罪で固められているふつうの傷害の程度による、ということになると、Bの傷だけでも強盗傷人罪の取扱いをしなければならない。

そして、高等裁判所は、もちろん、ふつうの傷害罪と同じ傷害の観念を前提として判断を進めた。

Bは石で殴られた時、

「ガンと耳鳴りがするように感じた」

と言っている。その時はもちろん痛くもあったが、現場検証を終わり、警察官にすすめられて医者へ行った時は、もうあまり痛まなかった。しかし、現場検証の間に、髪を分けて殴られた所をさわってみると、指先に少し血がついてきた。

——けがをしたな。

とは思っていた。医者はこれを診察して、五〇円銀貨大で、高さ二～三ミリメートルのこぶを認めた。その真ん中には、皮膚からしみ出るように点々と出血があった。しかし、大した傷ではない。医師は、オキシフルで洗い、赤チンをつけて、一、二回来院することを示唆《しさ》したが、本人はそうしなかった。

「もらった赤チンを一度だけ妻にぬってもらいましたが、それだけで、三回ぐらいで治りました。ええ。勤めは休んでいません。」

傷はこの程度のものであった。たしかに、軽微であり、日常生活においては一般に見過ごされる程度のものであった。

しかし、被害者において受傷の自覚は十分にある。客観的にも医師の治療を必要とする程度のものであると認められる。人の健康状態を不良に変更し、その生活機能をある程度損傷したものであることは明らかである。

傷害というものを傷害罪のそれと同じに考える以上、これは、第二四〇条にいう「強盗が、人を負傷させた」に当たることになる。(36)

六 強盗致死傷罪は、もともと強盗に入ったものが、何かの拍子に人を死傷に致したというものであるから、その基本になる行為は暴行・脅迫であったはずである。

もちろん、途中からハッスルして傷害の故意や人殺しの故意を抱《いだ》かない保証はないが、財物をすんなり強取できれば、それにこしたことはなかったはずである。

そうしてみると、むしろ、傷害をおこす気はなく、もちろん人を殺す気持ちなどはさらさらなかった者が、結果的には傷害や殺人の結末を導いて、やれやれ、ということになる場合があるわけである。

Aは強盗に入って短刀を突きつけ脅しに入ったが、切りつける気は全然なかった。相手はおそれ入って素直に要求に応じてくれるであろうと考えていた。

ところが、被害者のBはその短刀につかみかかってきた。驚いたのはAである。

——あれ、この野郎、この短刀には刃がついているのに。素手でつかむ奴が……そーら、言わないこっちゃない。手を切ったじゃないか。馬鹿野郎。けがをしたのは、おれのせいじゃないからな。

と、その強盗は思った。しかし、裁判にかかると、その強盗は、強盗致傷罪ということで傷害についても責任を問われることになる。しかもその罪は強盗よりも重い。

ここで、責任主義について、総論の知識を勉強した者は、不思議に思わなければならない。強盗については故意がある。しかし、傷害については故意がない。故意のない事柄で責任を問われるのはどういうことであろうか、と。

ここで、「結果的加重犯」という類型がでてくるのである。

結果的加重犯というのは、元《もと》になる犯罪があって、その延長上に、その元よりも重い結果が発生した時、その重い方の結果の責任を、もとになる犯罪を敢行した者にかぶせていこうとするものである。

さきの例のAの犯意を点検してみると、短刀で脅かして財物を強取する気はあったが、相手にけがをさせようとは思っていなかった。それは、責任が重くなるだけで、余計なことである。つまり、強盗の犯意はあったが、傷害の犯意はなかったということである。

しかし、結果としてBは傷ついたのであり、その傷害は、Aの強盗行為に起因していることもまた確かである。そこで、Aは強盗致傷罪に問われる。強盗致傷罪は、結果的加重犯であるから、重い結果について故意は必要とされないのである、と、こう説明されるのである。

行為者が意図した犯罪事実がもとになっている。そして、それより重い、行為者にとっては予想外の犯罪事実が結果的に発生した。この時、行為者の予期しなかった重い事実の発生を根拠として、基本となる罪よりも重く罰する罪を結果的加重犯というのである。

強盗致死傷罪は、傷害致死罪(二〇五条)と並んで、結果的加重犯の典型的な場合である。

結果的加重犯というのは、二つ以上の構成要件を結合したものである。強盗致死傷罪は「強盗罪

＋傷害罪」である。そして、強盗致死罪は、「強盗罪＋殺人罪」と、「強盗罪＋傷害致死罪」の二通りの組合せをもっている（結合犯）。

そして、基本となる犯罪は強盗罪であり、強盗致死傷罪がその加重類型《かじゅうるいけい》であるといわれる。本罪の成立には、死傷の結果についての認識を必要としないと言ったが、もし認識のあった場合は本罪が成立しないのか、というと、そうではない。結合犯であるから、死傷に対しての故意のある場合も含まれているのである。

前例で、Aが短刀をもってB方に押し入り、もし、Bが起きてきたら殺害して財物を奪取するのだ、と、はじめから計画していたとしても、結論は前と同じ。強盗致死傷罪一罪で処理されるのである。

七　強盗致死傷罪は、未遂を罰する（二四三条）。

本罪の未遂罪は、事後強盗の未遂罪のときのように、もとの犯罪たる窃盗（ここでは強盗）の既遂・未遂を区別の基準として用いることをしない。注意を要する。

事後強盗においては、もとの犯罪たる窃盗の実行の着手の以後に暴行・脅迫があると事後強盗が成立し、ただ、財物を得たか得ないかによって、既遂か未遂かを決めることにしていた。

ところが、本罪の保護の対象となっているのは、人の生命・身体である。もちろん強盗の一種であるから、財産の保護も忘れているわけではないが、人の生命・身体の保護に、むしろウェートがかかっている。いったん人の身体を傷害され、さらには生命を奪われたということになれば、強盗として財物を得たか得ないかなどということは、ちっぽけな事になってしまう。強盗の機会に、傷害があった、殺人があったというだけで、強盗致死傷罪は既遂になったとみることができるのである。

それでは、本罪の未遂とは、どういう場合か、というと、それは、傷害か殺人が未遂であったという場合である。そして、傷害の未遂とは、有形力の行使があって、しかも人を傷つけなかったということであるから、つまりは暴行であり、強盗罪そのものの中に吸収されてしまう。殺人の未遂だけが最後に残ってくることになる。

すなわち、強盗致死傷罪における未遂とは、強盗の機会に、殺意をもって人を攻撃したが、殺すに至らなかった、ということである[37]。

強盗致死罪には、殺意のある場合とない場合の両方が含まれている、と前に説明しておいた。そして、殺意のある場合だけが、結果発生の有無をみて既遂か未遂かを判断する場合に当たるのである。

このように、同じ死の結果に対しながら、殺意のある場合とない場合とでは取扱いが違ってくるので、両者を区別するため、殺意ある場合を「強盗殺人罪」略して「強殺」といい、殺意のない場合だけを「強盗致死罪」と呼ぶことがある。

(1)　昭和五七年国家公安委員会規則第一号「犯罪手口資料取扱規則」、平成一五年警察庁訓令第一一号「犯罪手口資料取扱細則」別表犯罪手口分類基準表

(2)　最決昭和三四年八月二七日集一三・一〇・二七六九は、「司法巡査が覚せい剤取締法違反の現行犯人aを逮捕する現場で、証拠物として覚せい剤注射液入りアンプルを適法に差し押さえ、整理のため同所に置いたところ、乙がこれを足で踏みつけて損壊する行為は、本罪（強盗罪）の暴行に当たる。」としている。

(3)　最判昭和二三年一一月一八日集二・一二・一六一四は、「強盗罪の成立には、社会通念上相手方の反抗を抑圧するに足りる暴行又は脅迫を加え、それによって相手方から財物を強取した事実があれば足り、その暴行・脅迫によって相手方が精神及び身体の自由を完全に制圧されることは必要でない。」とする。

(4)　最判昭和二四年二月八日集三・二・七五は、深夜、被害者方において匕首《あいくち》を示して脅迫し金品を奪取する行為は、仮に被害者に対してはたまたま同人の反抗を抑圧する程度に至らなかったとしても恐喝罪ではなく強盗既遂罪が成立する、とする。

(5)　最決昭和三九年一月二八日集一八・一・三一は、「四畳半という狭い室内で被害者を脅かすために、日本刀の抜き身を数回振り回す行為は、暴行に当たる。」としている。

(6)　東京高判昭和四二年六月二〇日判タ二一四・二四九は、「屋外から屋内にいる家人にたいし、火をつけるぞ、とおどし、金品を屋外に投げ出させて領得するのは、強盗である。」とする。

(7) 最決昭和四五年一二月二二日集二四・一三・一八八二は、「夜間人通りの少ない場所で通行中の女性の所持しているハンドバッグをひったくり窃取する目的で自動車の中からハンドバッグの下げ紐をつかんで引っ張ったが、占有者が抵抗したため、さらに奪取の目的で下げ紐をつかんだまま自動車を進行させ引きずる行為は、強取に当たり、したがってその結果、その女性を車体接触・電柱衝突などにより傷つけたときは強盗致傷罪が成立する。」とする。

(8) 大判昭和六年五月八日集一〇・二〇五は、「タクシーの運転手の首を絞めて逃走した事件に関して、暴行・脅迫を用い、被害者が精神上も肉体上も、支払い請求をできないようにし向け、それによって支払いを免れた行為は、強盗罪を成立させる。」としている。

(9) 最判昭和三二年九月一三日集一一・九・二二六三は、「相続人の権利行使が事実上不能に帰すると認められる状況下で、身寄りのない老債権者を殺害して、債務の履行を事実上免れる行為は、第二三六条第二項の財産上の不法利得をしたものと認めることができる。」としている。

(10) 最判昭和二四年二月八日集三・二・七五は、「暴行又は脅迫を加えて財物を奪取した場合、それが強盗罪になるかどうかは、その暴行又は脅迫が、社会通念上、一般に被害者の反抗を抑圧するに足りる程度のものかどうかという客観的基準によってすべきである。」とする。

(11) 団藤重光ほか「注釈刑法(6)各則(4)§§235～264」九〇頁は、「一般には、ひったくり行為は、暴行的事態が主に被害者の注意をそらす手段として用いられたということから、強盗ではなく単に窃盗に過ぎないと考えられている。」とする。

(12) 名古屋高判昭和四二年四月二〇日集二〇—二・一八九、「夜間人通りの少ない路上において、金品奪取の目的をもって、いきなり、歩行中の婦人の背後から、その右腕ひじにかけていたハンドバッグに手をかけて引っ張り、とられまいと頑張る同女を転倒させ、数メートルにわたって路上を引きずり回す等の行為は、社会通念上一般に被害者の反抗を抑圧するに足りる暴行に当たる。」としている。

(13)　東京高判昭和二九年一〇月七日東高刑時報五・九・三八〇は、「金品奪取の目的で、午後一〇時四〇分ころ、人家もなく人通りもない寂しい路上で、二名の同行者をひかえた三人のうちの一人が、被害者を運転台より引きずりおろし、顔面を殴打し、首を締め上げた場合は、社会通念上一般に被害者の反抗を抑圧するに足りる暴行・脅迫といえる。」としている。

(14)　東京高判昭和三八年六月二八日集一六・四・三七七は、「夜間人の通行がまれで人家から離れた寂しい道を自転車で通行中の二〇歳の婦人の後ろから、原動機付自転車の速度をあげ、追い越し様に、同女がハンドル共々右手につかんでいたハンドバッグをひったくろうとすることは、もし、同女が、わずかでも抵抗すれば、両者の接触、同女の転倒等を招き、同女の生命・身体に重大な危害を生ずる可能性のあるきわめて危険な行為で、同女の抵抗を抑圧するに足りる暴行に当たるものというべきであるから、ハンドバッグを引っ張ってこれを奪い取ろうとしたときは、すでに、強盗罪の犯意があったものと認めるのが相当である。」としている。

(15)　最判昭和二三年一〇月二一日集二・一一・一三六〇は、「午後七時ころ、五八歳の老婆と二六歳の娘だけの住家に成年男子三人が侵入し、老婆の口元を手でおさえようとした行為は、これを被害者の反抗を抑圧する程度の暴行と認定しても、実験則に反しない。」としている。

(16)　大判大正一年九月六日録一八・一二一一は、「暴行・脅迫は、財物奪取の手段として、必ずしも物の所持者に対して加えられることを要せず、単なる看守者その他財物奪取遂行に障害となる者あるいは奪取した財物の占有確保に障害となる者に対して向けられたものであれば足りる。」とする。

(17)　最決昭和二八年二月一九日集七・二・二八〇は、「日本刀を突きつける行為は、人の身体に対する不法な有形力の行使として暴行に当たる。」としている。

(18) 東京高判昭和三一年一月一七日集九・一・九は、「強盗の目的で玩具用のピストルを本物の拳銃のように見せかけて脅迫したが、被脅迫者の知能程度が普通人より低くピストルを見ても驚きもせず、平然としていたため強盗の目的を達することができなかった場合は、強盗未遂罪が成立する。」としている。

(19) 最判昭和二四年一月二五日判例総覧刑事篇三・七七は、「Aは小刀を、Cは包丁を持って、静かにせよ、金を出せ、等と脅迫し、かつ布切等でBをしばり上げ、さるぐつわをはめ、目隠しをする等の暴行を加えた場合は、右脅迫と暴行は、相まって被害者の反抗を抑圧する程度の強盗の手段である。」とする。

(20) 東京高判昭和二四年一二月一〇日集二・三・二九二は、「窃盗の目的で他人の住居に侵入しようとする際、家人に発見され、逮捕を免れる目的で暴行を加えたとしても、窃盗の着手に至らぬ以上、本条の罪を構成しない。」としている。

(21) 大判昭和七年一二月一二日集一一・一八三九は、「窃盗の実行に着手した以上、犯罪が既遂に達したか、それとも未遂に止まったかを問わない。」とする。

(22) 最判昭和二四年七月九日集三・八・一一八八は、「窃盗が未遂に終わったときには、事後強盗も未遂である。」とする。

(23) 団藤重光ほか「注釈刑法(6)各則(4)§§235〜264」一一二頁は、「たとえば、目撃者又は目撃者となり得る者を昏倒させ、あるいは自分の身許を証明する物など物証となり得るものを被害者から奪取し、あるいはその他証拠を湮滅するための障害となり得る者に対して、罪証を無効にする目的で暴行・脅迫を加えることをいう。」としている。

(24) 最判昭和二二年一一月二九日集一・四〇は、「本罪は、窃盗犯人が財物の取還を拒《ふせ》ぎ又は逮捕を免れ、もしくは罪跡を湮滅するため、暴行・脅迫を加えた場合に成立し、被害者が財物を取還しようとし、又は加害者を逮捕しようとする行為をしたかどうかを問わない。」としている。

(25)　福岡高判昭和二九年五月二九日集七・六・八六六は、「刑法第二三八条にいわゆる準強盗罪における暴行又は脅迫は、窃盗の現場又はその機会の継続中においてなされることを要するものと解すべきである。」とする。

(26)　最決昭和三三年一〇月三一日集一二・一四・三四二一は、「現行犯として被害者に逮捕された窃盗犯人が警察官に引き渡されるまでの間に、逮捕状態から逃れるためした暴行も、刑法第二三八条の「逮捕ヲ免レ」るための暴行に当たる。」とする。

最決昭和三四年三月二三日集一三・三・三九一は、進行中の電車内で、「現行犯として車掌に逮捕された窃盗犯人が、約五分後到着駅ホームで警察官に引渡しのため連行されている際に、逃走を企てその車掌に加えた暴行は、「逮捕ヲ免レ」るための暴行に当たる。」とする。

(27)　福岡高判昭和三一年一月二一日集九・一・一五は、「窃盗犯人が金品窃取の現場を発見追呼されて逃走し、その追呼の声に応じて引き続き追跡する者に対し、逮捕を免れるために暴行を加えた場合は、刑法第二三八条所定の準強盗の罪を構成するものと解すべきである。」とする。

(28)　大判昭和八年六月五日集一二・六四八は、「暴行・脅迫の相手方は、逮捕を免れ罪証を湮滅する目的あるいは財物の取還をふせぐ目的達成のため相当と認められる者すべてを含み、窃盗の被害者に限定されない。たとえば、追跡してきた目撃者も含まれる」とする。

(29)　京都地判昭和五一年一〇月一五日判時八四五・一二五

(30)　最判昭和二五年一二月一四日集四・一二・二五四八は、「就寝中の幼児を殺害したときには、この幼児の殺害は、直接財物強取の障害排除の目的で行われ、あるいは犯跡の湮滅の目的で行われたものと認められない場合であっても、強盗の機会にした殺人と認めることができる。」としている。

(31) 最決昭和二八年二月一九日集七・二・二八〇は、「犯人が被害者に対し、日本刀を突きつければ、それだけでも、人の身体に対する不法な有形力を行使したものとして暴行を加えたといい得ることは勿論であって、かかる際に被害者がその日本刀にしがみつき救いを求め、犯人がその刀を引いたことにより被害者に切創を負わせたときは、その負傷は、右暴行による結果たること多言を要しないところである。」とする。

(32) 最判昭和四六年六月一七日集二五・四・五六七は、致死の原因たる暴行は、「必ずしもそれが死亡の唯一の原因又は直接の原因であることを要するものではなく、たまたま被害者の身体に高度の病変があったため、これと相まって、死亡の結果を生じた場合であっても、右暴行による致死の罪の成立を妨げない。」としている。

(33) 広島高判昭和二九年五月四日判特三一・五七

(34) 最判昭和三二年七月一八日集一一・七・一八六一

(35) 大阪高判昭和三五年六月七日集一三・四・三五七は、「傷害の意義は傷害罪におけると強盗傷人罪におけるとで異ならない。」としている。傷害とは、他人の身体に対する暴行により、その生活機能に障害を与えることをいう（最決昭和三二年四月二三日集一一・四・一三九三）。

(36) 大阪高判昭和三五年六月七日集一三・四・三五八は、「傷害罪における傷害と強盗傷人罪における傷害の間においてのみ傷害の意識を異にしなければならない根拠はない。」としている。

(37) 最判昭和三二年八月一日集一一・八・二〇六五は、「人の金員を強取しかつその現場で同人を殺害しようと企て、実行に着手したが、強取の目的も殺害の目的も遂げなかったという場合には、強盗殺人未遂罪になる。」とする。

第四節　恐　喝　罪

一　恐喝罪の概要

一　恐喝罪《きょうかつざい》の条文は、次のように書かれている。

第二四九条（恐喝）　人を恐喝して財物を交付させた者は、十年以下の懲役に処する。

2　前項の方法により、財産上不法の利益を得、又は他人にこれを得させた者も、同項と同様とする。

第一項の方は、犯罪の目的物が、「財物」であるのに対して、第二項の方は、「財産上不法の利益」である。

まず、第一項の方から見ていくと、構成要件は、「人を恐喝して財物を交付させた」であり、その罰は、「十年以下の懲役」である。

その手段方法は「恐喝」であり、目的物は「財物」である。そして、その財物は、恐喝の被害者に「交付」させることになっている。

第二項の方は、手段方法は第一項と同じであるが、目的物は「財物」の代りに、「財産上不法の利益」である。犯罪の結果は、これを自ら「得《え》」、又は「他人にこれを得させた」ことである。第二項の方の罰も、第一項の方と同じ「十年以下の懲役」である。

恐喝罪の構成要件要素を考える場合に、これも、窃盗罪等と同じく財産犯であるから、「財物」とか、「不法領得の意思」については、前の説明と共通している。ここでの説明は省略する。

二　財物を得る手段は「恐喝」であり、恐喝によって財物を得ることを、別に、「喝取《かつしゅ》」ということもある。

「喝取」は、「強取」と似かよっている。それは、どちらも暴行・脅迫をその中身にしているからである。ただ、暴行脅迫の程度が違う。

強取の手段としての暴行・脅迫は、客観的に判断して、相手方の自由意思を制圧し、その反抗を抑圧するに足りる程度のものであった。これに対して、「喝取」の手段としての暴行・脅迫はどの程度のものであればよいか。強盗にならない程度のものでよいことは言うまでもない。すなわち、被害者の抵抗を抑圧するに足りるまでに至らない、より軽い暴行・脅迫が、恐喝罪の手段として考えられているのである。

「恐喝」とは、「脅迫《きょうはく》」と同じ言葉である。そして、脅迫とは、人を畏怖《いふ》させるに足りる害悪の告知である。すなわち、人を畏怖させて、その結果、財物を交付させることが恐喝罪であるが、畏怖させる手段としては、害悪の告知が代表例であるから、罪名は「恐喝罪」とされているのである。人は、暴行によっても畏怖するが、この場合は、反抗を抑圧する程度に達しやすいので、強盗罪に直ちに近接する点、注意をしなければならない。

恐喝の手段方法の軽い部分は、威迫《いはく》や、単なるいやがらせに境を接する。そして、単に、人に威《い》圧感《あっかん》を与えたり、あるいは、人を困らせたり、当惑させたりする程度のことは、ここに言う「恐喝」には当たらない。

さて、害悪の告知の内容であるが、それ自体が不法である必要はない。まともで正当な事柄でも、当人にとっては、畏怖するに足りることがある。たとえば、

「警察に言うぞ」

ということは、言う人にとっては別に曲がったことではないが、脛《すね》に傷もつ者にとってはこわい言葉である。これによって財物を得たり、不法の利益を得たりすれば、言っていることは正しくても、恐喝になることは当然である。それは、人によっては、畏怖するに足りる害悪の告知になるからである。(1)

三　恐喝罪の財物の取り方には、「交付」という被害者の行為がはさまっている。これが「強取」との大きな違いである。

恐喝罪においては、脅《おど》かした結果、脅かされた者がまず畏怖する。そこで自発的に財物を交付しようという気持になり、その意思決定をする。その上で、財物の処分又は財産上の利益を与える処分行為をすることになる。そして、犯人は、財物を領得し、又は不法な利益を得る。

この一連の動きには、因果関係の存在が必要である。害悪の告知に対して全然畏怖を感じない。しかし、別の理由で財物を交付したとすると、害悪の告知と財物の交付の間に因果関係はないことになる。この場合は恐喝は未遂にならざるを得ない(2)。

また、恐喝が過ぎると、相手が畏怖し畏怖し過ぎて任意性がなくなることがある。任意性がなくなれば、もはや、交付という自発的な処分行為はなくなり、反抗抑圧の状態で財物を強取される、あるいは、財産上不法の利得をされてしまう、ということで、これは強盗罪である。

恐喝罪の交付は、あくまでも任意性が確保されていなければならない。もとよりその処分意思は正常ではない。それは、畏怖によって、きずのついた意思すなわち、瑕疵《かし》ある意思であることは、ちょうど、だまされて間違った判断をする詐欺被害者の意思に似通《にかよ》っている。しかし、交付という処分行為は任意の処分である点が、強盗罪との比較において明確に認識されていなければならない。

二　権利行使と恐喝罪

一　権利者による恐喝　二　判例の結論

一　法律上、正当に他人から財物の交付を受け、又は財産上の利益を受ける権利のある人でも、その権利の実現が思うようにいかないとき、業《ごう》を煮《に》やして、つい、詐欺的あるいは恐喝的手段に訴えてしまう場合がある。もともと権利のある事項なのだから、そのような方法によって財物や財産上の利益を得ても犯罪にはならない、と考えがちであるが、実はそうではない。

たとえば、債権取立てについて考えてみよう。もし、債権を持っているのだからと言って、恐喝が許されるとしたら、暴力団員による取立業は、繁昌《はんじょう》することになろう。そして、返済の意思をもちながら、金繰《かねぐ》りに四苦八苦している者に、さらに一撃を加える結果にもなる。

このようなことが、法治国家として許されるはずはないであろう。たとえ、債権を持っている者でも、その取立ての手段方法が相手方を畏怖させるに足りるものであり、社会通念上、一般に認められる程度を超えるものである場合は、これを取締りの対象にするのが当然であり、それによって社会の経済秩序の平穏が保たれるものと言うことができよう。

また、権利があっても、その権利の行使の意図もないのに、別の観点から相手を脅《おど》かしたとすると、それが許されないのは当然である。権利の範囲を逸脱《いつだつ》して恐喝をすれば、その超えた部分について恐喝罪の成立を認め、もし、不可分であれば、全体について恐喝罪の成立を認めるのが正しい態度であるということになる。

無権利者が、権利があるような顔をして恐喝をすれば、犯罪が成立するのは疑いをいれない。

二　権利行使と恐喝罪との関係については、学説・判例共に長い間迷いがあった。それほど難しい問題だったのである。

それが、昭和三〇年以降に、一定の条件のもとに、恐喝罪の成立を認める方向に固まってきたから、警察官にとっては、判断がしやすくなってきている。

AはBに対して三万円の債権を持っていた。Aはこれを取り立てるのに、通常の手段によらず、C等複数でB方に押しかけ、Bの身体に危害を及ぼすような態度をとり、

「おれたちの顔を立てろ」

などと申し向けた。Bは

——もし、ここで断ったら、けがをさせられるかも知れない。

と思って畏怖し、言いなりに六万円を交付した、という事件がおこった。

最高裁判所は、これを恐喝罪として、六万円の総額についてその成立を認めたのである。他人に対して権利（この場合は三万円の債権）を持つ者が、その権利を正当な方法で実現するならば、何の問題もおきない。

たとえば、右の事件のように六万円を取るのではなく三万円にとどめておく。また、その手段方法も、世間ふつうのやり方であれば、これをとがめる人がいるはずはない。

ところが、その権利行使の手段として、社会通念上、一般に認容すべきものと認められる程度を逸脱した手段による場合は、言うまでもなく犯罪を成立させることになる、とし、A等の手段方法は、恐喝罪に当たるとしたのである。(3)

この判例が、権利行使と恐喝罪の問題についてのリーディング・ケースになるのだ、ということは、同じ最高裁判所によって、三年後に確認された。

特殊飲食店「S」の抱え従業婦が、七万円の前借金を踏み倒して逃走した。客の中に、この逃走を助けた者がいた。

AとCはこの事実をつかみ、その客Bを脅かした。そして、七万円と、B所有の二輪自動車を提供させることにした。

この事案を審理した最高裁判所は、昭和三〇年一〇月一四日第二小法廷の判例（前述）を引用して、これによればＡＣの恐喝罪の成立は明らかである旨、第三小法廷の全員一致の結論を下したのである。

すなわち、債権取立てのためにとった手段が、社会通念上、一般に認容すべきものと認められる程度を逸脱した恐喝手段である場合は、債権額のいかんにかかわらず、その手段によって得た金額の全部について恐喝罪が成立する、というものである。(4)

(1) 最判昭和二九年四月六日集八・四・四〇七は、捜査官憲への口止め料を取った行為を本罪に当たるとする。
(2) 東京地判昭和五九年八月六日判時一一三二・一七六
(3) 最判昭和三〇年一〇月一四日集九・一一・二一七三
(4) 最判昭和三三年五月六日集一二・七・一三三六は、「『債権取立のため執った手段が、権利行使の方法としては社会通念上一般に認容すべきものと認められる程度を逸脱した恐喝手段である場合には、債権額のいかんにかかわらず、右手段により債務者から交付を受けた金員の全額につき恐喝罪が成立する。』という趣旨の判例＝（3）の判例＝によれば、本件被告人等の行為が恐喝罪に当たることは明らかであり、被告人等がかりに権利行使の意図に出たものであっても、それは恐喝罪の成立を妨げるものではない。」としている。

第五節　詐　欺　罪

一　詐欺罪の概要

一　詐欺罪《さぎざい》の条文は、次のように書かれている。

第二四六条（詐欺）人を欺いて財物を交付させた者は、十年以下の懲役に処する。
2　前項の方法により、財産上不法の利益を得、又は他人にこれを得させた者も、同項と同様とする。

第一項の方は、犯罪の目的物が、「財物」であるのに対して、第二項の方は、「財産上不法の利益」である。

構成要件を見ると、第一項の方は、「人を欺いて財物を交付させた」であり、その罪は「十年以下の懲役」である。

これは、恐喝罪とその構造が類似している。恐喝罪の構成要件は、「人を恐喝して財物を交付させた」であった。

その構造は、「恐喝→畏怖→交付（処分行為）→取得」であった。

これに対して、詐欺罪の構造は、「欺く→錯誤→交付（処分行為）→取得」であって、両者の違いは、「恐喝（害悪の告知）」が「人を欺く」に変わっていることである。「交付」が「交付させた」に変わっているのは、被害者の処分行為を、一方は被害者の側からみて「交付」といい、他方は、加害者の側からみて「交付させた」と言っているにしか過ぎない。それは「交付（処分行為）→取得」の構造であることには変りがない。

犯罪の手段方法が、一方は「人を欺く」であり、他方は「恐喝」である。そして、その結果、被害者の側におこる意思の変化は「欺かれる→錯誤」であり、恐喝罪の方は、「恐喝→畏怖」である。

両者共に、欺く又は恐喝の手段によって被害者の意思に変化がおこる。そして、その変化の結果、自発的な財物の交付という結果を招く点で共通している。

それは、正常の意思状態を変えて、欠陥ないしはキズのある意思にしてしまうことである。

法律用語では、これを「瑕疵《かし》」があると言っている。恐喝によって畏怖《いふ》して判断力が曲《ま》げられる。欺かれだまされて判断に狂いがでてくる。そして、瑕疵のある意思によって財物の移転が行われる。第二項の方は、構成要件も罪も、両者まったく同じである。「前項の方法により、財産上不法の利益を得、又は他人にこれを得させた」、その前項の方法が一方は欺くであり、他方は恐喝であるということである。

二　詐欺罪の構成要件の中心をなしているのは「人を欺く《あざむ》」行為である。人を欺いて錯誤に陥れ、その被害者の瑕疵ある意思にもとづいて財物を移転させこれを領得すると詐欺罪の問題がおこる。

ところで、人を欺く方法は、数限りなくある。警察では、これを、プロの見地から手口的に分類整理している。

各自必要に応じて犯罪手口資料取扱規則（昭和五七年国家公安委員会規則一号）を参照するといい。(1)

詐欺で最もポピュラーなものはというと、寸借《すんしゃく》詐欺・無銭飲食・無銭宿泊・無賃乗車等である。留守宅《るすたく》詐欺もよく発生する。

最近では「オレオレ詐欺」などという、電話を利用し、親族・警察官・弁護士等を装い、交通事故示談金等を名目に、現金を預貯金口座等に振り込ませる手口がはやり出し、「架空請求詐欺」、

「融資保証金詐欺」と共に総括して「振り込め詐欺」という専門用語が使われるようになった。

三　詐欺罪の中心をなす行為は「欺く」である。警察で分類している手口は、それぞれ、人を欺き、錯誤に陥《おとしい》れる代表的な欺く行為である。

欺く行為は、人を錯誤に陥れるため、その手段方法には、いろいろのものがあるが、つまるところは、うその事実を申し向けることである。また、金を持たないのに、持っているふりをよそおうことでもある。このように、虚言《きょげん》や態度によって、積極的に相手の錯誤を引き出していくもののほかに、告げるべきことを告げないで、不良品を優良品のごとくに思わせるものも欺く行為の一種である。すなわち、欺く行為には、作為もあれば不作為もある。

しかし、単《たん》に、うそをついたからといって、それが直ちに欺く行為に当たるわけではない。商売や取引には、かけ引きというものがある。はじめから、この商品には、こういう欠陥《けっかん》がある、ああいう弱さがあるなどと言う者はいるはずもないし、また、買う方でも、そこまで期待することはできない。

要するに、ほどほどのうそはつきものである。薬の効能書を見て、このとおりにみんなきくと思うのは馬鹿だ、というのが常識である。そうは言っても、ただの水をびんにつめて、神経にきくとか何とか申し向ければ、これは詐欺ではないか、という気がしてくる。

商品でも、持って帰って動かしてみたら、故障があって物にならなかったりすると、その故障につき、もし知っていたとすれば、当然《とうぜん》、その旨知らせる必要があったのではないか、が問題になる。土地を売りつけて、実はその土地は他人の持ち物であった、ということになれば、その事実を告げずに取引をしたのは、詐欺行為ではないか、が問題になって当然である。それは、そのような事実が、取引上の判断に欠くことのできない重要なものであるからである。

取引には、うそがつきものだとしても、たとえば、その物件についての権利の所在や、支払《しはらい》能力、支払意思の所在など、重要な判断材料になるものについては、偽《いつわ》ると、刑法上の問題になるのである。

それは、相手方がそれを知ったら、取引をしなかったであろうと考えられるものであるからである。

自分の土地のような顔をして他人の土地を売りつけるのは、単に事情を告げない、というよりは、積極的に相手を欺いたことになる。

自己の銀行口座に、誤った振込がなされた場合、その受取人が情を秘してその分を含む預金の払い戻しを請求すれば、それは欺く行為になり、現金を手にすれば詐欺罪が成立する。(2)

他人名義のクレジットカードでその名義人に成りすまし、同カードを使用して商品を購入する行

為も同じである。(3)

代金支払いの見込みもなく意思もないのに商品を買い受ける注文をするのも同様である。(4)

たとえば、無銭飲食はその典型例である。金は持っていない。しかし、黙って店に入って座《すわ》れば店の人は通常金を持っていると思い込んでいる。料理を注文すれば、金を払ってくれると信じている。客の支払能力と支払意思について疑いをもったら店を開いていられない。

さて、客の方は、金がないならないと、店の人に告げる必要がある。今持っていないが月末にはきっと払うから。おれは、これこれこういう者である。その上で店の人が許してくれれば無銭飲食が合法的に可能になる。

ある相撲とりの出世物語に、腹をへらし、足をすりへらしてある峠の茶屋に入り、一ぜんめしを注文するくだりがある。よほど腹がへっていたと見えて、その男は、出されると夢中《むちゅう》になってパクつき出した。茶店の親父は、実にうまそうに食う人だと感心して見ていた。

大盛りの飯茶わんが半分ぐらいにへったころ、その男は、ふと箸《はし》を止め、懐《ふところ》から巾着《きんちゃく》を出して銭を数《かぞ》え出《だ》した。

「親父、すまん、半分しか持ち合わせがない。飯は食いかけで悪いが、半分残すからこれで我慢《がまん》してくんろ」

男は小銭を親父の前に差し出した。

「いや、お前さん、ずい分腹をへらしていなさるようだったので、実は、二人前盛って差し上げた。よく言いなさった。飯は私の気持ちだから全部食べて下され。そして、あんた出世しなすったら、その時払って下さればいい」

これでは警察沙汰《ざた》になるわけはない。支払能力はなかった。しかし、支払意思はあった。腹がへって駆け込んだ時は、銭のことを考える余裕《よゆう》はなかったが、半分食って人心地《ひとごこち》ついた時、はて、と、それに気がついた。早速親父に訳《わけ》を話してその許しを請《こ》うている。

ところが、この男が、もし、方々《ほうぼう》へ行ってこの手を使っていた、とするとどうなるか。それは、まぎれもなく詐欺の一種ということになる。どこで区別がつくのか、というと、それは支払意思の有無である。

詐欺事件で警察官が苦労するのは、この支払意思の有無の認定の問題である。

さっきの相撲とりの場合も、もし、本人に支払意思がなくて同じ状況をつくり、同じせりふをはいたとしても、それを把捉《はそく》するのはきわめて難しい。まして商品を仕入れて代金の手形が落ちるかどうか、自分でも判断がつきかねる場合があるであろう。その場合に、結果からみて支払意思はなかったのだ、と、断定できるかどうかは、よほど周辺を洗ってみないとわからない、というのが実情である。

しかし、その場合、警察官としては、事件にならないと思ってヤキモキする必要はない。要は、取引社会の秩序が保たれていればよいのである。債務不履行として民事で片づける余地のあることを思い浮かべればよい。

四　「交付させる」とは、被害者を欺いて錯誤に陥れた上で、その被害者の錯誤にもとづく処分行為（任意の交付）によって、財物の占有を取得することである。

それは、「欺く→錯誤→交付（処分行為）→取得」の連鎖《れんさ》を予想していることは、さきに述べたとおりである。

その物の占有を取得したとき、交付させたことになる。

恐喝罪は、「恐喝（害悪の告知）→畏怖→交付（処分行為）→取得」の連鎖があり、因果関係が、このどこかで断ち切れると犯罪は成立しないことになっていた。詐欺罪の場合もまったく同じである。(5)

欺く行為はあったが錯誤に陥《おちい》らなかった、というのは、つまりは「欺く→錯誤」の因果関係が切れている、ということである。これは、詐欺罪の実行の着手はあったが、詐欺罪を完遂することはできなかったということになる。詐欺未遂罪である。

「錯誤──→処分行為」の連鎖が切れると、詐欺罪そのものと定型を異にする別の犯罪になることがある。錯誤はあったが、それにもとづく財物の処分行為がなければ、前述のようにそれは詐欺罪の未遂であるが、もし、処分行為によらず財物の移転があると、その財物移転の前段行為として「欺く──→錯誤」の評価が変わることに注意しなければならない。

Aは洋服屋で買うようなそぶりで新しいのを試着した。

「ちょっと小便に行ってくる。」

と言って、そのまま外に出て逃走した。

この場合の「欺く──→錯誤」は、「──→処分行為」につながらない。背広を試着させるのは、まだAにその占有を移転させたことにならない。すると、試着のまま逃げ出すのは、店にある他人の財物を不法領得の意思をもって持ち出し自分の物にしてしまおうということであるから、これは、窃盗罪だ、ということになる。(6)

「交付させた」が完了するには、「処分行為──→財物等の取得」まで、因果関係が進行しなければならない。犯人又は第三者が財物の引渡しを受けてこれに対する事実上の支配を獲得することが「交付させた」の既遂である。不動産も詐欺罪の目的物としての財物の一種であるが、その現実の占有の移転又は所有権の移転登記があった時、「交付させた」の完了があったことになる。

被害者が、たとえば、その物の対価を得たりして、計算上は損害を受けていない場合であっても、詐欺罪の成立には影響がない(7)。物が交付されている、ということが詐欺罪の対象になるのである(8)。

五 近年、目に余るようになってきたのがコンピューターを使用する犯罪であり、刑法にも、電子計算機使用詐欺罪が、追加されることになった。

第二四六条の二（電子計算機使用詐欺） 前条に規定するもののほか、人の事務処理に使用する電子計算機に虚偽の情報若しくは不正な指令を与えて財産権の得喪若しくは変更に係る不実の電磁的記録を作り、又は財産権の得喪若しくは変更に係る虚偽の電磁的記録を人の事務処理の用に供して、財産上不法の利益を得、又は他人にこれを得させた者は、十年以下の懲役に処する。

ここで注意しなければならないのは、「前条に規定するもののほか」という書き出しである。「前条に規定するもの」とは、刑法二四六条をさす。追加された本罪は、詐欺罪の補充規定なのである。補充規定とは、まず、詐欺罪を立てるようにして、だめなときに本罪で補うという趣旨である。従って、二四六条が成立するときは、本罪の成立は否定される。クレジットカードに例をとろう。他人名義のクレジットカードでその名義人に成りすまし、同カードを使用して商品を購入する行為について先に述べた。これだと二四六条が成立する。キャッシュカードやクレジットカードの磁気ストライプ部分中の記録は、一定の事実を証明するための記録にしか過ぎないから、二四六条の二でいう財産権の得喪・変更に係る電磁的記録に当たらない。
では、インターネットを利用して電子マネーの利用をはかる行為はどうか。インターネット上のクレジットカード代行業者に同カードの本人名義人であることを申し向ける行為はお店で他人名義のクレジットカードを差し出す行為に似ている。しかしその先がある。財産権の得喪・変更に係る電磁的記録に、同カードの所用記録を入力させることである。名義人本人がするならいい。他人がするなら虚偽の情報を入力させることになる。それで直接、事実上電子マネーの利用権を獲得すれば、これは二四六条の二に該当する(9)。

信用金庫の支店長が、自己の個人的債務の支払いのため、振込入金の事実がないのに、部下に命じて支店設置のオンラインシステムの端末機を操作させて、銀行の顧客元帳ファイルの預金残高記録、プリペイドカードの残度数・残額の記録などがふくまれている「電磁記録」に、第三者及び自己名義の当座預金口座に振込入金等があったようにする行為も、二四六条の二に当たる(10)。このようにしてできた虚偽・不実の電磁記録を他人の事務処理に供するのも同様とされる。

六　「財産上不法の利益」というのは、財物の取得以外のいっさいの財産上の利得をいう。

詐欺罪の代表は、人を欺いて財物を取ることであるから、詐欺まがいの事件にぶつかった時、警察官はまず、財物の得喪《とくそう》（得たり、うしなったり）に眼をつければよい。そして、被害者の処分行為があって、その結果財物が被疑者等の手に移っていれば第二四六条第一項の詐欺として処理し、それ以外の場合に、はじめて、財産上の利益を問題にすることになる。これが「二項詐欺」の問題である。

財産上の利得には、たとえば、債権・債務がある。

いつ、いくら金を払う、とか、逆に借金を棒引きにするとか、支払いを先延《さきの》ばしにするとかいうのが、代表的な財産上の利得の例である。

そのほか、担保を取ることもある。サービスとか、労働などの役務《えきむ》の提供を受けることもある。

そのうち、第一線の警察官がよくぶつかる例は、というと無銭飲食・無賃乗車・無賃宿泊・無賃タクシーに乗るのは役務の提供である。

遊興等であるが、ここでは、無銭飲食を代表として取り上げることにする。

前例の相撲とりにもういっぺん登場を願うことにしよう。

——ああ、腹がへったなあ。

峠の道をあえぎ、あえぎ登ってくると、そこに茶屋があって、「めし」と書いた旗が立てられている。

——ともかく、あそこでめしにありつくことにしよう。しかし、金がない、払えない、どうするか。

ここで事情を話して茶店の主《あるじ》の同情にすがろう、というのであれば犯罪にならない。

——金はないが、あるようなふりをして。食ってしまえばこっちのものだ。

そう思って入ったとしたら、犯意を固めて親父の前に立つことになる。そしてめしの提供を受ければ、ここで、詐欺罪が成立することになる。金がないのに、あるようなふりをして、めしの注文をする段階が欺くことに当たる。親父は支払ってくれると思い、ここで錯誤に陥る。財物（商品としてのめし）が提供される。運んできて男の前に置くのは、財物を所持する親父の処分行為に当たる。さて、そのめしをかっこむ。財物の取得が完成する。「欺く——→錯誤——→処分行為——→財物の取得」、「交付させた」は完遂されている。

これは、第二四六条第一項の詐欺そのものである。

ところが、めしを半分食いかけた時、ふと、金がないのに気がつき、有り金を数え直してみると果たしてない。

——しまった。これは、うそ八百でもついて、この場を逃れるほかはない。

そう思って親父にでたらめを申し向け、一時支払猶予《しはらいゆうよ》の許可を得たとする。

店に入って、めしの注文をした時のことを考えると、支払能力はあるはずであった。もちろん支払意思もあった。そこに欺き行為を認めることはできない。欺き行為がないから錯誤もない。親父のめしの提供は、通常の取引行為の範囲《はんい》をでない。

問題は、金のないことに気づき、でたらめを言ってこの場を逃れようと考えた、その時からである。この時、親父を欺いて、めしの代金すなわち債務を免れよう、言い換えると財産上不法の利益を得ようとする犯意が発生する。

ここで、男は、選択できる二つの道の前に立たされる。その一は、親父に声をかけ、支払う意思がないのに、

「あとで支払う」

などと申し向けて錯誤に陥らせ、代金請求の一時猶予を獲得することである。

その二は、すきを見て逃走することである。さて、その一の方は、第二四六条第二項の詐欺利得罪、「前項の方法により、財産上不法の利益を得」たに当たる。実務上これを「二項詐欺」と呼んでいる。

その二になると、詐欺罪とは関係のないケースになる。飲食物の提供を受け、これを腹におさめるまでは、支払うつもりであったから、詐欺の実行行為が存在しない。逃げるに当たっても、単に、親父の眼界から消え失せただけであり、欺き行為もなければ親父の処分行為（支払猶予の意思表

示）もない。

これは、詐欺罪ではないし、もちろん前述の洋服の着逃げともケースが違う。店の親父にしてみれば、代金を取り返す方法はないに等しい、というものの、警察に言って刑事事件にすることもできない。損をした、で終わりになる例である。

債務不履行として、商売につきもののリスクの一つである。

七　商売に広告はつきものである。テレビのコマーシャルと新聞広告は、その代表格であるが、ほかにも大小のチラシや看板など、消費者の購買判断を動かすものがいろいろある。広告には、多少の誇張はつきものである。

大阪に日本橋筋一丁目・二丁目という所がある。大阪人は、これを「本一」・「本二」と略称している。

ある日、本一の靴屋さんが「日本一の靴屋」という看板を掲げた。店の前もふつうで、決して東京のワシントン靴店をしのぐほどではない。町内に商売敵の別の靴屋がいた。しばらくこの看板をにらんでいたが、やがて、自分の店に「町内一の靴屋」という看板を出した。「日本一の靴屋」はその下風につくことになった。

この程度の誇張に目くじらをたてることはない。しかし、駅から歩いて一時間もかかる僻地《へきち》を

「徒歩十分」と広告すると、いささか違反めいてくるが、詐欺罪の問題にはならない。ただ、これによって迷惑をする人もあるから、消費者保護のためには、具体的被害発生の前の段階で、欺き行為にわたりそうな誇大《こだい》広告を規制する手段が欲しくなる。

軽犯罪法第一条第三四号は、そういう役割を果たすものである。すなわち「公衆に対して物を販売し、若しくは頒布《はんぷ》し、又は役務を提供するにあたり、人を欺き、又は誤解させるような事実を挙《あ》げて広告をした者」は拘留又は科料に処することとされている。

これは、詐欺罪とは別に、広告そのものを取り締まるものであるから、もし、被害者から申告があれば、警察官はこの規定によって取締りをすることができる。

この規定の眼目は、「人を欺《あざむ》き、又は誤解させるような事実を挙げ」ることである。「人を欺き」とは、人を錯誤に陥れることである。「誤解させるような」は、人を欺くことよりも軽いことを規定する。これは、錯誤に陥れるようなおそれがあればよい。これは、欺くに至るほどはっきりした虚偽ではない。むしろ、誇大、ごまかし等、それほどはっきりしない虚偽を取り上げて「誤解させるような」と表現しているのである。

詐欺罪の成否にかかわりなく、独立はこの罪を構成して取締りができる。

二　人を欺くことと錯誤

一　欺くとは、人を錯誤に陥らせるような言動をすることである。それは、言葉や態度によって積極的に作為することだけでなく、相手方の判断を狂わすような重要事項を隠して言わない場合も含まれている。

欺く行為には作為も不作為もある。その手段方法に限りはない。また、どんな新手《あらて》が現れるかも知れない。

しかし、どのような手段方法であっても、それが、詐欺罪の構成要件に該当する欺き行為とされるためには、その欺きがなされた具体的事情の下で、一般人を錯誤に陥らせる可能性のあるものでなければならない。

ここで、果たして、ある行為が、相手方をして錯誤に陥らせるに足りるものであるかどうかは、取引の慣行や信義則に照らして具体的に判断される必要がある。

Aは既製服の販売を業としていた。店の商品には、皆「高級衣類」の印をつけ、お客には、ハイクラスの商品しかおいていない、と宣伝していた。

事実は、中小メーカーの作った粗悪品ではないが、中以下のしろものである。三万円で売ればもうけもある。それをAは五万円とつけ、客がつくと二割引と称して四万円で売っていた。これが詐欺になるか。

三万円でもうけのあるものを五万円とふっかけている。中以下のしろものを高級品と偽っている。虚偽の事実を申し向け、人を錯誤に陥れている。事実を告げれば、誰も四万円では買わない。しかし、この程度では、まだ、刑法第二四六条でいう「人を欺いて」には当たらない、と判断される。それは、若干《じゃっかん》信義則にふれるにおいがしないでもないが、取引の慣行に照らせば、多少の虚偽や誇張は許されるからである。

ところでAが、その品質について、前記のように抽象的ではなく、具体的に偽ったらどうなるか。まず、「純毛一〇〇パーセント」と標示《ひょうじ》したとする。実は、「羊毛一〇パーセント、化繊《かせん》九〇パーセント」だったとする。また、国産中級品であるにもかかわらず、「メイド・イン・イングランド」の標示をつけた。値段もそれにふさわしく一〇万円を標示した。

と、こうなると、もはや、信義則にも著しく反し、取引の慣行をも逸脱した欺き行為であり、これにだまされて、二割引の八万円を支払った者は、詐欺の被害者と言うべきである。前例との違いは、具体的事実を虚構している、ということである。英国製純毛製品を欲しいと思っていたお客が、事実を知ったら決して買わない。そういうお客を錯誤に陥らせ、買受けの決意をさせたのは、刑法第二四六条でいう「人を欺いて」する行為に当たる(11)。

すなわち、相手方が支払い等の財産的処分を行うに当たって、その判断を左右するような重要事項を具体的に偽るかどうか、である。

二　欺きの相手方は、通常はそれによって錯誤に陥れられ、間違った処分行為をして財産上損害を被《こうむ》る者であるはずであるが、具体的ケースは、そのように判で押したように動くわけはない。たとえば、盗んだ預金通帳で金を引き出すことを考えてみよう。

Aは B の通帳をもって C 銀行へ下ろしに行った。Aはあたかも、自分が預金者であるような顔をして窓口に通帳を差し出す。窓口の C 嬢は、持参人が実は泥棒だなどとは露知らないから、にこやかに受け、銀行の端末機を操作する。そして、預金はたしかにあるのだから、要求額を用意し、Aに手渡す。

この場合、欺きの相手方となったのは、C 嬢を手足とする C 銀行である。そして、損害を被ったのは、C銀行ではなく、預金者のBである。この場合、被害者はBなのかCなのか、ということであるが、詐欺行為をする舞台の上には、AとCしかいない。Bは陰《かげ》で損する人である。すると、もし、このように、欺く行為の相手方と財産上の被害者とが別になっている場合でも詐欺罪が成立する、(12)とするのであれば、Aの相手方のCが詐欺罪の被害者であると言うほかはない。

そうだとすると、「欺き→錯誤→処分行為→取得」の詐欺の構造とその要素の中で、処分行為を欠かすわけにいかないから、右のような場合は、財産上の損害を受けないが、実際に欺きの対象とされた者（C）に、その財産を処分できる権能又は地位がなければならない、ということになる。(13)

Bが直接欺かれていれば問題はない。しかし、Bの代りにCが欺かれ、そして、Cが処分行為をするのであるから、Cに、その処分行為をする権能ないし地位がなければならない、ということである。

三　警察に、詐欺にかかった、だまされた、といって告訴してくる多くの中に、商品を渡したのに、金を払ってくれない、というのがある。

売買取引は、売る方が商品を渡し、買う方が代金を渡すことによって成り立っている。物を買ったと言っておきながら金を払わない、ということになれば、たしかに、金を払わない方に不正があるのではないか、一応疑ってみる価値がある。

しかし、事実は、詐欺でも何でもなく、単なる債務不履行を事荒立《ことあらだ》てて警察沙汰《ざた》にしよう。それによって取立てがうまくいけば万歳だ、という手合いが少なくないのである。

「取込み」詐欺というのがある。仕入れをするようなふりをして、生産者や、問屋《とんや》から多量の商品をだまし取り換金してしまう。支払いなどはもちろん、はじめから念頭にない。

Aはメリヤス製品の販売を業としていた。店は古く、Aは三代目であったが、景気が好かった後の無理がたたって次第に業績が傾《かたむ》いていた。多額の負債が累積《るいせき》し、業績向上の見込みもなくなってきた。

とくに、C商会から借りた高利の経営資金で、その日を糊塗《こと》するようになってから急激に著《いちじる》しくなり、同商会への利息の支払いにも事欠くようになってきた。同商会は、Aの取扱商品を仕入値《しいれね》以下で、右利息の代物弁済に充《あ》てるよう要求してきている。

Aはそこで、背に腹は替えられない。新たに商品の仕入れを企て、約束手形を振り出してこれを交付させようと企てた。約束手形が不渡りになるのは眼に見えている。しかし、眼の前のC商会の追及は逃れられる。

そこで、Aはそのような事情を隠してB社の営業係長bに電話でTシャツ五、〇〇〇枚を注文し、約束手形と引換えに製品を受領した。Tシャツは、そのままC商会の利息の代物弁済に充てられた。Bに対して代金を支払うつもりはなかった。

しかし、その事は隠して表に出さない。これは、取引を左右する重要事項を知らせずに黙っているのだから、不作為による欺きである、という見方が一方にある。ところが、裁判所は、代金を支払える見込みも意思もない者が、商品買受けの注文をすること、それ自体が欺く行為に当たるとする。何も告知されない時は、取引のさい、注文があれば代金支払いの意思がある、と考えるのがふつうであり、その支払意思は、注文行為に当然含まれているとみるのが常識である(14)。

警察官はこの事件の告訴を受けたとき、捜査のポイントは、この支払意思の不存在にあるのだから、いったい、いつ、Aの頭に踏み倒しの意思が生まれたのか、客観的事実によって解明しなければならない。

いつころからAは資金繰りに苦しみ出したか。C商会との取引を始めたのはいつころか。利息の支払状況は、代物弁済は、いつころ、どのような状況で始めることになったか。

B社のb係長は、その状況について、どの程度の認識があったのか。約束手形が、期日に落ちる見込みについて、Aとbはどのような問答を交わしたか。約束手形と商品の引き換え時、Aの言動はどのようであったか。

そして、その商品はいつ、どのようにしてC商会に引き渡されたか。

以上のようなくだりを、関係者を含めて、論理的に緻密《ちみつ》に解明していけば、Aの支払うつもりだったという弁解は、徐々《じょじょ》にくずれ、取込詐欺の犯意は明確になっていくはずである。

Aが商品を、原価を割ってバッタ売りをするような状況がでれば、これによって取込詐欺の犯意を立証することは、困難なことではない。

前後の営業状態、資産関係、関係者の言動等、警察官は客観的に、地道《じみち》に資料を集めて、被疑者の支払意思の有無に肉薄《にくはく》していくことが要求されるのである。

三　「交付させた」と利得（財産上不法の利益）

一　「交付させた」罪と利得罪の関係

二　一項詐欺か二項詐欺か（つり銭詐欺を例に）

一　人を欺いて財物を交付させた罪のことを「交付させた罪」又は「一項詐欺」と呼んでいる（二四六条一項）。昔は、「騙取罪《へんしゅ》」と言われていた。

次に、人を欺いて財産上不法の利益を得、又は、第三者に不法の利益を得させる罪を、「利得罪」又は、「二項詐欺」と呼んでいる（二四六条二項）。

一項詐欺も、二項詐欺も共に、被害者の財産権の保護と社会秩序の維持を保護法益にしている。[15]同じ目的に奉仕しているのだから、その役割分担には、おのずから、主従の関係ができてくる。

ここに、人を欺く行為によって人の財産権を侵し、かつ、社会の秩序を乱す事案があったとする。そこで、被害者から被疑者に移転したのは、財物であったかどうか。警察官は、まずそこに着目しなければならない。そして、人を欺いて財物を交付させたかどうか、まず検討をするのが順序である。

これを要するに、第二四六条の詐欺罪では、一項詐欺が代表格である、ということである。第二四六条第一項が本則である。そして、第二項の方は、その補充的役割が期待されているのである。「交付させた」の対象は財物であるべきである。ところが、世の中が複雑になってくると、債権債務やサービスのように、無形的利益のようなものが重要になってくる。そこで、これを一括して「財産上不法の利益」ということにしているのである。

このように、捜査の手順としては、まず一項詐欺が成立するかどうかを検討する。そして、そこに、財物を交付させた事実はないが、やはり何らかの人の財産権が侵されている。そのままでは、社会秩序を乱すことになる。という事情があれば、次に、二項詐欺の検討《けんとう》に入ることにする。一項詐欺に比較して、二項詐欺の成立を検討するに当たって、とくに念入りにする必要のある点は何か、というと、それは処分行為の存在である。

それは、一項詐欺の場合は、財物、すなわち有体物の移転を問題にするのに対して、二項詐欺の方は、無形的利益の取得が問題になる。その利得の内容は漠然《ばくぜん》として、とらえ所がない。このりんかくをはっきりさせるには、処分行為を十分に検討する必要があるからである。

無銭飲食に関するさきの例を思い出してみよう（二章五節一の六）。はじめから食い逃げをするつもりでいた場合は別として、途中から犯意を生じた場合は、すでに取引を完了している飲食物の提供の代金を払うか払わないか、要するに債権債務の関係に移行している。この段階で、新たに支払いを免れようと考えたとすると、それは、二項詐欺の問題に移っている。そして、もし、店の親父の処分行為が明確でないと、食い逃げは罪に問われない、という結果を招いてしまう。

この場合、被疑者が親父に声をかけ、その支払猶予《しはらいゆうよ》の意思表示を引き出しているかどうか、すなわち、親父に処分行為をさせているかが、犯罪成立・不成立のポイントになるのである。

ＡはＢにりんごを売り渡す契約をし、代金を受領した。ところが履行期間がきているのにりんごはBに届かない。催促《さいそく》にきたBの処置に困ったAはBを駅に連れて行って、りんごの発送手続が完了しているように見せかけ、だまされたBは安心して帰宅した。Aは債務の履行を先延ばしにすることができた。

警察はこれを二項詐欺として立件し、第一審は有罪判決をし、第二審もこれを支持した。ところが、最高裁は、これを刑法第二四六条第二項を正解しないための審理不尽《しんりふじん》、理由不備の違法があるとして原判決を破棄した。

理由は、このケースでは、Bの処分行為が明確でない、というのである。処分行為が明らかでないから、Aがどんな財産上の利益を得たかも不分明である。それでいて二項詐欺を成立させることはできない、というのである(16)。

二　一項詐欺と二項詐欺は、補完《ほかん》関係があるから、同一事件においても、ちょっとした要素の変動によって一項詐欺になったり、二項詐欺になったりする点に留意しなければならない。

無銭飲食の例で、食い逃げの犯意の発生が、当初であるか、途中からであるかによって、一項になったり二項になったりする様子を見てきた。警察官の事情調べのいかんによって、構成事実がそのように変化するのである。

「つり銭」詐欺というのがある。

Aは物を買って一万円札を出した。代金は五、〇〇〇円だから、五、〇〇〇円札を、あるいは一、〇〇〇円札五枚をくれるかと思ったら、店の人Bは間違って一万円札を差し出した。よほどうかしているが、あり得ることである。

こういう場合に、

「間違っていますよ」

と、声をかけるのがふつうであるが、黙っていたら罪になるのか、という問題である。

まず、欺く行為について検討してみよう。

つり銭を間違うように、Aは何かをしたか。つまり、積極的にBを欺く行為があったか、ということ、それはない。ただ相手が何かのことで間違ったのを見ていただけである。

すると、Aに人を欺く行為はなかったか、というと、欺く行為には、作為のほかに不作為もあった。相手がすでに錯誤におちている。それに対して、その錯誤を是正《ぜせい》する義務があるのに、その機会もありながら、何もしなかった、というのは、不作為による欺きである。土地の売買をするのに、抵当権がついているのを告げずに取引をした、という例である。抵当権がついているから、そのまま買主が知らずにおけば、買主の物ではなくなってしまう。売主としては、当然その事実を告知する法律上の義務がある。(17)

つり銭を間違って出そうとするのを見ていながら、しめしめ、と、これを見ているのは、フェアではない。しかし、これを告知する法律上の義務があるか、どうかが判断のポイントになる。(18)それは、売買取引の根幹《こんかん》にかかわる取引上の信義則に反するかどうかである。

物の売買は正当な値に対して正しく代金を支払うことによって成り立つ。値段はでたらめ、支払いもいいかげんでは、はじめから売買取引は成り立たないであろう。すなわち、つり銭の間違いは、その場で訂正して正確な取引をすることが当事者の義務であるということができよう。すなわち、相手方が錯誤によりつり銭を余分に出したのを知りながら、それを黙って受領することは、不作為で人を欺くことになる。

「欺く──→錯誤」は、順序を逆さまにしてすでにできている。次は、「──→処分行為」である。Bは何の疑いもなく一万円札をAに差し出している。これは、「交付＝処分行為」である。そして、Aはこの財物を「取得」している。詐欺罪を構成する各要件は充足されている。

Aは一項詐欺で処断されなければならない。

次に、事実関係をかえ、Aは五、〇〇〇円の買物をして一万円札を出した。Bは一、〇〇〇円札五枚を返す目的で、五、〇〇〇円札一枚をまぎれこませてしまった。五、〇〇〇円札は、一、〇〇〇円札四枚の間にはさまれてAもはじめは気がつかなかったが、つり銭を数えてからしまうのがく

せなので、いつものように、

「一枚、二枚、三枚……」

とやり出した。五、〇〇〇円札が入っているのにこの時気づいた。Bの方を上目づかいで見ると横を向いていて気がついている様子はない。

――しめた。四、〇〇〇円もうかった。

Aは急いで札をポケットにつっ込み、足早に立ち去った。

さて、Aは詐欺になるか、というと、さきの例とは違っている点がある。それは、Bが間違っていることを知りながらこれを受領した、というのと違って、受領の時にはBが間違っていることを知らない。その札がBの手を離れたのは、少なくも、五、〇〇〇円札に関しては意識がない。遺失である。また、Aの方も気がついたのは受領して数えだしてからである。領得の意思はその後である。

こうなると、B→Aの財物の移転に「欺く→錯誤→交付→取得」の構成要件要素の連鎖が認められない。まず、Bからの財物の移転にAが加功していない。単純にBが無意識に五、〇〇〇円札を放棄しただけである。さきの例とは違う。そして、AはBの放棄した五、〇〇〇円札を手中において考えた。

——持主（B）に返すべきか、猫ババをするか。

この考え方や心の動かし方は、別の場合にも通用しそうではないか。

道に財布が落ちていた。思わず辺りを見回すと誰もいない。すっと拾い上げた。

——持主に返すべきか（交番に届けるべきか）、猫ババをするか。

まったく同じである。違うのは、その物を無意識になくした人が、眼の前にいるかいないかだけである。

こう見てくると、後からBの失策に気づいたAの行動は、詐欺罪ではなく、むしろ占有離脱物（遺失物）横領罪である、ということに気がつかなければならない（二五四条）。Bの意思にもとづかずAに占有移転された五、〇〇〇円札は、占有離脱物である。そして、Aはこれを領得したからである。

さて、もう一度状況を変えて、今度は、Bが後から気づいたということにしよう。手早く渡してしまったが、どうも一枚色合いが間違っていたようだ。

「あの、すみませんが、つり銭を間違っていなかったでしょうか」

さて、このBの問《とい》に対してAはどう対応するか。

「いや、そんなことはありませんよ」

「そうでしょうか」

「そうでしょうかはないでしょう。疑ってもらっては困るなあ」

Bはなおも不審だと思ったが、これ以上追及をあきらめる。

――まさか、ポケットに手をつっ込むわけにはいかないし。

こうなると、Aの罪責はどうか。今度は、Bをだましている。積極的に自分の認識したこととは別の事を述べている。そして、Bの正しい疑いを打ち消そうとしている。

――やはり、Aに渡したのではなかった。

と、Bが思うようにし向けている。つまり、Bが錯誤に陥ることを狙《ねら》った言動をしている。

これは、人を欺くものであることは疑いない。

それでは、財物の移転は、というと、それはすでに終わっている。Bとの関係をみると、BはAに対して返還請求権があるというものである。すると、Bを欺くことによってAの得たものは、というと、それは、Bの返還請求を免れることができた、ということである。すなわち、財産上不法の利益を得たということである。

Aは二項詐欺罪で処断される。

二項詐欺成立に必要なBの処分行為は、というと、それは、Aに対する返還請求権の行使をあきらめるということによってすましている。すなわち、Bの処分行為によってAが利得をしているのである。

以上、一項詐欺・二項詐欺、それに他罪がからむ場合の検討の仕方を示した。これは、詐欺関係のどの場合にも応用がきく。

四　有価証券偽造と詐欺

一　代表としての手形・小切手　二　有価証券偽造罪の構成要件
三　偽造有価証券行使等の罪　四　有価証券偽造罪と詐欺罪との関係

一

経済取引に文書はつきものであるが、中でも、金銭と同じ役割や価値をもつ重要な文書や、カード類がある。

小切手や手形・債券・株券等、それに、テレホンカードのような磁気で財産上の権利を化体させたもの(19)がそれである。これらは、権利義務に関する文書の一種であるが、財産権を化体し、その多くは金銭のように流通するところに重要な役割をもっている。これらを総称して「有価証券」という。

有価証券は、財産上の権利が証券に表示され、その表示された財産上の権利を行使するには、その証券の占有を必要とするものである。権利を化体した証券である。

たとえば、小切手は、券面上に支払場所として指定された銀行（支店）が明示してあり、これを占有し、その銀行に持参した者は、誰でも即座に額面の支払いを受けることができる。これを占有する者は、自己の取引銀行に持参して、自分の預金口座に振り込むよう取立てを依頼する方法をとることもできる。この場合、銀行はその小切手を手形交換所を経て決裁する。

すなわち、銀行は、支店から母店にまずその小切手を持ち込むと、翌日の手形交換を経て支払銀行の母店から各支店に配布され、そこでその小切手の審査がなされる。もし、振出人の当座預金の資金が不足であったり、また、当座貸し越し契約により利用できる資金のワクを超えていたりすると不渡りになり、持ち出し銀行に返還になる。

手形（ここでは取引の代表的手形として、約束手形を取り上げる。「約手」と略称されることもある。）は、振出人が、その受取人に対して一定の金額を一定期日に支払うことを約束した文言《もんごん》を記載したものである。それは、全国銀行協会のすすめによる各金融機関共通の統一手形用紙を用いることによって信用ある証券の外観内容をもって流通する。

手形も小切手と同じように、行使したり、移転（譲渡）したりするには証券を占有していてこれを呈示するか、これに譲渡の裏書をして譲受人に交付しなければならない。そしてこの流通性が大事であるから、裏書譲渡は原則として制限できないことになっている。しかも裏書人は、振出人が支払わないときは、これに代わって手形債務の支払いをする義務を負わされている。これは、ちょうど、保証人つきの債権と同じ経済的効用をもつのである。

手形は通常売買等の取引関係が前提にあってその支払いのために振り出される。しかし、手形自体は、そういう取引関係からはまったく切り離されて独り歩きをする。そして、これを最後に手に入れた所持者は、不渡りになったものでない限り必ず決裁を受けることができる。もし、その手形の振出人に資金切れがあり、手形交換所を通しての手形交換の過程で不渡りになると、その振出人は、向こう三年間、関係金融機関との取引から締め出され、商売を続けることができなくなる。

商売人が資金繰《しきんぐ》りに狂奔《きょうほん》するのはそのためであり、それだけ、手形や小切手の役割は重要である。手形の振出しがあれば、これを信用して取引をするのだから、もし、これが偽造されたりすると、取引会社の混乱ははかり知れない。有価証券偽造が私文書偽造より重く処罰されるのはそのためである。

二　有価証券偽造罪の条文は次のように書かれている。

第一六二条（有価証券偽造等）行使の目的で、公債証書、官庁の証券、会社の株券その他の有価証券を偽造し、又は変造した者は、三月以上十年以下の懲役に処する。

2　行使の目的で、有価証券に虚偽の記入をした者も、前項と同様とする。

構成要件は、「行使の目的で、……有価証券を偽造し、又は変造した」である。

「公債証書……その他の」は例示であって「公債証書、官庁の証券」には、たとえば、財務省証券・郵便為替証券がある。「会社の株券」はそのままでわかるが、「その他の有価証券」には、手形・小切手・運送証券・倉庫証券・社債券・投資信託受益証券、特殊法人の出資証券、テレホンカードなどがある。宝くじも有価証券である。[20]

鉄道乗車券や電車の定期乗車券は、取引上流通性をもっていなくてもここでいう有価証券である。[21]

有価証券の「偽造」は、手形小切手の振出し等、基本的証券行為の偽造に限られる。裏書等、振出しとは独立して法的効力をもたせられている行為は、第二項の方の「虚偽記入」でとらえられる。[22]

有価証券の「変造」とは、たとえば、小切手の券面の金額を改ざんする行為がこれに当たる。[23]

三　偽造・変造の有価証券又は虚偽記入をした有価証券を行使すると同じ罪になる。行使の目的をもって人に交付したり、また外国から輸入したりすると、それだけで偽造行為と同じ処罰を受ける。

第一六三条（偽造有価証券行使等）　偽造若しくは変造の有価証券又は虚偽の記入がある有価証券を行使し、又は行使の目的で人に交付し、若しくは輸入した者は、三月以上十年以下の懲役に処する。

2　前項の未遂罪は、罰する。

ここでいう「行使」は、必ずしも流通にのせることだけを言うのではない。いわゆる見せ手形として使用することも行使である。(24)

「交付」とは、この有価証券が偽造等によるものだ、ということを明らかにして人に引き渡すことである。もちろんその事をすでに知っている者に黙って渡すのも交付である。

四　偽造手形や小切手の使用は結局相手をだますことになるから、詐欺罪を構成することが多い。

たとえば、作成権限のない会社の経理課員が会社名義の小切手を偽造して会社の取引銀行にそれを持参して換金しようとした場合を考えてみよう。

これを受け取った銀行員は、まさか偽造とは思わないからここで欺かれることになる。銀行は、銀行所定の小切手用紙に真正な届出済印鑑が押捺《おうなつ》されていれば、誰に対しても支払いする約束だから、ここで額面金額を交付する。これは、一項詐欺である。会社がその預金額をへらすので、実質的被害者であるが、詐欺罪で欺かれた者は銀行職員、被害者は銀行ということになる。

偽造手形の行使も同じことになる。すなわち、この場合は、自分が有効な手形の振出人・受取人・裏書人であるように偽るのであるから、この手形を信用して商品を交付する人がいたとすると、その人が欺かれた者であり一項詐欺の被害者である。俗にいう「取込詐欺」は、この手口の犯罪を言っている。

有価証券を偽造・変造し、又は虚偽記入した者が、これを行使すると、有価証券偽造・変造罪又は虚偽記入罪と、偽造有価証券行使罪の両方が立つ。

ところで、この両者の関係をみると、偽造等を手段とし、その行使が結果として存在することがわかる。

すなわち、偽造罪に代表させてこの関係をみると、偽造有価証券を行使した、その行使を可能ならしめるための手段としての偽造行為が、有価証券偽造罪という他の罪名にふれている。これは、「牽連犯《けんれんはん》」を規定した第五四条第一項後段そのままである。

第五四条（一個の行為が二個以上の罪名に触れる場合等の処理）（前段略）犯罪の手段若しくは結果である行為が他の罪名に触れるときは、その最も重い刑により処断する。

2（略）

「犯罪の手段若しくは結果である行為が他の罪名に触れるとき」、これを「牽連犯」といい、数個の刑が、その中の最も重いものに代表され、一個の刑として科刑される原則を示したものである。この事を「科刑上一罪」ということもある。

牽連犯は二罪の関係についてだけ成立するのではない。たとえば、さきほどからの例の偽造有価証券を利用する詐欺罪を考えてみると、成立する罪は三罪、すなわち、有価証券偽造・変造又は虚偽記入罪と偽造有価証券行使罪のほかに詐欺罪が成立する。そして、この三罪が、手段――結果の関係に立ち牽連犯になることがわかるであろう。(25)

(1) 昭和五七年国家公安委員会規則第一号「犯罪手口資料取扱規則」、平成一五年警察庁訓令第一一号「犯罪手口資料取扱細則」別表犯罪手口分類基準表

(2) 最決平成一五年三月一二日集五七・三・三二二は、「受取人においても、銀行との間で普通預金取引契約に基づき継続的措置を講じさせるため、誤った振込みがあった旨を銀行に告知すべき信義則上の義務があると解される…」とし、「誤った振込みがあることを知った受取人が、その情を秘して預金の払戻しを請求することは、詐欺罪

の欺罔行為に当たり、また、誤った振込みの有無に関する錯誤は同罪の錯誤に当たるというべきであるから、錯誤に陥った銀行窓口係員から受取人が預金の払戻しを受けた場合には、詐欺罪が成立する。」とする。

(3) 最決平成一四年八月二二日集五八・二・八九は「被告人は、本件クレジットカードの名義人本人に成り済まし、同カードの正当な利用権限がないのにこれがあるように装い、その旨従業員を誤信させてガソリンの交付を受けたことが認められるから、被告人の行為は詐欺罪を構成する。仮に、被告人が、本件クレジットカードの名義人から同カードの使用を許されており、かつ、自らの使用に係る同カードの利用代金が会員規約に従い名義人において決済されるものと誤信していたという事情があったとしても、本件詐欺罪の成立は左右されない。」とする。

(4) 最決昭和四三年六月六日集二二・六・四三四は、「代金支払いの見込みもなく意思もないのに商品を買い受ける注文をしたときは、その注文行為自体が作為による偽罔行為であり、不作為による偽罔行為に必要な告知義務の有無を論ずる必要はない。」としている。

(5) 最判昭和四五年三月二六日集二四・三・五五は、「詐欺罪が成立するためには、被欺罔者が錯誤によって何らかの財産的処分行為をすることが必要である。」としている。

(6) 広島高判昭和三〇年九月六日集八・八・一〇二一は、「洋服商の店頭で上着を見せてくれと言って着用した上、店員のスキを見て逃走する行為は、店員の処分行為に基づいて領得したのではないから、窃盗であって詐欺ではない。」としている。

(7) 最決昭和三四年九月二八日集一三・一一・二九九三は、「物の売買について、真実を告知するときは、相手方がその物を買わないような場合に、商品の効能などについて、真実に反する誇大な真実を告げて相手方を誤信させ、代金を交付させたときには、たとえ価額に相当する商品を提供したとしても、詐欺罪は成立する。」としている。

(8) 大判大正二年一一月二五日録一九・一二九九は、「相手方を欺罔し錯誤に陥れ、財物を交付させれば、それだけで詐欺罪は成立し、相手方に現実の損害を与えたことは必要ではない。」としている。

(9) 最決平成一八年二月一四日集六〇・二・一六五は、「被告人は、本件クレジットカードの名義人による電子マネーの購入の申込みがないにもかかわらず、本件電子計算機に同カードに係る番号等を入力送信して名義人本人が電子マネーの購入を申し込んだとする虚偽の情報を与え、名義人本人がこれを購入したとする財産権の得喪に係る不実の電磁的記録を作り、電子マネーの利用権を取得して財産上不法の利益を得たものというべきであるから、被告人につき、電子計算機使用詐欺罪の成立を認めた原判断は正当である。」とする。

(10) 東京高判平成五年六月二九日集四六・二・一八九

(11) 大判昭和六年一一月二六日集一〇・六二七は、「商人その他の営業者が、その商売上又は経営上、誇大の形容詞を用いてその商品又は業務を吹聴する例は、いちいち取り上げてはいられないほど多いのであるが、この事を取り上げて欺罔行為であるとするには、なお、不足のものがある。しかし、取引き上、何らか適当な方法によってその内容の虚実を究明できる具体的事実を虚構し、それによって人の価値判断を誤らしめ、その物品の買受けの決意をさせてしまうようなことは、もちろん欺罔手段であるとするべきであって、これを漠然として捕捉することの難しい誇大広告の類と同一視してはいけない。」としている。

(12) 最判昭和二四年二月二二日集三・二・二三二は、「いやしくも、人を欺罔し、これに原因してその人から、自己に取得する権利のない財物を、自己に交付させ、これを不正に領得すれば詐欺罪は成立するものであって、財産上の損害を受ける者が、被欺罔者であるとまた第三者であるとは問うところでない。」としている。

(13) 最判昭和四五年三月二六日集二四・三・五五は、「被告人AがBの所有・占有に帰した家屋を奪回するために、すでに失効したCとの和解調書について、その家屋を自分が占有しているように偽って、執行文付与の申請をして執行文の付与を受け、その執行文に基づいて執行官にその家屋の占有を被告人AからCに移転する強制執行をさせた場合でもその家屋に対する詐欺罪は成立しない。」としている。

(14)　最決昭和四三年六月六日集二二・六・四三四は、「代金支払いの見込みもなく意思もないのに商品を買い受ける注文をしたときは、その注文行為自体が作為による欺罔行為であり、不作為による欺罔行為に必要な告知義務の有無を論ずる必要はない。」としている。

(15)　最判昭和二五年七月四日集四・七・一一六八は、「詐欺罪の処罰理由は、単に被害者の財産権の保護のみでなく、かかる違法な手段による行為は、社会の秩序を乱すからである。」としている。

(16)　最判昭和三〇年四月八日集九・四・八二九は、「刑法第二四六条第二項にいう「人ヲ欺罔シテ」財産上不法ノ利益ヲ得又ハ他人ヲシテ之ヲ得セシメタル」罪が成立するためには、他人を欺罔して錯誤に陥れ、その結果被欺罔者をして何らかの処分行為を為さしめ、それによって自己又は第三者が財産上の利益を得たのでなければならない。しかるに右第一審判決の確定するところは被告人の欺罔の結果、被害者Bは錯誤に陥り、「安心して帰宅」したというに過ぎない。同人の側にいかなる処分行為があったかは、同判決の明確にしないところであるのみならず、右被欺罔者の行為により、被告人がどんな財産上の利益を得たかについても、同判決の事実摘示において、何ら明らかにされてはいない……。」としている。

(17)　大判昭和四年三月七日集八・一〇七は、「抵当権の設定とその登記のある不動産を売買する場合は、その抵当権の行使によって買主は、その所有権を失うおそれがあるわけであるから、……中略……信義誠実を旨とする取引の必要に鑑み売主は右事実を買主に告知する法律上の義務があると言わなければならない。」としている。

(18)　大判大正六年一一月二九日録二三・一四四九は、「単純な事実の黙秘によって人を錯誤に陥れた場合には、事を告知する法律上の義務がなければ欺罔とはいえない。」とする。

(19)　最決平成三年四月五日（刑集四五・四・一七一）

(20) 最決平成三年四月五日集四五・四・一七一は、「テレホンカードは、その磁気情報部分、券面上の記載、外観を一体としてみれば、電話の役務の提供を受ける財産上の権利を証券上表示するものと認められ、カード式公衆電話機に挿入して使用するものであるから、有価証券に当たる」としている。最決昭和三三年一月一六日集一二・一・二五は、「当せん金附証票法によって発行された宝くじは、第一六二条の有価証券である。」としている。

(21) 最判昭和三二年七月二五日集一一・七・二〇三七は、「刑法上、有価証券とは、財産上の権利が証券に表示され、その表示された財産上の権利の行使につき、その証券の所持を必要とするものをいい、取引上、流通性を有するかどうかを問わない。電車の定期乗車券は有価証券である。」としている。

(22) 最決昭和三二年一月一七日集一一・一・二三は、「有価証券の偽造とは、手形小切手の振出等基本的証券行為の偽造に限られ、裏書・引受等の証券上の記載の作成名義を偽る行為は、虚偽記入である。」としている。

(23) 最判昭和三六年九月二六日集一五・八・一五九五は、「小切手の券面の金額を改ざんする行為は、有価証券の変造に当たる。」としている。

(24) 大判明治四四年三月三一日録一七・四八二は、「偽造手形の行使とは、手形本来の効用に従ってこれを流通におく場合のみに限らず、広く偽造した手形を真正の手形として使用することをいう。」としている。

(25) 大判明治四三年一一月一五日録一六・一九四一は、「有価証券を偽造し、これを行使して詐欺をした場合は、有価証券偽造罪・同行使罪・詐欺罪の牽連犯になる。」としている。
大判大正三年一〇月一九日録二〇・一八七一も同旨である。

第六節　横　領　罪

一　横領罪の概要

一　人の物を預かっていながら、つい手を出して費消《ひしょう》してしまうことがある。外交員が、会社の金を集金して会社へ帰る途中、競輪場へ行って車券を買い、勝ったら元金は返してもうけは懐《ふところ》へと考える。会社に損はかけないで小遣《こづか》いがかせげる。

しかし、この場合、たとえ勝ったとしても会社は損をしていないかどうか。いわれのないリスクを負うこと自体、会社にとっては迷惑なことではないか。負ければ損害は眼に見えている。

このように、人から預かった物を、預けた人の気も知らないで勝手に利用したり処分したりするのを「横領」という犯罪類型で整理されている。

刑法第三八章には、「横領罪」（二五二条）、「業務上横領罪」（二五三条）、「遺失物等横領罪」（二五四条）の三種の罪が規定されている。

このうち、「横領罪」と「業務上横領罪」は、人の委託信任にもとづき、今、自分の手元にある物を犯罪の対象にするという意味で、「委託物等横領罪」と総称されている。その本質は、人の信頼に背《そむ》く、ということである。刑法は第二四七条に「背任罪《はいにんざい》」という規定を置いている。文字どおり、任務《にんむ》に背く罪である。人から与えられた任務を忠実に果たさず、その決められた任務に背くような行為をして、その人に財産上の損害を与える。要するに、信頼を裏切る行為をとがめることにしている。横領罪も同じく人の信頼を裏切る行為である。信頼され、預けられている他人の物を、その他人の信頼を裏切って勝手に費消したり処分したりすることである。その罪の本質は、物の所有権者との間の委託に関する信頼を裏切ることである。つまり背信性《はいしんせい》である。

委託物横領罪は、背任罪と、このように、本体において共通性をもっている。そして、背任罪が、一般財産の損害を問題にしているのに対して、委託物横領罪の方は、個々の物を相手にする。両者の関係は、一般と特別の関係である。

警察官は、背信行為があった、けしからんという訴えを受けた時に、まず、その事件が、特定の委託物に関するものであるか、それとも、漠然と財産的損害を招いた、というものであるか。検討し、委託物に関するものであったら、横領罪を立て、背任罪を問題にしないことができる。特別が立てば、一般はそれでつくされてしまうからである。

「遺失物等横領罪」は、もともと人間関係などは前提していない。そこにある物をとるということであるから、その本質はむしろ窃盗罪に近い。ただ、その物の持主がわからない、という違いがあるだけである。

遺失物は、漂流物その他占有を離れた他人の物と一緒にして「占有離脱物《せんゆうりだつぶつ》」と言われることもある。本来の占有者の意思にもとづかないでその占有を離れた物という意味である。

二　委託物横領罪には単純横領罪と業務上横領罪がある。ふつう「横領罪」というときは、単純横領罪をさしている。その条文は次のように書かれている。

第二五二条（横領）　自己の占有する他人の物を横領した者は、五年以下の懲役に処する。

2　自己の物であっても、公務所から保管を命ぜられた場合において、これを横領した者も、前項と同様とする。

構成要件は「自己の占有する他人の物を横領した」である。

第二項の方は、自己の物の特殊な場合を「他人の物」と同等に扱うことにする。要するに、自分の手元にあって自分の自由にならない物を、あえて勝手にしてしまうことをとがめようとする。

業務上横領罪の条文は、次のように書かれている。

第二五三条（業務上横領） 業務上自己の占有する他人の物を横領した者は、十年以下の懲役に処する。

構成要件は「業務上自己の占有する他人の物を横領した」である。

単純横領罪との違いは、「業務上」という字がかぶさっているだけである。「業務上」とは、生まれてはじめて一回だけそういうことをする、というのと違って、反復継続《はんぷくけいぞく》して他人の物の占有・保管・管理をする、たとえば、駅の荷物一時預《いちじあず》かりがそうである。

そういう立場にある者を一般から区別してどうするのか、というと、「十年以下の懲役に処する」。一般人の横領が「五年以下の懲役に処する」であるのと比較してみよ。

反復継続して業としてそういうことをするには、一般の人より習熟《しゅうじゅく》しているだけに、信頼度もまた一層高いものが要求される。だからその信頼に背いたら、その罪は重いぞ、というわけである。

三 横領罪は、「自己の占有する他人の物を横領した」ことによって成立する。

犯罪の客体は「自己の占有する他人の物」である。自己の物を自分で費消するのは当然のことであり罪にならない。ただ例外として「公務所から保管を命ぜられた場合に」自己の物なのに、他人の物と同様の扱いを受ける。

さて、ここでいう「自己の占有する」というのは、どういう状態をさしているのか検討しておこう。

他人の物が自分の手元にある。平たく言えば、そういう状態を指摘している。ただ、注意しなければならないのは、そのあり方である。横領罪が、物の所有者たる他人との信頼関係を破るものであるとすると、もし、その物が自分の手元にあるということが、その物の所有者との何らかの信頼関係を前提とするものでなかったら、破るに破れない、ということになろう。破るべき信頼関係が存在しない場合は、その物の占有は横領罪の対象となり得ない。そう言わなければならない。すなわち、横領罪でいう占有は、その物の所有者と占有者（被疑者）との間に、委託信任関係《いたくしんにんかんけい》が存在している。そういう関係を前提として占有が始められている、と、みなければならないのである。

委託信任関係にもとづかない占有は、横領罪でいう占有ではない。したがってそういう場合にその物をほしいままに処分しても横領罪は成立しない。占有離脱物横領があるかどうかということになる。(1)

ところで、この委託信任関係は、法律関係の上に立っているのがふつうである。貸し借り（使用貸借・賃貸借）のほか、お前に保管をまかせる（委任・寄託）という、持主の意思表示を前提とする関係がそれである。

しかし、他人の物が自分の手元に置かれるということは、そのように、法律的な根拠《こんきょ》をもつ場合に限られない。取引上、一般に認められている条理《じょうり》や慣習・信義則でもかまわない。「事務管理」と言われる制度がある。庭先へまぎれ込んできた小鳥を持主がわかるまで餌《えさ》を与えておくように、法律上はなんの義務もないのに、持主のために事務(この場合は小鳥を飼うという事務)を管理する場合がある。この場合も、持主との信頼関係は存在するとみる。だから、デパートの配達で一時預りしている隣家の物を猫ババすると、それは横領罪になる。

委託関係が不法の場合がある。たとえば、盗品等の処分を依頼されたり、贈賄《ぞうわい》資金や選挙の売《ばい》収《しゅう》資金を委託されることがそれである。この場合、委託の趣旨に沿った使い方をすれば犯罪になりそうである。そこで、そのまま、自分の金としてしまい込んでしまう。ところが、この抑留《よくりゅう》行為は、横領罪を構成する。委託関係が、不法であったかどうかは、横領罪の占有では、問題にならないのである。(2)

横領罪の占有は、このように、事実上の支配形態よりも、委託信任関係を重視するのであるから、その物の支配を乱用する可能性のある場合をすべて、保護すべき占有としてその範囲を広げる傾向にある。

たとえば、公金を扱う任にある取締役や、会計課長が、自ら保管管理する会社の金を銀行に預け入れたとする。銀行にあるその金は、取締役や会計課長の事実上の支配の下にはないけれども、もし、その会計課長が引き出してきて使う気持になれば、いつでもその自由になる。この支配は法律上のものであるが、乱用しようと思えばできる支配である。横領罪は、窃盗罪と違って占有の重要性は、その現実の排他性にあるのではなく、乱用のおそれのある支配力にある。だから幅《はば》を広く取って横領罪の対象にするのである。[3] 村長が、村の公金を金融機関に預けるのも同じことである。これらの保管者が、自己の用に当てるため、預金を引き出せば、横領罪の対象になる。

「自己の占有する他人の物」の「物」は財物のことであるが、動産だけでなく、不動産も含まれている。そして、不動産の占有は、登記簿上の所有名義を重視する。売買契約は、「売った」「買った」という意思表示の合致《がっち》があれば成立する。そこで、ＡＢ両者の売買契約が成立し、不動産がＡからＢに移転したとする。しかし、そこに、登記簿上の名義変更がないと、まだ、完全にＢがその不動産を自由に処分をする支配権を得たことにならない。逆にＡは売買契約成立後登記移転が完了するまで、その不動産を保管する義務が残っており、かつ、その名義を別にＣに移転する権能も残っている。この状態は、まさに、「自己の占有する他人の物」に当たる。したがって、ＡがＢに売った後、登記名義の残っているのを奇貨《きか》として、これをさらにＣに二重売買することがあれば、Ａは横領罪の責任を負うこととされている。

金銭は、封金のようにはっきり区別をされているもののほかは、預かったのは、そのお札か、それとも金額だけか、問題になることがある。金額だけであれば、たとえば、集金人が集金した金を自己のために費消し、翌日会社に届けるときは、費消した額を自分のお金で埋《う》めておけばよい、ということになる。

ところが、封金とされていない場合でも、使い道を限定されて寄託された金銭は「他人の物」であるとされる。したがって集金人が、主人のために集めた売掛《うりかけ》代金を勝手に費消すると横領罪になる。

四　横領罪は、「自己の占有する他人の物を横領した」ことによって成立する。

次に検討しておかなければならないのは、「横領した」の内容である。言い換《か》えると、横領行為というものは、どういう内容であるかがここでの問題である。

横領罪は、結局、他人の財物を、不法に領得する行為である。窃盗罪等の奪取罪との違いは、財物が、自分の支配下におかれていることである。

そうだとすると、横領罪においても、不法領得の意思がなければ犯罪は成立しない、としなければならない。

窃盗罪においては、単に、占有を奪取する意思だけではなく、権利者がいるのにそれを排除し、他人の物なのに、まるで自分の物のように、利用したり処分したりする意思が必要である、とされていた。

横領罪においても同様に、他人の物を占有している者が、委託の任務に背いて、その物につき権限がないのに、所有者でなければできないような処分をする意思が必要であるとされる。これが、横領罪における不法領得の意思である。[4]

そして、横領行為は、すなわち、この不法領得の意思が外に現れ、外部から認識できるようになったものである。[5]

ここに、不法領得の意思の発生がある。しかし、内心の意思にとどまる間は犯罪にならない。集金人が、集金した売掛代金を持ち運びながら、

——この金で競輪を当てて、もうけを懐《ふところ》に入れようか。

などと考え込んでいる間はまだ犯罪ではない。現実に道を競輪場の方にとり、会社に背を向けて歩き出したとなると、不法領得の意思の外部への表現があったことになる。

横領罪は、この時、実行の着手があり、かつ、既遂に達する。まだ、もうける目的を達していないが、その事は問題にならない。

不法領得の意思が、外部からわかる程度に表現された実例を二、三あげてみると、まず、事実

行為としての「使い込み（費消）」がある。典型的な横領の例である。[6]「持ち逃げ（拐帯《かいたい》）」[7]・「隠匿《いんとく》」[8]・「不法抑留」[9]も、その一例である。

法律行為としては、「売却」・「質入れ」・「貸与」などがある。

五　業務上横領罪は、犯人が、その社会生活上の地位にもとづき、反復継続してその他人の物の占有・保管・管理をしている場合であるが、全然、その関係にない第三者がこれに加功し、共犯になったときは、業務上横領罪の重い刑に服するのは酷であると考えられる。たとえば村の会計管理者が業務上保管中の寄付金を、村長も副村長も一緒になって酒食に費消したとする。

村の公金を、会計管理者という地位にもとづき、反復継続して保管・管理している者は、まさに業務上横領することになる。しかし村長も副村長も、公金管理の地位にない。その地位にない者が加功したときは、つまり、身分なき者の加功である。

第六五条は、こういう場合に、その身分のない者には、軽い方の刑罰を科することにしている。身分のない共犯は、単純横領罪の罪で、処断されるのである。[10]

二　遺失物等横領罪と窃盗罪

一　遺失物等横領罪の構成要件　二　窃盗罪との関係

一　遺失物等横領罪の条文は、以下のように書かれている。

第二五四条（遺失物等横領）　遺失物、漂流物その他占有を離れた他人の物を横領した者は、一年以下の懲役又は十万円以下の罰金若しくは科料に処する。

この罪の構成要件は、「遺失物、漂流物その他占有を離れた他人の物を横領した」である。ふつうの横領罪と違う点は、犯罪対象となる「他人の物」が、「自己の占有する」ものである代りに、「遺失物、漂流物その他占有を離れた」ものであることである。

「占有を離れた他人の物」とは、占有者の支配を離れ、何人の占有にも属しない物である。「遺失物・漂流物」は、その代表として例示されているものである。

占有者がその所在がわからなくなった物、俗にいう落し物がこれに当たる。

落し物は、拾ってそのままにしていると、遺失物等横領罪（又は占有離脱物横領罪）になる。

遺失物については遺失物法（平成一八年法律七三号）がある。遺失物の拾得者《しゅうとく》は、拾得物を直接所有者等に返すか、警察署長に差し出すものとされている（遺失物法四条一項）。

誤って占有した物や他人の置き去った物は、「準遺失物」として遺失物法の適用を受ける。逃げ出した家畜も同様である（遺失物法二条一項）。

二　遺失物は犯人の手元に置かれる原因が、犯人自身の行為によるだけであって、いわゆる信任委託関係を前提としていない。

強いて言えば、社会全体の秩序感覚と言うか、遺失物はその筋《すじ》に届けられる、という信頼関係はあるかも知れない。しかし、それは、物が盗まれずに支配者の下におかれるという信頼関係に似たようなものである。

犯人自身の行為による点、横領罪とは言いながら、むしろ窃盗罪に近い性質をもっている、ということができるであろう。

しかし、窃盗罪とは決定的に違う点があるから別類型にされている。その特徴は何かというと客体物の占有関係である。他人の物であるか、占有を離れた他人の物であるか、ということである。

公園のベンチにポシェットが置いてある。付近には誰もいない、となると遺失物くさい。しかし、それを置いて話し込んでいた持主が、話し相手を駅まで送ろうとしてベンチを離れた、と、この段階では果たして遺失物と言えるかどうか。

問題はそのポシェットが持主の占有を離れているかどうかである。占有を離脱していなければ、そのポシェットをとる行為は窃盗になる。

持主がそのまま電車に乗って行ってしまった、となると、これはもう遺失物である。これをとれば遺失物等横領ということになる。しかし、二〇〇メートル程先の駅近くまで行って気がつき、走り戻ったとするとどうだろう。これはまだ占有を離脱したとは言えない(11)。

占有を離脱したかどうかのいろいろな場合については第二章第二節四の四に述べた。

三　横領罪と背任罪

一　構成要件の比較　　二　両罪の関係

一　横領罪と同じく、人の信頼を裏切る罪に「背任罪」というのがある。その条文は、次のように書かれている。

第二四七条（背任）　他人のためにその事務を処理する者が、自己若しくは第三者の利益を図り又は本人に損害を加える目的で、その任務に背く行為をし、本人に財産上の損害を加えたときは、五年以下の懲役又は五十万円以下の罰金に処する。

長い条文であるが、主観的要件すなわち目的の部分を取り除いてみると、犯行は「その任務に背く行為をし、本人に財産上の損害を加えた」である。

その刑は、横領罪より少し軽くなっている（罰金刑がついている）。

構成要件を分解してみると、それは、次の四つの要素から成っている。

その一は、「他人のためにその事務を処理する者」である。背任罪の主体である。これを横領罪の主体、他人の物の占有者と比べると、お互いに重なり合っていることが、わかるであろう。

被疑者が、他人の物を占有していた、ということは、他人の物を占有してあげるという事務を処理していることになるからである。

その二は、「自己若しくは第三者の利益を図り又は本人に損害を加える目的」のあることである。

これは、自分でもまた第三者でもかまわない。その利益を図ることと、本人に損害を与えることとの二つの種類に分解することができる。

そして、横領行為をこれに当てはめてみると、なにしろ、他人の委託物を勝手に処分するのだから、自分の欲のためか第三者の利益を図るためか、どちらかであることが多いであろう。また、少なくとも本人に損害を加える目的ぐらいはない、とは言わせられない。横領する、ということは、不法領得の意思の発現であり、委託の趣旨に背き、その物につき権限がないのに、所有者でなければできないようなことをするのだからである。

その三は、「その任務に背く行為をし」たことである。これも横領犯人が委託物を勝手に費消するときのように、委託の任務に背いてするのとまったく同じである。

その四は、「本人に財産上の損害を加えた」である。横領された人が、財物を失って、財産上の損害を受けるのは当然の結果であるから、これも、横領罪と重なり合っていることがわかる。

以上のように、背任罪と横領罪とは、共に任務違背をその罪の根本要素としているだけあって、構成要件の形式は違っているけれども、その実質において重なり合う所が多いと言わなければならない。

二　横領罪と背任罪とは兄弟関係にある。横領罪は、特定の物に対する信任に違背《いはい》する。そして、背任罪は、本人の一般財産とくに、債権的財産に対する信任に違背する罪である。

そして、横領罪に対して、罪の軽い背任罪の方は、補充的《ほじゅうてき》性格をもっている、と考えることができる。

そこで、どちらが立つか、具体的事件にぶつかって迷った場合は、次のように処理すればよい。まず、横領罪が成立するかどうか、その構成要件を充足しているかどうかをみる。そして、どう転んでも、「自己の占有する他人の物を横領した」ことにならない場合は、あらためて、背任罪の成否を検討するのである。

検討のポイントは、まず犯行対象が「物」であったかどうかである。物でない場合に横領罪は成立しない。

物でないな、と思ったら、次に、財産上の損害と、その損害によって利得をしたのは、誰かを調べる。背任罪には、自分や第三者の利益を図る目的が必要とされている。また、単に、本人に損害を与えるだけの目的もある。そして、現実に本人の資産状態を悪化させることがなければならない。

ところで、横領罪と背任罪の区別が難しくなるのは、財物を処分する場合である。

その処分自体が不法領得の意思の発現とみられる場合は横領罪であるが、処分をまかせられていて、その処分の仕方で本人に損害を与える場合にどうなるかである。

Bから家屋の売却を依頼されているAが、二人の買手を見つけた。Cは一、〇〇〇万円で、Dは七〇〇万円にしろ、という。ところが、DはAの友だちであった。Bに聞けば、Cに売れ、というに決まっている。しかし、Aは——まあ、まかせられているのだから、と、たかをくってDに七〇〇万円で売却した。Bはみすみす三〇〇万円を損した。

この例では、AはBの財物（家）を処分することを委託されている。処分権限はある。したがって、処分をすることをとらえて、不法領得の意思の発現とみることはできない。一、〇〇〇万円で売ろうと、七〇〇万円で売ろうと、価額は市場の実勢によって決まる。七〇〇万円で売ったのは、一、〇〇〇万円の買手に対して、三〇〇万円の差額損がある。しかし、Aにその財物（家）の不法領得の意思は認められない。ただ、誠実さにかけ、本人に差額相当の損害を与えたにとどまる。これは、横領罪の問題にはならない。しかし、この場合、一、〇〇〇万円で売れるチャンスがあったのに、本人に関係のない自分の交友のために、あえて七〇〇万円で売った。そして、本人Bには三〇〇万円の損を与えた。これは、Bが知ったら怒ることである。委託信任の関係を破っていることは間違いない。

すると、Aは横領にはならないが、背任になるのではないか、と見当をつけることができる。Aは他人（B）のため事務を処理する者である。そして、第三者（D）の利益を図っている。できるだけ高く売るという任務に背いている。本人（B）に三〇〇万円という財産上の損害を与えている。これは、受託者Aが第三者Dの利益を図って不法な処分をした場合である。

Aが実際にCに売って一、〇〇〇万円を手に入れた。その後、Bには、七〇〇万円で売れた、と言って三〇〇万円は自分の懐《ふところ》に入れたとする。これは、横領になる、ということがわかるであろう。一、〇〇〇万円は、Bに引き渡すべき金であり、Aは一時保管しているに過ぎない。まさにその三〇〇万円は「自己の占有する他人の物」である。そして、Aは処分は本人Bのために行い、その代価は全額Bに引き渡すという委託信任に背いている。そして、Bの三〇〇万円を、Bの権利をしりぞけ、まったく我が金のごとくに振《ふ》る舞《ま》って、その結果、不法領得の意思を発現した、と認めることができる。

これは、要するに、委託物の処分を、受託者が、自己の利益を図るためにした場合に当たる。三〇パーセントをマージンとして取るという特約があれば別である。

さて、以上を整理してみると、任務違背事件が発生した場合に、それが、財物の処分をめぐるものであったら、まず、ほしいままにした処分がいったい自己の利益を図るためであったのか、それとも、第三者の利益を図るためであったか、をみる。

そして、自己の利益を図るためにしている場合は、物に対する不法領得の意思の発現があった、として、横領罪で処分する。

第三者の利益を図るため、又は本人に財産上の損害を与えるためである場合は多くは背任罪を検討するということになる。

しかし、第三者の利益を図る場合も、処分行為が、受託者名義、すなわち、被疑者が自己の名において、又は自己の計算において行っている場合は、横領罪になるから注意しなければならない。

信用組合の支店長Aは預金成績の向上を図って、栄転してやろうと考えた。しかし、よそと同じことをしていたのでは預金者は集まらない。そこで、預金者の飛びつきそうな、高い利子を裏利子として本店には内緒《ないしょ》でつけることにした。ところで、そのための財源をどうするか。組合の資金を正規よりも高利に運用したらよい。答は簡単《かんたん》にでてくる。そして、融資資格のない者に員外貸付をする方策をとれば、いくらでも高利はとれる。

しかし、これは、あくまでも本店には内緒のことである。したがって、書類手続は有資格者に貸し付ける場合のそれを仮装《かそう》することにした。さて、このようにして貸し付けられた金は、形式的には組合名義であるが、組合の計算においてなされたものでないことは確かである。それは、支店長Aらが、自己の計算でした行為である。したがって、これによって支出された組合の金は、Aらによって横領された、と判断されるのである(12)。

似かよったことであっても、組合名義又は組合の計算においてやられたことは、横領ではなく背任になるとされている。

農業協同組合長が、その任務に背いて組合名義の約束手形を振り出した。後に、その手形を落とすため、組合預金を払い出した。これなどは、約束手形の振り出し行為が背任罪になり、後の支払行為を独立して横領罪にしたりしない。(13)

(1) 東京高判昭和二五年六月一九日集三・二・二二七は、「横領罪が成立するためには、物の占有の原因が、委任、事務管理、後見等の委託関係にもとづくことが必要である。」としている。

(2) 最判昭和二三年六月五日集二・七・六四一は、「横領罪の目的物は単に犯人の占有する他人の物であれば足り、民法上その返還を請求し得べきものたるを要しないから、贈賄資金として預かった金銭を領得する行為は、横領罪を構成する。」とする。

最判昭和三六年一〇月一〇日集一五・九・一五八〇は、「賍物の処分を依頼された者が、処分した賍物の代金を保管中領得した場合は、横領罪が成立する。」としている。

(3) 大判大正四年四月九日録二一・四五七は、「株式会社の取締役がその職責上保管する金銭を銀行等金融機関に預け入れた場合は、横領罪でいう占有が認められる。」とする。

(4) 最判昭和二四年三月八日集三・三・二七六は、「横領罪における不法領得の意思とは、他人の物の占有者が、委託の任務に背いて、その物につき権限がないのに、所有者でなければできないような処分をする意思をいう。」としている。

(5) 東京高判昭和三〇年三月一九日裁特二・六・一六二は、「横領罪における不法領得とは、単に、その意思があるだけでは足りない。自己の占有する他人の物につき、不法領得の意思を表象する行為、すなわち不法領得の意思が外部から認識される状態において現れることが必要である。」としている。

(6)　最判昭和三二年一一月一九日集一一・一二・三〇七三は、「村長と助役と収入役が、業務上保管中の寄附にかかる学校建設資金の中から、酒食の代金を支出したのを、費消横領したものである。」としている。

(7)　東京高判昭和三四年三月一六日集一二・二・二〇一は、「拐帯横領とは、他人の物を保管する者が、不法領得の意思のもとに、そのものをほしいままに持ち去ることによって他人の権利を排除し、それを自己の所有物のように支配、処分しうる状態におくことを意味する。」としている。

(8)　大判明治四四年六月八日録一七・一一一三は、「郵便局の局長代理たる通信事務員が、その局に送付されてきた他人名義の郵便貯金通帳を保管中、これを同郵便局内に隠匿したばあい」を横領行為としている。

(9)　仙台高判昭和二八年一〇月一九日判特三五・六五は、「集金した金員を保管していた集金人が、約定期日に委託者に交付しなかったばあいを、不法抑留である。」としている。

(10)　最判昭和三二年一一月一九日集一一・一二・三〇七三は、「村長・助役が収入役と共謀して、収入役が業務上保管中の寄附金を横領したときは、業務上横領罪の共犯であるが、村長・助役は、業務上のものの占有者たる身分がないから、単純横領罪の刑を科すべきである。」とする。

(11)　最決平成一六年八月二五日集五八・六・五一五は、「被告人が本件ポシェットを領得したのは、被害者がこれを置き忘れてベンチから約二七メートルしか離れていない場所まで歩いて行った時点であったことなど本件の事実関係の下では、その時点において、被害者が本件ポシェットのことを一時的に失念したまま現場から立ち去りつつあったことを考慮しても、被害者の本件ポシェットに対する占有はなお失われておらず、被告人の本件領得行為は窃盗罪に当たる。」とする。

(12)　最判昭和三三年一〇月一〇日集一二・一四・三二四六は、「信用組合の支店長らが、融資を受ける資格のない者にいわゆる員外貸付をするため、有資格者に貸し付ける手続を仮装して組合の資金を支出させたうえ、これを資格のない融資希望者に貸し付ける行為は、組合の計算においてしたものではなく、行為者自己の計算においてしたものと認められるから、背任でなくて横領である。」としている。

(13) 最判昭和四〇年五月二七日集一九・四・三九六は、「農業協同組合長が、その任務に背いて組合名義の約束手形を振出したうえ、後にその手形を支払うため、組合の当座預金から組合預金を払い出した行為は、背任罪であり、後の支払い行為は独立して、横領罪を構成するものではない。」としている。

第七節　盗品等に関する罪

一　盗品等に関する罪の概要

一　盗品等に関する罪（以下「盗品等関与罪」と略称する。）の条文は、次のように書かれている。

第二五六条（盗品譲受け等）　盗品その他財産に対する罪に当たる行為によって領得された物を無償で譲り受けた者は、三年以下の懲役に処する。

2　前項に規定する物を運搬し、保管し、若しくは有償で譲り受け、又はその有償の処分のあっせんをした者は、十年以下の懲役及び五十万円以下の罰金に処する。

第一項は、盗品等無償譲受け罪について規定する。その構成要件は、「盗品その他財産に対する罪に当たる行為によって領得された物を無償で譲り受けた」である（盗品等関与罪その一）。

旧表記では単に「贓物《ぞうぶつ》ヲ収受シタ」と、簡潔に表現されていた。そこで、この罪を論ずる場合も、「贓物」とか「贓物性」とか、決まった説明方法があったのに、これから全部口語法に切り替えることになる。

とは言っても、「贓物」の替りに一々、「盗品その他財産に対する罪に当たる行為によって領得された物」とは書いていられない。あの落語の長たらしい名前「寿限無《じゅげむ》々々々ゴコーノスリキレ……」に似てしまう。

そこで以下「盗品等」でくることにしたのである。判例などで「贓物」とあったら、あ、、「盗品等」か、と思えばいい。

しかし、この長たらしい内容は、そのままかつての「贓物」の意味の説明の一部を裸で表記したものである。

第二項は、盗品等に関する無償譲り受け以外の関与の仕方を列挙している（盗品等関与罪その二）。

「運搬《うんぱん》」とは、財産に対する罪を犯した本犯に頼まれて（委託を受けて）盗品等を運ぶことである。

「保管」とは、同じく財産に対する罪を犯した本犯の委託を受けて財物を保管することである。質受けもこれに入る。

「有償で譲り受け」は、運搬・保管が有償に限らず、無償の行為をも含んでいるのに対して、はじめから有償で所有権を得ることである。売買がその代表例であるが、交換をしてもこれに当たる。現実の引渡しのない単なる契約はまだこれに当たらない。

「あっせん」は、売買、質入れ等盗品等の有償処分の周旋《しゅうせん》をすることである。

盗品等に関する罪の態様は以上五種類である。

その刑を見ると、五つのうち、「無償譲り受け」だけが「三年以下の懲役」で軽い。その他の四態様は、「十年以下の懲役及び五十万円以下の罰金」で重く扱われている。それは、「無償譲り受け」がただ受けるだけであるのに対して、「運搬」・「保管」・「有償譲り受け」・「あっせん」は、営業化の危険をはらんでいるからである。盗品等の処分が営業化されたのでは、窃盗・強盗・恐喝・詐欺・横領がその営業の第一線の活動である、ということになってしまう。

営業化をいましめる意味で、無償譲り受け以外の四態様については、十年以下の懲役と五十万円以下の罰金が併科されることになっている。「及び」というのは、その意味である。どちらかを選択する場合は、「又は」が用いられる。

二　以上の説明の中で、最大のものをわざと後回しにしておいた。それは「盗品等」の意味である。

「盗品等」とは、財産犯とされている行為すなわち、「財産に対する罪に当たる行為」によって領得されたものである。

財産犯は、財産権の侵害を内容とする犯罪であり、窃盗・強盗・恐喝・詐欺・横領がその代表である。

これらの犯罪によって犯人の得た物が盗品等である。

さて、盗品等というものが、固定的なものであるとすると、説明は以上で終わるのであるが、元来この罪は、被害者の追求権を保護するものである。そして、転々流通する取引社会においては、いつまでも追及できる状況を継続することは難しい。

そこで、かつては「贓物性」という言葉をこしらえていた。「贓物性を失う」と言えば、その物が形状等は元のままでも、もはや盗品等でなくなっている場合をいう。ところが口語刑法ではこの「贓物」の字を消した。だから「贓物性」という言葉も死語になった。

今後は「贓物性」とは言えないから、「盗品等である性質——盗品性」と言い換えておこう。

「贓物性を失う」という言い方で、判例等に書いてあるのは、「盗品等である性質——盗品性を失う」ということである。

たとえば、五年、一〇年、二〇年とたって、全然ゆかりのない善意の第三者が正規の手続で手に入れ所蔵していたとすると、その物に対して、被害者の追求権はもはや存在しない。すると、それは盗品性を失っている、すなわち「盗品等」ではない、という言い方になる。

盗まれた物だから、何年たとうと、見つけ次第、ただで返してもらう、と、被害者がいくらいきまいても、取引社会がそれを許さない。古代の農耕社会と違うのである。現代は取引が網の目のように入り組んでいる。そして、その取引関係を尊重しなかったら、商売をはじめ現代社会の円滑な運転が止まってしまうおそれがある。

そこで、権利関係は、一定の状態をみて、移転を正当化し、次の取引に支障がないように工夫がなされている。たとえば、盗品は、転々流通しても二年間は被害者の追求ができるようにしておくが、二年たったらもはや被害者といえども取返しはできませんよ、というのが民法に書かれた制度である（民法一九三条）。その上、質屋・古物商の手に渡ると、この二年間が一年間に短縮される（質屋営業法二二条・古物営業法二〇条）。

つまり、盗品性は、二年ないしは一年たつと失われる。

このように見てくると「盗品等」とは財産犯とされている行為によって取得された物だと言った

だけでは、まだ正確でない。これに「被害者が法律上その返還を請求することのできるもの」というのをつけ加えておかなければならない。言い換えると、財産犯とされている行為によって得た物で、盗品性を失っていないものがここで言う盗品等である、ということである。

盗品等の動きを取り締まるのは、被害者の返還請求権の実現を困難にするのを妨げるのが直接の目的である。(1) 以上の知識を利用して言い直してみると、それは、盗品等が盗品性を失うのを妨げ、できるだけ被害者の手元に返し、財産関係秩序の平穏を維持するためである。

三　盗品等に関する罪を取り締まる場合に、とくに注意をしなければならない点に、「事情を知る」ということがある。

物の取引自体は、資本主義の世の中だから、堂々とまかり通っていい。ただ、その中に、盗品等がまぎれ込んできたら、これをチェックしようというのである。

すると、今、取引の対象になっている物が盗品等である。あるいは盗品等臭い、というのを知りながら、あえて取引をしようとしたかどうかが問題なのである。

これを、実務では「知情」とつめて言っている。

盗品等に関する罪を成立させるためには、この知情を立証しておかなければならない。被疑事実を書く時は、たとえば、「他から窃取してきた物であることの情を知りながら」というふうに一句入れておかなければならない。しかし、盗品等に関する罪の知情は、何人のいかなる犯罪であるかを具体的に知ることまでも要求しないから、(2) わかっていない時は、単に「その盗品等であることの情を知りながら」と書けば足りる。

A女はCに指輪を見せられ、

「これは、友人が手離したい、と言っているので買手を探している。お前なら安くしておくが買わないか」

と言われた。

――そう言えば、この人は、この前も同じことを言ってD女に指輪を買わせていたわ。

A女はD女が市価の一〇分の一で手に入れていたのを思い出し、

――盗品じゃないかしら。

と、ふと、疑いをさしはさんだ。しかし、D女への対抗から、どうしてもそれが欲しかった。そこで、市価の一〇分の一の値段で買い取った。

このA女は盗品等を有償で譲り受けた罪すなわち盗品等有償譲り受け罪になる。はっきりは知らないけれども、ふと、疑いをさしはさんでいる。この辺の情が取れれば、盗品等に関する罪の知情としては合格である。盗品が横領品であったとしても影響はないのである。

四　盗品等に関する罪は、人が犯罪を犯した後の物の処理に関する罪であるから、本犯との関係について見ておかなければならないことがある。

その一は、本犯が犯罪にならない場合でも盗品等に関する罪は独り歩きできるかである。たとえば、子供が盗んできた物がある。子供だから責任がなくて窃盗罪は成立しない。しかし、物は盗品であり、盗品等に当たる(3)。すなわち、本犯は、財産犯につき構成要件に該当し違法であればよい、ということである。

その二は、本犯の盗品等の運搬を手伝った者である。本犯自身は、財産犯で処断され、盗品等の運搬は不可罰的事後行為であるとされているが、その運搬を手伝った者は、本犯が不可罰だからといって許されない(4)。独立して盗品等運搬罪に問われる。

その三は、本犯と親族関係にある者が、盗品等に手を出した場合である(5)。この場合は、盗品等に関する罪が成立しても、その刑は免除される(二五七条)。

(1)　最判昭和二三年一一月九日集二・一二・一五〇四は、「賍物に関する罪の本質は、賍物を転々して被害者の返還請求権の行使を困難もしくは不能ならしめる点にある。」としている。

(2)　最判昭和二四年一〇月五日集一四・六一は、「賍物罪の成立に必要な賍物たることの知情は、財産罪によって不法に領得された物であることを認識すれば足り、その物が誰のどのような犯行によって領得されたかという具体的事実まで認識する必要はない。」としている。

(3)　大判大正三年五月一二日録二〇・八六一は、「一四歳未満の者が他人の財物を窃取した物は、いやしくも犯罪構成の客観的要素を具備する以上は賍物たる性質をもっていると言わなければならない。」としている。

(4)　最決昭和三五年一二月二二日集一四・一四・二一九八は、「窃盗の本犯と共同して賍物を運搬した場合にも賍物運搬罪が成立する。」としている。

(5)　最決昭和三八年一一月八日集一七・一一・二三五七は、「第二五七条第一項は、本犯と賍物犯人との間に所定の関係がある場合に、賍物犯人の刑を免除する規定であって賍物犯人相互の間にその関係があっても適用されない。」としている。

第八節　毀棄の罪

一　器物損壊等罪の概要

一　毀棄罪の意義　二　損壊と傷害　三　親告罪の意義

一　他人の財産を侵害する方法には、不法領得のほかに、毀棄《きき》がある。窃盗等の不法領得行為は物自体をすっぽり取り上げてしまうのに対して、毀棄はその物の効用を害する。使い心地を悪くする。あるいは使えないようにしてしまうということである。損壊又は傷害と言ってもいい。

刑法が毀棄罪の客体とした物は、まず、「文書」である。文書は公務を弁じたり、私権関係を明らかにしたり、人間関係を豊かにするための媒体《メディア》としては欠かすことのできないものである。公用文書（二五八条）と私文書（二五九条）に分けられている。

次に「他人の建造物又は艦船」（二六〇条）がある。

そして、右以外のいっさいの物というくくり方をして、「器物」が登場する。何かを壊された、破られた、という訴を受けたら、まず、それが文書であるか建造物又は船舶であるかを判断する。そして、そのいずれにも当たらないときは、器物に含める。

器物という言葉は、いかにも無機物のような印象を与えるが、動物も器物である。だから、器物毀棄罪の構成要件は「前三条に規定するもののほか、他人の物を（器物）損壊し、又は傷害した」（二六一条）というふうに、「損壊」のほかに「傷害」もおいている。

第二六一条（器物損壊等）　前三条に規定するもののほか、他人の物を損壊し、又は傷害した者は、三年以下の懲役又は三十万円以下の罰金若しくは科料に処する。

別に断ってはいないが、ここに言う物は他人の物であることは言うまでもない。自分の物をいくら壊そうと、別に人に文句を言われる筋はないからである。もっとも差押えを受けるとか、他権の対象になった場合は別だが（二六二条）。

二　「損壊」というのは、物を壊すことであるが、それだけでなく、物を使えないようにすることをもいう。これを法律用語で物の効用を害する、という。

たとえば、食器に汚物をかける。人の感情は、洗えばすむというものではない。その食器を食器として用いることがいやになるであろう。効用を害する、というのは、そういう人間の自然感情を害することも入っているのである(1)。

看板をとりはずして、探しにくい所へ投げれば、看板は、看板としての効用を発揮できなくなる。これも損壊に当たるのである(2)。

「傷害」は、人間を相手にするように聞こえるが、「……物を損壊し、又は傷害し」と書いてあるのだから、対象は人ではなく、他の動物であることはすでに述べた。

隣の犬がにくらしい、といって重傷を負わせたりしたら、まさに、ここでいう「傷害」に当たる。殺してしまっても同じく「傷害」である。犬殺しは、刑法では器物の傷害ということにされる。次に、殺しもしなければ、傷つけもしない傷害というものがある。逃がすことである。養魚池《ようぎょいけ》で飼育中の鯉《こい》を流出させる、という事件があった。別段鯉を殺したり傷つけたりしたわけではない。しかし、第二六一条の「傷害」に当たるとされたのである(3)。所有者の利用を妨げて、一時的にせよ、また永久的にせよ、その効用をなくする仕業《しわざ》であるからである。

三　このように、器物損壊等罪の俎上《そじょう》にのぼる対象は、広く雑多《ざった》である。そのすべてに警察力を投入するのは、その必要もないし不経済である。

しかし、だからといって、警察官が、その場その場で採《と》り上げたり、ひねったりするのでは問題になるおそれがある。

ところが、幸いなことに、「親告罪」という制度がある。それは、起訴して裁判にかけるかどうかの判断を、検察官にまかせるのではなく、被害者等一定の人にも判断をさせようとするものである。

事件の中には起訴して裁判にかけることが、かえって被害者のためにならないこともある。たとえば、強姦罪がある。

また、大した物でもないのに、裁判沙汰にしてかえっていろんな面で損をする場合もある。比較的軽い犯罪がそうである。この場合はむしろ被害者の感情や意思を尊重した方が正義にかなっている。

器物損壊等罪は、まさにそういう性質のものである。処罰するかしないかは、いったん被害者にまかせることにしよう。そして、被害者から告訴のあった時、はじめて事件として問題にしよう。これを刑法では、「告訴がなければ公訴を提起することができない」と言っている（二六四条）。

器物損壊罪は、第二六四条によって親告罪である、とされている（親告罪については、拙著「新版　警察官の刑事手続」（東京法令出版）第二章第三節の記述を参照されたい。）。

二　他の毀棄罪

一　器物損壊等罪の概略は以上のとおりであるが、ここで、第二六一条にいう「前三条」の毀《き》棄《き》罪をみておこう。

「毀棄」というのは難しい言葉であるが「損壊」と同じである。同じ意味に考えておいてさしつかえがない。ただ、文書については、損壊罪というよりは、毀棄罪と言った方が語感が合うので、そうされているだけである。

まず第一に、公用文書毀棄罪からみていくことにしよう。

第二五八条（公用文書等毀棄）　公務所の用に供する文書又は電磁的記録を毀棄した者は、三月以上七年以下の懲役に処する。

構成要件は「公務所の用に供する文書又は電磁的記録を毀棄した」である。

「公務所の用に供する文書」とは、要するに公務所の仕事の対象になっている文書のことであり、役人が役所名義で作った文書に限られない。たとえば、区役所に出した「婚姻届」は、作成名義人は私人であるが、区役所の戸籍事務の用に供せられているものであるから、「公務所の用に供する文書」に当たる。

これを破り捨てれば、第二五八条の罪になる。

次に、文書の「毀棄」とは、破り捨てるのが代表であるが、そのほか、墨をぬるとか、持ち出して隠すとかいうのも毀棄に当たる。(4)

二　次に私用文書毀棄罪がある。

第二五九条（私用文書等毀棄）　権利又は義務に関する他人の文書又は電磁的記録を毀棄した者は、五年以下の懲役に処する。

構成要件は、「権利又は義務に関する他人の文書又は電磁的記録を毀棄した」であり、犯罪の対象となる他人の文書は、公用文書と同じ考え方で、作成名義人にかかわらない。役所の作った文書でも、たとえば、住民票の写しを売買契約用に添付《てんぷ》したとすると、その文書は私用文書である。

これには、小切手も含まれる。持参人に記載された額をお払い下さいという意味の文書であり、権利義務に関する文書であるとされる。(5)

この罪は、器物損壊等罪と同じ親告罪である(二六四条)。警察官は、告訴があったら捜査をすることになる。

三　第三は、建造物損壊罪である。

第二六〇条(建造物等損壊及び同致死傷)　他人の建造物又は艦船を損壊した者は、五年以下の懲役に処する。よって人を死傷させた者は、傷害の罪と比較して、重い刑により処断する。

前段と後段に分かれていて、前段は「建造物等損壊罪」であり、その構成要件は「他人の建造物又は艦船を損壊した」である。

後段は、結果的加重犯である。

どの程度の行為が建造物を損壊したことになるかは、損壊された部分が取り外《はず》し可能な付属《ふぞく》部分であるか、建物の構成部分であるかによって決まる。

たとえば、硝子《ガラス》を破っても建造物損壊にはならないが、壁を壊《こわ》せば建造物損壊になる。

損壊が物理的に破損させることばかりをさしていないことは、器物損壊罪と同じである。建物の美観を害し、その効用を滅失《めっしつ》させるのも損壊である。

労働組合の闘争で、ビラを滅茶苦茶《めちゃくちゃ》にはりつけ、旧状に復するのが容易でないようにすれば、それは、建造物損壊に当たるとされる。(6)

公園の便所の壁にラッカースプレーで大書するのも損壊に当たる(7)。建造物等損壊罪は親告罪ではないから注意をしなければならない。

四　最後は、境界損壊罪である。

この規定は、戦後の土地ブームの最中に作られた新規の罪である。これは、不動産侵奪罪の周辺をガードするために作られたものである。その条文は、次のように書かれている。

第二六二条の二（境界損壊）　境界標を損壊し、移動し、若しくは除去し、又はその他の方法により、土地の境界を認識することができないようにした者は、五年以下の懲役又は五十万円以下の罰金に処する。

構成要件は「……の方法により、土地の境界を認識することができないようにした」である。たとえば、石垣を境界にしていたのに、その石垣を撤去してしまった、などというのが、この罪に当たる。

手段方法は「境界標を損壊し、移動し、若しくは除去し、又はその他の方法」である。すなわち、境界標を対象にする損壊・移動・除去がまず、代表であるが、その他何でもいい、境界がわからないようにする方法があれば、皆、ここでいう「その他の方法」になる。

逆に、境界標を壊しても、境界自体の認識に事欠《ことか》かないような場合は、この罪にならない(8)。

三 毀棄罪の周辺(軽犯罪法)

一 街燈等を消す罪 二 水路交通妨害罪
三 街路等汚染罪 四 はり紙等の罪、看板等毀棄の罪

一 刑法の損壊ないし毀棄に当たるほどでなくても、物の効用が害され、人が迷惑をする比較的軽い行為がある。軽犯罪法(昭和二三年五月一日法律三九号)にその規定がある。

その一は、正当な理由がなくて他人の標燈《ひょうとう》を消すことである。別に門燈と言っている。各戸に玄関先を照らしているあの燈火のことである。また、街燈や公園など人の集まる所につけてある電気を消す行為も取締りの対象になる(軽犯罪法一条六号)。これは、夜間における交通や集合の安全と便利を保護するためである。燈火を損壊しない前の消燈による効用発揮の妨げを取り締まる。

二 水路の存在価値を減殺《げんさい》する行為であって、みだりに船又はいかだを水路に放置し、その他水路の交通を妨げるような行為をした者を取り締まる(軽犯罪法一条七号)。損壊に至らない水路の妨げを排除

しようとするものである。「みだりに」とは、「正当の理由がなく」というのとほとんど同じである。陸上の交通妨害については、道路交通法（昭和三五年六月二五日法律一〇五号）に規定がある。川・みぞその他の水路の流通を妨げるような行為（軽犯罪法一条二五号）も、同じく水上交通の効用減殺行為として取締りの対象になる。

三　次は街路・公園等の美観の確保の問題である。そういう公衆の集合する場所で、たん・つばを吐《は》き、又は大・小便をすることが取締りの対象になる。人にさせるのも罪になる（軽犯罪法一条二六号）。また、人が集まらない場所であっても、公共の利益に反してみだりに、ごみ、鳥獣の死体その他汚物又は廃物を棄《す》てた者は罪になる（軽犯罪法一条二七号）。

これらは、公衆衛生を目的とするものであるが、風俗等、社会道徳にも関連するものである。「公共の利益に反して」とは、不特定多数人の利益に反して、ということである。

四　家屋その他の工作物へのはり札や、看板等の除去を取り締まり、また、これらの物を汚すことを罰するものがある（軽犯罪法一条三三号）。

すなわち、みだりに他人の家屋その他の工作物にはり札をし、もしくは他人の看板・禁札その他の標示物を取り除き、又はこれらの工作物もしくは標示物を汚した者を処罰する。

これは、直接家屋その他の工作物や看板等の標示物を保護しながら、他方、都市の美観と社会生活の平和を維持しようとするものである。

「工作物」とは、土地に定着した建設物をいい、「建物」概念よりもその範囲が広い。

看板の除去をはじめ、この規定は、器物損壊に至らない程度のものを対象とする。たとえば、看板を外して、ちょっとやそっとでは見つからない所へ隠してしまえば、前述のように、これは、器物損壊罪を構成する。だから、ここでいう「取り除き」というのは、看板を倒して転がしておくらいの所である。

(1) 大判明治四二年四月一六日録一五・四五二は、「本条にいう損壊とは、物質的に器物その他の形態を変更又は滅尽させる場合だけでなく、事実上もしくは感情上、その物を本来の目的に供することのできない状態にさせる場合を含む。」としている。

(2) 最判昭和三二年四月四日集一一・四・一三二七は、「労働組合員が、会社に掲げてあった第二組合の看板を取り外して、約一四〇メートル離れた場所にある他家の板塀内に投げ棄てた行為及び会社の事務室においてあった小荷物の荷札をはぎ取って持ち去った行為は、いずれも本罪に当たる。」としている。

(3) 大判明治四四年二月二七日録一七・一九七は、「他人の池の鯉を流出させる行為は、本条(二六一条)にいう傷害に当たる。」としている。

(4) 大判昭和九年一二月二二日集一三・一七八九は、「文書を持ち出して隠匿して、一時その利用を不能にする行為も毀棄である。」としている。

(5) 最決昭和四四年五月一日集二三・六・九〇七は、「権利、義務に関する他人の文書には、有価証券である小切手も含まれる。」としている。

(6) 最決昭和四一年六月一〇日集二〇・五・三七四は、「いわゆる闘争手段として、多数のビラを密接集中させて建造物にはりつける所為は、建造物の効用を減損するものであり、第二六〇条の建造物損壊に当たる。」としている。

(7) 最決平成一八年一月一七日集六〇・一・二九は、「その大書された文字の大きさ、形状、色彩等に照らせば、本件建物は、従前と比べて不体裁かつ異様な外観となり、美観が著しく損なわれ、その利用についても抵抗感ないし不快感を与えかねない状態となり、管理者としても、そのままの状態で一般の利用に供し続けるのは困難と判断せざるを得なかった。ところが、本件落書きは、水道水や液性洗剤では消去することが不可能であり、ラッカーシンナーによっても完全に消去することができず、壁面の再塗装により完全に消去するためには約七万円の費用を要するものであった。以上の事実関係の下では、本件落書き行為は、本件建物の外観ないし美観を著しく汚損し、原状回復に相当の困難を生じさせたものであって、その効用を減損させたものというべきであるから、刑法二六〇条前段にいう「損壊」に当たると解するのが相当であ」るとする。

(8) 最判昭和四三年六月二八日集二二・六・五六九は、「境界標を損壊しても、まだ境界が不明にならない場合には、境界毀損罪は成立しない。」としている。

第三章　生命又は身体を害する罪

第一節　生命又は身体の保護

一　生命・身体保護の重要性

人の生命・身体は、人の社会の基本である。

財産がいくら大事だからといって、地獄まで持って行けるわけでもなし、という俗諺《ぞくげん》がある。生命《いのち》あっての物種《ものだね》ともいう。昔から財産家で、死ぬ前にのたうち回って、財産をやるから生命を助けてくれと神仏にすがる例は後をたたない。

刑法は、生命・身体に対しては強い保護を与えている。

それは、特定個人の生命・身体が犯された場合に、その犯人を罰することにより、被害者の報復感情を鎮静、満足させると同時に、広く社会一般の人々に対して、かかる侵害から保護されているという安心感を与える。

これらの保障を与えている刑法の代表的規定は、五章にまたがっている。すなわち、殺人・傷害・過失傷害・堕胎《だたい》・遺棄の五章である。

ここでは、直接、生命・身体に対する加害行為を規定している。

二　保護の客体（人）

一　人の始まり　　二　人の終わり

一　生命又は身体を害する罪の客体はまず、「人」である。

ところで、この「人」が人であるのかないのか、問題になるときがある。それは、始まり、と終わりである。

母親のおなかの中に子供ができた。両親はこれをいつくしみ、出生を待ちわびる。しかし、胎児《たいじ》は「人」か、というと、刑法は、そう考えていない。それは、堕胎罪の存在を見ればわかる。生命に対する犯罪ではあるが、刑法は胎児を殺すのを殺人と言わず、「堕胎罪」として別個の類型を設けている。

すると、「人」は胎児ではない。やはり、出生が「人」になる大事な時期である、ということになる。

民法でも、「私権の享有《きょうゆう》は、出生に始まる」(三条)と言っている。人は生まれてから後、人になる。ところが、人が生まれる、ということを、もう少し、時間的・段階的に考えると、またもやはっきりしなくなる。

胎児は、ふつう、頭からこの世に出てくる。そして、完全に露出し、へその緒を切り、独立して呼吸を始める。この段階のどこからが人であり、どこまでが人でないか。

民法では、人としての権利の付与が目的であるから、何もあわてることはない。母親の胎内から全身を表してきたら「人」にしてあげましょうということになる(全部露出説)。

しかし、刑法では、別のことを考えている。それは、攻撃の客体としてみるからである。相続の問題で、この子には、どうしても生まれて欲しくないという者がいた、として、その犯人は、いつからその子を攻撃できるか、である。助産師と共謀《ぐる》になれば、胎児の頭が出てきた、その時に殺《や》ってしまえということがあり得る。すると、この時点から、刑法上の保護の手をさし伸べる必要がある、と、そういうことになる。

これが、「一部露出説」と言われる考え方であり、日本の裁判では、長い間これでやってきた(1)。警察官の拠所《よりどころ》も、この考え方である。

二　次に、人が「人」でなくなるのはいつか、である。

「ご臨終《りんじゅう》です」

と言って医師が深々と頭をたれるその前に、どういう検査をしたかを思い出してもらえばよい。医師は、聴診器を患者の胸に当てるであろう。次に、鼻先をうかがい、まぶたをひっくり返して瞳孔《どうこう》を見る。すなわち、心臓拍動《はくどう》の終止、呼吸の停止、それに瞳孔散大《さんだい》と、三つの徴候によって死んだかどうかを判断している（三徴候説）。

これが、人の死に対する判断の社会通念である。医学が進み、別の基準でもできれば別であるが、今は、この判断の仕方によるのが正しい。

（1）　大判大正八年一二・一三録二五・一三六七は、「胎児が、すでに母体からその一部を露出した以上、殺人罪の容体として、人ということができる。」としている。

第二節　殺人罪

一　殺人の態様

人が、人によって殺される態様にはさまざまなものがある。周到に準備して完全犯罪に近い方法で人を殺す者がいるかと思うと、自動車事故で人を死なす者もいる。噴激《ふんげき》のあまり殴打《おうだ》したら、打ち所が悪くて死んでしまった、というのもある。これに手段方法を加えたら、人を殺す殺し方は無数にあると言ってよい。

刑法は、その無数にある態様の中から、三つの類型を取り上げて規定している。「殺人罪」（一九九条〜二〇一条）・「傷害致死罪」（二〇五条）、それに、「過失致死罪」（二一〇条・二一一条）の三罪である。これらの内容は、これから、以下に説明するのであるが、なぜ、この三類型ができ上がるか、そのポイントに触れておこう。

それは、誰かが誰かに手を下した。そして、その手を下したということが原因となり、死という結果を招いた、という点では、三罪とも共通している。そして、手を下した人が加害者、犯人であり、死を招いた人が被害者であり、殺人行為の客体である。

では、なぜ、三つの類型に分かれるか、というと、それは、犯人の心の持ち方、動かし方に重大な違いがあるからである。

周到に計画して、完全犯罪に近い方法で人を殺した、とすると、その犯人の心持は、はじめから人を殺すつもりであった。言い換えると殺人の故意のある場合である。

第二は、人を殺す気は毛頭なかった。ただ逆上して相手を殴りつけた。だから暴行・傷害の故意はあった、と言われればそのとおりである。暴行ないしは傷害の意思で人に手を下し、結果としては死なせてしまったという場合である。殺人の故意はない。

そして、第三は、殺人はおろか、暴行も傷害もするつもりはない。ただ、操作を誤って自動車を人にぶつけてしまった。そして、その結果被害者の死を招いた、という場合である。これを過失という評価でとらえることはさきに述べた（一章二節四の二）。

このうち、「殺人罪」としてとらえるのは、人を殺す故意のある場合である。

二　殺人罪の概要

一　構成要件　二　安楽死

一　殺人罪の構成要件は、総論でも触《ふ》れてきたが、ここで、もう一度整理しておくことにしよう。その条文は、次のようになっている。

第一九九条（殺人）　人を殺した者は、死刑又は無期若しくは五年以上の懲役に処する。

構成要件は、「人を殺した」であり、その刑は死刑の極刑《きょっけい》から、五年という執行猶予をつける可能性を持たない刑を下限として、幅《はば》をもって規定されている。

それは、一概《いちがい》に殺人といっても、憎《にく》むべきものから、同情すべきものまで千差万別《せんさばんべつ》である。そこで情状をみて、裁判官に広い選択の余地が残されているのである。

警察官も、捜査に当たっては、この辺りの事情をよく把握するよう努《つと》める必要があるわけである。

殺人の容体、「人」についてはすでに述べた。若干解説を要するのは、殺人の行為、すなわち「殺した」の内容である。

二　殺人行為とは、自然の死期に先だって人の生命を絶つことであるが、その方法手段は枚挙《まいきょ》にいとまがない。

積極的に手を下すことはもとより、ほっといて見殺しにするというのも、状況によっては「人を殺した」に該当することがある。

たとえ、本人の頼《たの》みがあったとしても、人の生命を絶つのは殺人になる。生命を絶って犯罪にならないのは、自分の生命を絶つ時だけである。

心中して生き残った片割《かたわ》れは、死んだ相方《あいかた》の殺人を助けたかどうかで、その罪を問われる。

殺人かどうか、すれすれになるケースが安楽死である。胃がんにかかった患者などは、腹に水がたまって苦しそうである。そして、医療行為を加えても、現代の医学では助かる見込みはまったくない。医師の推定死亡日はとっくに過ぎている。そして、何よりも本人が、楽に死なせてくれ、と哀願《あいがん》している。

こういう場合に、患者本人の願いを入れて、死の施術を施すのが正しいのか、いや、やっぱり、最後まで、生かす努力をするべきなのか、近親者としては悩むところである。

アメリカの名優ヘンリー・フォンダは、「黄昏《たそがれ》」という名画を最後に不治の病につき、生命維持装置を拒否して自然死を選んだ。

これが、アメリカで犯罪であるという声を聞かない。すでに命運つきて自力で生存できなくなった患者を、本人なり家族なりの意見を聞いて、医療行為を停止する。むしろ、この方が、人間の尊厳を重視したやり方である。人道にかなっている、というのが最近の意見である。

最近の判例は確かに、この方向を向き始めている。(1)ここで重要なのは、それでも判断者は原則として医師であるべきだ、とすることである。民間信仰では一種呪術的な方法によることがあるが、判例はこれを戒めている。(2)

警察官は、安楽死が、医師以外の人の手によっている場合は、一応犯罪を疑ってみる必要がある。たとえ、数分後に死が確実にくると予測されている場合でも、臨終の苦痛を柔らげる医療行為とは関係のない方法によって死を早めたとすると、その加害行為は殺人となる可能性がある。

人を教唆もしくは幇助して自殺をさせ、又は被殺者の嘱託もしくは承諾のもとにこれを殺す罪(自殺関与罪)(二〇二条)が規定されている。この刑は、六月以上七年以下の懲役又は禁錮である。これは、ふつうの殺人罪よりは、刑が軽くなっている。それだけに、適用に当たっては注意をしなければならない点がある。

死ぬ気のなかった者に自殺の決意をさせるのが自殺の教唆であるが、これと、脅迫・強制にもとづく自殺、また、知的障害者のように、首つりの何たるやを解しない者が、錯誤によって首をつるのは、この第二〇二条とは関係がない。(3) まったく、自由意思にもとづいていた、という立証をしなければならないのである。

(1)　名古屋高判昭和三七年一二月二二日集一五・九六七四は「原則として医師の手によること」、「その方法が倫理的にも妥当なものとして認容しうること」という要件を掲げて長らくリーディングケースとされてきた。

横浜地判平成七年三月二八日判時一五三〇・二八は、これを「苦痛の除去緩和のため他の医療上の代替手段がないとき」とより具体的にし、また、患者の承諾を明示の意志表示に限定するなど注目される見解を示している。

(2)　最決平成一七年七月四日集五九・六・四〇三は、「被告人は、手のヒラで患者の患部をたたいてエネルギーを患者に通すことにより、自己治癒力を高めるという「シャクティパット」と称する独自の治療を施す特別の能力を持つなどとして、信奉者を集め」「被告人を信奉する患者の親族から、重篤な患者に対する手当てを全面的にゆだねられた立場にあったものと認められ」るところ、「被告人は、患者の重篤な状態を認識し、これを自らが救命できるとする根拠はなかったのであるから直ちに患者の生命を維持するために必要な医療措置を受けさせる義務を負っていたものというべきである」従って、「それにもかかわらず未必的な故意をもって、上記医療措置を受けさせないまま放置して患者を死亡させた被告人には、不作為による殺人罪が成立し、殺意のない患者の親族との間では保護責任者遺棄致死罪の限度で共同正犯となると解するのが相当である。」とした。

(3)　最判昭和二七年二月二一日集六・二・二七五は、「通常の意思能力がなく自殺の意味を理解せずかつ命ずることには何でも服従することを利用して、縊首《いしゅ》の方法を教えてその者を縊首させ死亡させる行為は、殺人罪に当たる。」としている。

第三節　暴行罪・傷害罪

一　暴行罪・傷害罪の概要

一　暴行罪と傷害罪は、共に他人の身体に対して物理的暴力を加えるものであるから、類型を異にしているが、実は同じものなのである。条文を比較してみよう。

第二〇四条（傷害）　人の身体を傷害した者は、十五年以下の懲役又は五十万円以下の罰金に処する。

第二〇八条（暴行）　暴行を加えた者が人を傷害するに至らなかったときは、二年以下の懲役若しくは三十万円以下の罰金又は拘留若しくは科料に処する。

構成要件は、傷害罪が「人の身体を傷害した」であり、暴行罪は「暴行を加えた者が人を傷害するに至らなかったとき」である。

これを要するに、人の身体に対する攻撃には、傷害と暴行がある。そして、暴行には、人に傷害を与える場合とそうでない場合とがある、ということが明らかである。

二　人の身体を対象とする物理的暴力に暴行と傷害とがある。

「暴行」とは、人の身体に対する不法な有形力の行使であり、人の身体に対する不法な攻撃方法のいっさいを包含《ほうがん》するとされる(1)。

代表例は殴《なぐ》る、けるであるが、けがをさせない程度でとどまる必要がある。けがをさせると「傷害」になる。

「傷害」とは、他人の身体に対する暴行により、その生活機能に障害を与えることである(2)。けがをさせる、と言えばわかりがよい。生活機能には人の精神も含まれる。隣家の被害者に向け、連日連夜大音量のラジオを鳴らし続ける行為は、傷害罪の実行行為に当たるとされる(3)。

暴行と傷害との間は、いつも、すっきり割り切れるとは限らない。区別をあいまいにするものは、「暴行」という概念の内容と、「傷害」という概要の内容が、その境目で、どっちがどっちだかわからなくなる、という事情である。

人をげんこで殴ったとする。やくざがよくやるように、眼を殴ってその周りに紫色の内出血をさせた、となると、これは明らかに傷害である。

「傷害」とは、身体の完全を害することをいい、生理機能に障害を与えるいっさいの場合を包含する、とされている。

三　傷害の手段はいろいろあるが、通常は暴行である。

しかし、暴行の故意をもって暴行をしているのと、傷害の故意をもって暴行しているのとの区別は、外側からはつけにくい。

結果からみても、傷害を生じている場合、それが、暴行の意思の結果なのか、あるいは、傷害の意思の実現であったのか、区別をつけることはできない。

この手段と結果との関係を整理してみると次のように、四つの段階がある。

第一の場合は、暴行で始まり暴行で終わるものであり、「暴行──→暴行」という型で示すことができる。

第二の場合は、暴行をするつもりで暴行をしたら、傷害の結果を生じてしまったという場合であり、「暴行──→傷害」という型に表示できる。

第三の場合は、傷害のつもりで手を下したけれども、結果は暴行で終わってしまったという場合であり、「傷害──→暴行」の型に表すことができる。

第四の場合は、傷害をしようと思って傷害の目的を達した場合であり、「傷害━━▶傷害」の型で表示することができる。

さて、この四つの場合が、それぞれどのような法的評価を受けるか、というと、第一と第三は「暴行罪」、第二と第四は「傷害罪」で処理されることになる。

すなわち、発生した結果に着目するだけのことである。

第一の「暴行━━▶暴行」と、第四の「傷害━━▶傷害」は、それぞれの故意が、そのまま結果になって実現されているのだから、言うところはない。

しかし、第二と第三は、当初の故意と、実現された結果の間に食い違いがある。

まず、第二の場合、「暴行━━▶傷害」は、暴行の意思で暴行をしたら、傷害の結果を生じてしまった。そして、刑罰は、この結果に着目して傷害罪にしようというのであるから、例の責任主義の立場、故意のない行為は処罰しない、という大原則に照らして問題がありはしないか。傷害という重い結果について、もともと故意がないとすれば、軽い暴行罪ですませるのが筋ではないか、という非難がある。

ここで、思い出してもらいたいのは、刑法には、「結果的加重犯」という考え方があることである。「強盗致死傷罪」の所で学んだあの原理である。

まず、元《もと》になる犯罪（ここでは暴行罪）であって、その延長上に、その元になる犯罪より重い結果（ここでは傷害）が発生したとき、その結果についての責任を元になる犯罪を犯した者にかぶせていってもさしつかえない。そのさい、重い結果に対する故意は必要としない。というあの理論である。

少なくとも犯人には暴行の故意があった。そして、暴行行為は、時として傷害の結果を生ずるものである。傷害という結果は、たしかに重い結果であるが、暴行をすれば傷害はあり得る。傷害がなかったとしても、むしろ、その方が自然でない場合もある。言い換えると、傷害という結果は、暴行行為の延長上、相当因果関係の範囲内に発生する結果である。

だから、暴行の故意をもって暴行をし、その行為の延長上に大きい可能性をもって控えている傷害という結果が発生したとしても、それほど驚くには値しない、と言い得るのである。暴行の行為者に、その暴行によって生じた障害の責任を負わせても、人々は、これに対して、不思議に思わないであろう。

それは、社会生活観念上は不合理なことではない、と判断されるのである。

かくて、「暴行──→傷害」暴行の故意をもって傷害の結果を生じた場合は、傷害についての認識の有無にかかわらず、傷害罪として処断することになる。(4)

四　第三の「傷害──→暴行」は、傷害の故意をもって傷害行為をした。傷害行為といっても、もともとは、人の身体に対する有形力の行使は、暴行行為であるから、傷害の意思をもって暴行を働いたと言い直しても同じことである。

そして、相手にかわされたために、傷害の結果を生じさせることができなかった。

たとえば、日本刀で切りつけた。相手はひらりと体をかわした、というような場合である。日本刀を突きつけたり、切りつけたりする行為は、不法な有形力の行使であり、まさに暴行に当たるというのは、すでに学んできたことである。この例では、傷害罪は未遂であるが、刑法のどこを見ても傷害未遂罪というのはない。ないはずである。それは、暴行罪そのままであるからである。暴行罪の構成要件をもう一度見よう。

「暴行を加えた者が人を傷害するに至らなかったとき」である。人を傷害しそこねた傷害行為は、つまり暴行そのものである、というわけである。

五　偶発的《ぐうはつてき》に数人の者が、入り乱れて殴り合う場合がある。

これによってけが人が出た場合に、その傷は誰のげんこによるもの、あの傷は某の蹴《け》ったもの、というふうに、いちいち加害者と加害か所、傷害の程度がわかる場合もあるし、わからないものもある。

こういう場合を助けるために、刑法は同時傷害の特例をおいている（二〇七条）。すなわち、二人以上の者が、お互いに連絡をとったわけではないが、偶然同一被害者に暴行を加え、傷害を与えたとする。そして、どの傷は誰の加害によるかはっきりしない。そういう場合には、はじめから示し合わせて暴行をした場合と同じに考える。つまり、共犯として扱う、というのである。

これは、同時に、同じ場所でなければならないというわけではない。時間的・場所的に近接して同一被害者が複数の者にやられた場合も含まれるから(5)、警察官としては、捜査上、傷害者の特定のために、余分な立証を迫られることがなくてすむ。

しかも、この特例は、傷害致死の場合にも適用がある。集団リンチをしているうちに、被害者が死んでしまった。さあ、下手人《げしゅにん》は誰だ、といっても、誰の手足が打ち所を悪くしたのか証明がつかない。この場合は、自分でない、というなっとくのいく証明のできない者は、皆、共犯として傷害致死の罪責を負う(6)。

六　暴行・傷害は、集団の力や、凶器、その中でも、銃砲・刀剣類を用いて実行すると罪が重くなる。数の力を頼むのも同様である。常習的に犯す者の罪も重くされる（「暴力行為等処罰ニ関スル法律（大正一五年法律六〇号）」……以下「暴力行為法」と略称する。）。

たとえば、暴力団が、組の名をちらつかせて暴行・脅迫・傷害をするのが、その典型的な例である。

集団の力は、暴力団のように、団体でなくても、ある程度の人数を集めた「多衆」でもかまわない。一般に人を制圧できる程度の集団力の威力を利用して暴行・脅迫・傷害を行うことが罪を重くする理由になる（暴力行為法一条）。

この場合の集団力は、実際にないものを仮装《かそう》しても同じこととされる。

実は、単独にきていて、また暴力団の組員でもないのに、

「表で組の仲間が待っている」

などと申し向ければ、同じく罪を重くする理由になる。

実際にいなくてもこうなのだから、現実に数人が共同して暴行・脅迫・傷害をする場合は、これを重く処罰しない道理はない。

凶器を用いる場合も、この法律によって、特別に見ることとされている。

凶器を示して暴行・脅迫・傷害をするのはもちろんであるが、昭和三九年から、凶器の中でも、とくに、銃砲・刀剣類を用いて人の身体を傷害する行為を特別重く処罰することとされた（同法一条ノ二）。

常習者を重く処罰するのも当然のことである（一条ノ三）。

暴力行為法は、さらに、右のような暴力行為を助長するような行為をも処罰することとする。すなわち、集団の力や、凶器の威力を利用して暴行・脅迫・傷害・殺人等をさせる目的で金品その他の財産上の利益や、職務を与えて人をつることが犯罪であるとされる。申込みや約束だけでも取締りの対象になる。

情を知って、これを受ける者も同様に扱われるのは言うまでもない（同法三条）。

二　危険運転致死傷罪

一　平成一三年の新設　二　構成要件の四類型　三　法定刑

一　暴行・傷害・致死の結果を、自動車の無謀運転によって生ずることがある。その無謀運転行為と重大結果を考えると、暴行・傷害・致死の道具が自動車になっているだけのことと、考えられるケースが少なくない。これを、他の交通事故のように、道路交通法（昭和三五年法律第一〇五号）と業務上過失致死傷等罪（二一一条）で片付けるのでは十分な法的処置とは言い難い。その反省から平成一三年に本罪は新設され、「傷害の罪」の章におかれた。

二　危険運転致死傷罪の条文は次のように書かれている。

第二〇八条の二（危険運転致死傷）　アルコール又は薬物の影響により正常な運転が困難な状態で自動車を走行させ、よって、人を負傷させた者は十五年以下の懲役に処し、人を死亡させた者は一年以上の有期懲役に処する。その進行を制御することが困難な高速度で、又はその進行を制御する技能を有しないで自動車を走行させ、よって人を死傷させた者も、同様とする。

2　人又は車の通行を妨害する目的で、走行中の自動車の直前に進入し、その他通行中の人又は車に著しく接近し、かつ、重大な交通の危険を生じさせる速度で自動車を運転し、よって人を死傷させた者も、前項と同様とする。赤色信号又はこれに相当する信号を殊更に無視し、かつ、重大な交通の危険を生じさせる速度で自動車を運転し、よって人を死傷させた者も、同様とする。

（平成一九年法五四号で「四輪以上の」削除、単に「自動車」となる。）

本条に規定される「危険運転」は、次の四種類に類型化されるのであるが、どの場合にも共通する基本要件は、単なる危険運転ではなく、人を死傷させる危険運転であることである。だから、次の四類型に当たる場合であっても、運良く人を死傷させない場合は、本罪を成立させない。それらの行為は、本条制定以前の法的処置に委《ゆだ》ねられるのである。

類型の1は、不正常運転であり、「アルコール又は薬物の影響により」「正常な運転が困難な状態」で「走行」、「よって人を死傷させた」ことである。

類型の2は、制御不能運転であり、「その進行を制御することが困難な高速度で、」又は「その進行を制御する技能を有しないで、」「走行」、「よって人を死傷させた」ことである。

類型の3は、通行妨害運転の一であり、「人又は車の通行を妨害する目的で、」「走行中の自動車の直前に進入し、」「その他通行中の人又は車に著しく接近し、」「かつ、重大な交通の危険を生じさせる速度で運転し」、「よって人を死傷させた」ことである。これには、人又は車の走行を妨害する積極的な意図をもって運転することが要件とされ、また、「直前に進入」も「著しく接近」も例示とされ、俗に言う「あおり」「幅寄せ」等の行為もこれに当たるとされる。

類型の4は、「赤色信号又はこれに相当する信号を殊更に無視し、」「かつ、重大な交通の危険を生じさせる速度で」走行し、「よって人を死傷させた」ことである。「殊更に無視し、」とは、赤色信号等に従ってたまるか、という精神状態をいい、信号が何色かを気にも止めない状態もふくまれ、そういう精神状態であれば、交差点内でなく、交差点入口手前の停止線相当位置付近において、事故を起こしても本罪第二項後段に当たるとされる。(7) よくある黄色からの変わり目で、ま、行ってしまえ、と言う風な場合は、難しいが、ふくまれていないとする方が、無難であろう。

「危険運転行為」は、右のいずれの行為においても、本罪の成立には、危険運転行為の危険性を、被疑者が認識していることが必要であるということに、注意を要する。警察官は、危険性を立証する事実を挙げ、それについて被疑者の認識はどうであったか、を調べることになる。

三　このような危険運転行為により、人を負傷させた場合には十五年以下の懲役であり、死亡させた場合には一年以上の有期懲役である。

三　凶器準備集合罪・同結集罪

一　凶器を用意して不穏《ふおん》な事を企《くわだ》てるのを、できるだけ早い機会に鎮圧しようとするのが、刑法第二〇八条の三の趣旨である。

この規定は、もともと暴力団の出入りを念頭において作られたものであるが、後は、過激派や労働者の、学園占拠や街頭闘争に対する事前抑制の手段として活用されている。

この罪には、集まる者を対象とする場合と、集める人を対象にする場合がある。前者が「凶器準備集合罪」、後者が「凶器準備結集罪」である。

民主主義の平和な社会においては、凶器を用意した集団の存在は目障《めざわ》りである。たとえば、平和に買物をしているデパートの中に、ゲバ棒・鉄パイプの数人の男がいたら、買物客は、どのような衝撃を受けるであろう。発達した社会では、「場違い」を忌《い》む。同じ男たちが、ダムの工事現場にいたらどうか。それほどの違和感《いわかん》はないであろう。

このように、現代社会では、凶器を保持した集団それ自体の存在を不要のものと考える。そして、そのような存在が、公衆の眼に触れる前に解散除去を実行し、いったん、公衆の面前に現れたら、早期にこれを鎮圧する必要があるのである。

この規定は、もともとは、暴力団の抗争事件に対処するつもりで作られたものである。しかし、暴力団に限らずその手段が人を殺傷し、物を破壊するための凶器を準備して集団行動をしようとする者を野放しにしておくことはできない。たとえ、それが政治的意思の表現であったとしても、そのような手段による政治意思の表明は、憲法の保障外であり、本罪の適用から逃れられるものではない。

二　その条文は、次のように書かれている。

第二〇八条の三（凶器準備集合及び結集）　二人以上の者が他人の生命、身体又は財産に対し共同して害を加える目的で集合した場合において、凶器を準備して又はその準備があることを知って集合した者は、二年以下の懲役又は三十万円以下の罰金に処する。

2　前項の場合において、凶器を準備して又はその準備があることを知って人を集合させた者は、三年以下の懲役に処する。

構成要件は、「……凶器を準備して又はその準備があることを知って集合した」であるが、その行為の場合について条件がついている。すなわち行為の主体はまず、「二人以上の者」でなければならない。一人で準備して一人で集まってもこの罪にはならない。もし、人を殺す目的で一人でそういう準備をすれば、殺人予備罪になるだけのことである。

次に、この行為をするについては、目的がなければならない。それが、「他人の生命、身体又は財産に対し共同して害を加える目的」である。この「共同加害の目的」は、全員若しくは多数の者の集団意思にまで固まる必要はなく、漸次《ぜんじ》伝わる程度でいい。(8)受身の反撃の場合もこれに含まれる。(9)

凶器準備集合罪は、このような共同加害の目的をもって人が集まるのを取り締まろうとする。まず、人の集合に眼がつけられる。

そして、共同加害の目的で集まったその時凶器を準備するのを罪とする。集合してから準備するのも、準備してある所へ集合するのも、危険性は同じことであるから、構成要件は並べて規定してある。

これをわかりやすいように図型化してみると、

「二人以上の者」（主体）

「他人の生命、身体又は財産に対し共同して害を加える目的で」（共同加害の目的）

「集合した場合において、凶器を準備して」（行為1）

「又は」

「その準備があることを知って集合した」（行為2）

ということになる。行為の態様は、集合と凶器の準備が前後することによって二通りとなる。

三　第二項の方は、凶器準備結集罪である。構成要件は、「……凶器を準備して又はその準備があることを知って人を集合させた」である。目的や状況は、凶器準備集合罪のそれと同じである。法文では、これを「前項の場合において」と言っている。

凶器のある所へ人を集める罪であり、刑も「三年以下の懲役」と重くなっている。

この罪の主体は、招集者がふつうであるが招集後、指揮統率《とうそつ》して集合を持続される者も含まれる。しかし、象徴的指導者として、推《お》されてなったに過ぎない者は、ここでいう結集者ではあり得ない。

集団が別のことで形成された後、手元にある凶器を使用して共同加害目的を達しようと合意をすれば、その合意に加功し、維持・形成に努めた者は、結集者ということになる。

結集者はそのさいの集団の中心に座る人である。だから単なる集合罪より罪が重い。

四　凶器は、人の殺傷や物の破壊に利用される道具のことをいう。

銃砲や刀剣類は、まさに凶器の代表であるが、そのように、人の殺傷用とも言えるものだけでなく、他の目的のために作られ、日常生活でそれぞれ平和利用されている物が、用い方によっては、突如《とつじょ》凶器に変ぼうすることがある。

たとえば、包丁《ほうちょう》である。出刃包丁《でばぼうちょう》は、魚を料理するためにあるので、人を料理するためにあるのではない。しかし、現実に人がこれで切られたり刺されたりすることがある。

かと思うと、洋傘の芯棒《しんぼう》で突き殺される者もいる。野球用のバットで殴り殺される者もある。

このように、本来、人の殺傷用に作られた物ではないのに、その使用方法いかんによっては凶器になる物がある。

これを「用法上の凶器」と言っている。銃砲・刀剣類は、これに対して「性質上の凶器」と言っている。

用法上の凶器は、殺傷の結果からさかのぼって判断する場合はさほど問題にならないが、逆に事前規制の判断をするさいには、果たして本罪の対象とするべき違法な集合であるのかどうかを分かつ重要な判断になってくる。

たとえば、プラカードや旗竿《はたざお》が用法上の凶器として準備されたとすれば、集会・デモ、それ自体が本罪の対象になるおそれもでてくる。

しかし、プラカードや旗は、集会やデモにおける表現の有効な手段の一種でもあり、その自体を危険視・違法視することはできない。そして、用法上の凶器である、と認定するためには、社会通念に照らして、その物を集団的に携行《けいこう》する有様が、付近の住民に脅威や圧迫感を覚えさせる程度の物でなければならない。人々が見たり聞いたりして、直ちに危険の感を抱かせられる物でなければならない、というのが一つの認定の基準である。(10)

角材や鉄パイプが用法上の凶器になることは、比較的わかりやすい。(11)

五　たとえば、殺人予備罪は、人を殺害する目的をもって凶器を準備することによって成立するが、その後、殺人の実行行為に着手すると、殺人が未遂であると既遂であるとを問わず、予備行為は、本罪である殺人罪に吸収される。

すなわち、警察官は、殺人罪を立件すれば足りる、ということであった。

それでは、凶器準備集合の場合はどうであろうか。この場合は集団であるから、暴力行為法の問題がでてくる。

集団で暴行・脅迫・器物損壊の罪を犯せば同法第一条に該当する場合があり、準備された銃砲刀剣類で人を傷害すれば、同法の第一条ノ二に当たることになる。人を殺せば、もちろん殺人罪との関係がでてくる。

凶器準備集合罪は、一種の予備罪として、殺人・傷害・暴行等の実行行為の着手があれば、そっちの方を立てて、それに吸収されるのかどうか、ということである。

もし、凶器準備集合罪及び同結集罪が、単に、集団暴力行為の予備罪としての性格をもつだけのものであったら、あるいは、そういう結論になるかも知れない。

しかし、本罪の行きつく所は、単なる準備行為にとどまるものではない。それは、持凶器集団の集合状態そのもののもつ社会的な脅威を醸成する。そして、警察官は、この脅威を取り締まるのである。

そうだ、とすると、集団による殺傷・破壊行為が行われても、これに吸収されるのではなく、集合状態が存続する限り、凶器準備集合罪も、同結集罪も、持続犯として存続していると考えなければならない[12]。

すなわち、本罪は、殺傷・破壊行為が行われても、それと併行して存続する罪として、警察官は、両方を立てていかなければならないのである[13]。

(1) 大判昭和八年四月一五日集一二・四二七は、「暴行(二〇八条)とは、人の身体に対する不法な攻撃方法のいっさいを包含し、その性質上、傷害の結果を惹起すべきものであることを要しない。」としている。

(2) 最決昭和三二年四月二三日集一一・四・一三九三は、「刑法にいわゆる傷害とは、他人の身体に対する暴行によりその生活機能に障害を与えることであって、あまねく健康状態を不良に変更した場合を含むものと解し、暴行の結果、胸部に疼痛を生ぜしめることは、外見上打撲痕などは認められないとしても、身体の傷害である。」としている。

(3) 最決平成一七年三月二九日集五九・二・五四は、「被告人は、自宅の中で隣家に最も近い位置にある台所の隣家に面した窓の一部を開け、窓際及びその付近にラジオ及び複数の目覚まし時計を置き、約一年半の間にわたり、隣家の被害者らに向けて、精神的ストレスによる障害を生じさせるかもしれないことを認識しながら、連日朝から深夜ないし翌未明まで、上記ラジオの音声及び目覚まし時計のアラーム音を大音量で鳴らし続けるなどして、同人に精神的ストレスを与え、よって同人に全治不詳の慢性頭痛症、睡眠障害、耳鳴り症の傷害を負わせた」「被告人の行為」は、「傷害罪の実行行為に当たる」とする。

(4)　最判昭和二五年一一月九日集四・一一・二二三九は、「傷害罪は結果犯であり、その成立には、傷害の原因たる暴行の故意があれば足り、傷害の故意を必要としない。」としている。

(5)　大判昭和一一年六月二五日集一五・八二六は、「二人以上の者が共同行為でなく、各別に暴行を加えて他人を傷害し、しかも、傷害の軽重又は傷害を生じさせた者を知ることができない場合に対する規定であり、その暴行が同時・同所で行われたかどうかを問わない。」としている。

(6)　最判昭和二六年九月二〇日集五・一〇・一九三七は、「二人以上の者が、共謀しないで他人に暴行を加え、傷害致死の結果を生じ、その傷害を生じさせた者を知ることができない場合には、本条(二〇七条)により、共に傷害致死罪の責任を負う。」としている。

(7)　最決平成一八年三月一四日集六〇・三・三六三は、「交通整理の行われている交差点手前で、対面信号機の赤色表示に従って停止していた先行車両の後方にいったん停止したが、同信号機が青色表示に変わるのを待ちきれず、同交差点を右折進行すべく同信号機がまだ赤色信号を表示していたのに構うことなく発進し、対向車線に進出して、上記停止車両の右側方を通過し、時速約二〇キロメートルの速度で自車を運転して同交差点に進入しようとした。そのため、折から右方道路から青色信号に従い同交差点を左折して対向進行してきた被害者運転の普通貨物自動車を前方約一四・八メートルの地点に認め、急制動の措置を講じたが間に合わず、同交差点入口手前の停止線相当位置付近において、同車右前部に自車右前部を衝突させ、よって、同人に加療約八日間を要する顔面部挫傷の傷害を、同人運転車両の同乗者にも加療約八日間を要する頸椎捻挫等の傷害をそれぞれ負わせた。以上の事実関係によれば、被告人は、赤色信号を殊更に無視し、かつ、重大な交通の危険を生じさせる速度で四輪以上の自動車を運転したものと認められ、被害者らの各傷害がこの危険運転行為によるものであることも明らかであ」るとする。

(8)　最判昭和五二年五月六日集三一・三五四四は「本罪が成立するには、集合者の全員又は大多数の者の集団意思としての共同加害目的は不要で、行動を相互に目撃し得る場所に近接している者のうち、少なくとも暴行に及び又は及ぼうとした者らには、漸次波及的に共同加害目的を認め得る。」とする。

(9) 最決昭和三七年三月二七日集一六・三・三二六は、「共同加害目的があるとするためには、進んで出撃しようとする意図を必要とせず、相手が襲撃した際には、兇器を用いて共同して迎撃し殺傷する意図があれば足りる。」とする。

(10) 大判大正一四年五月二六日集四・三二五は、「用法上の兇器について、銃砲や刀槍《とうそう》、竹槍《たけやり》、棍棒《こんぼう》等と同視すべき程度に在る用法上の兇器であって、社会通念に照らし、人の視聴上直ちに危険の威を抱かせるに足るものでなければならない。」としている。

(11) 最決昭和四五年一二月三日集二四・一三・一七〇七は、「長さ一メートル前後の角棒は兇器に当たる。」としている。

(12) 最決昭和四五年一二月三日集二四・一三・一七〇七は、「持兇器の集団が現実に暴力行為を開始した後であっても、持兇器集団としての集合の状態が継続する限り、兇器準備集合罪は継続して成立し、傷害・暴力行為等処罰法違反等の罪に吸収されるものではない。」としている。

(13) 最決昭和四三年七月一六日集二二・七・八三〇は、「兇器準備集合の行為と、その直後、集合場所付近で行われた暴力行為等処罰ニ関スル法律第一条違反の行為とは、併合罪の関係にある。」とする。

第四節　過失傷害の罪

一　過失の意義

一　過失をとがめる理由　二　故意と過失の間
三　過失の要件

一　人が殺される、物が盗《と》られる、というふうに、法益侵害の結果が発生したとき、その侵害をひきおこした人を被疑者として捜査し、被告人として裁判にかけるには、その人に、その法益侵害の故意がなければならない。

そして、故意とは、犯罪構成事実を認識することであった。その認識がなければ、犯罪は成立しない。「罪を犯す意思がない行為は、罰しない」（三八条）である。

ところで、社会的事件の中には、故意はないかも知れない。しかし、そのまま野放しにしておけない、ということがある。

草野球の例をもう一度思い返してみよう。人通りのない野原でしている場合には問題はおきない。密集した都会の一角にある広場でしている場合は、人通りというものをまったく無視してしまうわけにはいかない。

そして、人が通りかかった時、野球をしている者には、どのような注意が必要であるか。球が当たるか、バットがぶつかるか。行動半径《はんけい》の中に人がいるか、いないかを考えてから、行動をすることを要求されるであろう。そして、もし、そういう注意をしなかったために、現実に球が当たったり、バットがぶつかったりして、けが人が出れば、故意がありませんでした、では、すまされないであろう。

これが、不注意をとがめる問題、過失を犯罪にしようとする考えの生まれてくる理由である。刑法は、罪を犯す意思のない行為はこれを罰しないとしながら、「ただし、法律に特別の規定がある場合は、この限りでない」(三八条一項ただし書)としている。そして、随所《ずいしょ》に、過失を罰する趣旨の規定をおいている。

過失傷害罪は、その中の一つである。

二　それでは、「過失」というのは、故意と比べてみて、どういう精神状態をさしているのであろうか。

広場で野球をしていたら、日ごろ憎《にく》いと思っていたBが通りかかった。その顔を見て、Aは急に、むかむかしてきて、

「畜生!!」

とばかりにボールを投げつけた。ボールはコントロールよろしく、その憎い相手の顔にぶつかり、相手は鼻血を出して倒れてしまった。傷害の結果が発生した。

さて、この時のAには、故意があったと言い得る。むかむかとして、夢中でボールをぶつけたとしても、犯罪構成事実（ここでは相手の顔にボールをぶつける。）の認識に事欠かない。そして、顔の真ん中にボールが当たれば、人がけがをするのは当然である。

次に、野球の最中、ボールを投げようとして、ふと向こうを見ると、人が駆け込んできた。

――危ない。

と思った。今投げると、当たるかも知れない。この時、二通りの心の動かし方がある。

その一は、

――危ない。しかし、当たってもいいや。野球をしている所へ入ってきたのだから。

そう思って、予定どおり球を投げることである。ぶつけるつもりはない。つまり故意はない。しかし、「当たってもいいや」という、精神態度は相当に悪い。「当ててやれ」というのとは、紙一重《かみひとえ》

である。

これを学者は、「未必《みひつ》の故意」と言って、故意に準じた扱いをしている。

その二は、

――危ない。しかし、当たりっこないよ。おれは腕がいいんだから。

そう思って予定どおりに球を投げる。ところが当たってしまった。未必の故意との違いは、絶対当たらない、と、確信をもっていることである。「当たってもいいや」というのとは、少し違う。ボールの当たりそうな客観的事情についての認識はあるが、当てる、という犯罪事実の認識を欠いている。だから故意があるとは言えない。

学者は、これを「認識ある過失」と言う。過失犯に位置づけをしているのである。故意と過失の境目《さかいめ》にいて重心を過失の方に傾けているのが、この「認識ある過失」である。
三　次に、ぼんやりしていて、何の注意もすることなく、ただ惰性《だせい》で球を投げていて当たってしまった、という場合を考えてみよう。
ボールを当てる気持も、当たるかも知れない場所に人がいる、という認識もない。ただ、ぼんやりと、野球だけに集中して惰性で球を投げている。

そして、人に当たると、さて、その法益侵害と、侵害者との関係を、どのようにとらえるかが問題になり、ここに通常の過失の問題がでてくる。

警察官は、この種の訴を受けて捜査をするとき、まず、どういう順序で組み立てていくかというと、故意はないものとして、

まず第一は、発生した結果と、発生させた人の行為との結びつきの関係をみる。因果関係の存否である。

AがBにボールをあて、Bがけがをした。その関係がまず、確定されなければならない。これは、別の言い方をすると、

「もしAの落ち度のある行為がなかったら、Bはけがをしなくてもよかったか」

というとらえ方である。そして、

「そのとおり」

という答がでたら、Bのけがという法益侵害の結果は、Aの落ち度のある行為によって、ひきおこされた、ということになる。

次に、Aはそれではいったい、どうすれば好《よ》かったのか、ということになる。

今、落ち度があった、落ち度があった、と言われているのであるが、それでは、落ち度があった、と言われないためには、どのような注意をしたら好かったか（注意義務）。

まず、野球をしているその場所が、全然、危険のない所なのか。それとも、人通りのある所なのかという認識である。そして、人通りがある、ということがわかったら、ゲームの途中に通行人が現れる可能性を考えておかなければならない。そして、通行人が現れれば、場合によってはボールがぶつかったり、バットが当たったりすることがあるということの予見の有無である（予見可能性）。

さて、状況をそのように把握《はあく》したら、前後左右に注意し、人がきたな、と思ったら、一時、野球を中断するなどしてその通行人をやり過ごし、けがをさせたりしないように配意する必要があろう（回避可能性）。

ところが、実際、Bのけがという法益侵害の結果が発生した。その結果と、Aの投《とう》てき行為との間には因果関係が認められる。

そして、Aについて調べてみると、やはり意識の緊張を欠いていたところがある。

まず、その広場は、人通りのある所かどうか、客観的状況に対する認識を欠いているかどうか。その認識が、もし、あったとしても、現実に通行人が現れたとき、それにボールが当たる可能性のあることを考えようともしない（予見できることを予見しない。）。したがって、現実に通行人が現れてもこれに注意を払わない。漫然と野球を続ける。一時、野球を中断してその通行人をやり過ごすということをしない（結果回避の行動をとらない。）。その結果、ボールは通行人Bに命中し、Bはけがをしてその場に倒れた（法益侵害の結果発生）。もし、AがBのきたとき、投てきを止めれば、そのけがはなかった（因果関係）。と、こういうことであった、とすると、Aについて、過失傷害罪が成立することになる。

このように、過失犯の成立には、法益侵害の結果と、その結果をもたらした過失行為との間に、因果関係が存在すること。そしてその過失行為とされるものの中身には、予見可能性と回避可能性があり、予見が可能であったのに、不注意で予見をしなかった、したがって、すればできる回避の行動をおこさなかった、というところに注意義務違反を認めることができなければならない。

過失犯の中心には、このように、注意義務が居座《いすわ》っている。

二　過失傷害の罪の要件と態様

一　過失傷害の罪は、従来、過失致死傷罪（二〇九条、二一〇条）・重過失致死傷罪（二一一条一項後段）・業務上過失致死傷罪（二一一条一項前段）の三つの類型によって区別されていたのであるが、平成一九年法五四号により、自動車による業務上過失致死傷罪が新たな類型になった。

まず「普通」の過失傷害罪の条文は、次のように書かれている。

第二〇九条（過失傷害）　過失により人を傷害した者は、三十万円以下の罰金又は科料に処する。

2　前項の罪は、告訴がなければ公訴を提起することができない。

構成要件は、「過失により人を傷害した」である。

この刑も「三十万円以下の罰金又は科料」という軽いものであり、さらに、同条第二項によって親告罪にされている。

被害者等の告訴があったら、はじめて立件送致の対象になってくる。被害者等が我慢しているのに、警察の方で勝手にどんどん捜査を進めて検察庁に送ってしまう、ということはできない。

「過失により」人を傷害する場合であるから、傷害が他の原因によっていたのでは、この罪の成立を認めるわけにはいかない。そして、傷害罪の故意はすなわち、暴行の事実の認識があれば足りるということであるから、これは、暴行についても認識予見がなかった、という場合であり、しかも、その注意義務違反がそう重くない場合であることを明記しておかなければならない。

二　過失致死罪の条文は、次のように書かれている。

第二一〇条（過失致死）　過失により人を死亡させた者は、五十万円以下の罰金に処する。

構成要件は、「過失により人を死亡させた」である。

結果が人の死であるという点を除けば、過失傷害罪と何の変りもない。被疑者の認識予見も注意義務も、すなわち、犯罪の成立要件がまったく同じだ、ということである。

ただ、発生した結果だけによって、過失傷害罪か、過失致死罪かが決まる。

三　重過失致死傷罪は、業務上過失致死傷罪と一緒に第二一一条に規定されている。その条文は次のように書かれている。

第二一一条（業務上過失致死傷等）　業務上必要な注意を怠り、よって人を死傷させた者は、五年以下の懲役若しくは禁錮又は百万円以下の罰金に処する。重大な過失により人を死傷させた者も、同様とする。

2　（略）

前段が業務上過失致死傷罪、後段が重過失致死傷罪である。

重過失致死傷罪の構成要件は、「重大な過失により人を死傷させた」である。過失致死傷罪との違いは、その過失が「重大」であることであり、したがって、その刑も、懲役・禁錮を含む重いものになっている。

何が重大であるかは、人の生命・身体に対する具体的危険の度が高い、つまり、その結果発生の可能性が高い場合である。

四　業務上過失致死傷罪の構成要件は、「業務上必要な注意を怠り、よって人を死傷させた」である。

過失の内容が、「業務上必要な注意を怠り」と、やや具体的になっているところが、他の過失傷害の罪と違うところである。

「業務上」というと、営業活動をさしているように聞こえるが、ここでは、そのように、限定的に考えられているのではない。

人が、その社会上の地位において反復継続して行う行為である。たとえば遊びで狩猟を楽しむ。鉄砲を買い込んで、時期になるとそれで楽しんでいた。その人が誤って人に中《あ》ててしまえば、その過失は業務上過失になる。(1)

五　自動車による業務上過失致死傷罪は、とくに、重く処罰される。自動車運転は、長い間、この刑法の業務上過失致傷罪で処理されてきた。しかし、事態は、一般の業過事件ではおさまらなくなってきたので、平成一九年法五四号によって第二一一条二項を改正して、その前段に独立して重く処罰する条文を設けた。

第二一一条（略）

2　自動車の運転上必要な注意を怠り、よって人を死傷させた者は、七年以下の懲役若しくは禁錮又は百万円以下の罰金に処する。ただし、その傷害が軽いときは、情状により、その刑を免除することができる。

二〇〇七（平成一九）年六月から、この条文によって、一般の業過事件よりは重く罰することになった。構成要件の違いは、「業務上必要な注意を怠り」が「自動車の運転上必要な注意を怠り」に変わっただけで、「よって人を死傷させた」はそのままである。大きく変わったのは刑罰の方で、

「五年以下の懲役若しくは禁錮又は百万円以下の罰金」が「七年以下の懲役若しくは禁錮又は百万円以下の罰金」に引き上げられた。

これで、かつては、たまたま無免許で生まれて初めて車を動かす等の場合、「業務上」には当たらないが、一定の考試を経て免許を得ている者に比較すれば、言うまでもなくその運転行為の危険度が高い。まして、無免許者が、酒の勢いを借りて自動車の運転をした、とすると、その運転によって、人の生命・身体に危険の及ぶ可能性はきわめて高く、その過失、すなわち、注意義務違反の程度は、重過失に当たる、と言う風な構成をしなければならなかった。それにしても、その罪は五年以下の懲役若しくは禁錮又は百万円以下の罰金にしかならなかった。それが二〇〇七（平成一九）年六月以降は、運転上の過失だけで「七年以下の懲役若しくは禁錮又は百万円以下の罰金」に処することができるのである。

三　過失犯の基本的な考え方

一　過失とは、通常人ならば、当然、認識予見できることを、不注意によって認識予見しない。そして、漫然、行動をした結果、法益侵害をひきおこしてしまった、ということであるから、故意との違いは、不注意があって、当然、認識予見すべきこと、また、認識予見できることを、そうしなかったという点に求められることは明らかである。

問題は、この不注意である。不注意というのは、ぼんやりしていたということであろうか。

さっきの野球の例で考えてみよう。Aの投げた球がBの顔に命中した。そこで、Aを問いただしてみると、ぶつけるつもりはなかった、ということであるから故意はない。しかし、現に球は当たっているのだから、そこに、何らかの不注意があったのではないか。

Bの顔に球が当たってBがけがをした（法益侵害）。その結果をひきおこしたのは、Aの投げた（Aの行為）球である（因果関係）。

「Aの行為→Bの負傷」との一連の関係には、法益侵害の因果的発生が認められる。そこでAを調べる。

「ぶつけるつもりはありませんでした」

「しかし、お前の投げた球が当たった」

「それは、そうです」

「投げる時、ぶつけるつもりはなかった。そうだね」

「そうです」

「しかし、人が通ることは知っていたのだね」

「ええ」

「では、人が通る時、球を投げれば当たる可能性はあるのでは」

「いえ、私は、コントロールに自信がありましたから、当たるなどとは思いませんでした」

「しかし、球は当たった」

「……」

「人が通れば、当たることがある。そうだな」

「……」

「当たったのはどういうわけだ」

「あの時だけ、コントロールが乱れたのです」

「君は、コントロールが乱れることがある」

「……」

「そういうことは、前から自分でわかっていることだろう」

「しかし、あの時は自信がありました」

「コントロールを乱すことはある。それをあの時に限ってそうは思わなかった。君は、何か、野球に夢中になって、人がきたことに注意を払わなかったのではないかね」

「注意はしました」

「しかし、足りなかった。だから当たった」

「……」

「そうだろう」

「……は、はい」

と、まあ、こういう経過になりやすい。

警察官は、法益侵害の結果を前にして、その責任者を明らかにしようとしているのだから、故意はなかったにしても、せめて、認識ある過失ぐらいはあったのではないか。また、ほんとうにぼんやりしていて、結果発生の予見をしなかったのではないか、と、まず、疑ってかかるのが常道《じょうどう》である。人が通るのに、そのまま野球を続けても大丈夫だ、と、そう思ったところに不注意がある、と。

しかし、不注意をこういうふうにとらえていくと、文明社会では不都合《ふつごう》がおきないか、というのが次の問題である。

人が何かをする場合に、それによって法益侵害がおこることもある。つもりはなくても結果はおこることがある。

自動車の運転を考えれば、すぐにもわかることである。車で出かける一般の人が、事故をおこしてやれなどと思ってハンドルを握っているはずはない。それでも、

「やっちゃった」

と泣き声出して家に電話をする破目《はめ》に陥《おちい》ることがある。

そして、もし、運転者を途中で止めて、

「君は事故をおこさない、と思っているね」

と聞けば、万人が万人とも、

「もちろんです」

と答えるであろう。そして、もし、

「一〇〇パーセント事故にならないと思うか」

と聞けば、これまた、万人が万人とも、

「そうは思いません」

と答え、

「では、事故をおこす可能性はあるのだな」

とたたみ込めば、

「それは、ない、とは言い切れません」

と答えるはずである。

すなわち、交通事故の結果に対する認識予見の可能性はきわめて高い。結果さえ発生すれば、予見の可能性があったのにしなかったのは、不注意のせいだ、と、過失責任の答は簡単にでてくる。何しろ、緊張を欠いていたかいないか、という心理的側面で議論しようとするのだから、不確実性は一向にあらたまらない。しかも、事故の結果は発生している。その責任を問うていこうとするのだから、ほとんど無過失責任に近い結論に導《みちび》かれるおそれがある。

これが、従来の過失の基本的な考え方であった。そして、現代社会の複雑化・文明化にともない、これに対する反省がでてくる。

これが、正義と言えるか、ということである。ドライバーなら、口をそろえて言うであろう。

「それは、正義ではない！」

と。結果がおこれば、何がなんでも不注意があった、では助からない。

自動車運転は危険である。そんなことはわかっている。しかし、

「マイカーはやめましょう」

などというスローガンは問題がある。やめるやめないは自由である。第一、人間の作り出した文明の利器《りき》は、皆、何らかの危険を内包《ないほう》している。

しかし、使う。

危険の可能性は皆無《かいむ》ではないが、その率が低いときは、気をつけて使う。それによって現代社会は成り立っている。

危険はあるが許されている。

これが、「許された危険」の法理である。危険物はいっぱいある。しかし、適切な方法による限

り、その使用は許されている。

もし、とがめることがある、としたら、それは、適切な方法によらなかった場合である。

プロパンガスは、今や、どんな山奥へ行っても使用されている。しかし、時々爆発することがある、危険物である。危険だが、その使用は許されている。ただ、適切な方法によって使用することが要求されている。それに反して、不適切な使用、たとえば、部屋中に漏《も》らして爆発させるような使用は許されていない。不注意でそういうことをすれば、過失でとがめなければならない。

この適切な使用方法によっている限り、とがめられないですむ、というのが、許された危険の法理の中核にある考え方である。

二　文明社会においては、許された危険が充満している。そして、それらの網の目の中で、各自が適切にその危険をコントロールしている、というのが暗黙の了解になっている。隣の人が、適切な方法によってプロパンを使っていてくれる、と、その信頼があればこそ、隣人として安らかに暮らしていくことができるのである。

自動車のドライバーも、対向車が、こっちの車線に入ってこない、と、その信頼があればこそ、安心して車を走らせることができる。

許された危険の存在を認める以上、その危険のコントロールが適切に行われているという信頼もまた重要な法原則になってくる。

これを「信頼の原則」と言っている。

要するに、世の中は、持ちつ持たれつである。許された危険がいっぱいの中で生活するには、各自が、各自の持ち場で、適切にその危険をコントロールしている、という信頼関係の網の目が必要である。

そして、不幸にして事故がおきても、その法益侵害の結果と直接の因果関係のある行為をした人だけを責めるのではなく、信頼関係の網の目の中で、加害者も被害者も応分の責任分担を考えていこうではないか、ということになる。

Bは自動車運転をして交差点の中でいったん停止した。そこで、前方に注意しながら歩行者の速度で右折を開始した。そこへ、右方からA車が突進してきて、右に回りかけているB車の前方を無理に突破しようとした。そして、突破しきれずに衝突した。

警察官は、これをどう処理したか。Aの悪いのは当然として、問題はBである。

Bは時速五キロメートルほどでのろのろと右折を始めた。もちろん方向指示器を出している。しかし、さらに、右方も見て、Aのように無理に前面をかすめていこうとする車があるかないか、確かめれば事故はなかった。

――きたな。この暴走野郎が。

そして、無法者には逆らわない。ぴたと止まってやり過ごす。そういう態度もあったはずである。

警察官は、そう考えた。Ｂにも過失がないわけではない。安全運転義務違反である、と。

ところが、裁判所は、これと違う判断をした。このような場合、自動車運転者としては、特別な事情のない限り、右側方からくる他の車両が、交通法規を守り、自車との衝突を回避するために適切な行動にでることを信頼して運転すれば足りる。

例の信頼の原則の応用である。

だから、この例のＡ車のように、あえて交通法規に違反し、自車の前面を突破しようとする車両のありうることまでも予想して、右側方に対する安全を確認し、それによって事故を未然に防止する、それほどの注意義務を負担する必要はない(5)、と。

この判断は、はじめて最高裁が、信頼の原則を導入した画期的《かっきてき》なものである。この事件を担当した警察官は、不勉強でも何でもない。この判断が出る前までは、ぶつかれば、安全運転義務に違反した、と考え、立件送致することとされていたからである。

この判例の出た昭和四一年一二月二〇日から、被害者と思われていた者が、適切な方法によって車を動かしていたかどうかが、被疑者の罪責に強い影響力をもつように、変わってきたのである。

こうなると、注意義務の内容が、よほど、はっきりしてくる。何しろ、絶対に事故をおこさないように、あらゆる注意をする、というのではない。できるだけのことをする。そして、できるだけの注意義務とは、社会生活上の信頼関係の網の目の中で、その分に応じた適切な注意、ということになる。

それは、客観的にその基準を探究《たんきゅう》できるものである。単に、緊張を欠いた、という心理的な漠然《ばくぜん》としたものではなく、その行動によって危険を回避するために、やるだけのことをやったか、という客観的な見方が可能になる世界である（客観的注意義務）。

三　社会生活上の信頼関係の網の目の中でする適切な注意とは、どのような内容のものであるか。

行為者は、まず、意識を緊張させてみるべきものをみ、予見すべきものを予見しなければならない。

そして、もし、法益侵害の結果が、その行為の先に存在することを予見したら、次に、その発生を回避する行動をとらなければならない。

この時とられる行動の基準は何か、これが「客観的注意義務」と言われるものである。

信頼関係の網の目の中で、今、自分のとるべき行動は、その基準は、ということである。そして、この基準に背《そむ》き、とるべき適切な回避のための行動をとらなかったとき、客観的注意義務に違反したことになり、落ち度のある行為をしたことになる。

過失犯の構成要件に該当し違法である、というのは、まさに、このような落ち度のある行動をとってしまった、ということにほかならない。

ところで、客観的注意義務は、具体的な場合に、どのような標準によって決められるのか、というと、それは、通常人を標準とする。そして、行為当時において、一般通常人が、認識することのできた事情と、行為者本人がとくに認識していた事情を元にして、注意すべき標準を設定するのである。(6)最高裁まで行った極《きわ》どい例を一つ上げておこう。

Aは、交差点手前で妻を降ろそうとして車を止めた。左側に一・七メートルの通行余地《よち》があった。フェンダーミラーは一べつしたが後方車輌はないものと速断、妻に降車の指示をした。妻はドアをあけかけた。そこへ原動機付自転車が接触し運転者はけがをした。Aは「当意義務を尽くしたものとはいえない」とされた。(7)

ところで、この場合、拠所《よりどころ》とすべき各種の行政法規がある。警察官としては、まず、そのような法令を標準にすることができる。

客観的注意義務の代表としてあげられるのは、道路交通法（昭和三五年法律一〇五号）の規定である。この法律は、道路における危険を防止する等必要な遵守《じゅんしゅ》事項を定めている。

さきに例にした右折事故をもう一度考えてみよう。

Bは交差点で右折の途中、車道の中央付近でいったん停止した。エンストをしたので、もういっぺんエンジンをかけ、時速五キロメートルほどの歩行者並みの速度で発車進行した。その時、右方からきたAの車が、いきなり、B車の前面を横切って進行しようとし、突破し切れずに衝突した。

この場合のAの違反は明らかである。Aは信号のない交差点において、左方から右折してくる車を認めたら、その進行を妨害してはいけない、とされている（道交法三六条一項一号）。これは、交差点における車対車の衝突を回避するために設けられた適切な方法の何たるやを示すものである。ドライバーは、この規定に従っていれば、同時に、刑法上の客観的注意義務を果したと判断される場合が多くなるはずである。

それでは、Bの方はどうか、というと、交差点で右折する場合の遵守事項は、あらかじめその前からできる限り道路の中央に寄り、かつ、交差点の中心の直近《ちょっきん》の内側を徐行する、ということである（道交法三四条二項）。

Bはこのように行動していた。それなのに裁判にかけられ、お前にも過失があった、と言われるので争ったのである。

道交法に書かれたとおりのことをしていて、他車にぶつけられて、それでもお前に過失がある、はないだろう、と怒ったのである。

たしかに、道交法の諸規定は、自動車という許された危険物を運行させる行動の拠所《よりどころ》になっている。そこに書かれている基準は、刑法上の注意義務を客観的に基礎づけるものである。したがって運転中、法規に決められたとおりのことをしていれば、一応は客観的注意義務を果たし、落ち度のない行動をとっていた、とみることができるのである。Bが無罪になったのは、そのためである。

すなわち、Bは交差点で下手《へた》な動きをすれば事故をおこすことを知っていた。そこで、決められた方法のとおり車を持って行き、徐行して右折しようとした。ただ、右方からきて、現在右折中の自車の前面を突破するような無謀《むぼう》な車の存在には気づかなかった。その予見はなかった。したがって、そのA車を避ける方法はとらなかった。しかし、そういう予見の義務はない、ということである。BはA車も、自分と同じように道交法に定められた動きをすると信頼して行動をしていればよい。

それでは、自分が道交法に定められたとおりのことをしていれば、常に必ず客観的注意義務を果たしたことになり、いつでも落ち度のある行動をしなかった、と威張《いば》ることができるか、というと、そうではない。

Aは友人のCを後部座席に乗せ、原動機付自転車を走らせていた。すると、前方から、対向車線をはみ出して、こっちの車線を悠々《ゆうゆう》と走ってくる自動車がある。

——ありゃ、あれは何だ。

そう思った。しかし、あまりにも唐突《とうとつ》である。反対車線に入って悠々としている自動車があるはずはない。

——直《じき》にどいてくれるだろう。

そう思って三〇キロメートルの速度を二五キロメートルに落とした程度でそのまま進行して行った。

ところが、どうしたのか対向車は、自分の車線にもどらない。

——変だ。

と、そう思った時は、すでに、対向車の間は十数メートルしか残っていない。あわててハンドルを右に切って相手側車線に避けようとしたが間に合わず衝突してしまった。後部座席のCは振り落とされて死亡した。

さて、このケース。さきのように、道交法を守っていさえすれば無罪だ、と威張れるだろうか。なるほどAは法規のとおり、制限速度より低い速度で、左側車線をふつうに走っていた。しかし、対向車が、違反とはいえ、正面衝突するようにこちら側の車線を走ってくるのを認めている。そのまま行けば、正面衝突だと予見している。予見しているのに、なぜ回避行動をとらなかったろうか。そこに、落ち度が認められるのではないか。

なるほどAはBが違反して反対車線に入ってくることまでも予見しなければならない義務はない。しかし、今、現に入ってきてしまっている。これは別の事態である。

相手が違反をしているか、していないか、などということはどうでもよい。今、迫《せま》りくる危険を前にして自分及び後部座席のCの命をどのように守るか、それが先決である。

要求されるのは、回避義務である。この場合、Aとしては、警音器を吹鳴《すいめい》して対向車に避譲《ひじょう》を促《うなが》すと共に、すれ違っても安全のように減速して道路左側を進行するか、一時停車して、対向車をやり過ごしてから進行を再開するなど、臨機《りんき》の措置をとる義務があった、と言われなければならない。それに反して友人を殺してしまった、というのだから、Aに過失があった、とするのが、当然の結論になってくる(8)。

刑法でいう客観的注意義務は、このように具体的な場合に、具体的に結果発生を予見し、かつ、その発生を回避する行動にでたかどうかを問題にするのであり、道交法にもとづいていたかどうかは、その判断を支える材料の一つであるということに、注意をしておかなければならない(9)。

四　以上のように、過失犯が、成立するかどうかという問題の中心をなすものが注意義務であり、すなわち、結果を予見し回避する義務が、どのように果たされたか、また、果たされなかったか、ということである。

それは、単に意識の緊張を欠き、予見すべきものを予見しなかったということだけでなく、法益侵害の結果を回避すべきであったのに、適切な行動をとらなかったため結果を発生させてしまったことに落ち度を認めようとするものである。

警察官が、過失犯を認定しようとするときは、現場に行き、法益侵害の結果が発生している、そこから活動を開始する。

いったい、この結果は、誰の行為によっているのか。その原因となる行為をした人の当該行為と当該結果との間に因果関係があるかないか。また当該行為が故意行為であるかどうかを明らかにするところから始めるのである。

そして、それは、Ａの行為に起因《きいん》している。しかも、Ａには故意がないかもしれない。としたら、次に、Ａにはその結果を回避するため、どのような行動が残されていたか、を吟味《ぎんみ》する。

そして、もし、結果回避は無理だった、どうもがいてみても、結果は同じであったとすれば、それは、もはやＡの犯罪である、とすることはできない。

それは、行為当時に、通常人であれば、結果回避のために、何をしなければならなかったか（客観的行動基準）を考え、Aがそれをしなかったかどうかを明らかにする作業である。

しかし、結果回避のための行動をするにはその前に、結果発生に関する認識予見がなければならないであろう。そして、もし、認識予見があるのに、あえてその行動をした、ということになれば、それは故意の問題になるから、ここでは、予見可能性を吟味することになる。

予見可能性があったのに、不注意によって予見をしなかった、したがって回避もしなかった、というところに過失犯成立の問題がでてくる。

予見可能性をどのように調べるか、というと、まず抽象的であってはならない。具体的に構成要件に該当する結果と、そこに至る因果の経路について予見可能性があったかどうかを調べなければならない。

それが具体的であるためには、まず、被疑者が、行為当時に知っていた事情は何であったかを調べる。次に、一般通常人（平均人）を想定して、その人を、同じ行為当時に立たせてみて、その時、その人がどのような事情を知ることができるだろうか推理してみる。

この方法によって、客観的な結論をだそうとするのである。すなわち、これは、千差万別《せんさばんべつ》の過失行為者万人に共通の眼鏡をしつらえ、よく見える人、見えない人によって予見できる内容にむらがでないように配意するためである。

そうでないと、よく予見できる注意深い人ほど微細《びさい》なことで過失をとられるという変な結論にとらわれてしまう。

以上、過失行為と発生した結果との間の因果関係がとらえられ、回避可能性・予見可能性のそれぞれについて調べがつき、被疑者は、具体的状況の下において、予見すべきものを不注意によって予見せず、したがって必要な回避のための行為に移ることもなかった、ということを明らかにすることにより客観的注意義務に違反し、過失犯の構成要件に該当し、違反性を具備《ぐび》した、と言い得《う》るのである。

その上で、右の注意義務を守り得《え》なかったことについて、行為者の責任を問うてもいいかどうかの問題、すなわち有責性の判断に入っていく。そこでは、行為者の注意能力と期待可能性が問題になる。

四　過失犯の競合と共犯

一　過失の共同正犯　　二　過失の競合と因果関係
三　過失犯における管理責任

一　過失犯は、常に必ず一人の被疑者によって犯されるのでないことは、故意犯と同じである。ただ、故意とは重大な違いがある。

それは、過失犯の共同正犯というものを認めるのが難しい、ということである。

共同正犯とは、「二人以上共同して犯罪を実行する」ことである（六〇条）。複数の者が、お互いに相手の行為を利用し合って特定の犯罪を実現しようとする意思（共同実行の意思）をもち、実行行為を分担して行う（共同実行の事実）と、二人以上共同して犯罪を実行したことになり、皆、平等に罰せられる。

過失犯の場合も、一緒に行動していて何らかの落ち度により、予見しない法益侵害の結果をおこしたとすると、これを平等に過失の共同正犯として処罰できれば問題はない。現に、そのようにで

きるとする学者も、また、少数の裁判例もある。(10)

しかし、警察官の拠所《よりどころ》としている判例の大勢はこれを認めない方向にある。理由は、意思の連絡がないから、という。

すでに学んだように、共同正犯が成立するためには、共同実行の意思（すなわち、意思の連絡）と、共同実行の事実が必要である。

そして、過失犯は、認識予見をしなかったという意思活動の欠略《けつりゃく》を要件にしているから意思の連絡が存在する余地はない、とするのである。(11)

二　しかし、数人の行為が競合して一定の結果をもたらしたのに、一人、一人を調べてみると過失しかなかった、ということはよくあることである。

医師が何人かで共同して手術をする場面は、テレビでもなじみであるから、想像しやすいと思う。あの場面で患者が死んでしまったとする。そして、それが、医師たちの過失によったとして訴があったとした場合、警察官は、どのようにして事件を組み立てていくか。

そのうちの誰かに、とくに重い過失があったとか、また、別の医師には全然過失がなかったとか、内容経過が明らかであれば問題はない。一人一人個別に立件していくことが可能である。

しかし、各医師の間に責任の軽重がつけ難《がた》い場合であって、しかも、共同の診療過程の中で過失があったときは、医師の誰彼ではなく、その共同診療に当たった医師の全員に過失が認められなければうそである。

実際にそういうことがあったのであるが、判例はこれを業務上過失致死傷罪の共同正犯とせず、単に、過失行為の競合にしか過ぎない、とした(12)。

単独では結果が発生しないのに、複数の者の過失の競合によって、はじめて結果の発生をみたという場合、その各々の者を単独に過失犯として成立させるのは、どういう組立てによっているのか。もし、これが、過失犯の問題ではなく、故意犯の問題であるとすると、その論理構成は、いとも簡単である。たとえ、結果の発生に直接関係していなくても、それは、共同正犯として、皆正犯の責任をとることができる。共謀共同正犯の理論によれば、殺人現場の外の見張りでも、これを正犯として処罰することができる。

しかし、過失の場合はどうか、というと、それは競合で片づけようとするのである。

それでは、結果発生に直接でない間接かつ劣勢《れっせい》の過失が、結果発生を直接もたらした優勢《ゆうせい》の過失と並んで、同等の処罰を受けるのは、いかなる論理構成によるのか。

Aは自動車運転中、Bに接触して負傷転倒させてしまった。直《ただ》ちに救護の措置をとればいいのに、そのままにして立ち去ったので、次の事故が発生した。すなわち、Bははね飛ばされた姿勢で対向車線上に横たわっているうち、C車にひかれて死亡した。

この事故で、業務上過失致死罪に当たる行為をしたのはCである。Aは業務上過失傷害罪に当たる行為をして逃げた。逃げたから、現場で何がおこったか、その後のことは何も知らない。それでも、致死の結果に責任を負わなければならない、というのが判例の結論である。

なるほど、Aは横断歩道を歩行中のBに接触し、はね飛ばしてけがをさせた。もし、そのまま救急病院に行ってそこで死んだのであれば致死の責任は免《まぬが》れない。しかし、事案はCの登場で一変《いっぺん》している。Cはそこに倒れている人に気づかずこれを礫過《れきか》し、心臓破裂をもたらしてそれが死因になっている。Cの過失が重ならなかったら、あるいは、Bは死なないですんだかも知れない。

逆に、まず、Bの死という結果からみてACを見ると、まず、Aのはね飛ばしという過失が発端《ほったん》をなしている。そして、Bの死は、Aの過失がなかったらおき得なかったはずである。そこにはたしかに因果関係が認められる。そして、その間に、Cが介在《かいざい》し、直接かつ優勢な過失がはさまってきた。

問題は、Cの過失によって「A↓B」の因果関係が中断されるか、という議論になってくる。中断があればAに致死の責任はない。判例は、この例で、「A↓B」の因果関係を認め、かつ、Cの過失がいかに直接かつ優勢であろうとも、それによって「A↓B」の因果関係は中断されないと判示した(13)。

このように、過失が競合し、間接でかつ劣勢な過失がある場合に、これをどうするか、というと、あえて共同正犯の理論によらなくても問題は解決する。

それは、因果関係を証明し、その因果関係が、後から介入する他の優勢かつ直接の過失によって中断されたかどうかを検証すればよい。

すなわちAの過失が発端となり、さらに、BCDEの過失が重なって結果発生をもたらしたとすると、直接、その発生に関与したEは問題ないとして、とくに、いちばん遠い間接の原因者Aの過失はどうなるか、が以上の考え方によって解決されるのである。

具体的な例をみよう。

電気作業員のAは電力工手長のBの指揮下で、電車の架線《かせん》の碍子《がいし》の取換《とりかえ》作業中誤って工具を落とし、吊架線《ちょうかせん》を熔断《ようだん》した。

これが、第一の事故である。そして、結果は、電車がきて火災をおこし、乗客多数が死傷したというのであるが、これが第二の事故である。そして第一の事故と第二の事故との間に、BCDEの夫々《それぞれ》の過失が介在してくる。工具を落とした、というAの行為だけで、電車の乗客多数の死傷という結果は直《ただ》ちにおきる状況にない。

まず、工手長のBは部下のC等を指揮して、そこへ進入する可能性のある電車を阻止する必要があった。もちろん信号扱所に連絡して関係全電車に信号を送る手段もとらなければならない。

その時、Bはどうしたか。C等に、

「後は頼んだぞ」

とだけ言って信号扱所に走り、そこにいたDに事故の連絡をとった。ところが、この連絡内容が不適切で、下り電車の侵入を阻止する必要性をDが認識するまでに至らなかった。

DもDで、よく確かめようともせず、したがって事故か所への電車の侵入を阻止する行動にでようとしなかった。

さて、問題の電車の運転手E。下り電車を運転してその場にさしかかった。C等、現場残留者が、赤旗を振るなどの阻止行為をしていなかったので、架線の切断に気がつきながら、漫然と電車を進行させ、ついに、パンタグラフを破壊する等の電気事故により、電車に火災を発生させた。その結果、多数の死傷者を出した。

事故は、このようにして、Aの過失行為をきっかけに、BCDEそれぞれの過失が相重《あいかさ》なり、結果として大事故につながった。

この事件で、Aの器物損壊は、それだけでは致死傷の結果にはほど遠い感じがする。

Ａの全経験的知識によってみれば、吊架線を熔断することによって、そのさいおこるべき事故の態様は、パンタグラフの破壊と停電による電車運行の停止ぐらいのところである。

現に、弁護人はそう言って、Ａの過失行為と、致死傷の結果との間の因果関係はない、と主張していたのである。

この場合であっても、もし、ＡＢＣＤＥ間に意思の連絡のある故意の行為であるとすると、共同正犯は立ち所に成立し、架線を最初に切断したＡはもとより、ＢＣＤＥそれぞれ、電車の火災による多数の死傷者の発生の正犯として処罰されるのに、何のちゅうちょも感じない。

しかし、過失であって、それぞれの過失行為は各々独立して存在している、となると、問題が残るのである。

判例は、これを、過失の競合として解決する。

複数の行為者が、それぞれの過失行為にもとづき、一個の犯罪的結果を発生させた場合を「過失の競合」としてとらえる。

そして、直接行為者（前例の運転士Ｅ）以外の者の行為が、結果発生に結びつくかどうかは、因果関係の問題として解決してしまっている。

つまり、前記電車事故について言えば、Ａの過失による器物損壊と死傷者の発生との間には因果関係があり、しかも、途中に座るＢＣＤＥの存在によって、その因果関係は中断されない、という見方をするのである。それによって結果発生にとっては、間接的であり、かつ、劣勢でもあるＡの過失が、一人前の扱いになり、Ｅらと共に、右致死傷事件の過失犯として処罰されることになる。(14)

三　工場災害等で見る管理責任も、同じ論理構成で解決されることになる。すなわち、事故に直接関係した人を管理監督する人々がいる。これらの人々の責任をもし追及するとすれば、事故に対して間接であり、部下の過失行為を介してはじめて問題になるような遠い責任を問題にすることになる。

これは、前に述べた因果関係の存在とその中断によって解決することができるのである。管理監督する人の事故に対する責任は、何よりも、部下が過失によって事故をおこさないようにすることである。もし、その監督者に過失を認めようとするならば、それは、事故防止すなわち部下（他人）の過失行為を誘発させない義務を内容とする客観的注意義務があり、それに違反して監督不行届に終始したという責任である。

それは、物理的安全施設に対する配慮と、人的な指導監督の両方に分けて考えることができる。監督者は、その双方に気を配り、遺漏《いろう》のないようにする義務がある。

しかし、いざ、そのような義務違反を問うにしても、それだけを独立して問題にするわけにはいかない。

過失犯としての責任を追及するものである以上、それは、あくまでも、発生した結果に対して責任を負うものでなければならない。

直接の関係者（部下）と違って、注意義務の内容は結果発生に対して間接的であるが、負うべき責任は結果発生に対してである。

すなわち、監督者の管理責任を追及するためには、その根底に因果関係の問題をすえておく必要がある。監督者としての注意義務違反は、それだけでは過失犯を成立させることはできない。それと、結果発生の間に因果関係があり、かつ、他人（部下）の過失行為によって中断されていない、ということが証明されなければならない。

まず、問題とされる監督者が、いったい、何をしたら結果発生を回避することができたのかということ、そのするべきであったとされる事項を明らかにしなければならない。

しかし、結果からさかのぼっての作業であるから、ややもすると、あれもしたら好《よ》かった、これもするべきであったと、注意義務の内容がふくらむ可能性がある。

しかし、結果発生に対して、あまり遠いものまでもその中に入れるべきではない。その不作為が、結果発生に対して危険であるかどうか、その起因力を判断しなければならない。単に部下の不始末があったから責任をとるというのは、会社内部の問題としては格別、刑法にいう責任主義には反することになる。

問題にする監督者は、あくまでも、結果発生に対して遠隔《えんかく》ながら起因力ないしは原動力をもつ者でなければならない。彼があることをしなかった。そのしなかった、ということに事故につながる危険性が内包されていた。そして、その危険性が、やがて因果の糸をたぐって具体的結果に実現された。自己の不作為と、結果発生の間には、他人（部下）の過失行為が介在したが、当初孕《はら》まれた危険性は妨《さまた》げられることなく実現していった。とそういうことでなければならない。

(1)　最判昭和三三年四月一八日刑集一二・六・一〇九〇は、「本条にいわゆる業務とは、本来人が社会生活上の地位に基づき反復・継続して行う行為であって、他人の生命・身体等に危害を加えるおそれあるものをいう。」とし、「娯楽のため銃器を使用して、狩猟行為を行う場合」はこれに当たるとする。

(2)　最判昭和三三年四月一八日集一二・六・一〇九〇は、「義務とは、本来、人が社会生活上の地位に基づき反復継続して行なう行為であって、かつその行為は他人の生命・身体等に危害を加える慮あるものであることを必要とするけれども、行為者の目的が、これによって収入を得るにあるとその他の欲望を充たすにあるとを問わない。」とする。

(3)　最判昭和二六年六月七日集五・七・一二三六は、「一定の業務に従事する者は、通常人に比べて特別の注意義務を有する。」とする。

(4)　最決昭和三二年四月一一日集一一・四・一三六〇は、「自動車運転免許一時停止処分を受けていて、法令に定められた運転資格がない場合でも、反復継続して自動三輪車を運転することは業務である。」とする。

(5)　最判昭和四一年一二月二〇日集二〇・一〇・一二一二は、「交通整理の行なわれていない交差点において、右折の途中に車道中央付近で一時エンジンの停止を起こした自動車が、再び始動して時速約五キロメートルの低速で発車進行しようとする際、自動車運転者としては、特別な事情のない限り、右側方からくる他の車両が交通法規を守り自車との衝突を回避するため適切な行動にでることを信頼して運転すれば足り、あえて交通法規に違反し自車の前面を突破しようとする車両のありうることまでも予想して右側方に対する安全を確認し、もって事故の発生を未然に防止すべき業務上の注意義務はない。」としている。

(6)　大判昭和四年九月三日裁判例三巻刑法二七頁は、「注意義務は、行為当時において、一般通常人が認識することのできた事情及び行為者が、とくに認識した事情にもとづいて、一般通常人を基準として定めるべきである。」としている。

(7)　最決平成五年一〇月一二日（刑集四七・八・四八）

(8)　最決昭和四二年三月一六日判時四八〇・六七は、「対向車が被告人の運転する車両の進路である道路の左側部分を通り容易に右側に転じないような特殊な場合には、被告人が交通法規にしたがってそのまま進行すれば対向車と衝突し、死傷の結果を生ずるおそれがあることが予見できるのであるから、自動車運転者としては、まさに警音器を吹鳴して対向車に避譲を促すとともに、すれ違っても安全なように減速して道路左側を進行するか、一時停車して対向車の通過を待って進行するなど、臨機の措置を講じて危害の発生を未然に防止すべき注意義務があるものと言わなければならない。しかるに、原判決の是認した第一審判決認定の事実によると、被告人はわずかに減速しただけで、右のような措置に出なかったのみでなく、対向車と十数メートルの距離に接近した際、ハンドルを右に切って対向車の前に進出したというのであるから、被告人に過失があるものとしたのは相当である。」としている。

(9) 仙台高判平成五年二月一日（判時一五〇一・一六〇）はたとい相手が違反通行中であったとしても、右折車の運転者は、対抗直進者の動静を注視するとともに、同車の接近にもかかわらず、なお、安全に右折できるか否かを確認すべき注意義務があるとした。

(10) 最判昭和二八年一月二三日集七・一・三〇は、「二人で共同経営する飲食店において、過失によって法定の除外量以上のメタノールを含有する飲料を客に販売した場合、両名が意思を連絡してそれを販売したものと認められるときは、有毒飲食物等取締令第四条第一項後段の罪の共同正犯が成立する。」とした。

その後、失火罪につき、名古屋高判昭和三一年一〇月二二日裁特三・二一・一〇〇七が、過失往来危険罪につき、佐世保簡裁昭和三六年八月三日略式命令下刑集三・七～八・八一六が、また、業務上過失致死傷罪につき、京都地判昭和四〇年五月一〇日下刑集七・五・八五五が、それぞれ、過失の共同正犯を認めている。

これらは、もともと昭和二八年一月二三日の最高裁判例に端を発するものであるが、最高裁の同判例は、行政的取締法規に関するものであり、未だ、刑法犯における過失の共同正犯を認めたという受け取り方が、一般になされているわけではない。

(11) 団藤重光編「注釈刑法(2)のⅡ総則(3)」七三四頁・七三五頁は、「判例の全体的傾向からすれば、過失犯において、外見上、一定の共同行為がみられるような各種の事案においても、これらの判例におけるように、これを単に過失の競合として処理し、共同正犯を認めないのが、むしろ、一般的立場であると言ってよい。」としている。

(12) 広島高判昭和三二年七月二〇日裁特四追六九六は、「ある患者に対する診療行為が二人以上の医師により共同して行われ、各医師の間に責任の軽重のつけ難い場合に、診療の課程において医師に過失があった場合は、特定の医師が過失に全然関係のないことが明瞭であるとか、特定の診療について責任の分担上、帰責が明らかでない限り、その過失責任は共同診療に当たった医師全員に認められるべきであるが、それは過失行為の競合に過ぎず業務上過失致死傷罪の共同正犯となるものではない。」としている。

(13)　最決昭和四七年四月二一日判時六六六・九三は、「被告人の不注意な自動車運転によって、その自動車に接触し負傷転倒させられた被害者が、さらに他の自動車運転者の不注意によって轢殺された場合には、被告人の過失行為と被害者の死亡との間には因果関係が認められる。」としている。同旨　最決平成一六年一〇月一九日集五四・七・六四五

(14)　最決昭和三五年四月一五日集一四・五・五九一は、「特定の過失に起因して特定の結果が発生した場合に、これを一般的に観察して、その過失によってその結果が発生するおそれのあることが実験則上予測される場合においては、たとえ、その間に他の過失が同時に多数競合し、あるいは、時の前後に従って累加的に重なり、又は他の何らかの条件が介在し、しかもその条件が結果発生に対して直接かつ優勢なものであり、問題とされる過失が間接かつ劣勢なものであったとしても、これによって因果関係は中断されず、右過失と結果との間には、なお、法律上の因果関係あり、といわれなければならない。」としている。

第四章　その他注目すべき罪

第一節　住居侵入罪

一　住居侵入罪の概要

一　保護法益　二　構成要件　三　客体
四　侵入　五　公権力の行使にともなう立入りとの関連
六　窃盗罪との関連

一　人は、我が家を造《つく》る時、塀《へい》をめぐらすのを常としている。敷地が狭く、道路から直接家に入る場合は、ドアを境として内部を守る。

いずれにしても、現に生活をしている、又は業務の場所にしている所を、理由なく他人に侵されることを好む者はいない。その囲われた場所の平穏を確保し、プライバシーを守るのが、すべての人の願いである。

刑法は、かかる平穏の保護を目的として、「住居侵入罪」（一三〇条前段）と「不退去罪」（一三〇条後段）を置いている。

その未遂罪も処罰される（一三二条）。

人の住居や、人の看守する場所の事実上の平穏を守るのが目的であるから、住居権のない者でも（たとえば、期限が切れて居座っている借家人）、その家で平穏に居住し、又は業務を遂行している以上、本条の保護の対象にされる[1]。

二　住居侵入罪の条文では、次のように書かれている。

第一三〇条（住居侵入等）　正当な理由がないのに、人の住居若しくは人の看守する邸宅、建造物若しくは艦船に侵入し、又は要求を受けたにもかかわらずこれらの場所から退去しなかった者は、三年以下の懲役又は十万円以下の罰金に処する。

前段が住居侵入罪であり、その構成要件は「正当な理由がないのに、人の住居若しくは人の看守する邸宅、建造物若しくは艦船に侵入し」である。

「正当の理由なく」というのは、わざわざ書いてなくても犯罪になる行為はすべて正当の理由がないわけであるから、単なる飾《かざ》りの言葉と解しておいてよい。ほかにもあるが、念のためという文言である。

三　本罪の客体は、「人の住居」と、「人の看守する邸宅」と「人の看守する建造物」と、それに「人の看守する艦船」である。

「人の住居」とは、文字どおり、人々の住《すま》いである。

ふつう住居は人が寝起きをし、食事をし、生活をする所である。(2)

しかし、人々の生活が多様化するに従って、住んでいるのに、外食をする人もいる。いたずらに寝食にこだわって住居の概念を考えているわけにはいかない。旅館の一室を借りて使用している場合には、寝食をとったり、宿泊をしたりしなくても、その客の住居と認めるべきである、とされる。(3)

住居はまた、立派な設備構造のある所だけではない。掘立小屋《ほったてごや》でもガレージでも、およそ、人が継続して雨露をしのげる所で、現に人がそうしている所は住居に当たる。

塀や石垣等で囲まれ住居に付属している庭等も住居と考えられ、その塀も外部との交通を阻止できる金網柵程度でもいい。(4)

住居は、人が現に住んでいるのがふつうであるが、一時旅行に出て不在であっても住居であると

こには変りがない。同じように、季節的に訪《おとず》れる別荘も住居である。(5)
邸宅は、いわゆるお邸《やしき》のことではない。人が住んでいれば、豪邸も兎《うさぎ》小屋も「住居」に当たる。住居用に造られた建造物で、現に、人の住居に用いられていないものが、ここでいう邸宅に当たるのである。

人の住んでいない建物であるから、侵入が不法になるかどうかは、持主等が、人の侵入をきらっているかどうかによって決まる。いやなら、錠《じょう》をかけるとか、管理人を置くとか、人的・物的設備を施《ほどこ》すであろう。「人の看守する」というのは、そういう人的・物的設備がしてあることである。(6)

建造物は、住居・邸宅以外の建造物、代表例は倉庫である。学校・事務所・工場、官公庁の庁舎もこれに当たる。この囲繞地《いにょうち》（「いじょうち」とも読む）も建造物に含まれる。(7)

四　塀をめぐらした住居の木戸をくぐって、

「今日は」

と御用聞きが入ってくる。これをもって、人の住居に侵入した、という者はいないであろう。門扉《もんぴ》を閉ざしてインターホンをつけてあれば、中に入らずに門外で用を足す。しかし、木戸が常にあけ放しになっていて、そこから勝手口に通じている場合は、御用聞きや集金人が黙ってそこまで入ってくる。

受ける方も、別にこれをとがめない。入ってもいいかどうか、あらかじめ明示《めいじ》の承諾はしていないけれども、黙示《もくし》の承認を与えている、と解されてよい。ところで、同じ状況の所へ、盗みの物色を目的として入ってきたら、これは、どうやら住居に侵入した、と言えそうである。なぜならば、盗みの物色のため庭先へ入ってくることを、住人が承諾するはずがないからである。このように「侵入」とは、単に、許しを受けないで住居等に立ち入ることではない。そこの平穏を害するような目的方法で入ることをいう。何を保護しているかを考えれば、この結論は明白である。

したがって、平穏な居住利用状態を乱さない方法目的による立入りは、侵入ではなく、居住者の許諾《きょだく》が推定される場合に当たる。

これに反して、平穏な居住関係を乱すような目的方法による立入りは、たとえ、それが不特定多数の出入りする営業中の飲食店のような所でも、侵入と考えなければならない場合がある。(8)

たとえば、AはBをやっつけようと血眼《ちまなこ》で探していたところ、ガラス戸越しに、とある飲食店にいるBを探し当てる。

――この野郎、ここにいやがったか。

そう思《おも》い様《ざま》、ずかずかと店内に入って行ってBの胸倉《むなぐら》をとり、げんこつで一発くらわした。この場合の飲食店への立入りは、侵入に当たる。外の客が自由に出入りしているからといって比《ひ》較《かく》にならない。

税務署の構内などは、時間中多くの人が立ち入っている。それらは、税務署の業務に用があってきている人たちであって、その構内への立入りは許されている。しかし、たとえば、恨《うら》みをはらすために人糞《じんぷん》を巻き散らす目的で入ってきた、としたら、その立入りは侵入に当たる。(9)

五　警察官は、時々、人の住居に、住居主のいやがる方法で立ち入ることがある。

これは、住居の平穏を害することは害するけれども、住居侵入罪でいう侵入には当たらない、と、誰もが思っている。

しかし、侵入は侵入である。まさに一三〇条の構成要件に該当している。

それでは、なぜ、処罰されないのかというと、違法性がないからである。たとえば、警察官が、他人の住居に立ち入って捜索をする権限は、刑訴第一〇二条にその根拠がある。

そして、法令による行為はこれを罰しない、というのが、第三五条の趣旨である。

六　住居侵入には、目的があるのがふつうである。他人の住居等に、ただ入るということはめったにない。

中でも大多数を占めるのは、窃盗目的である。侵入窃盗は、我が国の代表犯罪である。盗みが目的だとすると、侵入はその手段になる。手段ではあるが、それ自体が独立の犯罪として第一三〇条に触れ、住居侵入罪が成立したとすると、それと窃盗罪とはどのように関係づけて処理されるのか。これが、ここでの問題である。

被疑者を捕まえて調べてみると、いくつもいくつも犯罪を犯していることがある。中には同じ罪名のものもあるが違った種類のものであることもある。

また、一個の行為が二個以上の罪名に触れる場合もある。それらは、裁判の段階でまとめられ、整理されて刑の量定がなされるのであるが、刑法は、そのために、第五四条という特別の規定をおいた。たとえば、住居侵入罪と窃盗罪は、罪名を異《こと》にしているが、一方は手段であり、一方はその結果であるというきわめて密接な関係があり、これを刑法では、難しい言葉で「牽連犯《けんれんはん》」と言っていた。(10)

刑法第五四条で規定されているのは、「観念的競合《かんねんてききょうごう》」と「牽連犯」である。

第五四条（一個の行為が二個以上の罪名に触れる場合等の処理）　一個の行為が二個以上の罪名に触れ、又は犯罪の手段若しくは結果である行為が他の罪名に触れるときは、その最も重い刑により処断する。

2　（略）

ここで「一個の行為が二個以上の罪名に触れ」るのが観念的競合であり、「犯罪の手段若しくは結果である行為が他の罪名に触れる」場合が牽連犯である。

ここでは牽連犯についてみよう。観念的競合は、公務執行妨害罪の所で説明する。

住居侵入窃盗は、住居侵入（一三〇条）と、窃盗（二三五条）との二罪が成立し、その二罪の関係は牽連犯であるという。それは、右の第五四条によると、犯罪の手段と結果の関係が認められる、ということにほかならない。

窃盗が結果である。住居侵入はその手段である。刑法は、二つの犯罪の間に手段とその結果の関係が認められるとき、これを牽連犯といって一括処理《いっかつしょり》の俎《まないた》に載せる。

そして、その処理の仕方は、その最も重き刑をもって処断する、ということである。第一三〇条と第二三五条の法定刑を比べる。第一三〇条は「三年以下の懲役又は十万円以下の罰金」であるのに対して、第二三五条は「十年以下の懲役又は五十万円以下の罰金」である。

法定刑には、ふつう上限と下限とがある。

窃盗罪で言うと上限の方は「十年以下の懲役に処する」となっているが、この場合は上限が十年、下限は無記載であるが、第一二条によって一月、したがって、一月以上十年以下の懲役の範囲内で刑が決まる。罰金の方は、「五十万円以下」となっているから、一五条によってその下限は一万円以上とされ、ただし、これを減軽する場合においては一万円未満に下げることができる(一五条)。強盗罪は、これとは逆に、「五年以上の有期懲役に処する」と書いてあって上限が無記載であるので、これも第一二条によって上限は二十年、したがって、五年以上二十年以下の懲役の範囲内で刑が決まることになる。

科料は、一、〇〇〇円以上一万円未満となる(一七条)。

拘留は、刑事施設に拘置する刑で、上限は三十日未満（すなわち、二九日以下）、下限は一日である(一六条)。禁錮は懲役から、定役すなわち、刑事施設内の労役をとったものであり、期間は懲役と変わらない(一三条)。

さて、法定刑を比べる、というのは、以上の物差《ものさし》を頭において、上限同士・下限同士を比較し、上限・下限共に重い方をとるのである。[11]

第一三〇条の上限は三年の懲役、第二三五条の上限は十年の懲役、結局、住居侵入窃盗の刑の上限は十年に落ちつく。

下限はどうかというと、罰金刑だが、第一三〇条は「十万円以下の罰金」、第二三五条は「五十万円以下の罰金」だから、罰金刑の上限は「五十万円」となる。

住居侵入窃盗の罪は、結局、第一三〇条・第二三五条・第五四条後段によって、懲役にする場合は、一月以上十年以下の懲役ということに落着《らくちゃく》するし、罰金刑を選択する場合は、一万円以上五十万円以下の範囲で決定されることになる。

二　住居侵入罪の周辺（軽犯罪法）

一　全然人気《ひとけ》のない邸宅や建物や船舶は第一三〇条の対象にはならないが、そこに、人が潜《ひそ》んでいることを考えると不気味《ぶきみ》である。何もしない人かも知れない。何かし出《で》かす人かも知れない。そういう犯罪の温床《おんしょう》になりかねない所は、警察官としても視野に入れておく必要がある。軽犯罪法（昭和二三年五月一日法律三九号）は、こういう場合の根拠を与えてくれる。

その第一条第一号を見ると、次のように書かれている。

第一条（前文略）

一　人が住んでおらず、且つ、看守していない邸宅、建物又は船舶の内に正当な理由がなくてひそんでいた者

その刑は、「拘留又は科料」である。

人の看守する邸宅、建物又は艦船に侵入すれば、第一三〇条の住居侵入罪の対象になる。これは、人気《ひとけ》も看守の形跡もない場所である。立ちぐされになっている廃屋《はいおく》や廃寺がこの例になる。「邸宅」・「建物」・「船舶」の解釈は、第一三〇条のそれを参照されたい。

「正当な理由がなくて」は、住居侵入罪と同じである。雨やどりのために廃屋で時間をつぶしているのは正当な理由がある場合である。

「ひそむ」というのは、人眼につかないように身を隠すことをいう。廃屋にいて、通りすがりの者がいると声をかけたりしているのは、ひそんでいることにならない。人の建物だから住みついたりするのは、場合によっては不動産侵奪罪（二三五条の二）になっても本罪には当たらない。

警察官は、そういう人気のない所に人がいたら、まず第一次的には、この規定に当たる者であるかどうかを考えることができ、場合によってはこれを強制的に本署等に連れて行くことができるのである。

二　侵入に便利な道具を準備しても、住居侵入罪には予備罪がないから、それだけでは犯罪にならない。

しかし、それを携帯して表に出た時から、警察官の視野に入ってくる。

軽犯罪法に「侵入用具携帯の罪」（一条三号）があることは、すでに述べた。条文を再掲してみよう。

第一条（前文略）

一～二（略）

三　正当な理由がなくて合かぎ、のみ、ガラス切りその他他人の邸宅又は建物に侵入するのに使用されるような器具を隠して携帯していた者

構成要件は「……器具を隠して携帯していた」である。

「他人の邸宅又は建物」も、住居侵入罪の客体と同じである。

ここに例示された侵入用具は、ふだんは、外《ほか》に本来の使い道があるものばかりである。

人は、ドライバーやのみを、必要があって携帯することがあるが、それは、それで、筋道《すじみち》が立っていれば、犯罪視することはできない。

警察官が職務質問をしたら、マンションのかぎを二つ持っていた。一つは自宅の物だとしても、もう一つはどうか。ここで、警察官は合いかぎを持っている。けしからぬ、と速断してはいけない、

ということである。その合いかぎの所持に、正当な理由があるかどうか。

もし、別に仕事をもっていて、そのかぎだとなれば、これを持っているのは当然のことであり、正当な理由があることになる。また、愛人がいて、そのマンションのかぎを渡されている、というのも正当な理由がある。何が正当な理由があり、また、ない場合に当たるかは、各ケースごとに、社会通念《つうねん》に照らして具体的に判断しなければならない。

ここで規定されている「合いかぎ、のみ、ガラス切り」だけでなく、「その他他人の邸宅又は建物に侵入するのに使用されるような器具」であれば、ここでいう侵入具と考えることができる。しかし、これを、あまり拡張して考えることは許されない。その器具の性質からみて、侵入に使われやすい物であるかどうかを、相当厳密《げんみつ》に考えるようにしなければならない。

「隠《かく》して携帯《けいたい》」というのも、犯人にその意思があるかどうかが、大切な留意点《りゅういてん》の一つになる。何時《いつ》も持って歩く鞄《かばん》の中に、その日、たまたま、ガラス切りが入っていたような場合は、「隠して」にならないであろう。また、逆に、七ツ道具を自宅に置いてある、と白状したからといって、本罪になるものでもない。「携帯」というのは、必ずしも身につけている必要はないが、「所持」よりももっと狭く、直ちに、手にとって使用できる状態の支配があることである。

三　住居・邸宅又は建物の囲繞地《いにょうち》以外にも、他人に入ってもらいたくない所がある。

まず、田畑がそうである。やたらに踏み荒されるのも、出来心で作物を失敬されるのも、持主にとってはいやなことである。

田畑以外でも、たとえば、宅地等で、立入禁止の札をかける場合がある。管理者が、はっきり他人の出入をきらっているのだから、これを破る者には、何らかの制裁がなければならない。軽犯罪法第一条第三二号がその役割を果たしている。条文は、次のように書かれている。

第一条（前文略）

一〜三一（略）

三二　入ることを禁じた場所又は他人の田畑に正当な理由がなくて入った者

構成要件は、「入ることを禁じた場所又は他人の田畑に正当な理由がなくて入った」である。

本罪の客体はまず「他人の田畑」である。自己の田畑であっても、他人に耕作をさせているような場合は、他人の田畑に当たる場合がある。果樹園は畑に含まれる。田畑は、一時休耕中のものを含む。

「入ることを禁じた場所」は、管理者や占有者が、他人に入ってもらいたくない、という意思表示をした場所である。

意思表示の方法は、何でもかまわない。口頭でもよい。また、一般に表示するのではなく、

「お前が入るのは許せない」

というふうに、特定の対象を決めて禁ずることもある。(12)

駐車中の他人の車に入りこむのはどうか、というと、ここでいう「場所」に別に限定はないから、自動車も場所に含めて考えることができる。

三　不退去罪の概要

一　構成要件　二　不作為犯

三　成立時期

一　第一三〇条後段は不退去罪である。条文を再掲してみよう。

第一三〇条（住居侵入等）（前段略）要求を受けたにもかかわらずこれらの場所から退去しなかった者は、三年以下の懲役又は十万円以下の罰金に処する。

人の住居等に侵入されるのも困るが、居座《いすわ》っていて要求を受けてもその場所から退去しないのも困りものである。

不退去罪の構成要件は、「要求を受けたにもかかわらずこれらの場所から退去しなかった」である。

「これらの場所」とは、住居侵入罪の客体とされている場所である。四つあった。

①人の住居、②人の看守する邸宅、③人の看守する建造物、④人の看守する艦船である。

要求を受ける人は本罪の被疑者候補、すなわち人の住居等に立ち入っている者である。

要求する人は誰でもいいわけではない。居住者や、邸宅・建造物の管理権者、艦船の場合もその管理権者でなければならない。

もちろん、その者ずばりでなく、居住者や管理権者から権限の委任を受けている看守者でもよい。[13]

退去要求は口頭でも動作でも掲示ででもその方法に制限はない。しかし、退去要求が出されているな、ということが、相手側に認識されるようなものでなければならない。

そして、その要求自体が正当でなければならない。借金取りが玄関に入るなり、

「今日は払えないから帰ってくれ」

と言うのは正当でない。取立てをする方にはするだけの正当の理由があるのだから、借金をした方には、断るなら断るで、それ相当の挨拶《あいさつ》をしなければならない。

何が相当であるかは、社会の常識に照らして許容される限度を超えているかどうか。警察官とし

ては、状況をよく把握《はあく》する前に、速断することを避けなければならない。

二　犯罪は構成要件に該当する行為であった。これを、実行行為と呼ぶことについてはすでに学んだ。

問題は、この実行行為の仕方である。

人を殺そうとしてけん銃をぶっ放す。けがをさせてやろうと思って殴りつける。人の物を盗《と》ろうとして人の住居に侵入する。

これらは、典型的な動作である。人の意思が、積極的にそのまま動作になり、実行行為になる。このように、人の意思と、それにもとづく積極的な動作によって構成要件に該当する結果が作り為《つくな》されていくことを刑法では、「作為《さくい》」と呼ぶことにしている。

「作為」の反対は「不作為」である。

それでは不作為というのは、どういう事態をさしているのか、というと、たとえば、母親が赤ん坊に授乳する例で考えてみよう。

赤ん坊が乳を欲しがって泣いている。母親がかけ寄って、

「おお、よし、よし、お腹がすいたの、今すぐ、おっぱいにしますからね」

と、抱《だ》き上げて乳房をふくませれば、この行為は作為である。犯罪ではないから、さきの説明とは

若干違うが、動作の積極性についての比喩《ひゆ》だと受け取って次の説明を聞いてもらいたい。

——この子が憎《にく》い。乳をやりたくない。

という母親はめったにいないが、いた、と仮定しよう。憎らしいから乳を与えない、というのも、乳をやる、というのと並んで一種の態度である。動作はないが、意思は貫徹されている。その点では同じである。


しかも、この態度によって、赤ん坊の死を招くことも可能である。すなわち、人は不作為によって、構成要件に該当する結果をもたらすことができる。

——乳をやらないで、この子を殺してしまおう。

と思って、本当に乳をやらないでいたら、赤ん坊殺しの目的を達成することができる。

このように、実行行為には、作為と不作為の二つの態様がある。二つ合わせて「動静《どうせい》」ということもある。

さて、刑法の規定を見ると、そのほとんどが作為犯についてのそれだとわかるが、中に、まれに不作為を構成要件にしているものもある。

不退去罪は、そのまれな例の一つである。

住居侵入罪が、他人の住居等に侵入するという作為を規定しているのに対して、これは、要求を受けてもその場所から退去しない、という不作為を要件にしている。

このように、はじめから構成要件に不作為を規定しているものを、「真正不作為犯《しんせいふさくいはん》」と言っている。

もとは作為犯であるのに、不作為によって作為によると同じ構成要件に該当する結果を実現するのは、これに対して「不真正不作為犯《ふしんせい》」と呼ぶこととされている（不真正不作為犯については「放火罪」の所で説明する。）。

三　不退去罪は、真正不作為犯であるとすると、そこに居座っているという状態は同じであるのに、一方は正当な居座り、他方は不当な不退去行為というのであるから、いつからそのように転換するのかが問題になる。

不退去罪の構成要件は、「要求を受けたにもかかわらずこれらの場所から退去しなかった」であるから、まず、住居主等からの要求がいつ出されたか、が一つの目安になる。

しかし、この要求自体が正当であるためには、時期方法に注文があるわけだから、要求がでた、動かない、それほい、というわけにはいかない。

いったい、居座りは、何が理由で始まったのか、要求がだされるまで、どのような態度でいたか。平和的であったか、それとも隣近所をはばかるような、つまり住居の平穏を害するような態様であったか。その態度のどこが住居主等の意に反し、かつ、甘受できない程度であったか。どのくらい居座っていたか。等々、一口で言うと、住居の平穏が乱され、社会常識に照らして、なるほど、それでは我慢しかねるであろうという状態が認められることが先決である。(14)

そして、要求がでた。相手はそれを認識した。次に、所持品をまとめるとか、靴をはくとか、退去に必要な合理的な時間をみてやらなければならない。

こうして、なお、その場から退去しない状態が続いていたら、そこではじめて、不退去罪の成立を認定することになる。

(1)　大判大正一五年三月二三日法律学説判例評論全集一五刑法九九は、「家主が、賃貸借契約解除後に、家屋の明け渡しを求めて自力救済の目的で借家人の住居に立ち入るときは、住居侵入罪に当たる。」としている。最決昭和二八年五月一四日集七・五・一〇四二は、「居住者が法律上正当な権限をもって居住するかどうかは、本罪の成否を左右しない。」としている。

(2)　大判大正二年一二月二四日録一九・一五一七は、「放火罪についてであるが、人の住居に使用する建造物とは、現に人の起臥《きが》寝食《しんしょく》の場所として日常使用されている建造物をいう。」としている。

(3)　名古屋高判昭和二六年三月三日集四・二・一四八は、「住居とは、一戸の建物のみをさすのではなく、旅館料理屋の一室といえども、これを借り受けて使用したり、又は宿泊したり飲食している間は、その客の居住する住居と認めるべきである。」とする。

(4) 大判昭和七年四月一二日集一一・四〇七は、「邸宅とは、人の住居の用に供せられる家屋に附属し、主として住居者の利用に供せられるように区画された場所をいう。」としている。なお、最判昭和五一年三月四日集三〇・二・七九

(5) 最決昭和三二年二月二八日裁集一一七・一三五七は、「所有者が遠隔の地にいる空き別荘でも、その近隣に管理人を置いて管理させている場合には、これに侵入する行為は本罪を構成する。」としている。

(6) 最判昭和三二年四月四日集一一・四・一三二七は、「内部に社宅二十数戸があり、門・垣及び塀をめぐらして一般民家と区画され、責任者が看守し、毎晩定時に門を閉める仕組みになっている区域内は、人の看守する邸宅である。」としている。

(7) 最判昭和二五年九月二七日集四・九・一七八三は、「本条の建造物は、家屋だけでなく、その囲繞地《いじょうち》をも含む。」としている。

(8) 大判大正一一年五月一八日集一・三一九は、「飲食店の営業時間内でも、暴行の目的で闖入《ちんにゅう》する行為は、故なく人の住居に侵入するものに当たる。」としている。

(9) 最判昭和三四年七月二四日集一三・八・一一七六は、「税務署の裏手に、酒販組合事務所があって、人々が同署の構内を自由に通行していたとしても、夜間、同署の庁舎内に人糞を投げ込む目的で、その構内に立ち入る行為は、住居侵入罪を構成する。」としている。

(10) 大判明治四五年五月二三日録一八・六五八は、「住居に侵入するのは、窃盗罪遂行のための手段にほかならないから、窃盗罪が既遂であるか未遂であるかに関係なく住居侵入罪が成立し、住居侵入罪と窃盗罪は、牽連犯である。」とする。

(11) 最判昭和二八年四月一四日集七・四・八五〇は、「其最モ重キ刑ヲ以テ処断ス」とは、数個の罪名中最も重い

刑を定めている法条によって処断するという趣旨とともに、他の法条の最下限の刑よりも軽く処断することはできないという趣旨を含む、としている。」また、

最判昭和二年二月一日集一一・二・七一五は、「法定刑として最も重い刑を含む法規を従うばかりでなく、下限もまた、各法条の刑の下限を比較し、最も重いものに従って処断する趣旨である。」とする。

(12)　最高裁昭和三三年九月一〇日集一二・一三・三〇〇〇は、「物品販売業者等が、厚生大臣の許可を受けないで物品販売等の目的をもって国民公園皇居外苑に立ち入ることを禁止する標識がでている場合は、軽犯罪法第一条第三二号にいう「入ることを禁じた場所」に当たる。」とする。

(13)　大判大正一五年一〇月五日集五・四三八は、「住居者又は看守者に限らず、家族その他の者でも、本人に代わって住居権を行使することを認容されたと推測される者は、退去を要求することができる。」としている。

(14)　東京高判昭和四五年一〇月二日集二三・四・六四〇は、「不退去罪が成立するか否かは、行為者の滞留の目的、その間になされた行動、居住者の意思に反する程度、滞留時間等を考慮し、住居の平穏が乱されたか否かによって決すべきである。」としている。

第二節　脅迫罪

一　脅迫罪の概要

一　脅迫という言葉は、暴行と並んで刑法の至る所に用いられている。そして、その意味する所が必ずしも一致していないのでややこしい。

今まで学んできた所でみても、強盗罪と恐喝罪にこの概念が用いられている（恐喝は脅迫と同じであることを思い出してもらいたい。）（二章四節一の二）。

しかし、すでに学んだこの二罪について考えてみると、人に対して、何らかの害悪の告知をしている点では共通点がある。

違いは何か、というと、強弱である。

恐喝罪における害悪の告知は、人を畏怖《いふ》させるが、それは、相手方がおそれ入って、財物を自分の手でさし出す程度の畏怖である。

これに対して、強盗罪では、さし出すもさし出さないもない。相手は、反抗を抑圧されてしまっている。震《ふる》えおののいている間に、犯人が財物を奪い取る、というケースである。

一口に脅迫といっても、この強盗罪における脅迫のように、強い効果を内容としている場合は、比較的わかりやすい。これに似たものとしては、後に出てくる「強姦罪」(一七七条)、「強制わいせつ罪」(一七六条)があげられる。(1)

また、脅迫という文字を使用している構成要件の多くは、「暴行又は脅迫」というふうに、暴行と並行して用いられるのが、ほとんどである。(2)

この場合は、脅迫という心理面での程度を、暴行という有形力の程度に比較して論ずることが可能であるから、これもまたわかりやすい。

暴行の概念には、四つの種類があり、強盗罪のそれは、人に対する有形力の行使であって、その程度は、被害者の反抗を抑圧するに足りるもの、ということであった。そうだとすると、強盗罪を成立させるに足りる脅迫とは、やはり、人に対する害悪の告知であって、相手方の反抗を抑圧する程度の畏怖心をおこさせるもの、と、答は明確にでてくる。

それでは、弱い方の「暴行又は脅迫」はどうか、というと、たとえば、「公務執行妨害罪」（九五条）を例にとってみよう。

この罪については、後で詳述するが、これは、公務員が仕事をしている時、これに対して暴行又は脅迫をする罪である。

そして、ここでいう「脅迫」は、どのような内容であるか、をみるには、この罪で、予定されている暴行の程度をまず見ればわかる、ということである。

そして、それは、人に向けられる有形力の行使である。しかし、直接人の身体に加えられなくてもよい。側《そば》にある物をたたき壊しても、それが、問題の相手の身体に物理的に感応《かんのう》する場合がある。気勢をくじかれる、というのは、その場合である。

しかも、その結果、現実に公務が妨害されたかどうかは問題にしない。性質上公務の妨害になり得るものであれば足りる。

と、こういう判断は、公務執行妨害罪を置く趣旨に照らせば、比較的容易にその答がでてくる。

そして、公務執行妨害罪における脅迫、それも、右の暴行の性質・程度に合わせて考えることができるから、比較的わかりが早い。

相手に畏怖心をおこさせる目的で、その相手に害悪の通知をする、という行為が、ここでいう脅迫である。その程度は、害悪の内容・性質、通知の方法のいかんを問わず、また、現実に、相手方が畏怖心をおこしたかどうかも問う必要がない、という、比較的広い概念が得られるであろう。(3)

ところが、このように、暴行と並べてではなく、単独で、「脅迫」を規定したものが二つある。それが、すでに学んだ「恐喝罪」(二四九条)と、今、ここで学ぼうとしている「脅迫罪」(二二二条)である。そして、恐喝罪には、被害者による財物の交付という物理的行為が要素としてあり、脅迫罪にはそれがない。

純粋孤独に「脅迫」という心理劇を問題にする。それだけに、構成要件も工夫して作られてある。他の罪に比較すると、同じく害悪を告知するにしても、害悪の内容を限定してかかっている。まず、構成要件を見ることにしよう。

二　脅迫罪の条文は、次のように書かれている。

第二二二条（脅迫）　生命、身体、自由、名誉又は財産に対し害を加える旨を告知して人を脅迫した者は、二年以下の懲役又は三十万円以下の罰金に処する。

2　親族の生命、身体、自由、名誉又は財産に対し害を加える旨を告知して人を脅迫した者も、前項と同様とする。

第一項の方は、加害の対象が被害者本人であり、第二項の方は、被害者の親族である。構成要件は「生命、身体、自由、名誉又は財産に対し害を加える旨を告知して人を脅迫した」である（第二項の方はこれに「親族の」がつく。）。

告知される害悪の種類は、本人又はその親族の生命・身体・自由・名誉又は財産に限定されている。

本罪は、他人を畏怖させる意思をもって、これらの法益に対し害悪を通告することにより成立する。(4)

このように、脅迫罪は、犯人によって用いられる加害の告知内容を限定している点に特色をもっている。ただ、害悪の告知であれば何でもかまわない、というのとは違う。

このように、加害の内容が限定されているものには、本罪のほかに、「強要罪」（二二三条）がある。(5)

このように、限定されているから、警察官も助かる。認定が比較的容易にできる。

世の中に、相手の気を悪くするような言《い》い種《ぐさ》はいくらでもある。そして、その中のどれが、相手に畏怖の心をおこさせるに足りるものであったかの認定は容易ではない。告知と畏怖の間の因果関係が不明瞭《ふめいりょう》になりやすい。

ところが、ここに掲《かか》げてある本人又は親族の生命・身体・自由・名誉又は財産ということになれば、それらの加害そのものが独立の犯罪であり、悪質であるばかりでなく、それによって畏怖するのもまた通常のことと考えることができる。そして、その害を受ける者も、本人とその親族に限定され、たとえば、

「お前の彼女をばらすぞ」

と言われて怖《お》じおそれたかどうか。男女関係が深かったか浅かったかなどと面倒なことを捜査する必要もない。愛人は加害の対象になっていない。ということで、事はすんでしまう。

三　脅迫の内容について、二、三の問題をあげると、まず、生命・身体に対するものは比較的明瞭である。

「殺したろうか」

とか、

「腕を一本切り落としてやろうか」

とか、その事自体、実現されれば犯罪になるし、被害者の方も、畏怖を感ずるのが、まず、ふつうである。右のようなことを言いながら、凶器を示したりすれば、脅迫に当たることは、ますますはっきりしてくる。

しかも、これによって確実に相手方が畏怖しなければならない、ということはない。また、危険

が明白でさし迫《せま》っている、ということもあえて必要でない、とされている。(6) 要するに、他人を畏怖させる意思で、その人を畏怖させるおそれのある害悪の通告でよい。

「お前の子供を殺すぞ」

と言われて、まさか、そんなことができる男ではない、と、その性質素行をよく知っていたとしても、万一ということがある。

――まさか。しかし、どういう心境でいるか、これは油断はできないぞ。

という具合に、一笑に付してしまうには、危惧《きぐ》の念が残る、というものは、脅迫に当たる害悪の告知である。

害悪の告知の程度は、周囲の状況によっても判断が変わってくる。

「出火お見舞い申し上げます。火の元に御用心」

という葉書が舞いこんだとする。ふつうの時であれば、

――誰かのいたずらかな。

という程度ですますことができるが、それが、もし、二つの派で熾烈《しれつ》な抗争をしている最中だ、とすると、そうはいかない。

――すわ。反対側の焼打《やきう》ちの通告か。

と、色めき立つのがふつう、というものである。(7)

ここでいう「自由」の中には貞操も含まれる。

「名誉」の中には、村八分《むらはちぶ》が含まれる。

村八分というのは、特定の人に対して、村人がみんなで絶交を申し合わせ、実行することである。(8)

共同体の中で生活している生活関係が密接にからみ合っている中で、村八分になるということは、辛《つら》いことである。刑法では、これを、本罪の「名誉」を害するものとしてとらえる。

多数の地域住民が公開の場所に集まって、ある住民に対して絶交の決議をしたとする。このことを、当の本人が了知すれば、特段の通知がなくても、脅迫罪が成立する。(9)

害悪の内容は、告知者がコントロールできるものでなければならない。気持が悪いことでも、犯人がどうにもできないことであれば、ここでいう害悪の告知には当たらない。

たとえば、

「お前の顔に死相が現れている。一か月ともつまい」

と、申し向けたとする。言われた方にすれば大変気持の悪いことである。気の小さい者であれば、これだけでも本当の病気になるかも知れない。

しかし、吉凶禍福《きっきょうかふく》は人間の力でどうにでもなるものではない。禍《わざわい》がくると言ったところで、言った人に禍を呼び寄せる力はないのだから、ここでの害悪には入らないのである。

四　これに対して、第三者が加害者として登場するのだとすると、現実味を帯びてくる。

「おれが一声かけたら、おれの子飼《こが》いがどういうふうにするか。わかっているだろう」

と、申し向けたとすると、これはここでいう害悪の告知だと言うことができる。

子飼いをもつ親分として、子分に影響力をもっている場合はもちろん、現実にそうでなくとも、そのように装《よそお》うときは、脅迫罪が成立する。(10)

害悪を加える第三者が架空であっても、おどす目的で、こわがるおそれのあることを告げれば本罪が成立する。

Aは尼僧《にそう》Bに、

「お前が色男を作っているという投書が新聞社にあった。近々新聞に出る」

と、架空《かくう》の事実を申し向けた。投書人も実在ではない。しかし、これは、立派に脅迫をしたことになるのである。(11)

また、告知の方法も、言語による直接の場合に限られない。相手方に知らしめる手段を施《ほどこ》し、それによって相手方が知ったことで足りる。

たとえば、相手方を脅迫する目的で脅迫状を人の発見しやすい場所に掲示し、誰もがこれを見ることができるようにしておく。案の定、相手がこれを読んだ、となれば、ここでいう「告知」に事欠かない。(12)最初に見つけたのが相手方の妻子で、これが掲示をはがして本人に伝達しても同じことである。

相手方が拾いやすい所へ落し手紙をする、というのも、よくある手である。(13)

このように、告知の方法に制限はない。

しかし、告知をする側に、告知内容の認識のほかに相手方がこれを知るであろうという予見が必要であり、とくに、第三者を介するなど、間接の場合は、この点をよく捜査し、とくに、相手方にその告知が到達した事実を明らかにしておく配慮が必要である。

五　同じ脅迫でも、集団の力や凶器を利用してすると罪が重くなる。常習として脅迫をする場合も同様である。

暴力団の組員が、組の名をちらつかせて脅しをかける様《さま》を想像してみよ。

また、匕首《あいくち》か何かをちらつかせて加害の告知をすること、本当は一人なのに、表に大勢待機しているようなことを言うこと、さらに、現実に二人以上で、一人がせりふを言っている間に、他の者は背後へ回ったりすることなど、悪質な行為は、暴力行為等処罰ニ関スル法律（以下単に「暴力行為法」という。）で重く罰することにしている。暴行、脅迫では二年以下の懲役が三年以下に重くされ、器物損壊では懲役と罰金に変わりはないが、「科料」がなくなる（暴力行為法一条）。銃砲又は刀剣類を用いて人の身体を傷害すると懲役の下限が一年になり、罰金刑はなくなる（暴力行為法一条ノ二）。

常習として脅迫をするとさらに重くされる（罰金刑がなくなり、三月以上五年以下の懲役と重くなる。）（同法一条ノ三）。人を障害したりすれば一年以上十年以下の懲役である（同法一条ノ三前段）。

面会を強請《きょうせい》したり、会話中威勢を示して相手方を困惑させるようなことは、脅迫罪の一歩手前の行為であり、それだけでは、刑法の罪にはならない。しかし、同じことを、集団の力や凶器を利用してすると、暴力行為法の罪になる（同法二条）。

ただし、面会強請・強談《ごうだん》・威迫《いはく》も、あらゆることに関してこれを取り締まろうとするのではない。「財産上不法の利益を得」るという目的のものだけに限定される。他人をして得しめる目的は含まれている。なお、ここでいう財産上不正の利益は、財物を含めた広い概念である点、注意を要する。

また、人に脅迫を実行させようとして、見返りに金品その他の財産上の利益や職を与えることも処罰される。その申込や約束をした者、情を知ってそれらの利益等の供与を受けたり、要求や約束をしたりする者も処罰の対象になる（同法三条）。

(1) 学者は、脅迫を分類して、この種のものを「最狭義」——もっとも狭い意味での——脅迫である、とする。強盗罪（二三六条）・事後強盗罪（二三八条）・強姦罪（一七七条）・強制わいせつ罪（一七六条）などにおける脅迫がこれに当たる、とされる。

(2) 内乱罪（七七条……「暴動」が多数人による暴行・脅迫を要素にしている。）をはじめ、騒乱罪（一〇六条）・公務執行妨害罪（九五条）・加重逃走罪（九八条）・逃走援助罪（一〇〇条）・強要罪（二二三条）がそれに当たる。

(3) 学者は、この種の脅迫を「広義」の脅迫である、とする。公務執行妨害罪（九五条）・加重逃走罪（九八条）・騒乱罪（一〇六条）の脅迫がこれに当たる、とされている。

(4) 大判大正六年一一月一二日録二三・一一九五は、「他人を畏怖させる意思で、畏怖させるおそれのある害悪を通知すれば、たとえ害悪の発生を望まず、また、その人に畏怖心を生じさせなかったとしても脅迫罪が成立する。」としている。

(5) このように、害悪の内容が特定されている場合を、学者は「狭義」の脅迫である、としている。脅迫罪と強要罪（二二三条）がこの中に入る。

(6) 最判昭和三四年七月二四日集一三・八・一一七六は、「告知内容たる加害が明白かつ現在の危険を内包することは必要がない。」としている。

(7) 最判昭和三五年三月一八日集一四・四・四一六は、「二つの派の抗争が熾烈となっている時期に、一方の派の中心人物宅に、現実に出火もないのに、「出火お見舞い申し上げます。火の元に御用心」という文面の葉書を郵送したときは、脅迫罪が成立する。」としている。

(8) 大判昭和九年三月五日集一三・二一三は、「村八分にする旨の通告も、名誉に対する加害の通告であり、脅迫に当たる。」とする。

(9) 大判大正一三年一一月二六日集三・八三一は、「多数の部落民が公開の場所に集合し、ある部落民に対し絶交の決議をした場合、とくにその通知をしなくても、相手方がその決議を了知すれば、脅迫罪が成立する。」とする。

(10) 大判昭和一〇年一一月二二日集一四・一二四〇は、「第三者の行為による害悪の告知が、脅迫罪を構成するためには、自己が、第三者の害悪行為の決意に影響を与えうる地位にあることを相手方に知らせれば足り、現にそのような地位にあるかどうか、また、害悪の実現が可能であるかどうかを問わない。」としている。

(11) 大判昭和七年一一月一一日集一一・一五七二は、「人を畏怖させる意思で畏怖心を生じさせるような害悪を通告すれば、たとえ虚無の第三者の名義を用い、その虚無人によって害悪が行われる旨を通告しても、脅迫罪が成立する。」としている。

(12) 大判大正八年五月二六日録二五・六九四は、「告知は、相手方に知らしめる手段を施し、それによって相手方が知ったことで足りるとし、脅迫文を見やすい所へ掲示するのも告知である。」としている。

最判昭和二六年七月二四日集五・八・一六〇九も同旨である。

(13) 大判昭和一六年二月二七日集二〇・六〇は、「落し手紙により、拾得者を介して告知することも可能である。」とする。

第三節　放火罪・失火罪

一　放火罪の概要

一　わが国では昔から、火つけ盗賊は大罪とされてきた。
火事場のどさくさに、一時預けられたその先で、一目惚《ひとめぼ》れした恋人《こいびと》にもういっぺん会いたいと思《し》案《あん》した八百屋お七は火をつけた。火事になればまた、あの寺へ。浅《あさ》はかの果ては火あぶりになった。

わが国の都市は木と紙と泥でできている。

明治のころ日本を訪れたある外国人は、

「日本人はすごい、紙一枚で大自然に対している」

と言った。昔の家は硝子戸《ガラスど》というものがない。雨戸を開ければ、障子《しょうじ》一枚が外との隔《へだ》てになった。こういう構造の家の密集した都市では、何がこわいといっても、火事ぐらいこわいものはない。個人にしてみても、生産力の弱い時代に、そういう物を買い替えることはできない。一回焼けば、ほとんど生涯《しょうがい》立ち直れない打撃を受けたのである。

このように、火事は個人の財産の敵であるばかりでない。ひとたび発生すれば、多数の人の生命・身体・財産が危険に陥《おちい》る。火事は、生活者全体に共通する重大な危険である。学者はこれを「公共の危険」と言っている。

放火は、公共の危険を発生するので犯罪とされる。放火罪は、公共危険罪の代表である。

二　放火罪は、物を焼くことによって、公共の危険を発生させる。処罰の根拠は、そこに求められている。

ところで、火つけの対象となる物には、人間を入れる容物《いれもの》とそうでない物とがある。建造物・汽車・電車・艦船・鉱坑《こうこう》は、人を入れる物の代表である。これらの物に火をつけて焼けば、単に財産だけの損害にとどまらず、人の生命・身体にも危険が及ぶ。

刑法は、火をつけて焼かれる物によって、それぞれ、危険度も重要度も違うことから、これを五種類に分けてその刑を加減している。

まず、最も重要な物は、現に人の住居に使用し又は人の現在する建造物・汽車・電車・艦船若しくは鉱坑（一〇八条）である。これを、以下「現住建造物等」と呼ぶことにする。

これに対して、「非現住建造物等」と略称することにする対象物がある。

すなわち、現に人の住居に使用せず又は人の現在せざる建造物・艦船もしくは鉱坑（一〇九条）がそれである。汽車・電車が抜けていることに注意しなければならない。

現に人の住居に使用せず又は人の現在せざる汽車・電車は、「建造物等以外の物」（一一〇条）に含まれる。

さて、現住建造物等は、現に人が住んでいたり、住まなくても現にそこにいたりする物であるから、これを焼く行為は、直《ただ》ちに人の生命・身体・財産に危険を及ぼすおそれを生ずる。だから自他の区別なく重く処罰するのであるが、その他の物は、自己所有かどうかによって軽重を考えることができる。放火の客体は、以上によって次の五つに区分される。

(一)　現住建造物等（一〇八条）
(二)　非現住建造物等（他人所有）（一〇九条一項）
(三)　非現住建造物等（自己所有）（一〇九条二項）
(四)　建造物等以外の物（他人所有）（一一〇条一項）

㈤　建造物等以外の物（自己所有）（一一〇条二項）

三　以上を罪の重い順に並べ変えてみると㈠㈡が断然他を引き離している。とくに、㈠は、人の生命・身体に直ちに危険が及ぶところから、死刑又は無期若しくは五年以上の懲役と重刑が用意されている。㈡は、非現住ながら建造物等という、人に対する衝撃力の高いものであるから、二年以上の有期懲役という厳しい刑が予定されている。

第三番目にくるのが、㈢すなわち自己所有の建造物等でなく、動産等に代表される他人所有のその他の物すなわち㈣であることに注意しなければならない。

たとえ、建造物等という重い存在でも、自己所有の物を焼くということになると、財産上の問題はゼロになる。残るのは、公共の危険だけである。同じ自己所有の空き家を焼くにしても、街中《まちなか》と山奥の一軒家ではがらりと様子が違ってくる。

一人ぼっちの爺《じい》さんも死んでしまった。爺さんの山小屋をそのままにしておくと、動物の巣になったり、犯罪人の住みかになったり、ロクなことはないから、焼き払うことにしよう、と相続人が決めて、山火事をおこさないように注意しながらこれを焼いた。

それ、火つけだ、と、駐在さんの目の色が変わるか、というとそうではない。

考えてみればわかるであろう。何も悪いことはしていない。他人の物を傷つけたわけでもない。

自分の物を処分しただけである。

「しかし、山火事になったら人騒《ひとさわ》がせなことになる」

「そのとおり、そのため、用心して対策をとりながら火をつけた。現に、こうして無事、小屋だけ焼き終えた」

それでも、お前は火つけだ、犯罪人だと決めつけることができるか、である。

常識のある人は、そうは言わない。そして、法律は、結局、常識の集成《しゅうせい》である。

刑法は、自己所有の非現住建造物等を焼く行為については、「公共の危険を生《しょう》じなかったときは、罰しない」(一〇九条二項)という条件をつけている。

公共の危険を発生させたら処罰する。

他人の物でない点を考慮して、その刑は六月以上七年以下の懲役と安くしてあるが、公共の危険が、具体的に発生しないときは無罪である。駐在さんは、目の色を変えなくてもよいのである。

他人所有の建造物等以外の物すなわち㈣は、これを焼くと一年以上十年以下の懲役で第三番目に重い罪とされている。財産犯としての要素が含められるからである。

しかし、これも、単なる物である以上、今度は、毀棄罪《ききざい》との均衡《きんこう》を考慮《こうりょ》しなければならない。焼くも壊すも、その物の効用をなくする、あるいは減少させるということでは同じだからである。

ここで、放火だ、つけ火だ、と言って騒ぐのは、かえってその行為が、公共の危険を生じさせるからにほかならない。もし、公共の危険というものがないならば、それは、毀棄罪《ききざい》と同じ考え方で処理されてもいいはずである。

そこで、㈣の条文を見ると、

第一一〇条（建造物等以外放火） 放火して、前二条に規定する物以外の物を焼損し、よって公共の危険を生じさせた者は、一年以上十年以下の懲役に処する。

2 前項の物が自己の所有に係るときは、一年以下の懲役又は十万円以下の罰金に処する。

「前二条に規定する」物は「建造物等」であるから、この構成要件は「放火して、（他人所有の）建造物等以外の物を焼損《しょうそん》した」になる。第二項の方は自己所有の物すなわち㈤である。

ここで、気がつくことは、この罪は、単に、物を焼く罪ではない、焼くことによって公共の危険を生じさせるというところに犯罪の根拠をみているということである。

これも、さっきの山小屋と同じように、具体的に公共の危険が発生したかどうかが、成否のかぎになる。

こっそり物を焼いて水をかけて始末《しまつ》してしまった、というのは、ここでの罪にはならないということである。

すなわち、㈢㈣㈤の三種の物は、共に具体的な公共の危険の発生を処罰の根拠にしている。これを学者は、「具体的危険」と言うことにしている。

放火罪は、公共の安全を保護し、危険から守るという機能を果たしている。つまり、放火罪は、「危険犯」である。

そして、他人所有の建造物等以外の物を焼く行為、自己所有の物を焼く行為は、その中にあって、とくに「具体的危険犯」であることが以上の考察によってわかった。

「具体的」があれば、「抽象的」はないか、ということが、最後のツメになる。そして前述の㈠と㈡、いちばん重いものはどうなっているか、条文を見ることにしよう。まず㈠について、

第一〇八条（現住建造物等放火）　放火して、現に人が住居に使用し又は現に人がいる建造物、汽車、電車、艦船又は鉱坑を焼損した者は、死刑又は無期若しくは五年以上の懲役に処する。

構成要件は、「放火して、現に人が住居に使用し又は現に人がいる『建造物等』を焼損した」である。

「現に人が住居に使用し又は現に人がいる」というのは、さきほどから使用してきた「現住」の語に置き換えることができるから、構成要件は、結局「放火して、『現住』建造物等を焼損した」になる。

「焼損した」は要するに物を焼いたということである。焼き加減が問題になって既遂・未遂の議論にまで発展する。その詳細は後述する。

さて、「放火して、現住建造物等を焼損した」のどこにも、「公共の危険」という文字は出てこない。㈢㈣㈤の罪が、それぞれ公共の危険の具体的発生を要件としていたのと著《いちじる》しく対象的《たいしょうてき》である。すなわち、人の住居に使用している建造物等又は人の現住する建造物等ということになれば、公共の危険は言わずもがなである。焼けばただちに公共の危険を生ずる。たまたまボヤで終わったとしても、それは幸運に属する事態《じたい》であり、ふつうは、火をつけただけで不特定多数人の生命・身体・財産に対して重大な脅威《きょうい》になる。具体的危険に至らなくても、人々の危険感を刺激した、それだけで十分処罰に値する。

こういうのを「抽象的危険犯」と言うのである。「具体的危険犯」に対する語である。

㈡の他人所有の非現住建造物等は、この㈠と同じ条文の書き方になっている。

第一〇九条（非現住建造物等放火）　放火して、現に人が住居に使用せず、かつ、現に人がいない建造物、艦船若しくは鉱坑を焼損した者は、二年以上の有期懲役に処する。

2　前項の物が自己の所有に係るときは、六月以上七年以下の懲役に処する。ただし、公共の危険を生じなかったときは、罰しない。

例によって言葉を置き換えると、この構成要件は、「放火して、『非現住』『建造物等』を焼損《しょうそん》した」である。

非現住建造物等はさらに自己所有と他人所有とに分かれ、自己所有の方は、第二項に言っているから、これは「放火して、(他人所有の)非現住建造物等を焼損した」と書き直すことができる。

このどこを見ても「公共の危険」の文字はない。その点㈠の現住建造物等の場合と同じである。これは、㈠と並んで「抽象的危険犯」である。

第二項の方は㈢の自己所有の非現住建造物等に関するものであり、「具体的危険犯」であることは、すでに述べたとおりである。

四　放火罪は客体によって五つの類型に区分されているが、その構成要件を列記してみると、

㈠「放火して、現住建造物等を焼損した」

㈡「放火して、(他人所有の)非現住建造物等を焼損した」

㈢「放火して、(自己所有の)非現住建造物等を焼損した」(ただし公共の危険を生じた場合)

㈣「放火して、(他人所有の)建造物等以外の物を焼損し、よって公共の危険を生じさせた」

㈤「放火して、(自己所有の)建造物等以外の物を焼損し、よって公共の危険を生じさせた」

であるが、このうち、全部に共通している要素は、(ア)「放火して」、(イ)「焼損した」である。

「放火して」とは、俗にいう火をつけることであるが、目的物を焼損するという結果から考えると、何も、点火するという作為ばかりでなく、たまたま火が出たのを消火活動をしないで燃え広げさせることも可能である（不作為）。不作為の放火というのも存在し得《う》る。

火は先にある。それを見て、

――ああ、燃えるなあ。広がりそうだなあ。

と思いつつ何もしないというのは不作為であるが、これだけでは、たまたま、通りかかってゴミ箱が燃えているのを見て、そのまま行ってしまった人が放火犯人になるか、というと、常識の抵抗を感ずるであろう。

総論でふれたように、不作為が犯罪になるためには、その不作為が構成要件に該当しなければならない。ここでは、何もしないでいることが「放火して」に当たらなければならない（不真正不作為犯）。

すると、消火活動をしないで見ている者には、何らかの消火義務がなければならない。さきほどの通りすがりでは、道義的責任はともかく、通り過ぎたことが火を放ったに当たる、とは言えないであろう。

Aが屋内《おくない》で人殺しをする時、被害者のBは抵抗して火のついた薪《たきぎ》をAに投げつけた。Aは夢中になってBを殺してから、ふと気がつくと、Bの投げた薪が中庭に積み上げたわらに燃え移っている。

――火事になるな。

と思ったが、死体の始末と証拠の隠滅のことを考えると、

――ちょうどいい。このまま何もかも燃やしてしまおう。

と、むしろ既発《きはつ》の危険を喜び利用する意思で放置しておいた。案の定、わらの火は母屋《おもや》に燃え移り、隣家の物置まで燃してしまった。

この時のAには火をつける行為はなかった。しかし、火を消し止めるべき法律上の義務はあった。「法律上」というのは、どこかに明文があるという意味ではない。慣習や条理を含めて当然負担するのが本当だという意味の法律上の義務である。

そのAが消火をせずに放置をするという行為は、まさに不作為によって「放火し」たと言えるだろう。裁判所はそう判断したのである(1)。

「焼損」は焼くことであるが、焼き加減が問題になる。すなわち、どこまで焼いたら放火が既遂になるのか、という判断の基準を決めておかなければならない。

学者はいろいろなことを言うが、判例は、つけ火の対象物が独立に燃え出したかどうかを境目《さかいめ》とする。

火をつけるには、ふつう媒介物《ばいかいぶつ》がいる。たとえば、家を焼くのに、いきなりマッチの火を近づけても今の家は燃えない。新聞紙を丸めて火をつけるとか、油をまくとか、つけ火のための媒介物があるのがふつうである。

そして、焼損したというためには、火が、これらの媒介物を離れ、独立して対象物が燃え出すことが必要である（独立燃焼説）(2)。たとえば、家を焼く場合は家のふすまや畳では足りないが(3)、柱やかもいや、天井板が焼け出したときは、家としての効用がなくなるほどに焼けなくても「焼損した」と言い得る(4)。

(三)(四)(五)の三罪に共通しているもう一つの要件は、「公共の危険を生じさせた」である。

これについては前述したので多言を避けるが、一般に不特定多数の人の生命・身体・財産に対して脅威を及ぼす状態を言っている。一〇八条及び一〇九条一項に規定する建造物等に対する延焼の危険のみに限られない。市街地の駐車場に置かれた無人の車両を焼く行為は、これにより他の駐車車両に延焼の危険を生じさせた場合、「公共の危険」を発生させた、に当たる(5)。

脅威を及ぼす状態というのは、一般ふつうの人が不安感を覚える程度である。

——延焼《えんしょう》しそうだな。

——人の死傷が出るかも知れないな。

と、漠然《ばくぜん》と不安がでてくる状態である。

二　失火罪の概要

一　構成要件

二　業務上失火罪・重過失失火罪

一　放火は、公共の安全にとって、きわめて危険な犯罪であるが、失火も過失とはいえ、結果的には同じ脅威《きょうい》を人々に与える。

しかし、その刑は軽い。条文を見てみよう。

第一一六条（失火）　失火により、第一〇八条に規定する物又は他人の所有に係る第一〇九条に規定する物を焼損した者は、五十万円以下の罰金に処する。

2　失火により、第一〇九条に規定する物であって自己の所有に係るもの又は第一一〇条に規定する物を焼損し、よって公共の危険を生じさせた者も、前項と同様とする。

第一項は建造物等に関するものであり、前述の㈠と㈡すなわち、焼燬《しょうき》の結果さえあれば、具体的

に公共の危険を生じたかどうかは問題にしないという抽象的危険犯を対象にしている。その構成要件は例によって整理すると、

「失火により、(現住建造物等)又は(他人所有非現住建造物等)を焼損した」である。

その刑は、五十万円以下の罰金である。

「失火により」というのは、過失により出火させることである。すなわち、火気取扱いが悪くて火を出してしまうのであるが、何が悪かったか、というと、その時、一般通常人ならばしたであろうと考えられる注意義務に違反し、そのため、火が出て物件を焼損するという結果を予見しなかった、あるいは、漠然《ばくぜん》と予見をすることはしたのであるが、適切な回避措置をとらなかったという点が非難されるのである。

また、出火を発見してその時適切な消火活動をする義務がありながら、うろたえてすることをしなかったとすると、不作為による失火の責任を問われることがある。

第二項の方は、㈢㈣㈤の具体的危険犯の過失を規定している。

二　失火罪の中には、「業務上失火罪」と「重過失失火罪」がある(一一七条の二)。

「業務上失火罪」は、たとえば、ボイラーマンやコックのように、日常火気を扱うことを職務としている人の過失を重く考えようとするものである。これらの人々は、職務上火気の安全に配慮す

べき社会生活上の地位にあるとみられる者である。

プロにはプロの注意義務がある、ということである。その刑は、三年以下の禁錮、百五十万円以下の罰金である。

火気取扱いのプロでなくても、たとえば、ガードマンのように、火災の発見防止を職務内容とする人の注意義務も業務上のそれになる。(6)実例では、プロパンガス装置者、(7)ディーゼル自動車の運転者、(8)浴場経営者等(9)の実例がある。

また、そういう職務上の地位にある者でなくても、とくに危ない場所で火気の扱いを誤《あやま》ると、業務上失火罪と同じ重過失罪に問われる。

Aは真夏の暑い日にガソリンスタンドのガソリン缶から一メートルも離れていない所でライターを使った。こうしておきた火事の責任は「重過失失火罪」(一一七条の二)に問われた。(10)

三　爆発物取締罰則等

一　爆発物取締罰則の概要

二　失火前行為としての火気使用（軽犯罪法一条九号・一〇号）

一　公共の安全を脅《おびや》かすものは、何も火気だけとは限らない。昔から爆発物があったし、現在では原子力などという超危険物もできている。

刑法では、放火罪のほか、「激発物破裂罪《げきはつぶつはれつざい》」（一一七条）・「ガス漏出罪《ろうしゅつざい》」（一一八条）が規定されているが、爆発物については「爆発物取締罰則」[11]（明治一七年一二月二七日太政官布告三二号）があり、治安を妨げ又は人の身体・財産を害する目的で爆発物を使用する行為を処罰することにしている（同法一条）。「人の身体を害する目的」は、人の身体を害するという結果の発生を「未必的に認識し、認容す」れば足りるとされる[12]。

爆発物[13]は現実に爆発しなくても、投げたり、時限設置をしたりすれば使用したことになる。すなわち、同法第一条の罪は既遂になる。死刑・無期もしくは七年以上の懲役又は禁錮とその刑は厳しい。

また、同じ目的で爆発物やその使用に供すべき器具を製造輸入したり、所持したり、注文をすると処罰される（同法三条）。

そのほか、爆発物使用の罪を犯そうとして脅迫・教唆・煽動《せんどう》をしたりすると、それだけで独立して処罰の対象になる。

二　軽犯罪法には、失火の前段階を取り締まる規定がある。

第一条　一～八（略）

九　相当の注意をしないで、建物、森林その他燃えるような物の附近で火をたき、又はガソリンその他引火し易い物の附近で火気を用いた者

一〇　相当の注意をしないで、銃砲又は火薬類、ボイラーその他の爆発する物を使用し、又はもてあそんだ者

第九号は、失火を防止しようとするものである。

「相当の注意をしないで」とは、発火又は引火をしたりすることのないよう必要な注意をすることである。その程度は、一般人に対して合理的に要求される程度であり、いわゆる客観的注意義務に違反しないようにすることである。

危ない場所で無雑作《むぞうさ》に火気を用いると本条の取締りの対象になる。その結果、火を失すると、失火罪になることは前に述べたとおりである。

第一〇号は、ここで列挙されているものが、いわゆる危険物であるから、相当の注意を払うことを義務づける。爆発物取締罰則等の罪を構成するときは、そちらの方で処罰されることになり、本号は適用されない。

四　現住建造物放火罪

一　構成要件　二　不真正不作為犯
三　現住建造物　四　着手時期・未遂・既遂・予備

一　公共の危険がただちに発生するのは、言うまでもなく火つけの対象となる物に人がいる場合である。

この場合は、単に、建造物等が損《そこな》われるばかりでなく、人の生命・身体に危険が及ぶ可能性がきわめて高い。刑法は、現住建造物等の放火をとくに厳しく罰することにしている。もう一度その条文を見なおすことにしよう。

第一〇八条（現住建造物等放火）　放火して、現に人が住居に使用し又は現に人がいる建造物、汽車、電車、艦船又は鉱坑を焼損した者は、死刑又は無期若しくは五年以上の懲役に処する。

構成要件は、「放火して、現に人が住居に使用し又は現に人がいる建造物、汽車、電車、艦船又は鉱坑を焼損した」である。

「現に人が住居に使用し又は現に人がいる」は、「現住」の二字に縮められ、また、「建造物、汽車、電車、艦船又は鉱坑」は「建造物等」と略して言うことができるので、構成要件は、「放火して、現住建造物等を焼損した」ということになる。

「放火して」については、不作為犯を問題にしておかなくてはならない。

「現住」についても具体的ケースを見ると千差万別であり、現住という認定ができるかどうか難しい場合が多いが一連の建造物群の一部に人が現住している場合、行為者が、人のいない部分に放火しても現住建造物放火罪は成立する。(14)

「焼損した」というのは、既遂未遂の境目をどこにとるか、よく学習しておく必要がある。

二　放火する、ということは、目的物に点火し、焼損の原因を与えることである。

そして、建造物等に点火するには、ふつう、新聞紙・ダンボール箱・油などの媒介物を利用する場合が多い。高級なのは、時限装置による場合もある。

これらは、皆、つけ火の積極的な行為によっている。それらは、自由意思にもとづく積極的な動作である。これを「作為」ということはすでに述べた。

しかし、実行行為は、行為ばかりでなく、不作為によってもなされ得《う》る。

たとえば、赤ん坊に乳をやらない、という行為を考えてみよう。赤ん坊が欲しがるので乳をやる、というのは作為である。逆に、泣いているが、憎らしいから乳をやらない、というのも、意味ある一種の態度である。これは不作為である。

刑法の各本条は、作為を規定したものが多いが、不作為を規定したものもないわけではない。赤ん坊に乳を飲まさない、というのがその例である。すなわち、この不作為は、「その生存に必要な保護をしなかった」(二一八条)に当たる。

このように、数は少ないが、刑法には不作為そのものを規定した構成要件がある。学者は、これを「真正不作為犯《しんせいふさくいはん》」と名づけている。

「真正面《ましょうめん》」から取り上げられている不作為犯である。

次に、「真正」があれば、当然「不真正《ふしんせい》」もある、ということになる。

そして、真正不作為犯が構成要件に真正面から不作為を規定したものであるとすると、不真正不作為犯は、作為犯を規定した構成要件に、不作為ながら解釈上当てはまると考えてもよい場合、ということになる。

不真正不作為犯は、実態上不作為である行為が、作為を規定した構成要件に該当するものである。構成要件の大多数は、作為犯を規定している。しかし、犯罪の結果は不作為によっても実現可能であるとすると、不作為のどのような条件をもったものが作為と同視して非難に値《あたい》するか、考察しておかなければならない。

これを放火罪について言えば「放火して」という構成要件的行為は、これは作為犯を規定したものである。しかし、不作為によっても火事をもたらすことはできるかが問題であり、もし、できるとしたら、それは、どのような条件によるものかを観察していかなければならない。

火事は、火があってはじめて発生する。火のない所には煙は立たない。はじめに火をつければ、それは、作為による放火になるから、不作為犯の場合は、まず、自分がつけたのでない火があり、自分はそれを見ながら放置しておいたという構図が基本になる。

しかし、火さえあれば、それを見て見ぬふりをした者は、皆、不作為による放火になるというのは激し過ぎる。たとえば、通りすがりの人が、ゴミ箱の燻《くす》ぶっているのを見て、そのまま行き過ぎたとしても、道義的にはともかく、「放火し」たと、きめつけることができないことは、前にふれたとおりである。

しかし、ゴミ箱へ吸いがらを捨てた覚えのある人が、もどってきて燻ぶっているのを見たとすると様子が違ってくる。それは、原因力を与えた、という責任から、当然消火義務が発生してくると考えられるからである。

——あれ、燻ぶっている。しかし、すぐ消えるだろう。

そう思って、そのままにしておいたところが、燃え上がって火事になった。とすると、見つけた時、燃上りという結果を予見せず、したがって燃上りを回避する行動にでなかった、という責任は免《まぬが》れない。

しかし、だからといって、これをもって、火をつけた、というのと同じ非難ができるかというと、疑問が残る。

なるほど、見通しは悪かった。しかし、火をつけて焼いてやろうというほどの悪質さはない。たかだか過失犯である。

不作為ながら「放火し」たに当たる、とされるためには、やはり、既発《きはつ》の火力によって建物が焼けるのを認容するという積極的な意思を必要とする。(15)

前のゴミ箱の場合で言えば、吸いがらを捨てたのは、ただ何の気なしで捨てただけで、火事にな

れなどということは考えてもいなかった。もどってきて、ゴミ箱が燻《くす》ぶっているのを見て、

——あれ、燻ぶっている。火事になるかも知れない。

そこで、ふと、家に保険金をかけてあるのを思い出して、

——そうだ。どうせ家はボロだし、この際火事でやけてくれれば万歳というものだ。保険金で建《たて》替《か》えをしよう。

そう思って、そそくさとその場を離れ、火事になってから、何食《なにく》わぬ顔で帰ってきて消火活動を手伝ったとする。

これは、今度こそ、不作為によって「放火し」たと同視され得る悪質な行為をした、と考えることができよう。

自分の吸いがらによってゴミ箱が燻《くす》ぶっているとしたら、真っ先にするべきことは、消火活動であろう。危険は今や刻々と迫《せま》りつつある。そして、その原因を与えた者として、知らなければ格別、今、燻ぶっているのを眼の前にしているとしたら、これぞ、法律上の消火義務のある者である。しかも、まだ、その消火の可能性はあり、かつ、比較的容易である、という点も指摘しておかなければならない。

それなのに、保険金を思い浮かべ、既発の火力による建物の消失のあるべきことを認容してその

場を去った。

昔、神棚に供えたローソクが傾き、転落して家屋を焼く危険を認識しながら、むしろ、焼けることを喜んでその場を立ち去った、という事件があった。動機はやはり保険金である。(16)この悪質さは、火をつけて家を焼いたのとまったく同じである。

警察官の方も、この事情を聞けば犯罪だな、と判断する方に傾くであろう。言い換えると、そういう事態をひきおこしながら、必要な事後措置をとらないことが、「放火して、現住建造物を焼損した」に該当すると判断されることになる。

ところで、この判断は難しい。ふつう構成要件をにらんでいても、具体的な事実がそれに当てはまるかどうか、はっきりしない。そこで、このような事件にぶつかったら、警察官は、まず、その不作為が、違法性を帯《お》びているかどうかを判断するのである。

作為犯の場合なら、まず、構成要件該当性を調べる。該当すれば、違法性はおのずから推定される、というのが順序であった。真正不作為犯も同様に扱うことができるであろう。

しかし、不真正不作為犯の場合は、それでは該当性の判断からつかえてしまう。なぜなら、不作為が、作為犯の構成要件に当てはまるかどうかは、軌範的《きはんてき》価値判断を必要とする。その不作為が、法秩序を支える軌範を犯しているかどうか、軌範的判断を先行させなければ、同視できるかどうかの元がわからない。

さきのゴミ箱の件で言えば、ただの通行人が通りすがりにその燻《くす》ぶっているのを見てそのまま、行き過ぎることが、それほど全体としての法秩序に反するかどうか、罰則で強制されなければならないほどけしからぬことであるのか、という判断を先にする、という意味である。こうして、実質的評価をした上で、合格したものについて、それが定型的に作為犯の構成要件に当てはまるかどうかを判断する、という順序になる。

不真正不作為の行為は、社会生活上は見のがされる場合が多いからである。では、違法性の評価をするについて、手がかりになるものはあるのか、ということが次の問題になる。

まず第一に、不作為ということは、さわっていない、ということであるから、問題になっている結果に対して、そのさわっていない、ということが意味をもたなければならない。つまり作為があれば結果は発生しなかったのに作為がなかった、という関係が、まず認められなければならない。

第二に、不作為であったのが、当然であっては困る、ということである。赤ん坊に乳を飲ませなかった。母親は別の部屋に監禁されていた、ということになれば、飲ませないのが当たり前である。これではとがめるのが無理というものである。

第三に、不作為をした人に、その結果をおこさないための回避行為をする義務があるかどうかである。たとえば、ゴミ箱の燻《くす》ぶっているのを見ながら関係ないと通り過ぎて行くのは道義的には問題であるが、違法と決めつけるのはどうか、というのは、一般通行人にそれだけの義務があるとは、思われないからである。

いかなる場合に作為義務があるのかは、個々具体的な場合に判断するほかはないが、法令や業務上義務ありとされる者や、危険を発生させた張本人《ちょうほんにん》には、通常、結果を防止する法律上の義務がある、と言うことができよう。

最後に、本人に、既発の危険を利用する意思があったかどうかである。放っておけば建物が燃える。燃えるなら燃えてもいいという既発の火力で建物が焼損されるその結果を容認していたかどうかである。

警察官は以上の事実の認定をしなければならない。

三　現住建造物の内容を検討してみよう。

まず、「建造物」とは、家屋その他これに類似《るいじ》する工作物で、土地に定着し、人の起居《ききょ》出入に適する構造を有するもの(17)ということである。

住宅・店舗《てんぽ》・倉庫・学校・官公庁・事務所・公会堂等、人の出入りする建物はここでいう「建造物」である。

立派なものである必要はない。いわゆる掘立《ほった》て小屋もここでいう建造物である。工作物の大小・材料の種類で区別はされない。(18)

建造物に付属している物で、たとえば、物干し場などは、これを取り外すには、いったんこれを壊さなければならないから、建造物の一部としてみられるが、畳や建具《たてぐ》は、取り外しが可能なので、これを建造物とは言えない。(19)

さて、建造物がそのようなものだとすると、現住建造物というのは、建造物のどのような状態をさすのかが次の問題である。

「現住」とは「人が住居に使用し又は現に人がいる」ということであったが、「人」とは犯人以外のいっさいの人のことをいう。(20)

「人が住居に使用し」とは、現に人が食べたり寝たり、日常生活に使用している（起臥寝食《きがしんしょく》の）場所を言い、たまたまその時、一家で留守をしていたかどうかを問題にしない。(21)

この考え方でいくと、学校の宿直室も、(22) 待合の離れ座敷も、(23) 人が出入りをし、起臥寝食の場所として使用している場所であるから、現に人の住居に使用している建造物に当たる。

官庁や事務所は夜間人が宿直し、巡視していればやはり、現に人の住居に使用している建造物に当たる。(24)

「現に人がいる」というのは、放火の時、放火対象の建造物内に人がいることである。放火の時人がいれば、人の住居であるかどうかに関係なく現住建造物になるから、警察官としては、人がいなかった、という場合に、それでも、なおかつ、現住建造物であるかどうかを決めるため、その居住性を明らかにする、ということになる。

一家皆殺しの上、火をかけた場合は、人が死んだ段階で非現住になるから注意を要する。(25)

四　放火の着手時期は、目的の建物に直接火をつける場合はわかりやすいが、間接に、まず媒《ばい》介物《かいぶつ》に火をかけて目的物に燃え移らせようとする場合は、その目的物に燃え移らないと着手にならないかが問題になる。

しかし、犯人の実行行為は、媒介物に火をつけることによって完了し、目的の建造物に火が移るかどうかは、ただ、経過を見ているだけのことである。

媒介物にしっかり火をつけて、その火が独立に燃え上がったとすると、たまたま、その段階で鎮《ちん》火《か》されて目的の建物に燃え移らなかったとしても、犯人の実行行為の着手はあったとみるのが正しい。(26)したがって、この場合は未遂罪を立てなければならない。

媒介物が非現住の物置き小屋で、ここへ火をかけることによって、母屋《おもや》を焼くつもりであったのに、小屋だけで消し止められたとすると、これも、母屋に対する放火の実行の着手があったとみて、現住建造物放火の未遂を立てることになる(27)。

このように、直接建造物等に火をつけるのでなく、これに接近して他の物を焼く場合は、被疑者の故意のいかんによっては、建造物等放火の未遂になったり、次に説明する延焼の罪になったりする。

捜査に当たっては、この点の見きわめをしなければならない。

すなわち、建造物等に接近して物が焼けた場合は、もし、その間接に危なくなっていた建造物等が、現住建造物等であったり、又は他人の非現住建造物等であったりする場合は、延焼ではなく、まず、第一〇八条・第一〇九条第一項の重い罪の未遂犯について検討する必要があるのである(一一二条)。

現住建造物等放火(一〇八条)と他人の所有にかかる非現住建造物等放火(一〇九条一項)は、未遂を処罰することとされている。

これら二罪(抽象的危険犯)は、さらに、その予備も罰することとされている(一一三条)。

抽象的危険犯とされる以上の二罪を犯す目的で、たとえば、発火装置の材料を準備したりすると、まだ、目的物に仕掛けるところまでいかなくても、放火予備罪として取締りの対象になる。職務質問のさいに、これらの物を所持し移動中の者を発見したら、まず、放火予備罪の疑いをかけるべきである。

次に、こうして、目的物たる現住建造物に火がついたとする。いったい、どの程度燃えたら放火罪は既遂に達するか、である。

これについては、さきに、「独立燃焼説《どくりつねんしょうせつ》」によるべきであると説《と》いた。

これについての学者の議論をここで考慮に入れておこう。そして、独立燃焼の意味をもう少し深く考えてみたい。

どの程度燃えたら既遂になるか、ということは、結局、構成要件でいう「焼損した」の解釈の問題である。

そして、警察官の拠所《よりどころ》とする判例は、火が媒介物を離れ、目的物が独立して燃焼する程度に達すればよい。その建物の主要部分が毀損《きそん》されることは必要でない、とする。昔から一貫してこの態度である。

これに対して、ただ独立して燃え上がっただけでは足りない。少なくも、その火で目的物たる建物の重要部分が焼け、もはや、焼ける前の建物の効用を失ってしまったと言えなければならないとする一派がある（効用毀棄説ないしは効用喪失説）。

また、独立燃焼説と効用喪失説の中間に折衷説というのもある。

これは、少なくも、目的物としての建物の重要な部分が、燃え始めなければならない、とする。この考え方だと、天井の一部を焦がした程度では、まだ現住建造物を焼損した、すなわち、現住建造物放火罪は既遂に達した、と言うことはできない、とすることになる。

判例が、長年独立燃焼説によって微動だにもしないのには理由がある。それは、どの状態になったら公共の危険が発生したことになるか、という状勢判断の問題であり、いやしくも現住建造物が、独立した火になめられだせば、その段階で公共の静謐《せいひつ》が乱された、と考えるのが、人々の常識の線であろう、とするからである。

これに対して、効用喪失説論者にせよ、また、折衷説に立つ人にせよ、疑問の根拠は、これでは既遂時期が早過ぎて、未遂、とくに中止未遂という犯人に有利な現象のおこる場面が少な過ぎる。かわいそうである、というのである。しかし、それ以上に、家屋という財産物を保護する面から見ると、天井を焦がしたくらいなんだ、ということになるわけである。

しかし、警察官として考えるならば、放火に対応して何よりも大切なことは、公共の安全と秩序の維持である。火の上がった早期の段階にすでに公共の危険を意識してこれに対するという配慮を捨てるわけにはいかない。

この点、判例の態度は、同じく実務家として、真に心強いものと言わなければならない。

五　火災に関するその他の罪

一　延焼罪　二　鎮火妨害罪

一　同じ建物でも、人が住居にしていたり、また、現にそこにいたりしているとき、これに火をかければ、危ないことは言うまでもない。

また、直接火をつけられないまでも、よその火が燃え移ってきて類焼《るいしょう》するのもたまらない。今、自分の物だからといって、非現住の建造物等やその他の物を焼くとする。たしかに古い物で焼くのがいちばん簡単な処分である場合もある。しかし、危険のないよう注意をしてもらわなければならない。もし、具体的に公共の危険が発生すれば犯罪になる（一〇九条二項・一一〇条二項）。しかし、犯罪は軽い。

ところで、危険が危険の域にとどまることなく、自宅や他人の家をはじめ、他人の倉庫や物品に燃え移るとなると、その軽い罪ですまされないことはわかるであろう。

しかし、延焼《えんしょう》である。直接自宅や他人の物に火をつけたわけではない。したことは、あくまでも自分の物の処分である。これを、自宅や他人の物に火をつけた罪（一〇八条・一〇九条一項・一一〇条一項）と同じに扱うのは正しくない。

軽いのもおかしい。重いのはなおいけないとなれば、その中間に、別途の構成要件を用意しなければならなくなる。

第一一一条（延焼罪）が、そのために置かれている。その条文は、次のように書かれている。

第一一一条（延焼）　第一〇九条第二項又は前条第二項の罪を犯し、よって第一〇八条又は第一〇九条第一項に規定する物に延焼させたときは、三月以上十年以下の懲役に処する。

2　前条第二項の罪を犯し、よって同条第一項に規定する物に延焼させたときは、三年以下の懲役に処する。

生《なま》の条文がそのまま引用されているのでわかりにくい。そこの所をどけて構成要件の構造を見ると、第一項の方はもとより第二項も「……の罪を犯し、よって——に延焼させたとき」に単純化される。

次に「……の罪」というのを見る。第一〇九条第二項は自己の所有する非現住建造物等であり、第一一〇条第二項は建造物等に当たらないその他いっさいの物である。言い換えると、現住建造物等を除く自己所有の物のすべてである。

自分の物でも、現住建造物等はいけない。古くなったからといってこれを焼くことは許されない。もっとも昔自宅にしていたが、ほかに新しいのを造ったので、今は空き屋の雨《あま》ざらし、というのは、現住ではなくなっているから、こちらの対象になってくる。

これで焼く対象はわかった。現住建造物等を除く自己所有の物いっさいである。

次に、延焼対象をみよう。これは第一項と第二項に分かれ、第二項の方の罪は軽くなっている。まず第一項の方「……に延焼させたとき」の「……」は、第一〇八条の現住建造物等と、第一〇九条第一項の他人所有の非現住建造物等である。すなわち、建造物等に延焼した、と聞いたら、一応この第一一一条第一項の罪だな、と考えることができる。そして、その中から、自己所有の非現住建造物等を除く作業をすることを忘れなければよい。

第一一一条第一項の延焼罪は、抽象的危険犯に入れられている物を延焼した場合に当たる。

自己所有の物を焼却処分しようとして、火をつけるのは自由である。人命や他人の物に危険がなければよい。ところが火勢にわかにあらたまり、

「あれよ、あれよ」

と言う間に、焼く気のなかった他の建造物等に火が移った。それが第一項の罪である。

現場に行った警察官は、焼いた物、延焼した物のそれぞれの所有関係と現住・非現住の両方から

攻めていかなければならない。

今、焼いた物が被疑者の物であるとすると、延焼した物が他人の物なら、文句なく第一一一条第一項の罪に当たる。それが現住建造物等であるか非現住建造物等であるかの区別はさほど意味をもたない。

これに対して、延焼した建造物等が被疑者の物だとすると、現住か非現住かの区別は、ただちに一項の罪になるかならないかの境目《さかいめ》になるから注意をしなくてはならない。

焼いた物が自己の物品、延焼した物が他人の物品という関係を規定したのが第二項の罪である。

二　火災のさいに、消火用の物を隠匿《いんとく》・損壊したり、又は何でもいいその他の方法によって消火を妨害する者がいれば取締りの対象になる（一一四条）。

火災のさいであるから、火事は既遂に達していなければならない。

消火用の物の代表は、消防車やホースである。ホースを隠したり、穴をあけたりするのが、ここでいう消火妨害に当たる。

（1）　大判大正七年一二月一八日録二四・一五五八は、「放火罪についてであるが、自己の故意行為に帰し得ない原因で発火した場合でも、消火する法律上の義務があり、かつ、容易に消し止めることのできる地位にある者が、すでに発火している火力を利用する意思で、鎮火に必要な手段をとらなかった場合、その不作為は、放火行為に当たる。」とする。

(2) 大判大正七年三月一五日録二四・二一九は、「放火行為が一定の目的物の上に行われ火が導火材料を離れ、独立して燃焼作用を営み得る状態に至った場合は、公共の危険がすでに発生しているから、物の効用を喪失せしめるには及ばない場合でも、焼燬の結果を生じ、放火は既遂に達する。」としている。

(3) 最判昭和二五年一二月一四日集四・一二・二五四八は、「建具その他家屋の従物が建造物たる家屋の一部を構成するものと認めるためには、その物件が、これを毀損しなければ取り外すことができない状態で、家屋と一体となっていることを必要とする。取り外し自由な畳を焼いただけでは、建造物の焼燬には当たらない。」とした。

(4) 最判昭和二五年五月二五日集四・五・八五四は、「家屋の一部である三畳間の床板一尺四方並びに押入れ、床板及び押入床板約三尺四方を焼燬した場合には、火が媒介物を離れて家屋の部分に燃え移り独立燃焼の程度に達したことが明らかであり、放火既遂罪が成立する。」としている。

最判昭和二三年一一月二日集二・一二・一四四三は、「火が天井に燃え移り天井板約一尺四方を焼燬した場合には家屋が独立燃焼状態に達したもので、放火既遂罪を構成する。」としている。

(5) 最決平成一五年四月一四日集五七・四・四四五は、「同法一一〇条一項にいう『公共の危険』は、必ずしも同法一〇八条及び一〇九条一項に規定する建造物等に対する延焼の危険のみに限られるものではなく、不特定又は多数の人の生命、身体又は前記建造物等以外の財産に対する危険も含まれると解するのが相当である。そして、市街地の駐車場において、被害車両からの出火により、第一、第二車両に延焼の危険が及んだ等の本件事実関係の下では、同法一一〇条一項にいう『公共の危険』の発生を肯定することができるというべきである。本件について同項の建造物等以外放火罪の成立を認めた原判決の判断は、正当である。」とする。

(6) 最判昭和三三年七月二五日集一二・一二・二七四六は、「第一一七条ノ二にいう『業務』は、当該失火の原因となった火を直接取り扱うことを業務内容の全部又は一部とする場合だけでなく、火災の発見防止を職務内容とする夜警のようなものをも包含する。」としている。

(7) 最決昭和四二年一〇月一二日集二一・八・一〇八三は、「高圧ガス販売業者が、顧客の店舗内にプロパンガス容器及びその付属設備を設置した場合に、その設置方法に過失があったために火災を発生させた場合には、第一一七条ノ二の罪が成立する。」としている。

(8) 最決昭和四六年一二月二〇日集二五・九・一〇八は、「自動車に装置したディーゼルエンジンの排気管が運転中著しく高温となり、これに可燃物が接触すると火災発生の危険があったのに、運転者が、排気管と接触するおそれのある状態で運転席の床にゴム板を装置し、運転中ゴム板の燻焼《くんしょう》する臭気を感知したのに、そのまま運転を続けたため、その自動車を燻焼したときは、業務上失火罪が成立する。」としている。

(9) 最判昭和三四年一二月二五日集一三・一三・三三三三は、「浴場経営者は、煙道の適当な箇所に、消防署員の指示による火網を装置するほか、しばしば煙突掃除をする等の措置をとるべきであり、もし、右のような設備をなさずに多量の燃料を燃やそうとするときは、常に風速に注意し、風勢の激しい日には罐《かま》焚きを中止するなど細心の注意を払い、火災を防止すべき業務上の注意義務がある。」としている。

(10) 最判昭和二三年六月八日判例体系三四・三八〇は、「盛夏晴天の日、ガソリン給油場内のガソリン缶から一メートルぐらいの所でライターを使用した者は、重過失失火罪の責めを免れない。」としている。

(11) 最判昭和三四年七月三日集一三・一〇七五は、この太政官布告が新憲法の下においても法律として効力を有する。」としている。

(12) 最決平成三年二月一日（刑集四五・一・一）

(13) 最判昭和二八年一一月一三日集七・二一二一は、「理化学上のいわゆる爆発現象を惹起《じゃっき》するような不安定な平衡状態において、薬品その他の資料が詰め合わせる物体であって、その爆発作用そのものによって、公共の安全を乱し、又は人の生命・身体・財産を損壊傷害するに足る破壊力を有するものと解すべきである。」としている。

(14) 最決平成元年七月一四日（刑集四三・七・六四一）

(15) 最判昭和三三年九月九日集一二・一三・二八八二は、「自己の過失により事務所内の机が燃焼し始めたのを発見した者が、そのまま放置すれば建物を焼燬することを認識しながら、結果の発生を認容する意思で逃げ去ったときは、不作為による放火罪に当たる。」とする。

(16) 大判昭和一三年三月一一日集一七・二三七は、「被告人が、神棚に供えた燭台が不完全で、点火したローソクが傾き、転落して家屋を燃焼する危険のあることを認識しながら、保険金を詐取《さしゅ》できるものと予想してそのまま外出したところ、その火によって家屋を焼燬させた場合には、放火罪が成立する。」とする。

(17) 大判大正一三年五月三一日集三・四五九は、「建造物とは、家屋その他これに類似する工作物であって、土地に定着し、人の起居、出入に適する構造を有する物をいう。」としている。

(18) 大判昭和七年六月二〇日集一一・八八一は、「工作物の大小及びその材料の種類いかんは建造物の概念を左右するものではないから、約二メートル四方のワラ葺《ぶき》ワラ囲《がこ》いの掘立て小屋をここでいう建造物に含めるのは不当ではない。」としている。

(19) 最判昭和二五年一二月一四日集四・一二・二五四八は、「畳・建具その他家屋の従物が、本罪の建造物たる家屋の一部を構成するためには、単に、それが家屋の一部に取り付けられているだけでは足りず、さらに、これを毀損しなければ取り外すことができない状態にあることを必要とする。」としている。

(20) 最判昭和三二年六月二一日集一一・六・一七〇〇は、「第一〇八条にいう『人』とは、犯人以外の者をいう。」

としている。

(21)　大判明治四四年一二月二五日録一七・二三一〇は、「現に人の住居に使用する建造物とは、現実に人の住居として使用している建造物をいい、放火の当時その建造物に人が現在することを要しない。」としている。

(22)　大判明治四五年三月一二日録一八・二七一は、「宿直室又は寄宿舎は、現に人の住居に使用される建造物である。」とする。

(23)　最判昭和二四年六月二八日集三・七・一一二九は、「待合い離れ座敷になっている別棟の建造物で、客が出入りし、起臥寝食の場所として使用しているものは、現に人の住居に使用する建造物に当たる。」としている。

(24)　大判大正三年六月九日録二〇・一一四七は、夜間宿直員を置き、常時庁舎内を巡視させることを理由に、庁舎全体を住居に使用するものと認める。

(25)　大判大正六年四月一三日録二三・三一二は、「父母を殺害後、その死体の横たわる家屋を焼燬した場合は、ほかに住居者も現在する者もない以上、非現住建造物である。」とする。

(26)　大判大正三年一〇月二日録二〇・一七八九は、「放火の手段が家屋に伝火しうることが物理上明白な場合には、伝火用材料に点火した以上、まだ家屋の一部に伝火しなくても、本罪(一〇八条)の着手があったものと言ってよい。」とする。

(27)　大判大正一五年九月二八日集五・三八三は、「現住建造物を焼燬する目的で近接する非現住建造物に放火したところ、発見が早かったため、現住建造物の外壁を軽く焦がす程度に終わったようなときは、非現住建造物が焼燬されたか否かにかかわらず、現住建造物等放火未遂罪が成立する。」としている。

第四節　わいせつ・姦淫《かんいん》の罪

一　わいせつの罪

一　わいせつ、というと顔をしかめる人もいれば、にやりとする人もいる。顔を赤らめながら、それでも上眼づかいにじっと視線を注ぐ人もいる。人さまざまである。

性欲は生物の本能であり、種族はそのために維持されている。生まれて死ぬ率の高い生物ほど余《よ》計《けい》生み、高等動物になればなるほど少なく生む。

性のことは万人共通であり、みんなが興味をもつ。だから、売り物になる。売り物になると度を過ごす者が出てくる。社会の多くの人が、自然顔を背けたくなるようなことも出てくる。

それではまずい、というので、善良な風俗を守るため、刑法にいくつかの規定がおかれた。

しかし、性の問題は、食う、寝る、と同じく本能であるから、それ自体をいけないこと、悪いことと決めつけることはできない。善い、悪い、は相対的なものである。

たとえば、全裸はわいせつだと言っても、温泉に行って海水着を着て入る者はいない。お殿様でも家来でも、お風呂に入るときは皆裸、という歌がはやったことがある。当たり前のことを当たり前と認めようとする戦後の精神革命の一コマでもあった。

全裸はわいせつではない、と、この時は言い得る。しかし、学校の教室で誰かが全裸になったらどうか。すると賛否がでてくる。

「目的が正しければいいではないか」

とある者はいう。なるほど、モデルを置いて裸体画の授業が始まるのだとしたら別に問題はないであろう。これが学校でなくても同じことである。

しかし、昔は、美術学校のビーナス像に布がかけられていた時代もある。わいせつ感は、人によっても違うし、場所や、時代によっても大いに違う。

そして、現代は、わいせつだとされる範囲が極度に狭くなり、昔、わいせつだったものが、次から次へとわいせつではなくなりつつある（非犯罪化の傾向）。

取締りに当たる警察官にとっては難しい時代であると言ってよい。

しかし、だからといって、何もかも、わいせつでなくなるわけのものではない。人々の性的羞恥《しゅうち》心《しん》は性本能に隣合せで存在し、初々《ういうい》しい処女を中心に再生産されていることは間違いない。

また、性に関する道徳観念も、くずれたとはいえ、我々の生活周辺に、そうざらに週刊誌があおるような事実が転がっているわけでもない。

通常ふつうの人の間には、まだまだ正常な性的羞恥心は厳としてあり、性的道徳観念も存在しているとみるのが常識である。これらの観念の実在は、人々が、他人ではなく、我が子に見せたり、したりすることができないとする事柄の存在を思えば明白である。

わいせつであるかないかは、この常識的な生活感覚からでてくる。

判例は、わいせつの意義について、「わいせつとは、性欲の興奮又は満足を目的とする行為で、善良な風俗に反し、一般人に羞恥嫌悪《しゅうちけんお》の情を生じさせる性質のものをいう。」としている(1)。

もちろん、これだけでは、何が「善良な風俗」であろうか、「一般人に羞恥嫌悪の情を生じさせる性質のもの」であるかは明らかではない。それは、具体的ケースによって、個々に判断をするほかはない。しかも、時代感覚を考慮に入れると、昔の判例がそのまま今も範例として用いることができるかどうか、それも疑問になることがあり、要するに、取締りはよほど慎重綿密に組織的に判断をする必要があるのである。

二　わいせつな事柄も、たとえば、夫婦の寝室のような密室に存在する場合を問題にする馬鹿はいない。それは、やはり、人々の前にさらされる時に問題になる（公然性）。

わいせつな事柄には、人の行為と物とがある。前者の代表はストリップ、後者の代表はわいせつの文書図画《ぶんしょずが》（法律家の中にはトガと読む人もあるが、ズガの方が一般的である。）である。いずれも有償無償を問わず人々の前にさらすことが問題になる。

まず、わいせつ行為の条文を見よう。

第一七四条（公然わいせつ）　公然とわいせつな行為をした者は、六月以下の懲役若しくは三十万円以下の罰金又は拘留若しくは科料に処する。

構成要件は「公然とわいせつな行為をした」である。夫婦の寝室で、わいせつな行為をしても犯罪にならない。それは「公然」なされた時、はじめて犯罪になる。

「公然」とは何か、と言うと、大勢《おおぜい》の眼に触れる、ということである。不特定又は多数人が認識しうる状態をいう(2)。

警察官は、この公然性を立証する場合に、現実にどれだけの者が認識し得たか、ということにこだわる必要はない。不特定多数人の眼に触れる可能性があったか、なかったかを考慮すればよい。

次にわいせつ物についての条文を見よう。

第一七五条（わいせつ物頒布等）　わいせつな文書、図画その他の物を頒布し、販売し、又は公然と陳列した者は、二年以下の懲役又は二百五十万円以下の罰金若しくは科料に処する。販売の目的でこれらの物を所持した者も、同様とする。

わいせつ物は「わいせつな文書、図画その他の物」というふうに詳しく書いてある。わいせつの文書の代表はエロ本・エロ雑誌、ビニール本がこれに当たる。図画は、写真・絵画・フィルム等である。その他の物には、録音テープ・ビデオテープ・DVD等がある。コンピュータのハードディスクも、わいせつな画像データを記憶蔵置させればこれに当たる。(3) その他の物には、彫刻物・レコード等もある。

犯罪行為とされるものは、これらのわいせつ文書等を「頒布《はんぷ》し、又は公然と陳列した」である。頒布は、ただで配ること、販売は、値段をつけて売ることである。また、販売目的所持は、売ろうと思って直接携帯している場合だけでなく、自宅や倉庫に置いたり、他人に預けて隠しておくのも含《ふく》まれる。

公然陳列は、不特定又は多数人の観覧できる状態に置くことである。映画やビデオの映写がその例である。

要するに、わいせつ物も、秘蔵《ひぞう》してこっそり楽しんでいる者は罪にならない。他人に関係して広まる傾勢になる時、はじめて問題にされるのである。

三　わいせつ行為は、たとえば、性器を露出して歩くなど、個人的なものがあると同時に、他人にしかけるものもある。強制わいせつ罪がそれである。条文は次のように書かれている。

第一七六条（強制わいせつ）　十三歳以上の男女に対し、暴行又は脅迫を用いてわいせつな行為をした者は、六月以上十年以下の懲役に処する。十三歳未満の男女に対し、わいせつな行為をした者も、同様とする。

この罪の構成要件は、「わいせつな行為をした」であるが、相手を年齢によって分け、十三歳以上であれば、わいせつ行為の手段が「暴行又は脅迫を用いて」されることであり、十三歳未満の場合なら、ただ、わいせつ行為をするだけであえて暴行・脅迫によることを要しない、とされている。そこで、ここでいう暴行・脅迫であるが、相手のいやがることをするのだから、それ相当のものでなければならない。しかし、完全に制圧される必要はない。完全に制圧されていなくても、抱きついたりいやがる所へさわったりすることはできるからである。反抗を著《いちじる》しく困難にする程度でいい。相手の反抗の程度や状況にもよるから、どれだけの力を加えたかどうか、強弱大小は問題にな

らない。(4)

Aは酒を飲んだ上でB女のアパートの近所でB女の帰りを待ちかまえていた。友だちでも何でもないが、顔見知りで日ごろいい女だと思っていたので、ふと抱《だ》きついて接吻《せっぷん》ぐらいしてやろうという気になったのである。さて、そんなことを夢にも思っていないB女はいつものとおり帰宅する。待ちかまえていたAはいきなり前からその両肩をつかんで抱き寄せ、むりやり接吻しようとする。さあ、驚いたB女は激しく抵抗して大声を張り上げる。Aは結局、B女の頬《ほほ》にくちびるを寄せただけで御用になった。

これは、強制わいせつ罪になるか、である。弁護人は、AはB女の頬に接吻しようとしたに過ぎないから、単なる暴行罪であると主張する。

しかし、これは、強制わいせつ罪に当たるのである。ただし、接吻の目的を遂げなかったから未遂罪である。(5) 強制わいせつ罪は未遂も処罰される（一七九条）。

ここで注意しておかなければならないのは、相手に抱きつく、押し倒す、脅迫して裸にするという行為の外見は強制わいせつのように見えても、その内心の意思のいかんによっては、強制わいせつ罪ではなく、姦淫の罪の前段階の行為として評価されることになる。わいせつ・姦淫に関係ないとされることもあるからである。(6)

四　健全な性風俗を保護するため、公然わいせつまではいかない間に、取締りをできるようにした規定がある。

軽犯罪法第一条第二〇号と第二三号がそれである。まず、第二〇号の方を見ると、

第一条　一～一九（略）

二〇　公衆の目に触れるような場所で公衆にけん悪《お》の情を催させるような仕方でしり、ももその他身体の一部をみだりに露出した者

は、拘留又は科料に処せられる。

「公衆の眼に触れるような場所」とは、すなわち、公然わいせつ罪でいう公然性が確保される場所であり、不特定多数の人々の眼に触れることがふつうになっている所である。

そこで、そのような場所で、もし、わいせつ行為とされることがあるとすれば、それは、公然わいせつ罪が成立し、軽犯罪法の問題ではなくなる。

軽犯罪法で取り締まるのは、わいせつ行為ときめつけることはできないが、その仕方が、不特定多数人にけん悪の情を催《もよお》させるようなものである時である。

通常ふつうの感覚をもった多くの人々が、

――いやだな、不快だな。

と感じる性風俗上の行為で、わいせつ行為にまで至らないものと言えば、性器以外の身体の一部分、とくに、しりやももをみだりに露出することである。

もっとも、同じしりの露出でも、海水浴場で露出していても、人はそれによって不快感情を抱《いだ》かないであろう。露出は露出でも、公衆にけん悪の情を催させるようなやり方での露出ではない、と考えられるからである。方法も悪ければ、場所も悪い、しかし、わいせつ行為ではない、という程度のものが、本条の対象になるのである。

第二三号の方は、のぞき見を取り締まる。俗にいう出歯亀《でばがめ》である。

第一条 一～二二（略）

二三　正当な理由がなくて人の住居、浴場、更衣場、便所その他人が通常衣服をつけないでいるような場所をひそかにのぞき見た者

が、取締りの対象である。これも性欲に関する風俗を保護するためのものである。内部の人に気づかれないように、ひそかにのぞき見をすることは、のぞかれる方にしては、不快この上ないことである。

二　姦淫《かんいん》の罪

一　強姦罪　二　その他の姦淫の罪

一　わいせつ行為は、もともと性欲に発するものであるが、まだ、性交を目的にしていない。強制わいせつ行為があり、しかも、それが性交を目的としている時、姦淫の罪が登場してくる。まず、強姦罪を見よう。

第一七七条（強姦）　暴行又は脅迫を用いて十三歳以上の女子を姦淫した者は、強姦の罪とし、三年以上の有期懲役に処する。十三歳未満の女子を姦淫した者も、同様とする。

強制わいせつ罪と違う所は、「わいせつな行為をした」が「姦淫した」に変わっている所である。わいせつ行為の度が過ぎて、本番にいくと、強姦罪が成立し、強制わいせつ罪の適用はなくなる。

強姦罪を犯すためには、婦女子に抱きついて押し倒すとか、陰部に触れるとか、その前提としての強制わいせつ行為がある。外見からすれば、強姦しようとしているのか、強制わいせつで満足しようとしているのか、さっぱり区別がつかない。

しかし、重要なのはその内心の意思である。もし、強姦しようと思って婦女子にかかっていっている場合は、たまたま、騒がれて性交の本番をいたすに至らなかったら、それは、強姦の未遂である。

まったく同じ行為を、単に、わいせつ行為（性交を除くその他いっさいのわいせつ行為）をする目的でしているのだとしたら、それは、今度は強制わいせつ罪になる。

強姦罪も、強制わいせつ罪と同様、十三歳を境として、暴行・脅迫の手段の有無を問題とする。十三歳未満の婦女には、もし、「いいわよ」と言われたとしても、その承諾は本物であるはずはない。

二　嫌《いや》がる相手を無理やり強姦しようとすれば、その抵抗を抑えるために暴行・脅迫をしなければならない。これが常識である。しかし、手段方法はそれだけではない。クロロホルムを嗅《か》がせるという暴行魔が世間を騒《さわ》がせたことがある。クロロホルムは麻酔薬《ますいやく》であるから、これを嗅がされた人は、心神喪失に陥《おちい》る。婦女子の気を失ったのを利用しても強姦の目的を達成することはできる。

また、意識があっても拒《こば》むことを知らない場合がある。

昔、深窓《しんそう》の令嬢が入院中、膣内《ちつない》に必要な施術をするふりをして姦淫をした医師が強姦罪に問われた。相手は性交の何たるやを解しない少女であったから、拒むことをしらない。その医師は、その抗拒《こうきょ》不能に乗じたというのであろう(7)。

就寝中、ふとんの中にすべり込んできた泥棒に犯されるのを、寝ぼけて夫が帰ってきたと誤認した主婦がいた。これなども、抗拒不能にさいして強姦されたことになる(8)。

このように、婦女子の心神喪失や抗拒不能に乗じてわいせつ行為や姦淫をするのは、暴行・脅迫を用いた場合と同じ評価をうけることとされている。これを「準強制わいせつ罪」・「準強姦罪」（一七八条）と言い、それぞれ強制わいせつ、強姦と同じ刑に処せられる（一七八条一項・二項）。強制わいせつ罪も強姦罪も、被害者の感情を考慮して親告罪にされている（一八〇条一項）。相手方の処罰を望むことによって、裁判その他で受ける屈辱を考慮したのである。

強姦の仲間で、とくに悪質だとされているものに輪姦がある。

二人以上の者が現場において共同してかかわるがわる婦女を犯すもので、その反社会性はきわめて強いとされている。

そこで、「平成一六年一二月八日法律一五六号」によって刑法の一部改正が行われ、新たに「集団強姦罪」が新設されることになった。

第一七八条の二（集団強姦等）　二人以上の者が現場において共同して第一七七条又は前条第二項の罪

を犯したときは、四年以上の有期懲役に処する。

すなわち、強姦・準強姦は、それぞれの罪が、もともと親告罪とされていたのに対し、集団で犯す強姦・準強姦については、被害者の感情に関係なく、見つけ次第処罰されるのだが(一八〇条二項)、今また、その刑が「四年以上の有期懲役」に厳しくされたのである。

輪姦は、二人以上の者が、皆、姦淫の実行をしなければならないわけではない。直接姦淫した者が一人であっても輪姦には変りがない。

強制わいせつ・強姦の罪を犯し、その結果人を死傷にいたすと、結果的加重犯として重い刑に処することは、強盗致死傷罪と考え方は同じである(一八一条)。

(1) 最判昭和三二年三月一三日集一一・三・九九七は、「戦後の芸術裁判として世間を騒がせた伊藤整訳・ロレンス・チャタレイ夫人の恋人に関連して、わいせつの定義を本文のように与えた。」としている。

(2) 最判昭和三二年五月二二日集一一・五・一五二六は、「刑法第一七四条及び第一七五条にいう「公然」とは、不特定又は多数の人が認識することのできる状態をいう。」としている。

(3) 最決平成一三年七月一六日集五五・五・三一七は、「わいせつな画像データを記憶、蔵置させたホストコンピュータのハードディスクは本条のわいせつ物に当たり、不特定多数の会員が、自己のパソコンから電話回線を通じて、このハードディスクにアクセスしてわいせつな画像データをダウンロードし画像表示ソフトを使用してパソコン画面にわいせつな画像として顕現させ、これを閲覧することができる状態を設定した場合にはわいせつ物陳列罪が成立する」とする。

（4）大判大正一三年一〇月二二日集三・七四九は、「強制わいせつ罪でいう暴行とは、正当の理由なく他人の意思に反してその身体髪膚《しんたいはっぷ》に力を加えることであり、その力の大小強弱を問わない。」としている。

（5）東京地判昭和五六年四月三〇日判時一〇二八・一四五は、「接吻行為は、それが唇を対象とされなくてもその行われたときの当事者の意思感情、行為のなされた状況や経緯からして、相手方の意思に反しその性的自由を不当に侵害する態様でなされたときは、わいせつ行為に該当する。」としている。

（6）最判昭和四五年一月二九日集二四・一・一は、「強制わいせつ罪が成立するためには、その行為が犯人の性欲を刺激、興奮させ又は満足させるという性的意図の下に行われることを要し、女子を脅迫して裸にし、その立っているところを撮影する行為であっても、これが専らその女子に報復し又はこれを侮辱し、虐待する目的に出たものであるときは、強制わいせつ罪は成立しない。」とする。

（7）大判大正一五年六月二五日集五・二八五は、「患者である少女が医師を信頼しているのをいいことにして、必要な施術を与えるよう誤認させた上で姦淫をする医師は、婦女子の抗拒不能に乗じて強姦したことになる。」とした。

（8）広島高判昭和三三年一二月二四日集一一・一〇・八〇一は、「被害者が眠けその他の事情により、犯人を自己の夫と誤認しているのに乗じて姦淫した場合は、抗拒不能に乗じて姦淫したものである。」としている。

第五節　公務執行妨害罪

一　公務執行妨害罪の概要

一　AがBに暴行を加えれば暴行罪になる。二年以下の懲役か三十万円以下の罰金である。脅迫をすれば脅迫罪になり、その刑罰は暴行罪と同じである（二〇八条・二二二条）。

警察官が警ら中、暴行・脅迫をしているAを現認すれば、これを暴行罪か脅迫罪で逮捕し被害者Bを救ってやる。ところが、もし、Aが自分にかかってきたらどうなるか。

警ら中、知人に話しかけられたので、立ち止まって談笑していた。そこへAが通りかかった。Aは見るざまに、

「この税金泥棒！　はよう仕事をせんか」

察官は、ただ、

と、怒鳴るだけなら許しもするが、すれ違いざま、いきなりポカンとぶん殴って行った。この時警

「あっ」

と頰《ほほ》をおさえて見送るのかというとそうではない。

「こら、待て」

と後を追いかけて逮捕をする。

一般人が殴られるのを見れば、暴行罪で逮捕するのだから、自分が被害者にされたときも我慢《がまん》する必要はない。

それどころか、警察官に対して暴行・脅迫をすれば、それは、暴行罪でも脅迫罪でもない。公務執行妨害罪ということになってその刑罰も三年以下の懲役若しくは禁錮又は五十万円以下の罰金である（九五条一項）。

それは、なぜであろうか、人を暴行したり脅迫したりすることが悪いことだということはわかる。なぜ、一般人を客体にした場合と警察官を客体にした場合とで、刑罰に軽重差別《けいちょうさべつ》が生まれるか。

「官尊民卑《かんそんみんぴ》さ。警察官が偉いからだよ」

と、もしあからさまに言う人がいたとすると、まさか、と思う者が大半であろう。我が国の憲法は

すべて国民は、法の下に平等であって差別されない、としている（憲法一四条）。警察官だからといって、その身分によってとくに保護されるような規定が刑法の中にあるはずがない。

人をしばるとか、税をとりたてるとかいう明らかに権力作用と認められるもののほかに、私企業と変わらない営業活動的なものが、公務員によってなされるというそれだけの理由で公務の執行であると考えられ、公務員が公務所において職務上なすべき事務の取扱いもすべて含むものとされている。(1)

——やっぱり差別だろうか。

こう思うのは、暴行・脅迫の相手が、偉いか偉くないか、という標準で考えようとするからである。その仕事の質で考えるとどうなるか。

一般の人々は、たとえば、金もうけに汗水をたらしているのに対して、警察官は公務に従事している。その他の公務員も同じである。

ある会社がもうかるか、もうからないか、ということも大事だが、国民全体のために奉仕している公務の遂行には、より一般性があり、全体のために、その円満な遂行を保護しなければならない理由がある。

一般に、公務員に対し、暴行・脅迫をすると、その公務員が遂行している公務にさしつかえがくる。だから、一般より重く処罰する。そういう考え方である。(2)

二　それでは、公務執行妨害罪の条文がどう書かれているかを見ることにしよう。

第九五条（公務執行妨害及び職務強要）　公務員が職務を執行するに当たり、これに対して暴行又は脅迫を加えた者は、三年以下の懲役若しくは禁錮又は五十万円以下の罰金に処する。

2　（略）

構成要件は「公務員が職務を執行するに当たり、これに対して暴行又は脅迫を加えた」である。「公務員」の範囲については、「一の三」で説明する。

公務執行妨害罪は、公務員の職務中、暴行・脅迫によってその職務を妨《さまた》げられないためのものであるから、職務外の事件は問題にしない。

交替制勤務中の警察官でも、当直室で休憩中の場合はたとえ勤務時間内であっても「職務を執行するに当たり」とはされないから本罪の対象にならない。当直室に行く途中も同様である。(3)また、その職務執行が適法でなければ保護するに値しない。違法でも抵抗したら重く罰するというのでは、封建《ほうけん》時代の悪代官と変りがなくなる。これについては、「一の五」で詳しく述べる。

本罪における「暴行又は脅迫」は、公務員が職務を執行するに当たって抵抗となるような物理的ないしは心理的障害である。「暴行」は必ずしも公務員の身体に直接加えられなくても、押収した物を踏み壊すなど、その職務執行の気勢をくじいたり、執行の意思を一時中断させるものであればよいとされる。(4)

「脅迫」は、積極的に公務員の生命・身体に害が及ぶかも知れないという恐怖心をおこさせる程度のものでなければならない。単に敵意や反感を示して気勢をあげるのは、脅迫でなく「威迫《いはく》」であって本罪を成立させるには足りない。(5)

暴行・脅迫の結果、現実に公務が遂行できなくならなくても、そのおそれが認められればよいとされている。(6)

三　公務執行妨害罪でいう「公務員」には、権力的なものも非権力的なものも含まれている。公務というものの担手《にないて》として、その範囲は明文で定められている(七条)。

それを要約すると、国又は公共団体（都道府県等）の機関として、法令にもとづき公務に従事する者のすべてである。(7)

「機関として」というのは、国なり公共団体の働きを体現して、そのものになり代わって、というほどの意味である。

国なり、公共団体なりは、一定の目的をもって動いている。しかし、その働きは眼に見えない。

眼に見えるのはそれらを体現して働く公務員の動きである。すなわち、公務員は、国なり公共団体の機関として働いているのである。

そして、その働きは、法令に根拠がなければならない。単純な機械的・肉体的労働に従事している者は、ここから除かれる。(8)

他方、特別法で特定独立行政法人（国立文書館等）の役職員は公務員とされ、公社、公団等の特別法人やその他の独立行政法人の役職員が法令により公務員とみなされることとされている。(9)

四　さて、公務員の範囲は、大略以上のとおりであるが、これらの人々に対して暴行・脅迫を加えると、いつでも公務執行妨害罪にされるのか、というとそうではない。

さきに述べたように、公務執行妨害罪というのは、公務員という身分を保護しようとするものではなく、公務員が執行中の公務を保護しようとするものである。

だから、家に帰って寝転んでテレビを見ている公務員に暴行・脅迫を加えても公務執行妨害罪には当たらない。

自宅で寝転んでテレビを見ているのは、公務員の職務を執行するに当たっていないからである。

公務執行妨害罪は、「公務員の職務を執行するに当たり」これに対して暴行・脅迫をすることによって成立する。すなわち、俗にいう公務中の公務員の働きに対して暴行・脅迫がなされると問題にする。公務中でない時の公務員の保護は、一般人と同じで結構である。

五　公務執行妨害罪で保護される公務は、違法であってはならない。公務は、国民の総意によって委託されたものであるから、その円滑な執行は保護される。それによって、国民の権利が制限されることがあっても、国民の方でそれを我慢し、その円滑な執行を妨げるようなことがあってはならない。

しかし、その公務がもし、法令上の根拠を欠き違法なものであったら、それでも、なおかつ国民は我慢をしなければならないか、というとそうではない。違法な職務の円滑な遂行を尊重する必要はないし、刑法上これを保護しなければならないという理由はない。

公務の遂行は、しばしば国民の権利や自由を侵害することがある。人を逮捕するという場面を想像すればすぐにわかることである。この場合、公務の円滑な遂行という全体の立場と、個人の人権や利益という個人的立場が衝突する。

そして、個人の権利や利益の方がひっ込むのは、その公務が適法性をもっている場合である。「適法性」というのは、公務の適法・不適法を見る場合に、中間にあって適法か不適法か限界すれすれの領域をも含むからである。もし、明白に法令に根拠をもつもののみを適法だと決めると、裁判の最終段階ならいざ知らず、警察官の働く第一線のドロドロした職場では、公務執行妨害罪を立ててよいのか悪いのか迷う場合の方が多いはずである。

たとえば、人を逮捕するとする。

まず、人を逮捕する権利のある者でなければならない（一般的職務権限）。

日本国は民主主義の国であるから、その逮捕権の運用は、法令に根拠をもつ手続形式を正しく踏《ふ》んでいなければならない。

すなわち人を逮捕するには、現行犯と緊急逮捕のできる場合を除いて裁判官の発する逮捕状を相手に示して行わなければならない。

もし、逮捕状もなく、現行犯や緊急の要件も存在しないのに人を逮捕しようとすれば、それは明らかに違法逮捕であり、警察官に故意があれば、職権濫用罪（一九四条）で逆に警察官の方を逮捕しなければならない。

身に覚えがないのに、不当に逮捕されようとする相手側国民の立場としては、その侵害を排除するため、正当防衛によって抵抗することもできるということになる。

また、逮捕状による逮捕には、逮捕状を相手に示すという手続がある（刑訴二〇一条一項）。たまたま逮捕状を所持していない場合は、被疑事実の要旨と逮捕状の出ている旨を告げて逮捕することができる（緊急執行）（刑訴二〇一条二項・七三条三項）。

何でもないことのようであるが、逮捕される者の身になって考えると、それによって防禦《ぼうぎょ》の心づもりができるのであるから、欠かしてもらっては困る重大な手続ということになる。

B巡査はこの手続順序を踏まないで、いきなりAを逮捕しようとした。Aは抵抗した。

——この野郎、公務を妨害する気か。

B巡査はそう思ったが、裁判所は、公務執行妨害罪で保護する公務に当たらない、とした(10)。

警察官は、このように、法令に根拠のないことをしてはならないばかりでなく、法令で決められた手続をしっかり踏んでいかなければならない。それを怠《おこた》ると、その行為は、適法性のない職務執行とされ、別の言い方によれば、公務執行妨害罪でいう公務ではない、という結論になる。

しかし、こうした判断は、現場ではできにくい場合がある。

よく、最終的には裁判所の客観的判断に従うのだとしても、具体的に現場ではどうしたらよいのか。逮捕状はない、現行犯や緊急の要件もない、というような明白な場合はさておき、緊急の要件一つ、現行犯の要件一つ、とっさに判断する警察官は、最善を尽くしても神ならぬ身の間違いというものはある。

そして、間違いが少しでもあったら、その行為は、最終段階はともかく、その場から公務ではなくなり、間違いに気づかない警察官に抵抗することが許されるとしたら、現場での混乱ははかり知れないことになろう。

これでは、暴力の行使を禁じ、争いは裁判で決着をつけるという近代法治国家の前提は危《あや》うくなってくる。その場ではひとまず警察官を正しいとしておこう。その代わり決着は裁判でつける。警察官が、間違いない正当な職務だと信じて行動し、また、外から見ている限り法令に根拠のある公務としての外観を備えているのに、実は、法令の要件を欠いていたという場合をどうするか、ということである。

「泥棒！　泥棒！」

と叫びながら追いかけている者がいる。その前を見るとたしかに男が走って逃げ去ろうとしている。

「それ」

警察官は日ごろの訓練を生かしてたちまち追いつき、その手をつかんだ。男は、ふりむきざま警察官に殴りかかり、突き放して逃げようとした。警察官はこれに追いすがり、やっとの思いで手錠をかけた。

そこへ追いかけてきた男がくる。よくよく聞くと泥棒でもなんでもない。こいつに金を貸して期限がきたので取立てに行ったら急に逃げ出したので追いかけた、という。

相手は罪を犯していない。いないのに現行犯だと思って逮捕してしまった。三拝九拝《さんぱいきゅうはい》して釈放しなければならないか、というと、一発殴られているから、何となくそぐわない。このケースの場合、誰もが正しいことをしていると思って逃げる男を捕まえるだろう。まして警ら中の警察官である。そして、間違いか間違いでないかは、後からわかることであるが、その場では警察官も正当な職務だと信じて行動しているし、また、外観上も現行犯を追跡逮捕する場面そのままである。

これは、公務執行妨害罪で保護している職務の執行に当たるのではないか。すなわち、最終的には間違いはわかる。しかし、その場での判断は、むしろ常識的ではないか。警察官としてはそのように行動するのは当然である。

警察官が誤認をしたことは間違いがない。しかし、この例の場合、誰もが追呼《ついこ》されている者を何らかの罪を犯した者と判断する可能性をもっている。その警察官もそう信じて行動をしている。そう信じるにつき過失は認められない。とすると、この行為は適法な職務執行であった。これに対する暴行行為は公務執行妨害罪である、ということになる(11)。

二　公務の執行と武器使用

一　武器使用の適法性　二　危害要件
三　正当防衛　四　緊急避難

一　武器の使用は、警察官の公務の執行の中でも、とくにエキサイトする場合である。

警察官は、一部を除き、常時けん銃を携帯している。(12) そして、その使用については厳格な要件が定められている。

その詳細は、拙著「新版　警察官の職務執行」（東京法令出版）第七章第一節によられたいが、けん銃の使用等を行うことができる場合は、「取出し」、「構え」、「威かく射撃等」及び「相手に向けて撃つ」の四つの場合に分けられ、それぞれの場合における判断の準則及び留意事項が定められている。

警察官のこういった動きが許されるのは、さきに説明したように（一章二節三の二）、それが法令による正当行為であるからである。

違法性阻却事由の第一に掲げられているのが、「正当行為」であり、法令による行為はその中に含まれている。

ピストルを持っていて、人に向かって構えたり撃ったりする行為が、もし、警察官以外の者によってなされたらどういうことになるか、明らかである。ところが、警察官による場合は別である、とされる。

法令に根拠があり、それを逸脱していない職務執行は、仮に、刑法のどれかの構成要件に当たるように見えても、犯罪としての評価を受けることはない。

刑法は、この事を、「法令又は正当な業務による行為は、罰しない」（三五条）と規定する。

警察官の職務執行は、「法令……による行為」である。それが、刑法のどれかの構成要件に該当することがあっても、「法令による行為」としてその違法性は阻却され、犯罪は成立しない。

しかし、法令による行為は、あくまでも、その正当根拠が法令の上にあるのだから、これを逸脱すると正当性を失う。

武器を使用するには武器を使用する要件がある。警察官は、これを逸脱しないよう注意を払わなければならない。

警察官は、①犯人の逮捕若しくは逃走の防止、②自己又は他人に対する防護、③公務執行に対する抵抗の抑止の各場合にけん銃を使用することができる（警職法七条）。

犯人逮捕は、警察官の中心的業務である。とくに、凶悪犯を眼の前にしたら、何としてでもこれを逮捕し、かりそめにもこれを逃走させるようなことはあってはならない。必要とあれば、けん銃を使用できることは言うまでもない。

二　ところで警察官は、国民の生命・身体を防護する責務を負っている。武器を使用するのはいいが、相手に、傷を負《お》わせるということになると、この責務と矛盾《むじゅん》してくる。防護する人が逆に傷つけるというのは、よほどの事がなければならない（危害要件）。

ここに、危険な悪い奴がいて善良な市民に危険がさし迫《せま》るとする。

誰よりもまず、被害者が、精一杯の防衛をするであろう。場合によっては相手を殺傷するかも知れない。

そこに警察官がいれば警察官がその危険に立ち向かうことは当然である。

そして、自分や、被害者になりかかっている人のために、けん銃を撃ち、加害者を殺傷することもあり得るであろう。この場合に世間は警察官の発砲行為を非難するであろうか。

法令は、こういう場合を是認《ぜにん》する規定をおいている。是認されるのは「正当防衛」（三六条）と「緊急避難」（三七条）に当たる場合である（警職法七条）（そのほかにも、凶悪犯と対決してその抵抗を排除する場合や、逮捕状による逮捕等の場合の抵抗や逃走防止の場合があるが、しばらくおいておく。)。

三　危害を与えることの許される第一の場合は「正当防衛」に該当する場合である。

第三六条（正当防衛）急迫不正《きゅうはくふせい》の侵害に対して、自己又は他人の権利を防衛するため、やむを得ずにした行為は、罰しない。

近代国家は、法益を守り、法秩序を維持する仕事を全面的に引き受ける代わり、一般の人が実力を行使することを原則として許さない。しかし、緊急やむを得ない時がある。警察官が間に合わない時、一般人でも身を守り、人を助けるために実力を行使しなければならないであろう。正当防衛の規定がおかれたのはそのためである。

ただし、一般人に無制限に実力行使を許すのは、はなはだ危険であるから、法は、右に見るような厳格な要件をおいている。まず、「急迫」でなければならない。危険がさし迫っていない場合は一一〇番して待っているのが常識である。その危険は「不正」でなければならない。つまり違法行為によって危険が迫っていること。その代わり相手は誰でもかまわない。身を守るのに相手の区別をしている余裕《よゆう》があるはずがない。「侵害」も正当のもの以外は何でもいい。侵害そのものであれば、これを区別する余裕などあろうはずがない。「権利」は、広く法益を考えておけばよい。「自己又は他人」の「他人」には法人その他の団体も含まれる。防衛の手段方法は行き過ぎることをいましめられている。法は「やむを得ずにした」行為に限定している。相手の侵害に対する反撃であるが、手段方法が具体的状況に照らして相当のものであることが要求される(13)。しかし、やむを得なかったかどうか、この制限が取り払われてもともかく正当防衛があったことにされる場合がある。

それが盗犯に直面した場合である(14)。

四　危害を与えることの許される第二の場合は「緊急避難」に該当する場合である。正当防衛における切迫《せっぱく》した危害は「不正の侵害」であり、人の行為を前提とするものであった。緊急避難における「現在の危難」は、人の正・不正にかかわりがない。正当行為に起因する危難でも、また、自然現象による危難でもかまわない。要するに自己又は他人の生命・身体・自由もしくは財産に切迫した危難が、おおいかぶさってきていることである。

たとえば、猛犬が幼児をかもうとしている。これに対してけん銃を撃つのは緊急避難である。条文を見よう。

第三七条（緊急避難）　自己又は他人の生命、身体、自由又は財産に対する現在の危難を避けるため、やむを得ずにした行為は、これによって生じた害が避けようとした害の程度を超えなかった場合に限り、罰しない。ただし、その程度を超えた行為は、情状により、その刑を減軽し、又は免除することができる。

ここで避難行為を誘発するものは「現在の危難」と書いてある。「現在の危難」とは、急迫の危難と同じであるが、正・不正の観念は必要とされない。そこが正当防衛と違う点である。

「現在の危難」の代表は、地震・雷・火事・風水害・動物の侵害等である。親父がげんこをふり上げて追いかけてくるのは現在の危難に含めることはできない。後述のように子供には殴られる義務（受忍義務）があるのだから、反撃してもいい危難だ、と考えることはできない。

急迫不正の侵害の多くは、正当防衛の対象であるが、まれに、現在の危難に当たるとされる場合がある。強盗に追いかけられて逃げる途中、通行人にぶつかってけがをさせるような場合である。敢然《かんぜん》と強盗に立ち向かえば、正当防衛のケースになるが、第三者に突っかかる場合は、緊急避難になるかどうか、ということになる。

自分の身体の危難を避けるために、無関係な第三者の身体を害するのだから、そこに、何らかのバランス感覚を入れてこないと正義を全うすることができない。

そこで、緊急避難を成り立たせるためには、次の二つの要件を満たさなければならない。その一は「やむを得ずにした行為」でなければならない、ということである。それよりほかに方法がなかった、ということ（補充の原則）である。ぎりぎりの時でなければ許されないのである。その二は、法益間のバランスの問題である。「これによって生じた害が避けようとした害の程度を超えなかった場合」（法益均衡《きんこう》の原則）でなければならない。避難行為によって侵害を受ける側に不正がないのだから、とくに正当防衛よりも厳しい要件が立てられるのである。

とっさの場合に、警察官はいちいち考えていられないであろう。要は、健全なバランス感覚をもち、冷静に事案に対処するほかはないのである。

なお、警察官が正当な公務の執行として、けん銃を撃ち、人を殺傷しても許される場合が二つある。それは、凶悪犯に対する場合と逮捕状による逮捕（勾引状の執行）の場合である。

これについては、拙著「新版　警察官の職務執行」（東京法令出版）の第七章を読まれたい。

三　構成要件補遺

一　職務を執行するに当たり

二　正当な危難に対する避難行為

一　公務執行妨害罪は、公務員の身分を保護するのではなく、公務の執行そのものを保護する。したがって、公務執行妨害罪が成立するのは、その公務員が公務中これに対して暴行・脅迫を加えるのでなければならない。第九五条一項は、この事を「職務を執行するに当たり」これに対して暴行又は脅迫を加えるというふうに表現している。

それでは、公務中すなわち、公務員の職務を「執行するに当たり」とは、どういう状態をとらえていうのか、というと、「勤務時間中」だ、と言うだけでは漠然《ばくぜん》とし過ぎていてだめだ、というから注意をしなければならない。

「職務を執行するに当たり」は、職務執行のさい、ということであるが、ただ漠然と公務員の勤務時間中の行為はすべてが、右の職務執行に当たるというのではなく、それは、もう少し具体的・

個別的に特定された職務の執行のさいでなければならない、とされる。
それは、そのように限定的に考えておかないと、その範囲がいくらでも広がり、しまいには、公務員であること自体を保護するという身分法的色彩《しきさい》が濃くなることをおそれる。公務と国民の権利との調和を配慮した考え方である。(15)

したがって、警察官が、被疑事実を書く場合も、たとえば、「被疑者（A）は……勤務中の税務職員（B）を殴打し……」というのでは不十分であり、具体的にどんな仕事をしていたのかを書き表さなければならない。すなわち「被疑者Aは、年　月　日午後　時ごろ、　市　町　番地某方において税務調査中の税務職員Bの○○に関する質問内容に憤激《ふんげき》し……」という書き方になる。

警ら中の警察官は、公務中であることは明らかであるが、さらに念のため、警ら中のいかなる態様の職務執行に関して事件が発生したのかを明らかにするのが大切である。

たとえば、「被疑者Aは……警ら中の○署勤務司法巡査Bの顔面を殴打し……」という書き方ではなく「……防犯取締りのため警ら中の○署勤務司法巡査Bから、挙動不審者として職務質問を受けたことを憤《いきどお》り……」と、適法な職務行為を遂行中であったことを、具体的・個別的に明らかにすることが必要とされる。

「公務員が職務を執行するに当たり」というのを、このように限定して考えるのだとすると、その職務執行の中の一こま一こまに焦点が移り、たとえば、駅の助役が点呼を終えて数十メートル離れた場所へ事務引継ぎに行く途中は職務を執行中とは言えない、という判断になる。職務とされるのは「点呼《てんこ》」と「事務引継ぎ」である。そして、その執行場所が数十メートル隔《へだ》たっているのであるから、点呼を終わってその場所から、次の事務引継ぎの場所に移動しようとするその出入口の付近で暴行・脅迫が行われたのは、次の職務執行の「事務引継ぎ」の予備的段階における事件であって「事務引継ぎ」という職務執行そのものには含まれない、とされる。

もちろん、「職務を執行するに当たり」というのは、職務執行の最中だけでなく、まさにその職務、ここでは「事務引継ぎ」を開始しようとしている場合のように、その職務の執行と時間的に接着し、これと切り離すことのできない一体的関係にあるとみることのできる範囲は含まれるとしなければならない。

まだ執行に着手していないが、これからまさに執行しようとして待機している時間帯、(16)また、差押物を荷積みして帰庁のために一服しているさいは、(17)執行開始→終了の直前直後の時間帯に属し、執行に接続して一帯をなしているから、執行するに「当たり」に該当すると考えられている。

これに対して、さきの助役の例をみると、それは、「引継ぎ」の職務執行の着手に近接した場合であるが、「引継ぎ」の職務の執行又はその着手と同視できる程度の、まさに職務の執行に着手しようとした場合とは認められない、という考え方になる。

しかも、「点呼」と「事務引継ぎ」は、助役の事務ではあるけれども、全然別個の事務である、とされる。したがって、まず、点呼をし、次に引継ぎをするのは、順序としてまず前者を執行し、それが終了してから後者を執行するというだけのことであってこの両事務を一連の事務とし、その間の点呼場より事務引継ぎ場への移動は職務自体と解することはできない、とする。(18)

このように、公務中と言えるかどうかについては、勤務時間中の職務を一こま一こま分解してその個別性・具体性を追求し出すと、収拾《しゅうしゅう》がつかない場面がでてくる。

たとえば、警ら中知人に会って立ち話をしている間に殴られたら、その間は、「職務を執行するに当たり」からはずれていたのか、それとも含められていたのか議論がでてくる。

電報局長（B）が局長室で電報料金の収納等に関する会計書類の点検・決裁を行っていたところ突然組合員A等が侵入してきたので、一時的に仕事をやめて立ち上がりかけた。その時、A等の暴行を受けた。A等の行為は公務執行妨害罪になるのか、ならないのか。

局長室における職務執行は自発的に中断されている。すなわち、職務執行終了直後に暴行を受けたことになる。個別性を強く考えれば右暴行は「職務を執行するに当たり」加えられたものということはできない。(19)

しかし、このように、公務員の一挙手一投足をいちいち分解して職務中だ、職務中でないと考えるのは行き過ぎではないか、とされる。公務員の仕事は千差万別《せんさばんべつ》である。職務の性質によっては、その内容、職務執行の過程を個別的に分断して、その部分部分につき、それぞれの開始・終了を論ずるのが無理な場合がある。警察官の交番内での在所勤務を考えてみればすぐわかる。在所勤務は遊んでいるわけではない。外部の警戒に当たると共に、諸願届の受理等の事務に従事するほか緊急事案の処理に備える。しかし、便所へも行かず、お茶も飲まずに働くのが常態と考えるのには無理がある。

在所勤務に従事中の二名の警察官のうち、たまたま一名が便所へ行き、他の一名が休憩室前通路でお茶を入れて飲もうとしていたとしても、その間職務の執行すなわち在所勤務が中断され、その交番は警察官不在と言える状態にあった、というのは不自然であろう。(20)

この不自然さは、警察官BがAに殴られて昏倒《こんとう》したさい、Cがその事実を知りながらAの身体を蹴《け》とばした場合にどうなるかを考えると、一層はっきりしてくる。

Bは昏倒したから事実上一時的に職務の執行ができない状態になっている。たしかにその職務は中断されている。しかし、この昏倒している間、Bは職務の執行中でなかったというのは、いかにも実状にそぐわない。[21]

次に、さきの電報局長（B）の例にかえってみると、（B）はその局の事務全般を掌理《しょうり》し、部下職員を指揮監督する職務権限がある。その職務は性質上一体性ないしは継続性があると考える方が理にかなっている。

この局長が局長室で執務中、いきなりちん入してきたA等の姿を見て、立ち上がろうとしたのであるから、その職務は一時中断するのやむなきに至ったことは言うまでもない。そして、この中断をもって、（B）は職務中と言えなくなったとするのは不自然である。まして、（B）は自発的にその職務の執行から離脱したものでも、また放棄したものでもない。A等のちん入によって驚いて立ち上がろうとした、その外観はいかにも執行中の職務を一時中断したように見える。しかし、これは、A等の不法目的をもった行動が原因になっており、（B）が任意、自発的にその執行中の職務を中断し、その職務執行が終了したものと解するのは相当でないと言わざるを得ない。[22]

警ら中の警察官が、途中、たまたま知人に話しかけられて立ち止まって雑談をするのが、職務執行の中止中に当たらないのは明らかである。

また、在所勤務中便所に立ったり、お茶を飲んだりする時間帯を、在所勤務という職務執行中の時間帯から分離して独立に批判するのが不自然であることも明白である。

二　すでに説明したように、緊急避難における現在の危難は、それが正当のものであるか、不当のものであるかは問わない、とされている。

そうだとすると、たとえば、警察官が人を逮捕しようとするとき、被疑者の側から見れば、現在の危難である。この危難を避けようとしたら、警察官に対して反撃が許されるという奇妙な結果がでてくる。

地震・雷・火事にさいして、自己又は他人の生命・身体・自由もしくは財産を防護するため、やむを得ずしたことは許されるのはわかるが、たとえば、親父がげんこを振り上げたとき、その子がこれに反撃を加えて緊急避難だ、と言ったらどういうことになるか。

そのような結論が間違っていることは明らかである。なぜ間違っているか。

たしかに現在の危難は正・不正を問わず、自己又は他人の生命・身体・自由もしくは財産を防護するためにはこれに反撃を加えることが許される。しかし、それは、やむを得ないと認定される場合でなければならない。

子供が親父の懲戒《ちょうかい》に反撃を加える、やむを得ないと言うことができるか。警察官に逮捕されそうになった被疑者が自己の自由を防護すると称して反撃を加えるのが、やむを得ずにした行為になるか、というとそうではない。それは、この場合の子供や被疑者には、その危難を甘受《かんじゅ》する「受忍義務」がある、と考えられるからである。

このように、現在の危難は、たしかに正・不正を問題にしないが、その危難の受忍義務者には避難をする権利がない、ということを覚えておく必要がある。

四　他罪との関連

一　威力業務妨害罪の業務
二　職務強要罪の構成要件
三　観念的競合

一　公務執行妨害罪が、公務を妨害する者を処罰するのに対して、公務外の一般会社等の業務を妨害する行為を処罰しようとするものが、業務妨害罪である。

第二三三条（信用毀損及び業務妨害）　虚偽の風説を流布し、又は偽計を用いて、人の信用を毀損し、又はその業務を妨害した者は、三年以下の懲役又は五十万円以下の罰金に処する。
第二三四条（威力業務妨害）　威力を用いて人の業務を妨害した者も、前条の例による。

「公務」の妨害は、暴行・脅迫がその手段とされていた。

これに対して「業務」の妨害手段を見ると、「虚偽《きょぎ》の風説《ふうせつ》を流布《るふ》」すること、と、「偽計《ぎけい》を用い」ること、すなわち、公正でない方法によることが一つ、もう一つは「威力を用い」ることがある。

では、「暴行・脅迫」などによらないで、なおかつ「威力を用い」たとされる例にどんなものがあるか。

Aは、日頃折合いの悪かった上司に嫌がらせをしてやろうと考え、上司の部屋に部下を忍びこませ、かかっていた作業服のポケットには犬のふん、机の引出しには赤く染めた猫の死骸《しがい》を入れさせた。

翌朝出勤してきたくだんの上司は、それを見て驚《きょう》がく、不快、嫌悪、そして恐怖を抱《いだ》き、予定されていた執務ができなくなった。

警察官は、これを「威力業務妨害罪」で処断した。

ところが、Aは、いたずらをしたのであって「威力」などとんでもないと言った。

そして最高裁まで争ったのである。しかし最高裁は、

「被害者が執務に際して目にすることが予想される場所に猫の死骸などを入れておき、被害者にこれを発見させ、畏怖させるに足りる状態においた一連の行為は、被害者の行為を利用する形態で

その意思を制圧するような勢力を用いたものということができるから、刑法二三四条にいう『威力を用い』た場合に当たると解するのが相当であ」る。

と判示した。(23)

「被害者の行為を利用する形態で、その意思を制圧するような勢力を用いた」場合も威力業務妨害罪になるということが、初めてこれで決まったのである。

二　公務は公務員が法令にもとづき、公正に執行すべきものであるが、これを曲げさせようとする行為がある。職務強要罪（九五条二項）である。

条文は次のように書かれている。

第九五条（公務執行妨害及び職務強要）（略）

2　公務員に、ある処分をさせ、若しくはさせないため、又はその職を辞させるために、暴行又は脅迫を加えた者も、前項と同様とする。

構成要件は目的と行為とに分けてみることができる。目的は三種ある。「公務員に、ある処分をさせ」「公務員に、ある処分をさせないため」「公務員に、その職を辞させるため」の三つである。その行為は、「暴行又は脅迫を加えた」である。

ここで、公務執行妨害罪と紛《まぎ》らわしいことがわかるであろう。

その手段はまったく同じ「暴行又は脅迫を加えた」である。強要される客体は公務員の「ある処分」もしくは辞職行為である。

辞職行為の方はよくわかる。しかし、「ある処分」は、広く当該公務員が職務上することのできるものであり、[24]また、暴行・脅迫によってこの処分の作為・不作為による一定の効果があったか、なかったかを問題にしない、[25]いわゆる抽象的危険犯であるとされるので、たとえば、ある処分をさせないため暴行・脅迫を加える姿は、ある公務の執行を妨害するのと違いはない。区別がつかないということになる。

警察官は、このさい、本人の主観を重視し、前述三つの目的を抱いていたかどうかによって区別する、ということになろう。[26]

それが、積極的に公務員にある作為をさせる、ということになると最も強要罪らしくなる。

ここで暴行又は脅迫をもって強要される「ある処分」は、その公務員の職務権限内であると、職務権限外であるとを問わない。[27]

税金が高い、高い、とこぼしている。しかし、だからといって、税務署の徴税をさせないように暴行・脅迫を加える馬鹿はいないだろう、と思ったら、昔いたことがある。昭和二三年、戦後の混乱の残っていたころである。ある町で民主納税同盟というのができ、一〇〇人ほどの人が税務署に集まって気勢をあげた。そこまではよかったが、これから一定期間、税金の強制徴収をしない、など九項目の決議文を作り、むりやり署長以下の幹部にその承認を与える確認書を作らせた。

これなどは方法を誤《あやま》っている。もし、どうしても徴税方法に不服があるのであれば、税法所定の訴願《そがん》手続や訴訟の手続によるべきである。それが法治国家というものである。徒党を組んで税務職員をつるし上げ、直接これを脅迫して課税方法等を曲げようとするのはまさに公務員強要罪に当たるのである。(28)

三　人が何かの犯罪を犯す場合に、いくつかの条文に重複してかかることがある。

たとえば、Aが職務質問中の警察官Bの頭を棒で殴って質問されている相手Cを逃がすようなことがあると、警察官がその職務を執行するに当たり、これに暴行を加えたのであるから公務執行妨害罪が成立する。第九五条一項にひっかかる。

さらに、もし、殴られた警察官がけがでもすると、人の身体を傷害したのだから、傷害罪も成立する。すなわち第二〇四条にもひっかかる。

このように、誰の眼にも観察上は一個の行為でしかないのに、刑法上は数個の罪名に触れる場合が、実務上は多く見られる。刑法は、「一個の行為が二個以上の罪名に触れ」るのを「観念的競合」ということにしている（五四条一項前段）。

さきの例で言えば、素人が観察すると誰が見てもAの犯行は一個、警察官の頭を棒で殴った、ということにしか過ぎない[29]。

しかし、刑法上の頭でこれを見ると、公務執行妨害罪と傷害罪という二個の罪名に触れている。二個の罪を犯した、と言い換えてもいい。二個の罪を犯した者は、同じ罪を一個犯した場合に比較すると重く処罰する必要のあることは誰が考えても明らかである。

問題は、どの程度の刑罰を選択するかである。

そこで、観念的競合について規定した第五四条第一項を見ると「その最も重い刑により処断」することにしている。

その最も重い刑というのであるから、今、問題になっている二つの罪の刑を相互に比較し、その最も重い刑を選択するという作業をすることになる。

公務執行妨害罪は、「三年以下の懲役若しくは禁錮又は五十万円以下の罰金」であるから、その上限は懲役三年か禁錮三年、下限は五十万円以下一万円以上の罰金である（一二条・一三条）。

これに対して傷害罪は「十五年以下の懲役又は五十万円以下の罰金」であるから、その下限は公務執行妨害罪と同じであるが、その上限は懲役十五年でこちらの方が重い。

さて、この両者を全体として「その最も重い刑」ということになると、上限は、懲役十五年ですんなり決まるが、下限も一万円以上五十万円以下で迷う所はない。しかし、外《ほか》の例でもし低い方もバラついていて迷うことがあるとしたら、二罪を並べて低い方を下限を下廻《まわ》らないように注意することになる。(30)

公務執行妨害罪と傷害罪が観念的競合の関係にある本件のような場合は、巡査の頭を棒で殴った行為は、上限が一か月以上十五年以下の懲役、下限が一万円以上五十万円以下の罰金の範囲内で処断されることになる。

(1)　大判明治四二年一一月一九日録一五・一六四一は、「職務の執行は、単に公務員が人又は物に対して法律規則を執行し又は公務所の命令を執行する場合に限らず、公務所において公務員が職務上なすべき事務の取扱いをもすべて含む。」としている。戦後の判例もこれを踏襲《とうしゅう》する。最判昭和五三年六月二九日集三二・四・八一六

(2)　最判昭和二八年一〇月二日集七・一〇・一八八三は、「公務執行妨害罪は、公務員をその地位のゆえにとくに厚く保護するものではなく、公務員によって執行される公務そのものを保護する趣旨である。」としている。

(3)　大阪高判昭和五三年一二月七日集三一・三・三一三は「交替制当直勤務中の警察官でも、当直室で休憩中及び休憩のため当直室に赴《おもむ》こうとしていた場合は、たとえ勤務時間内であっても、公務の執行中に当たらない」とする。

(4)　最決昭和三四年八月二七日集一三・一〇・二七六九は、「直接公務員の身体に加えられた暴行でなくても、職務遂行の意思に影響を及ぼす程度のものであれば、公務員に向けられた暴行と認められるから、警察官が証拠品として差し押さえた覚醒剤注射液入りアンプルを足で踏みつけて破壊する行為も、暴行である。」としている。

(5) 最判昭和二六年七月一八日集五・八・一四九一は、「本罪における暴行・脅迫は、公務員に対して積極的なものとしてなされなければならないから、会社の業務妨害の現行犯検挙に向かった警察官に対し、労働者らが、スクラムを組み、労働歌を高唱して気勢をあげただけでは、本罪の暴行・脅迫とは認めがたい。」としている。

(6) 最判昭和三三年九月三〇日集一二・一三・三一五一は、「本罪における暴行・脅迫は、これによって現実に職務執行妨害の結果が発生したことを必要とするものではなく、妨害となるべきものであれば足りる。」としている。

(7) 最判昭和二五年一〇月二〇日集四・一一・二一一五は、「職員とは、国又は公共団体の機関として公務に従事する者をいう。」としている。

(8) 最決昭和三〇年一二月三日集九・一三・二五九六は、「刑法第七条にいう職員とは、法令の根拠にもとづいて公務に従事する職員を意味し、単純な機械的・肉体的労働に従事する者は含まないが、当該職制上職員と呼ばれる身分を有するか否かを問わない。」としている。

(9) 独立行政法人通則法（平成一一年法一〇三）第二条第二項に規定する特定独立行政法人の役職員は公務員とされ、また、特別法で、本来公務員でない者が、その業務の性質上、法令により公務に従事する職員とみなされる例としては、刑訴法第二六八条第三項（準起訴手続における弁護人）、検察審査会法第四一条の九第五項（指定弁護士）、日本銀行法第三〇条（日銀の職員）、独立行政法人住宅金融支援機構法第一二条等がある。

(10) 東京高判昭和三四年四月三〇日集一二・五・四八六は、「逮捕状の緊急執行の場合に、被疑事実の要旨を告げる余裕があったのに、罪名と逮捕状が出ていることを告げただけで、被疑事実の要旨を告げずにした逮捕手続は不適法であって、公務執行妨害罪でいう職務を執行するに当たらない。」としている。

(11) 大阪高判昭和二八年一〇月一日集六・一一・一四九七は、「現行犯人でない者を現行犯人と誤認して逮捕したように職権発動の前提となる事実の存在について誤認があっても、その誤認が社会通念上一般に認容されるときは、適法な職務である。」としている。

(12) 金子仁洋「新版　警察官の職務執行」(東京法令出版) 第七章第一節注 (2) 参照

(13) 最判平成元年一一月一三日(刑集四三・一〇・八二三)は「年齢も若く体力にも優れた」相手からの素手足蹴りの攻撃を避けるため、「菜切包丁を手に取ったうえ腰のあたりに構え、『切られたいんか。』などと言った」のを、「危害を避けるための防衛的な行動に終始していたものであるから、その行為をもって防衛手段としての相当性の範囲を超えたものということはできない。」とする。

(14) 盗犯等ノ防止及処分ニ関スル法律(昭和五年五月二二日法律九号)の第一条第一項は、正当防衛に関する特例を規定している。すなわち、『已ムコトヲ得サル』の要件を欠く場合は本来ならば第三六条第一項の正当防衛にならないはずであるが次の三つの場合には正当防衛があったものとされる。

一　盗犯を防止し、又は盗贓《とうぞう》を取環しようとするとき。

二　兇器を携帯して、又は門戸牆壁《しょうへき》等を踰越損壊《ゆえつそんかい》し、若くは鎖鑰《さやく》を開いて、人の住居又は人の看守する邸宅、建造物若くは船舶に侵入する者を防止するとき。

三　故なく人の住居又は人の看守する邸宅、建造物若くは船舶に侵入した者、又は要求を受けて此等の場所より退去しない者を排斥しようとするとき。

(15) 最判昭和四五年一二月二二日集二四・一三・一八一二は、「保護の対象となるべき職務の執行というのは、漫然と抽象的・包括的に捉えられるべきものではなく、具体的・個別的に特定されていることを要するものと解すべきである。そして、右条項に「職務を執行するに当り」と限定的に規定されている点からして、ただ漠然と公務員の勤務時間中の行為は、すべて右職務執行に該当し保護の対象となるものと解すべきではなく、右のように具体的・個別的に特定された職務の執行を開始してからこれを終了するまでの時間的範囲及びまさに当該職務の執行を開始しようとしている場合のように当該職務の執行と時間的に接着しこれと切り離し得ない一体的関係にあるとみることができる範囲内の職務行為に限って公務執行妨害罪による保護の対象となるものと解するのが相当である。以上と異なり、職務の執行を抽象的・包括的にとらえ、しかも、「職務ヲ執行スルニ当リ」を広く漠然と公務員の勤務時間中との意味に解するときは、公務の公共性にかんがみ、公務員の職務の執行を他の妨害から保護しようとする刑法第九五条第一項の趣旨に反し、これを不当に拡張し、公務員そのものの身分ないし地位を保護の対象とする不合理な結果を招来することとなるを免れないからである。」としている。

(16) 大判明治四二年四月二六日録一五・五一三は、「公務員がまだ職務の執行を始めないが、まさに職務執行に着手しようとした場合も、本条第一項の「職務ヲ執行スルニ当リ」といえる。」としている。

(17) 大判明治四二年四月二六日録一五・五一三は、「村役場の書記が、村長の命を受けて村税滞納処分として差し押さえた鼠入らずを村役場に運搬しようとした場合、まだ運搬を開始していなくても、これに対して暴行を加えたときは本罪を構成する。」とする。

(18) (15)の判例は、右に書いた理論に従って駅の助役が、点呼の執行を終了した直後、その点呼場の出入口付近で暴行を受けた場合は、同助役がその後数十メートル離れた助役室において事務引継ぎという職務行為を執行することになっているときであっても、その暴行は、本条第一項にいう「職務ヲ執行スルニ当リ」加えられたものとは言えない。としている。

(19) 大阪高判昭和五〇年一一月一二日判時八八九・一一五は、「同局長は自発的に職務を中断して被告人に応待すべく立ち上がりかけたさい、すなわち職務の執行終了直後に暴行を受けたのであるから、右暴行は同局長が「職務ヲ執行スルニ当リ」加えられたものということはできない。」とした。しかし、この決論は、次の(22)の最高裁判決によって否定された。

(20)　大阪高判昭和五一年七月一四日刑裁月報八・六・七・八・三三二は、「警察官が派出所内で外部の警戒に当ると共に、諸願届の受理等の事務に従事するほか緊急事案の処理に備えるいわゆる在所勤務に従事中の二名の警察官のうち、たまたま一名が便所にゆき、一名が休憩室前通路でお茶を入れて飲もうとしていたとき」を公務員の職務を執行するに当りに該当するとしている。

(21)　東京高判昭和三一年一二月二七日集九・一二・一三五三は、「命令により同僚救出中の警察官が頭部を強打されて昏倒し一時的に事実上職務執行ができなくなったさいに、これを蹴《け》とばす行為は、「公務員ノ職務ヲ執行スルニ当リ之ニ対シテ暴力……ヲ加ヘタ」に当たる。」とした。

(22)　最判昭和五三年六月二九日判時八八九・一一五は、注(19)の大阪高判の上告審であるが、まず、この判例が「職務ヲ執行スルニ当リ」とは、具体的・個別的に特定された職務の執行を開始してからこれを終了するまでの時間的範囲である、ということを基本にしながら、まさに、当該職務の執行を開始しようとしている場合のように、当該職務の執行と時間的に接着し、これと切り離し得ない一体的関係にあるとみることができる範囲のものを、その具体的・個別的に特定された職務の範囲に加えることを肯認する。そして、その上で、公務執行妨害罪にいう「職務」には、広く公務員が取り扱う各種各様の事務のすべてが含まれるものであるから、職務の性質によっては、その内容、職務執行の過程を個別的に分断して部分的にそれぞれの開始、終了を論ずることが不自然かつ不可能であって、ある程度継続した一連の職務として把握することが相当と考えられるものがあり、そのように解しても当該職務行為の具体性・個別性を失うものではないのである。

(23)　最決平成四年一一月二七日（刑集四六・八・六二三）

(24)　大判明治四三年一月三一日録一六・八八は、「本条にいう処分は、あまねく公務員が職務上なし得べき行為を指称し、村会議員が議場に赴こうとする行為は、これに当る。」とする。

(25) 最判昭和二五年一〇月二〇日集四・一〇・二一一五は、「暴行・脅迫によって現実に職務執行妨害の結果が発生したことを要しない。」としている。

(26) 大判昭和九年四月二四日集一三・五二二は、「公務執行妨害罪の成立について公務員がその職務執行をするに当たり、犯人が、その事を知ってこれに対し、その執行の妨害となるような暴行・脅迫を加えれば、それで足りる。現に職務執行の妨害の結果を生ぜしめたると否と、また、犯人においてその結果の発生を欲すると否とは、公務執行妨害罪の成否に関係がない。」としている。

(27) 最判昭和二八年一月二二日集七・一・八は、「公務員強要罪でいう「処分」とは、当該公務員の職務に関係のある処分であれば足り、その職務権限内の処分であると職務権限外の処分であるとを問わない。」としている。

(28) 最判昭和二五年三月二八日集四・三・四二五は、「いわゆる水増し課税や徴税目標額にもとづく課税方法等が、仮りに不当のものであるとしても、これが是正の道は税法所定の審査訴願及び訴訟の手段……によるべく、これがため被告人等が税務署係官に対し直接脅迫手段に訴え、課税方法並びに課税額及び徴税方法等の変更を求めることは法治国の理念に徴し素より違法にして許されないところである。」としている。

(29) 最判昭和四九年五月二九日集二八・四・一一四は、「一個の行為とは、法的評価を離れ、構成要件的観点を捨《しゃ》象《しょう》した自然的観察のもとで、行為者の態様が社会的見解上一個のものと解される場合をいう。」としている。

(30) 最判昭和二八年四月一四日集七・四・八五〇は、「其最モ重キ刑ヲ以テ処断ス」とは、数個の罪名中最も重い刑を定めている法条によって処断するという趣旨と共に、他の法条の最下限の刑よりも軽く処断することはできないという趣旨を含む。」とする。

第六節　汚職の罪

一　職権濫用罪

一　公務員が、執務上不都合《ふつごう》なことをして、その職務を汚《けが》し、はずかしめるとすると、それは、二つの方法によることができる。

その一は、職権《しょっけん》を濫用《らんよう》することである。

公務員には一定の権限がある。その権限にもとづき、一般人に対してある種の行為を命じたり、必要に応じてそれを強制したりすることがある。

したがって、もし公務員に私心があり、公正な立場を離れてその権限を私《ひそ》かに利用することがあるとしたら、それが職権の濫用である。

その二は、賄賂《わいろ》を取ることである。

ふつう新聞などに「汚職《おしょく》」と書かれる時は、この場合がほとんどである。

以上の二つの方法は、公務員が公正な立場を離れてその職務を汚《けが》し、恥ずかしめるものであり、併《あわ》せて「汚職の罪」と総称《そうしょう》されているのである。

二　それで、まず、職権濫用《らんよう》罪から見ることにすると、この罪は、その主体を二種類の公務員に分けて構成されている。

公務員の意義についてはすでに述べた（本章五節一の三）。その公務員が、ここでは、さらに二種類に分けられる。

その一は一般公務員であり、その二は特別公務員である。特別公務員とは「裁判、検察若しくは警察の職務を行う者又はこれらの職務を補助する者」（一九四条・一九五条）である。裁判官、検察官、司法警察員と、これを補助する裁判所書記官・検察事務官・司法巡査がこれに当たる。(1)

また、法令により拘禁《こうきん》されている者を看守又は護送する者もこれに含まれる。

特別公務員は、一般人を逮捕したり監禁したりする職務を担任している。その行為は、法令に根拠があってはじめて正当化されているのであって、その行為自体は深く人権にかかっている。人権を侵《おか》しやすい立場にある。

もっともし濫用があれば、それはもはや正当行為ではなくなり、違法性を阻却《そきゃく》されないので、それぞれの罪に該当《がいとう》することがおこり得《う》る。

たとえば、被疑者を殴れば、それは暴行罪（二〇八条）に当たる行為である。

しかし、それだけですますわけにはいかない。何しろ相手は被疑者という弱い立場にいる者である。これを、娑婆《しゃば》にいて殴られた者と同じに評価することはできない。

そこで特別公務員暴行陵虐罪《りょうぎゃくざい》が作られることになる。一般の人が人を殴ってもその刑は二年以下の懲役もしくは三十万円以下の罰金又は拘留もしくは科料（二〇八条）であるのに対して、特別公務員が同じく被疑者等を殴ると七年以下の懲役又は禁錮（一九五条）と重くなる。

権限をもっている者が濫用しにくくなるように制度は仕組まれていると言ってよい。

三　職権濫用《らんよう》罪には三つの態様がある。条文によってみよう。

第一九三条（公務員職権濫用）　公務員がその職権を濫用して、人に義務のないことを行わせ、又は権利の行使を妨害したときは、二年以下の懲役又は禁錮に処する。

第一九四条（特別公務員職権濫用）　裁判、検察若しくは警察の職務を行う者又はこれらの職務を補助する者がその職権を濫用して、人を逮捕し、又は監禁したときは、六月以上十年以下の懲役又は禁錮に処する。

第一九五条（特別公務員暴行陵虐）　裁判、検察若しくは警察の職務を行う者又はこれらの職務を補助する者が、その職務を行うに当たり、被告人、被疑者その他の者に対して暴行又は陵辱若しくは加虐の行為をしたときは、七年以下の懲役又は禁錮に処する。

2　法令により拘禁された者を看守し又は護送する者がその拘禁された者に対して暴行又は陵辱若しくは加虐の行為をしたときも、前項と同様とする。

第一九三条は、公務員全部をいましめるものであるが、事柄の性質上、一般人に命令したり、ある種の強制をしたりする職務上の権限をもっている公務員でなければ、この犯罪の主体になることはできない。

特別公務員がこの立場に立てることは明らかであるが、一般公務員の方もその職務権限の中に「人に義務のないことを行わせ、又は権利の行使を妨害」する力を宿している場合は、「その職権を濫用し」てこの罪の主体になることができる。この代表は税務職員である。

職務権限に関係のない場合、たとえば、公務員が自宅のお手伝いさんに契約の範囲を超えた義務を負わせたり、帰郷する権利を妨害したりしたとしても、その行為は本罪とは関係がない。

第一九四条と第一九五条は、俗にいう「人権蹂躙《じんけんじゅうりん》」に関するものである。

人権じゅうりんは誰にでもできることであるが、特別公務員は犯罪に立ち向かう職務の性質上おこしやすい立場にある。

見込捜査を過信して犯人でもない人を犯人だと思い込み逮捕をする場合が例になるが、逮捕状を得ている場合は、本罪の対象にはなりにくい。

逮捕状はない、緊逮も現行犯もその要件がない、しかし、しゃくにさわるから手錠をかけて脅かす、ということになれば、その行為はまさに「その職権を濫用して、人を逮捕し、又は監禁した」に当たる。

これよりもおこりやすいのは、職務熱心のあまり、取調べ中の被疑者に暴行を加えることである。職務質問の最中、興奮《こうふん》して相手を殴ったりするのも同じである。

特別公務員が「その職務を行うに当たり、被告人、被疑者その他の者に対して暴行又は陵辱《りょうじょく》若しくは加虐の行為をした」に該当することになる。

裁判所へ護送中生意気なことを言うので足払《あしばら》いをかけてすっころばしたとすると、「法令により拘禁された者を看守し又は護送する者がその拘禁された者に対して暴行又は陵辱若しくは加虐の行為をした」に当たる。

「陵辱」というのは、人をはずかしめること、女性を暴力で犯すことを意味する。また「加虐」は、文字どおり虐待を加えること、平たく言えばいじめることである。

精神的に苦しめることと、自白を強要することとは紙一重《かみひとえ》のところがある。

たとえば、

「早く出たいと思ったらはくんだな」というのはすれすれであるが、

「自白したくないか。よーし、いい覚悟だ。一年でも二年でもほうり込んでおくからそう思え」

とここまで言うと「加虐」になるから気をつけなければならない。

深夜の取調べや、大勢の取調官による威圧も陵辱・加虐に当たりやすい。

「暴行」の方が、陵辱・加虐よりも単純であるがその代わり相手にけがをさせることがある。

戦争中の文学者小林多喜二事件のように、取調べ中殴られてとうとう死んでしまう例もある。これに対して刑法は、さらに厳しくいましめることにしている。

第一九六条（特別公務員職権濫用等致死傷）　前二条の罪を犯し、よって人を死傷させた者は、傷害の罪と比較して、重い刑により処断する。

すでに学習ずみの「結果的加重犯」である。

二　賄賂罪

一　賄賂《わいろ》、袖《そで》の下、鼻薬《はなぐすり》、昔からいろいろな言い方がある。

お役人に取り入ってうまい汁をすすろうという悪徳商人と悪徳役人の悪役二人がいて、はじめて芝居《しばい》が成り立つ。

新聞はこれを「汚職《おしょく》事件」という。「疑獄《ぎごく》事件」ということもあるが、最近では「汚職」の方が一般的である。

公務というものは公正でなければならない。一部の人に偏ってはならない。また役人は、「廉潔《れんけつ》」でなければいけない、とされる。「廉潔」は難しい字であるが、要するにいさぎよいこと、清潔《せいけつ》であることである。清廉潔白《せいれんけっぱく》と言った方がわかりが早い。

「汚職」というのは、そうした職務の公正や、廉潔性を害することであり、それでは役人を信頼し、公務をまかせている一般国民としてはたまらない。これを重罪として処罰してもらいたい、ということになる。

二　賄賂罪は一人ではできない。相手のあることである（必要的共犯）。

その基本形態は、贈賄者（B）があって収賄者（A）がある、というものである。これを図式で示すと、

「B──→A」

である。条文を見ると、まずAについて、

第一九七条（収賄、受託収賄及び事前収賄）　公務員が、その職務に関し、賄賂を収受し、又はその要求若しくは約束したときは、五年以下の懲役に処する。（後段略）

2（略）

その行為は、「賄賂を収受」したこと。「賄賂を……要求」したこと。「賄賂を……約束した」ことである。

収受・要求・約束という三つの汚職の仕方が役人の側にある。

それでは、贈る方の側Bはそうか、というと、その条文は、

第一九八条（贈賄）　第一九七条から第一九七条の四までに規定する賄賂を供与し、又はその申込み若

しくは約束をした者は、三年以下の懲役又は二百五十万円以下の罰金に処する。

2　（略）

冒頭列挙の条文は、要するに収賄側の態様がいくつかあるためであるからこれを省略してその犯罪行為を見ると「賄賂を供与し、又はその申込み若しくは約束をした」である。

それは、「賄賂を供与し」たこと、「賄賂を供与……する……申込み……をした」こと、「賄賂を供与……する……約束をした」こと、の三つの行為になる。

贈賄側Bの行為は、供与・申込・約束の三行為、収賄側Aの行為は、収受・要求・約束の三行為であり、これらが組み合わさって事件がおこる。

基本形態は、

「供与（B）――→収受（A）」

である。「申込み」と「要求」は、一方が他方に働きかければ、それだけで単独に成立することに特徴がある。

業者が工事を割り当てる役人の所へ賄賂を持って行った。すると役人は、つっ返した。こうなると、「収受」罪が成立しないことは当然として、持って行った相手は「申込」罪になる。

交通取締りの警察官に捕まったので、一万円を出して、その警察官のポケットへ突っ込もうとした。

この時、そのままにしてしまえば、「供与──→収受」の関係が成立し、汚職になるが、もし、その警察官が、憤然《ふんぜん》としてつっ返すと、収受罪は成立しないが、相手の被取締者は、申込罪になる。警察官は、交通違反のほかに、賄賂罪で現行犯逮捕できることになる。

役人の側から要求して相手が断《ことわ》ると、右と逆の関係になり、役人だけの要求が成立する。

三　賄賂罪の基本形態は以上のとおりであるが、これが変化して何種かの応用形態ができる。

その一つは、請託《せいたく》付である。賄賂を持って行く場合に、ただ何となしに便宜《べんぎ》をはかってもらうというのもあれば、特定の目的があって頼みに行くこともある。たとえば、

「今度の○○橋の工事は、ぜひ、当社に落ちますようよろしくお取りはからいを願います」

というのは請託である。ＯＫして賄賂をとれば請託収賄罪が成立する（一九七条一項後段）。その刑は単純収賄罪よりも重い。

第一九七条（収賄、受託収賄及び事前収賄）（前段略）……請託を受けたときは、七年以下の懲役に処する。

2　（略）

五年以下の懲役が請託では七年以下に加重されている。

単純では請託の内容は必ずしも不正でなくてもかまわない。正当な職務行為を促《うなが》すものであっても、ここでいう請託になり得る(2)。

その代わり、請託内容が不正を促すものであり、公務員の方でもこれを受けて「不正な行為をし、又は相当の行為をしなかったときは」「一年以上の有期懲役」という。さらに重い刑を科せられることになる(一九七条の三の一項)。これが応用形態その二である。

「相当の行為をしなかった」というのは、たとえば、刑事が、被疑者の要望を容《い》れて証拠品の押収をとりやめたりすることである(3)。

捜査中の被疑事件につき、賄賂をもらって検察庁に送致しなかった(4)などというのも相当の行為をしなかったことになる。

以上が基本形態と、その基本的な変化である。

次は、公務員が賄賂罪をかいくぐろうとしていろいろ工夫《くふう》をこらす、当局はその工夫の上前《うわまえ》をはねて取り締まろうとする。その戦いの結果いくつかの形態が生まれる。

まず、直接自分が収受しないで、第三者に受け取らせるという手がある。

自分でなくても家族に受け取らせるのは、自分が受け取るのと質において変りがない。これは、単純収賄罪にしてかまわない。

しかし、たとえば、外郭《がいかく》団体に振り込ませる、などというのは、単純収賄罪では片付かない。そこで、「請託を受けて、第三者に賄賂を供与させ、又はその供与の要求若しくは約束をした」時を第三者供賄罪として処罰するのである（一九七条の二）。

次に職務を贈賄者のために曲げるのは別の公務員、金品を受け取るのは自分、という脱法行為がはやったことがある。

賄賂罪は、職務に関する金品の授受を禁ずるものであるから、いくら金品を収受しても、自分の職務権限内にないことで請託を受けた場合は罪にならない。

公務員同士でたらい回しのやりっこをすれば、いくらもらっても大丈夫だ、ということになる。そこで、「あっせん収賄罪」（一九七条の四）が作られることになる。請託を受けるのは自分だが職務上不正の行為をしたり又は相当の行為をしなかったりするのは、あっせんしてやった他の公務員という形態である。

このように、第三者や、自分以外の職務権限のある者を利用するのがだめだとなると、次は、公務員でいる間は遠慮して、辞職後天下晴れて頂くというのはどうか、ということになる。

すると、議員のように、なったり、やめたりひんぱんにする者は、在職中にことさら頂く必要はない、ということになる。一般の公務員も、職務権限の違うポストに移ってから、ということになりかねない。

そこで、「事後収賄罪」（一九七条の三の三項）が登場することになる。「在職中に請託を受けて職務上不正な行為」を働く、もしくは「相当の行為」をしない。そして、職を離れてから、してやったではないかということで、賄賂を収受・要求・約束するという行為である。

逆に、職につく前に先に収受・要求・約束をしておく手もある。この場合は「事前収賄罪」（一九七条二項）になる。公務員にならなければそれまでであるが、なれば、その段階で収賄罪になる。

選挙で出る議員等に多いケースである。

四　賄賂罪の基本的構成要件を調べてみよう。もういっぺん条文を見ると、

第一九七条（収賄、受託収賄及び事前収賄）公務員が、その職務に関し、賄賂を収受し、又はその要求若しくは約束をしたときは、五年以下の懲役に処する。……後略……

2　（略）

構成要件は「公務員が、その職務に関し、賄賂を収受し、又はその要求若しくは約束をした」であるが、「公務員」についてはすでに述べた（本章五節一の三）。

その行為は「賄賂を収受し、又はその要求若しくは約束した」である。

「賄賂」は、およそ人の需要や欲望を満たすに足りるいっさいのものをいう。金品はその代表的

なものであるが、情交(5)、遊興(6)、公私の職務、その他有利な地位(7)、金融の利益等(8)、例をあげたらきりがない。その中で限界ぎりぎりにくるのが「中元《ちゅうげん》」「歳暮《せいぼ》」である。

役人といえども人の子であるから世間ふつうのおつきあいはしなければならない。中元・歳暮をもらってはいけないということはできない。

しかし、無制限ではない。健全な常識によって、社交上の礼儀と言える程度でなければならない。前からつき合いがあって行ったりきたりしている友人関係にある者と、その職務についたとたん始まった出入り業者との関係を同列に見ることができない(9)。

ここに「職務に関し」という要件がものを言ってくる。

金品の授受があっても職務と無関係であれば賄賂罪には当たらない。新聞などで、よく、一〇〇万円もらったが、趣旨がないので無罪になった、というのが、この要件の欠ける場合である。

被疑者の方は、金品授受の動かぬ証拠をつきつけられると、もらったことは認める。しかし、趣旨が違うと弁解をする。

捜査第二課の刑事は、この弁解をくずすことに全力をあげる。

こういう戦いをくり返しているうちに、「職務に関し」という要件は、できるだけ広く解するほうが便利だということになってきた。

まず、具体的に自分が今、担当している職務にだけ限定されるのではない。自分の所属する課で同僚が割り当てられている仕事もここでいう職務に含まれる。他署の職務に関しても関係づけられる。(10)すなわち、一般的な職務権限があれば足り、具体的に担当している職務権限にこだわらないようになってきた。(11)

こんな例がある。Bが確定申告に当たり、所得税課でその審査をする仕事をしているAに安く見つもってもらうことを企《くわだ》て金品を贈った。ところが、Bの居住地を管轄する人はAではなくCであった。Aは隣町の担当であったとする。

AにはBの申告書を審査する具体的権限はない。しかし、同じ審査係として一般的にはその審査の仕事を割り当てられる可能性はあったし、また、将来割り当てられる可能性もないわけではない。言い換えると、Aには、審査係員として一般的職務権限があった、と、こういう見方をするのである。

県立病院の診療科部長で、県立医科大学の教授でもあったAは、弟子を他の病院へ派遣することで、謝礼を得た。これがやられた。(12)

日本の官庁には、外国人のしばしば感嘆《かんたん》するギョウセイシドウという働きがある。法令のどこを見ても権限があるとは思えないのに、お上《かみ》の指導ということで民間が言うことを聞かせられている。

その行政指導に関し金品の授受があれば、職務権限はなくても、あるのと同じ公務の廉潔性の阻害が認められる。

これらを「準職務行為」ないしは「職務密接関連行為」として、賄賂罪にいう「職務に関し」に当たることとするのである(13)。

このように見てくると、金品の授受はあった。しかし、趣旨が違うというこの種の弁解はしにくくなっていることは確かであるが、さりとて、まったく弁解を許さない、というのでは、今度は役人の行き過ぎになるから注意をしなければならない。

公務員といえども人の子である。人として社会生活をしているものである。その人として、個人的な行動に関連して利益の授受があるのは当然であり、それをいちいち刑法の問題にするのは行き過ぎである。

また、国会議員や市長のように公選による者が、選挙民や支持者に個人的にサービスをするのは当然であり、また支持者の方から感謝の意を表したり、後援をしたりすることもあり得ることである。そういう活動のいっさいを刑法上の問題にするのは行き過ぎであり、むしろ、選挙のさいの国民の審判にまかせる方が正しい解決の方法だ、ということもある。

そこで、「職務に関し」の解釈も、ただ拡大するのが正義ではなく、その拡張解釈には、おのずから限度があることを知っておかなければならない。限度は判例の積重ねによる。

(1)　破壊活動防止法（昭和二七年七月二〇日法律二四〇号）による公安調査官は刑法第一九四条・第一九五条にいう「特別公務員」ではない。その代わり、破防法第四五条がおかれ、職権濫用がいましめられている。

第四五条（公安調査官の職権濫用の罪）　公安調査官がその職権を濫用し、人をして義務のないことを行わせ、又は行うべき権利を妨害したときは、三年以下の懲役又は禁こに処する。

とされている。

(2)　最判昭和二七年七月二二日集六・七・九二七は、請託とは、公務員に対し一定の職務行為を行うことを依頼することであって、その依頼が不正な職務行為の依頼であると、正当な職務行為の依頼であるとを問わない。

(3)　最決昭和二九年九月二四日集八・九・一五一九は、「犯罪捜査の仕事をしている巡査が、被疑者の要望を容れて証拠品の押収を取り止めた場合は、相当の行為を為さざるに当たる。」としている。

(4)　最判昭和二九年八月二〇日集八・八・一二五六は、「警察署長が、捜査中の被疑事件につき、金員の供与を受けて検察庁に送致しなかったときは、第一九七条ノ三第一項の収賄罪が成立する。」としている。

(5)　大判大正四年七月九日録二一・九九〇は、「異性間の情交も、賄賂の目的物となる。」とする。

(6)　大判明治四四年五月一九日録一七・八七九は、「貸座敷における遊興も、賄賂となりうる。」とする。

(7)　大判大正四年六月一日録二一・七〇三は、「公私の職務その他有利な地位は、賄賂の目的物となる。」とする。

(8)　大判大正一四年四月九日集四・二一九は、「金融の利益も、賄賂の目的物となりうる。」とする。

(9)　大判昭和四年一二月四日集八・六〇九は、「中元・歳暮における社交上の慣習・儀礼にみられる程度の贈り物でも、公務員の職務に関して授受されるときは、賄賂罪が成立する。」とする。

(10) 最決平成一七年三月一一日集五九・二・一は、「被告人は、警視庁警部補として同庁A警察署地域課に勤務し、犯罪の捜査等の職務に従事していたものであるが、公正証書原本不実記載等の事件につき同庁B警察署長に対し告発状を提出していた者から、同事件について、告発状の検討、助言、捜査情報の提供、捜査関係者への働き掛けなどの有利かつ便宜な取り計らいを受けたいとの趣旨の下に供与されるものであることを知りながら、現金の供与を受けたというのである。」「警察法六四条等の関係法令によれば、同庁警察官の犯罪捜査に関する職務権限は、同庁の管轄区域である東京都の全域に及ぶと解されることなどに照らすと、被告人が、A警察署管内の交番に勤務しており、B警察署刑事課の担当する上記事件の捜査に関与していなかったとしても、被告人の上記行為は、その職務に関し賄賂を収受したものであるというべきである。」

(11) 最判昭和三七年五月二九日集一六・五・五二八は、「賄賂罪にいう職務とは、当該公務員の一般的な職務権限に属するものであれば足り、本人が具体的に相当している事務であることを要しない。」としている。

(12) 最決平成一八年一月二三日集六〇・一・六七は、「A（県立医科大学教授）がその教育指導する医師を関連病院に派遣することは」「医大の救急医学教室教授兼附属病院救急科部長として、これらの医師を教育指導するというその職務に密接な関係のある行為というべきである。そうすると、医療法人理事長として病院を経営していた被告人が、その経営に係る関連病院に対する医師の派遣について便宜ある取り計らいを受けたことなどの謝礼等の趣旨の下に、Aに対して金員を供与した本件行為が贈賄罪に当たるとした原判断は正当である。」とする。

(13) 最決昭和三一年七月一二日集一〇・七・一〇五八は、「公務員が法令によって所属する職務だけでなく、その職務に密接な関係を有するいわば準職務行為又は事実上所管する職務行為に関して賄賂を収受すれば、賄賂罪は成立する。」とする。

第七節　略取・誘拐及び人身売買の罪

一　略取・誘拐罪の概要

一　略取・誘拐の意義
二　行為の態様

一　人さらいの哀話《あいわ》は昔から跡《あと》を絶《た》たない。そして、さらわれた子を捜《さが》し求めて流浪《るろう》する狂女の物語は、謡曲《ようきょく》「隅田川《すみだがわ》」を代表として文芸のかっこうの題材でもあった。現代の人さらいは大事件として報道機関の狂奔《きょうほん》を招《まね》き、さらわれた人の隠し場所に困って殺して捨てるケースもある。

人さらいの目当てはいろいろあるが、要するに、人の自由を侵害するところに、罪の本質がある。人が平穏に暮らしていたその生活圏《せいかつけん》から連れ出されて、犯人又は第三者の支配下に置かれる。

これが未成年者になると、本人の自由もあるが、親の嘆《なげ》き、不安は言語を絶するものがある。保護者の監護権の侵害という面も重視されなければならない。

人さらいのことを「略取《りゃくしゅ》・誘拐《ゆうかい》」と言っている。

「略取」とは、無理矢理《むりやり》連《つ》れ去ることである。暴行・脅迫によることもある。威迫《いはく》ですむこともある。要するに、被害者を、その意に反してその生活の場から引き離し、自己の支配下に置くことである。被害者が未成年者である場合は、その意志によるまでもなく連れ去ることができる。保護者がいる所から連れ出す時は、その保護者の意に反して連れ出すことになる。(1)

「誘拐」は、だまして連れ去ることである。

「東京に行ったらいい職があるよ。ちょっと客のサービスをするだけでいい金になる」などと申し向けて人をその気にさせ、その生活の場から引き離した後、自己又は第三者の支配下に置く。偽計《ぎけい》を用いる。甘言で誘う。人の思慮浅薄《しりょせんぱく》に乗じる方法はいくらでもある。ただ、被害者の任意の行動があるところが略取と違うところである。(2)

略取・誘拐の両者を表現する言葉として、「拐取《かいしゅ》」を用いる。略取・誘拐の犯人は「拐取者《かいしゅしゃ》」、略取・誘拐の被害者は「被拐取者《ひかいしゅしゃ》」と言われることがある。

二　略取・誘拐罪は被害客体や犯人の目的によっていくつかの態様に分けられる。

まず、「未成年者拐取罪」（二二四条）がある。

第二二四条（未成年者略取及び誘拐）　未成年者を略取し、又は誘拐した者は、三月以上七年以下の懲役に処する。

構成要件は、「未成年者を略取し、又は誘拐した」である。

「未成年者」は、二十歳未満の者をいう（民法三条）。

この罪は、未成年者本人の自由のほかに、保護者の監護権も保護法益になっているから、未成年者本人の同意があったとしても、保護者の同意のない場合は犯罪になる。(3)また、離婚係争中の父が、母の監護下にある幼児を連れ去るのも同じである。この罪は、親告罪とされているが、(4)ただし、次に述べるような「営利、わいせつ、結婚又は生命若しくは身体に対する加害の目的」による場合は、親告罪ではないとされ、警察官は、告訴の有無を問題にすることなく、知ったら直《ただ》ちに捜査を開始することになる。

第二二五条（営利目的等略取及び誘拐）　営利、わいせつ、結婚又は生命若しくは身体に対する加害の目的で、人を略取し、又は誘拐した者は、一年以上十年以下の懲役に処する。

拐取罪の中でも、悪質なものに「身の代金目的拐取罪」がある。

第二二五条の二（身の代金目的略取等）　近親者その他略取され又は誘拐された者の安否を憂慮する者

の憂慮に乗じてその財物を交付させる目的で、人を略取し、又は誘拐した者は、無期又は三年以上の懲役に処する。

2 （略）

その人がいなくなったら心配するだろうと思われる人と人との関係がある。親と子はその代表であるが、兄弟姉妹をはじめ、愛情の芽生えた人間関係や密接な生活関係にある者の間には、近親でなくとも憂慮《ゆうりょ》する関係の者がいる。

それらの者の憂慮を利用して財物を出させようとするのがこの犯罪である。

はじめから、その目的で人を拐取する場合がふつうであるが、別の目的で誘拐しておいてから金が欲しくなり、身の代金の要求に走るというケースもある（二二五条の二の二項）。

この種の罪は、手段も卑劣《ひれつ》であれば、人命の危険も大であるから、とくに重く処罰することとされたのである。

その日本も、「国際的な組織犯罪の防止に関する国際連合条約」とこれを補足する「人（特に女性及び児童）の取引を防止し、抑止し及び処罰するための議定書」を締結した以上、国内法の整備を要することになる。

近年、国際的に問題視されるようになった犯罪に、人身売買がある。人は、財物のように国境を越えて売り買いされる。しかし、日本では、日本人が、外国に売り飛ばされることについては、配慮があったものの（旧二二六条、二二七条）、国外から外国人が連れてこられる現状に対しては不備があった。

そこで二〇〇五（平成一七）年六月二二日法律第六六号は、その不備を補うため、刑法第二二六条、第二二七条を改正し、新しく人身売買罪（二二六条の二、同三）を新設したのである。

第二二六条（所在国外移送目的略取及び誘拐）所在国外に移送する目的で、人を略取し、又は誘拐した者は、二年以上の有期懲役に処する。

国際結婚が破綻し、日本人の妻の方で監護養育する二歳四か月の長女が母と入院中、突然オランダ人の父が現れて、暴力で連れ去った。オランダに連れて行くためだった。これがこの二二六条に該当するとされた。[5]

旧条では、「所在国外」でなく、「日本国外」だった。いよいよ、日本警察も、国際的人身売買により確かな一歩を踏み出すことになる。たとえば、外国人がいた。タイ国に所在していたのを日本に連れてこられたとなると、国際的な拐取・人身売買事件が介在しているかどうかの捜査をすることになるのだ。もちろん、右の法律第六六号は、国外犯規定も改正している（第三条、第三条の二）。人身売買に関する新設条文は次の通りである。

第二二六条の二（人身売買）人を買い受けた者は、三月以上五年以下の懲役に処する。

2　未成年者を買い受けた者は、三月以上七年以下の懲役に処する。

3　営利、わいせつ、結婚又は生命若しくは身体に対する加害の目的で、人を買い受けた者は、一年以上十年以下の懲役に処する。

4　人を売り渡した者も、前項と同様とする。

5　所在国外に移送する目的で、人を売買した者は、二年以上の有期懲役に処する。

第二二六条の三（被略取者等所在国外移送）　略取され、誘拐され、又は売買された者を所在国外に移送した者は、二年以上の有期懲役に処する。

これらの罪の続発を防ぐためには、なお、幇助《ほうじょ》者にも重罰をもってのぞまなければならない。未成年者拐取、営利目的拐取、所在国外移送、人身売買、これらの罪を犯した者を幇助する目的で、被害者を引渡し、収受し、輸送し、蔵匿《ぞうとく》し、又は隠避《いんぴ》させた者は、三月以上五年以下の懲役であり（二二七条一項）、また、それらの幇助行為が、営利、わいせつ又は生命若しくは身体に対する加害を目的にしている場合は、さらに、その罪を、六月以上七年以下の懲役にするのである（二二七条三項）。身代金目的の者に対する同様の行為は、一年以上十年以下と、さらに、重くされる（二二七条二項）。

その反面、被害者の無事帰還を配慮する規定もおかれる。処罰も大事であるが、被拐取者の生命はもっと大事である。すなわち、犯人が心を入れ替えるよう措置しておく必要があるからである。

そこで、この種の犯罪を起こさないようにするためには、まず、予備の段階から取り締まる（二二八条の三）と同時に、犯人が途中で思いとどまるようにもしなければなるまい。それが、起訴前に被拐取者を安全な場所に解放した犯人に対する減軽である（二二八条の二）。

これとは逆に、身の代金目的で被拐取者を収受する者は二年以上の有期懲役に処せられる（二二七条四項）。これは、他の目的の被拐取者収受罪よりずっと重い。

（1）広島高岡山支判昭和三〇年六月一六日裁特二・一二・六一〇は、「略取とは、暴行又は脅迫を手段として、他人をその生活環境から離脱させ、自己又は第三者の事実的支配の下におくことをいう。」としている。

（2）大判大正一二年一二月三日集二・九一五は、「誘拐とは、詐欺又は誘惑の手段により、他人を自己の実力支配内におき、その居所を移させることである。」とする。

（3）福岡高判昭和三一年四月一四日裁特三・八・四〇九は、「監督者の意思に反して未成年者を拐引するときは、未成年者の同意があっても、その行為の違法性は阻却されない。」としている。離婚係争中の父親の行為につき、最決平成一七年一二月六日集五九・一〇・一九〇一

（4）親告罪については、金子仁洋「新版　警察官の刑事手続」（東京法令出版）第二章第三節を参照されたい。

（5）最決平成一五年三月一八日集五七・三・三七一は、「被告人は、共同親権者の一人である別居中の妻のもとで平穏に暮らしていた長女を、外国に連れ去る目的で、入院中の病院から有形力を用いて連れ出し、保護されている環境から引き離して自分の事実的支配下に置いたのであるから、被告人の行為が国外移送略取罪に当たることは明

らかである。そして、その態様も悪質であって、被告人が親権者の一人であり、長女を自分の母国に連れ帰ろうとしたものであることを考慮しても、違法性が阻却されるような例外的な場合に当たらない」とする。

第八節　その他注目すべき罪

一　偽造の罪

一　意義と客体　二　態様

一　偽造と言えば、にせ札を思い浮かべる者が多いはずである。近ごろは、事件があると、テレビでにせ札の画柄《えがら》を写し出してくれるので、見た者も多いと思う。にせ金造りは、昔からある犯罪である。

お金のことを「通貨《つうか》」と呼ぶ。通貨は王様等、最高権力者が作成権を独占しているのがふつうである。そして、その権威の下に、物々交換によらなくても安心して交換ができる世界が作られていった。貨幣経済の世界ができた。

さて、こうしていったん貨幣経済の世界が形成され、人々がそれによりかかって生活を始めると、これを乱し、破壊するような行為は、厳しく処罰することにより、形成された経済秩序を守らなければならない。

権限のある者が計画的に作って通用させている世界に、勝手に権限のない者がにせを作って流す行為は、これを厳重に取り締まる必要があるのである。

さて、経済社会が発達すると、経済活動のために流通使用される物は、貨幣や紙幣だけではないことになる。

たとえば、小切手や手形がある。株券がある、国債がある、公社債がある。これらは、貨幣の代わりになって流通したり（小切手）、信用を供与したり（手形）、投資や財産の保管に役立てられたりしている（株券・公社債・国債等）。これらを「有価証券」と言っている。

「有価証券」もまた、経済秩序を担《にな》う道具として、にせを作られたり、行使されたりすることがある。

また、単なる文書の中にも、財産権の保全や変動に関係するものがある。たとえば、権利書や遺言書がその例である。

公務所又は公務員の作成する「公文書」は、中でも重要な役割を演じている。運転免許証等がそうである。

私文書であっても、社会生活に交渉を有する事項を証明する文書、たとえば入学試験の受験者の答案は、合否判定の学力の証明に関するものであって、にせが作られたり行使されたりするのは困る。平成六年になって、いよいよ最高裁も答案について結論を出してくれた(1)。

最近は、コンピュータやコピー機等の発達にともなう新しい問題が出てきた。コピーが、単にコピーにとどまらず、原本の代わりに使用される。また、ファックス送信によって、受信側ファックスに印字させたものを原本の代わりに使用する。さらに、人の権利義務又は事実証明に関する原本そのものが、コンピュータのハードディスクに電磁的に記録され、電磁的記録として、一定の装置に従い、紙に変わる作用を果たすこともふつうになりつつある。すなわち、それらの記録が、文書であれば、偽造罪に相当する行為を生んでいるのである。判例は苦心して、これを文書偽造罪の客体にしようとしてきたが、どうも無理がある。そこで、そうした現状を踏まえ、一九八七（昭和六二）年に電磁的記録不正作出・同供用罪（一六一条の二）が新設された。その構成要件的行為は、①人の事務処理を誤らせる目的で、②その事務処理の用に供する権利、義務又は事実証明に関する電磁記録を不正作出すること、である。

次に、問題になったのは、支払い等に使用されるテレホンカードや、クレジットカードの類《たぐい》である。これらは、人の事務処理の用に供する電磁的記録を構成しているカード等である。これもまた、実情が、判例の努力を超えるものがあり、二〇〇一（平成一三）年には、支払用カード電磁的記録に関する罪（第一八章の二）が新設され、その支払用カード電磁的記録不正作出等（一六三条の二）、不正電磁的記録カード所持（一六三条の三）、それに支払用カード電磁的記録不正作出準備（一六三条の四）と、以上から所持と器械又は原料を準備する行為を除いたその他の未遂をも罰することにした。第一線の警察官としては、これらの行動に関する情報を得たときは、遅滞《ちたい》なく専門家に報告する配慮を要請される。

　このように、発達した現代の経済秩序を支えるために、工夫された媒体が存在、流通している。これらの物のにせ物を作らせない、使わせない、ということは、経済取引を円滑にし、公共の秩序を保つためには、忘れてはならないことである。

「偽造罪」とは、かかる経済取引の円滑を阻害し、公共の秩序を乱す犯罪である。

二　偽造の対象には、通貨、有価証券、文書、印章などの外《ほか》、人の権利、義務又は事実証明に関する電磁的記録等、人の経済活動を支える各種の媒体がある。

しかし、偽造行為は、不正作出を別として証券、文書に共通して存在する。

偽造とは、発行ないしは作成権限のない者が本物とそっくりな物を作り出すことである。

たとえば、通貨偽造すなわち、にせ札造りは、国にしか発行権限のない紙幣を手本にして、真正な通貨と紛《まぎ》らわしい外観を呈するものを作成することをいう。「行使の目的で、通用する貨幣、紙幣又は銀行券を偽造し、又は変造した」者は、無期又は三年以上の懲役という重刑が科せられることになっている(一四八条一項)。

行使をした者、また、行使の目的をもってこれを人に交付した者も同じ罪であるとされる。外国から輸入することは、行使したのと同じ罪になる(一四八条二項)。

「変造」は、偽造と違って新たに作り出すのではなく、既存の真正な通貨を手を加えて、別個の真正の通貨に紛らわしい外観を有するものに変えることである。

たとえば、行使の目的で真正な一、〇〇〇円札二枚の裏表をはがし、都合《つごう》四枚になったものを材料に、四つ折ないしは八つ折の一、〇〇〇円札の外観を有する物体を六片作成し、六、〇〇〇円にして使おうとした事件がある。通貨変造罪に問われたことは言うまでもない(2)。

二　賭《と》博《ばく》罪

一　意義　二　態様

一

賭《か》け事《ごと》は、古今《ここん》東西にわたって人間の欲望の一つである。飲む、打つ、買う、は男の三大欲望として、商人の代表のように言われる関西の商人に何のために金をもうけるか、と聞けば、それは、飲む、打つ、買うの楽しみのためや、と答える者が多いという。しかし、この欲望を野放しにすると各種の社会問題がおきる。

買う、についてみれば、徳川幕府はこれを廓《くるわ》の中に封じ込めた。昭和の政府は、ついにこれを禁圧した。

打つ、の方は、明治以来これを公営賭博《とばく》に封じ込めてきた。それでも、競馬・競輪・競艇で身を持ちくずし、家庭崩壊をもたらすケースが跡を断たない。とかく賭博は問題をおこしやすい。そこで、賭博は原則として禁圧する。例外として公営賭博を残すという政策がとられてきたのである。

二　賭博《とばく》罪の基本形態は「単純賭博罪」(一八五条)である。

要するに賭《か》け事をするとそれが賭博罪になる。

すなわち、偶然の勝負に金品を賭けるのが賭博の内容である。

偶然の勝負の代表はサイコロの目に賭けることであろう。

そして、財物の代表は金銭である。金を賭けて偶然の勝負をすれば、すなわち賭博罪である。

金銭以外の「一時の娯楽《ごらく》に供する物(3)」はいくら賭けても賭博罪にならない。その場の楽しみに費《ひ》消《しょう》してしまうような物、たとえば、ビール一本等というのは一時の娯楽に供する物である。

麻雀で金を賭けることが流行している。最近では、ゴルフまで賭けるのがはやっている。戦前からの判例の考え方によれば、金を賭けるのは多寡《たか》によらず賭博になる。しかし、世相の変化した今、そうまで言ってはいられなくなっている。

わいせつの概念が時代と共に変化していくように、同じ風俗犯の一種の賭博罪もまた変化していく。実際の取締りに当たっては、常識的な社交の範囲にあるものかどうか世相《せそう》とにらみ合わせて高級な判断を強《し》いられることになる。たとえばパチンコである。パチンコの玉を打って大当たりになったり、当たらなかったりするのは、遊者にとっては不確実な事実に属する事柄である。従って、獲得した玉が、直ちに金になったりするのなら、その一連の行為は賭博罪に当たるのであるが、それが、賭博罪にならないため、遊技場経営と換金行為を分離するなど、「風俗営業等の規制及び業務の適正化等に関する法律」を軸に、各種の装置が構えられている。

ヤクザのように、賭博を常習としている者は、「常習賭博罪」(一八六条)として、単純賭博罪の刑が五十万円以下の罰金又は科料と軽いのに対して、三年以下の懲役と重い罪になっている。

賭博場を開張したり、博徒《ばくと》を集めて賭博をしやすい環境を作る（博徒を紹介する。）と、三月以上五年以下の懲役になる。

三　逃走罪

一　一度捕《つか》まえて「刑事施設」に入れた者が、逃走したり、第三者に奪取されたりしたのでは、何をしているのかわからない。

これを妨げて身柄の確保を図《はか》るためには、それ相応の刑罰をこしらえておかなければならない。逃走罪に関する規定は、主として国の刑事司法作用の一環としての拘禁《こうきん》作用を保護することを目的としている。

ところで、一口に「逃走」といっても、逃げ方にもいろいろあるばかりでなく、本罪の立役者が、「既決又は未決の者」――すなわち確定判決によって刑事施設に拘禁されている者と、勾留状によって刑事施設に拘禁されている被告人又は被疑者――と「勾引状の執行を受けた者」(九七条・九八条)というふうに限定されているので、その範囲について明白な知識を得ておく必要がある。

二　まず、警察官が逮捕するところから考えてみよう。

警察官が実力を行使して身柄を確保するのに、現行犯逮捕・緊急逮捕・通常逮捕の三つがある。そして、さらに継続して取調べを必要とする者は、検察官の助けをかりて勾留《こうりゅう》する。

ところで、被疑者の方はできるだけ逃げたいのが人情であるから、隙《すき》があればいつでも逃走するおそれがある。そして、いざ、逃走された時、ここでいう逃走罪が立つのか立たないのか、はっきりしておく必要がある。

立つ場合を言うと、それは、まず、勾留中の被疑者である。これは、もし、逃げ出せば、単に、それだけで「単純逃走罪」(九七条)が成立する。後に述べるような暴力的方法等を用いれば、その刑が加重されることになる(九八条)。

これに対して、逮捕状により逮捕された被疑者は、ただ逃げただけでは罪にはならないとする説と、いや、九七条の逃走罪になるとする説が対立している。後者は、「裁判の執行により拘禁された……未決の者」に、逮捕状によって逮捕された者を含むと解する。(4) しかし、本条改正後の判例はまだなく、以前のものでは、その逃げ方が、暴力的方法等によるものでなければならない。(5)

暴力的な逃げ方とは、一つは刑事施設を破壊して逃げること、あるいは、手錠等の戒具《かいぐ》を壊して逃げることであるが、いま一つは、看守等に暴行・脅迫を加えることであり、さらに、二人以上通《つう》謀《ぼう》して逃げることである（九八条）。

現行犯逮捕されて留置されている者が同じことをしても、逃走罪にはならない。

また、逮捕状による逮捕をされた者でも、引致の上一回留置されてからでないと、逃げても逃走罪にならない。一度、留置施設に入った者でないと、逃走罪の主体にはなり得ないのである。

三　被告人と受刑者が逃走罪においては本命である。

「既決又は未決の者が逃走したとき」は、暴力的方法等がなくても逃走罪が成立する。もちろん、その刑は、一年以下の懲役であって比較的軽い（九七条）。

裁判の執行により拘禁された既決又は未決の者、又は拘引状の執行を受けた者が、さきの暴力的方法等により逃走すると、その罪が三月以上五年以下の懲役と重くなる。これを「加重逃走罪」と言っている（九八条）。

四　第三者が、以上の者の逃走を企《くわだ》てることがある。

まず「被拘禁者奪取罪」（九九条）がある。

法令により拘禁された者を奪取する罪である。「奪取」とは、看守等の支配を排除して自己又は第三者の支配下におくことである。

牢屋の中にヤスリを差入れして鉄格子《てつごうし》を切らせる、ということがある。逃走を助けるのだから、

「逃走援助罪」（一〇〇条一項）と言っている。逃走を容易にするあらゆる方法がここでの取締りの対象になる。手段に暴行・脅迫が加わるとその刑は加重される。

この逃走援助行為を、もし、看守者がするとしたら重大なことである。「看守者等による逃走援助罪」（一〇一条）は、一年以上十年以下の懲役に処せられる。その刑は、誰よりも重い。

四　犯人蔵匿《ぞうとく》罪

一　意義と客体　二　故意の問題

一　第三者が法令により拘禁されている者を逃走させる罪があるように、逃走中の囚人等をかくまったり、高飛びを手伝ったりするのも犯罪になる。

これも国の刑事司法作用の適正な実現を保護することを目的にしている。

「罰金以上の刑に当たる罪を犯した者又は拘禁中に逃走した者を蔵匿《ぞうとく》し、又は隠避《いんび》させた者」が犯人蔵匿の罪に該当する（一〇三条）。

その刑は二年以下の懲役又は二十万円以下の罰金である。

さて、かくまうと犯人蔵匿罪になりますよ、という対象（本罪の客体）に二種類のものがある。

その一は、罰金以上の刑に当たる罪を犯した者である。

罰条を見ると、必ず、〇〇年以下の懲役とか、何円以下の罰金とか書いてある。その種類を重い順に並べると、死刑・懲役・禁錮《きんこ》・罰金・拘留・科料である（九条）。罰金刑は、下から三番目である。罰金以上の刑に当たる罪というのは、右の順序の下から三番目以上、ということである。

すなわち、刑法等の罰条を見て、その中に記載してある刑（法定刑）が、罰金刑か、又はそれ以上の刑すなわち、懲役・禁錮の刑が記載されている罪を犯した者が客体になる。

たとえば、傷害罪で手配されている男をかくまうと、傷害罪は「十五年以下の懲役又は五十万円以下の罰金」（二〇四条）であるから、ここでいう罰金以上の刑（すなわち十五年以下の懲役又は五十万円以下の罰金）に当たることになる。

さて、以上で罰金以上の刑に当たる罪というのはわかったが、次に、これを「犯した者」とは何かである。

警察が捜査中の者は、まだ、判決が確定したわけではないから、真犯人かどうかはわからない。しかし、灰色と見て警察が追っている。こういう者はどうなるか、というと、ここでいう「犯し

た者」に含まれるのである。(6)

また、警察に発覚する前でも同じことである。罰金以上の刑に当たる罪を犯した者であることを知りながら、その者をかくまったりすると同じく犯人蔵匿罪になる。(7)

かくまったり、高飛びさせたりしてはいけない者（本罪の客体）のその二は、拘禁中逃走した者である。俗にいう「脱獄犯」である。

「おれは悪い事をしていないのに、無実の罪で刑事施設に入れられている。無実をはらすためにこうして逃げてきた。助けてくれ」

などと言われると、つい、

――そうか、無実か。それではかくまってやっても悪くないだろう。

と思いがちであるが、この場合でも、犯人蔵匿罪ないしは隠避罪は成立する。

無実なら、なおのこと正々堂々と申し出て、手続手段を尽くして刑事司法の誤りを正すよう協力すべきであるのに、それをしないからである。

二　ところで、かくまってくれ、衣類を貸してくれ、と言われた時、脱獄犯人はまだ比較的わかりやすいが、罰金以上の刑に当たる罪を犯した者であるかどうかは、素人《しろうと》にはわかりにくい。

何か、悪い事をしてきたことはわかる。しかし、そのしでかしたことが、刑法の何条に当たり、その法定刑はかくかくしかじか、というのは、法律家でもない限り、わからないのがふつうである。たとえば、泥棒だ、と、そういう気配《けはい》を感ずることができる。しかし、窃盗罪が第二三五条で、その法定刑が十年以下の懲役又は五十万円以下の罰金である、などといっているのはごく小数の法律家たちである。

ここで、犯人蔵匿罪を成立させるための故意の内容が問題になる。罰金以上の刑に当たる罪を犯した者である、との認識はなくともいいか、という問題である。

答は、そこまで知らなくてもいい、ということになる。悪い事をしてきた、犯罪を犯している、という認識があれば、それが、実は、刑法に書いてあって法定刑は罰金上の刑に当たっている等と、詳しく知る必要はないのである(8)。

かくまうこと（蔵匿）のほか、警察の追求の手を逃《のが》れさせるため、変装用具を渡したり、金をやったりして高飛びさせる（隠避）のも同じ罪である。

身代り犯人を自首させるのも犯人隠避罪に当たる(9)。

五　逮捕監禁罪

一　意義　二　態様

一　端的に人の自由を束縛《そくばく》するのが「逮捕監禁罪」（二二〇条）である。「不法に人を逮捕し又は監禁した」（二二〇条）が、この犯人である。

二　「逮捕」というのは、多少の時間を継続して人の自由を束縛することである。(10)腕をねじ上げたり、ロープでしばり上げたり、物理力を用いる方法もあれば、脅迫して強制的に同行させることもある。

「監禁」は、鍵のかかる部屋にほうり込んで施錠《せじょう》しておくのが典型的であるが、そのほか、疾走《しっそう》中の自動車、(11)海上の船舶等、(12)動く乗物の中に入れるのも監禁に当たる。バイクの荷台に乗せられた場合を考えると、身体は空中にさらされていて、いわゆる監禁の状態とはほど遠いように見える。しかし、これで疾走すれば、生命の危険を考えずに飛び降りることはできない。やはり監禁に当たるのである。(13)

多数で取り囲んで長時間そこにいるほかはないようにする場合も監禁に当たる(14)。人をデモ行進の隊列に引き入れ、スクラムを組んで脱出できないようにするのも監禁に当たる(15)。人を閉じ込めることがすべて悪いわけではない。親が子供を押入れに入れるのを考えてみよ。そこで、逮捕監禁罪には「不法に」という要件がつけられている。事実認定に当たっては、社会生活上認容でき軽度のものであるか、それとも許せないのか慎重《しんちょう》に判断をしなければならない。

六　威力業務妨害罪

一　意義　二　態様
三　争議行為との関係

一　社会生活をする上において、各種の業務が円滑に遂行されることは保護されていなければならない。

それぞれが、それぞれの業務を円滑に遂行しながら、その自然の競争の中で栄枯盛衰《えいこせいすい》を図《はか》るのが世の中の発展の原動力であり、そうした社会秩序を維持するのが、警察を含めた刑事司法作用の使命でもある。

そこで、業務が、経済外の物理的な力や威力によってその遂行を阻害されるとしたらこれを犯罪として取り締まらなければならない。

二　「威力業務妨害罪」(二三四条)は、「威力を用いて人の業務を妨害した」ときに成立する。

業務とは、事務とか、事業とか言われるものである。商売も業務である。精神的・経済的であることは問わない。広く職業その他継続して遂行される事務や事業であるから、(16) たとえば、政党の結党大会の開催なども業務に当たる。(17)

人の生活上の活動として、現に、行われているものは皆、業務と言ってもさしつかえない。

人の業務を妨害するような行動にでた以上、現実に業務が阻害されるという結果を生じなくても「妨害した」ことになる。(18)

「威力」とは、勢力のことである。

人の気勢を殺《そ》ぐような事実は、いろいろある。そして、高《こう》じれば人の自由意思を制圧する。

しかし、ここでは、現実に、人の意思が制圧されたかどうかは問題にしない。通常人であれば制圧されるであろう、という程度の何らかの勢力を示せば足りる。(19)

暴行・脅迫ももちろん威力の一種である。(20) 暴行・脅迫に至らない程度で、人の意思を制圧・威迫《いはく》するものもここにふくまれる。

Aは日ごろから憎らしいと思っていたBの経営する食堂へ行き、満員の客の中に数十匹の蛇をまき散らして大混乱に陥《おとしい》れた。

威力業務妨害罪に問われたことは、言うまでもない(21)。

三　威力業務妨害罪は、労働争議との関係でしばしば問題になる。

正当な争議行為は、労働組合法(昭和二四年六月一日法律一七四号)の第一条第二項により、いわゆる正当行為(三五条)としての評価をうけることになっている。

たとえば、他の罰条の構成要件に当たることがあっても、それは、正当行為として違法性が阻却される。

純粋な同盟罷業《ひぎょう》は、そのため、会社の業務がストップしたとしても、犯罪に問われることはない。しかし、それは、あくまでも集団的労働力の供給を停止するという消極的な行動にでている間のことである。会社側が、たとえば、非組合員を動員して業務の遂行を図《はか》ろうとするのに、これに対してスクラムを組み、物理的な障害を設け、製品や原料の搬出や搬入を妨げる場合には、威力業務妨害罪の成立が認められる(22)。

(1)　最決平成六年一一月二九日（刑集四八・七・四五三）

(2)　最判昭和五〇年六月一三日集二九・六・三七五は、「真正の千円札を表裏に剥がしたうえ、これを切断、糊づけするなどして、真正な千円札を四つ折または八つ折にした外観を有する物件を作り出した場合、通常人が真正の銀行券として思い誤らしめる程度のものであれば、通貨変造罪が成立する。」としている。

(3)　大判大正一三年二月九日集三・九五は、「金銭は、その性質上、一時の娯楽に供する物とは言えない。」としている。

(4)　平野龍一「逃走罪の処罰範囲」判時一五五六。これによって、疑問を提示しているものに山口厚「刑法各論」五六三頁から五六四頁がある。

(5)　単純逃走罪（九七条）の主体は「裁判の執行により拘禁された既決又は未決の者」であって、この中には逮捕されたばかりの被疑者は含まれていない。加重逃走罪（九八条）の主体はそのほか「勾引状ノ執行ヲ受ケタル者」が規定されている。そして、東京高判昭和三三年七月一九日集一一・六・三四七は、「逃走罪は、公の拘禁作用を侵害する所為であるから、その主体は法令により公力を以て自由を拘束せられた一切の者を包含するものと解すべく、したがって逮捕状の執行を受けた者は、刑法第九八条の「勾引状ノ執行ヲ受ケタル者」に当たるものとして、取り扱うのが相当である。」としている。

(6)　最判昭和二四年八月九日集三・九・一四四〇は、「第一〇三条は、司法に関する国権の作用を妨害する者を処罰しようとするのであるから、罪を犯した者には、犯罪の嫌疑によって捜査中の者も含まれる。」としている。

(7)　最判昭和三三年二月一八日集一二・三・三五九は、「罰金以上の刑に当たる罪を犯した者であることを知りながら、その者をかくまった場合には、その犯罪が検察官に発覚して既に捜査が始まっているかどうかにかかわらず、犯人蔵匿罪が成立する。」としている。

(8) 最決昭和二九年九月三〇日集八・九・一五七五は、「犯人蔵匿罪の成立には、犯人の犯した罪の刑が、罰金以上であることまで認識していることを要しない。」としている。

(9) 最決昭和四〇年二月二六日集一九・一・五九は、「身代り犯人として自首することは、犯人隠避に当たる。」としている。

(10) 大判昭和七年二月二九日集一一・一四一は、「逮捕とは、多少の時間継続して人の自由を束縛することである。」としている。

(11) 最決昭和三〇年九月二九日集九・一〇・二〇九八は、「自動車の座席に乗せ脱出できないように高速度で疾走することは監禁に当たる。」としている。

(12) 最判昭和二四年一二月二〇日集三・一二・二〇三六は、「身体を直接拘束しなくても、海上の船舶内に閉じ込めるときは、泳いで脱出することが不可能でないとしても監禁に当たる。」としている。

(13) 最決昭和三八年四月一八日集一七・三・二四八は、「バイクの荷台に乗せて疾走することも監禁に当たる。」としている。

(14) 最判昭和二八年六月一七日集七・六・一二八九は、「脱出しようと試みる者を多衆で取り囲んで脱出を阻止し、長時間その場にとどまるを得ない状態にするのは、脅迫による不法監禁である。」とする。

(15) 最判昭和三四年四月二八日集一三・四・四六六は、「人をデモ行進の隊列に引き入れスクラムを組んで隊列から三時間余り脱出できなくした行為は、不法監禁に当る。」としている。

(16) 大判大正一〇年一〇月二四日録二七・六四三は、「業務とは、公務を除くほか、精神的であると経済的であるとを問わず、広く職業その他継続して従事する事務又は事業を総称する。」としている。

(17) 東京高判昭和三七年一〇月二三日集一五・八・六二一は、「政党の結党大会の開催は、威力業務妨害罪にいう業務に当たる。」としている。

(18)　最判昭和二八年一月三〇日集七・一・一二八は、「業務の妨害とは、現に業務妨害の結果が発生することを要せず、業務を妨害するに足りる行為がなされればよい。」としている。

(19)　最判昭和二八年一月三〇日集七・一・一二八は、「威力とは、犯人の威勢、人数及び周囲の状勢上、被害者の自由意思を制圧するに足りる勢力をさし、現実に被害者が自由意思を制圧されたことを要しない。」としている。

(20)　大判大正一四年二月一八日集四・五四は、「威力には、暴力を包含する。」としている。

(21)　大判昭和七年一〇月一〇日集一一・一五一九は、「営業中の満員の食堂で蛇数十匹を配膳部に向かってまき散らし、大混乱におとしいれたときは、本罪が成立する。」としている。

(22)　最判昭和三三年五月二八日集一二・八・一六九四は、「集団労働力供給の停止を超える妨害手段で使用者側の業務遂行を妨げる行為は、正当な争議行為ではないから、その妨害手段たるピケッティングが、不法な威力と認められるときは、威力業務妨害罪が成立する。」としている。

条文索引

よ

り

る

ろ

わ

ま

み

む

め

も

ゆ

な

に

の

は

た

ち

つ

て

と

す

せ

そ

こ

く

け

き

索　引

あ

い

う

え

お

か

本書は、株式会社令文社から発行されていた『改訂　警察官の刑法』に、所要の補正を加えて小社から発行するものです。

著者略歴

1955年東京大学法学部卒、警察庁に入り、岩手・兵庫・大阪各府県警の部長・課長、警察庁交通局交通調査官・刑事局調査統計官・国際刑事課長・警察大学校教官教養部長・栃木県警察本部長・科学警察研究所総務部長・内閣総理大臣官房広報室長・警察大学校長・桐蔭横浜大学・同大学院教授を歴任。

国際刑事警察機構1966年度日本代表、1974年度・1975年度日本首席代表を勤める。現在、統治（state Governance）評論家　内閣府道州制ビジョン懇談会委員。

著書：「国際刑事警察機構―歴史と現状」（東京法令出版、1968年）、「捜査規範の話」（立花書房、1973年）、「警察官の刑事手続」（令文社、1977年）、「警察官の刑事手続200問」（啓正社、1977年）、「警察官の職務執行」（令文社、1978年）、「警察官の刑事手続365問」（令文社、1982年）、「警察官の使命感」（立花書房、1987年）、「Ｑ＆Ａ目でみる刑事手続110問」（令文社、1991年）、「官僚支配」（講談社、1993年）、「『政』は『官』をどう凌ぐか」（講談社、1995年）、「政官攻防史・文春新書」（文芸春秋社、2001年）、「県庁がなくなる日」（マネジメント社、2005年）、「地方再興」（マネジメント社、2007年）ほか

金子仁洋のホームページ
URL　http://homepage2.nifty.com/kjnews-ps/
Blog　http://jinyo.cocolog-nifty.com/

新版　警察官の刑法

平成21年2月1日　初版発行

著　者　金　子　仁　洋
発行者　星　沢　哲　也
発行所　東京法令出版株式会社

112-0002　東京都文京区小石川5丁目17番3号　03(5803)3304
534-0024　大阪市都島区東野田町1丁目17番12号　06(6355)5226
060-0009　札幌市中央区北九条西18丁目36番83号　011(640)5182
980-0012　仙台市青葉区錦町1丁目1番10号　022(216)5871
462-0053　名古屋市北区光音寺町野方1918番地　052(914)2251
730-0005　広島市中区西白島町11番9号　082(516)1230
810-0011　福岡市中央区高砂2丁目13番22号　092(533)1588
380-8688　長野市南千歳町1005番地
〔営業〕TEL 026(224)5411　FAX 026(224)5419
〔編集〕TEL 026(224)5412　FAX 026(224)5439
http://www.tokyo-horei.co.jp/

ISBN978-4-8090-1199-3